五人の権力者《カリスマ》と女たち

カストロ・フセイン・ホメイニ・金正日・ビンラディン

ディアーヌ・デュクレ
DianeDucret
大塚宏子訳

原書房

五人の権力者《カリスマ》と女たち

目次

第五章　オサマ・ビンラディン　妻たちの戦争と平和　287

第一章 フィデル・カストロ――ドン・フィデルあるいは石像の饗宴

「指導者としての彼が父親としての彼と同程度のものだとしたら、キューバは哀れよ！」
カストロの妻ミルタ・ディアス・バラルト

キューバ式離婚

一九四四年学年度、サンティアゴ・デ・クーバ。ベレンにあるイエズス会学校の校庭で激しい言い争いが起こった。

「あの娘を見るなって言っただろう！」

「何だと！＊1 僕に命令できるのは彼女の父親か彼女自身だけさ。おまえなんかの言うことを聞けるもんか！」

もう十分だ。無礼な奴は痛い目にあわせなければ。恋するフィデルはかっとして、即座に罰を与えてやろうと思った。しかし恋敵のほうは侮辱された仕返しとして、すばやく相手を殴りつけた。少年同士というよりももはや男同士の殴り合いの末、ライバルは一七歳の青年を押し返した。周りでは同級生たちが彼のぶざまなさまを面白そうに見て嘲笑している。怒りと恥ずかしさに目がくらんだフィデルは、突然手にピストルを持つと、わめきながら脅しをかけた。以前から「気違い《エル・ロコ》」の異名をとる彼が美しきサン・ペドロをめぐる恋のライバルにピストルを向けたそのとき、勇敢な教師が彼を地面に押し倒した。

一九二七年にサトウキビの大農園主の家に生まれたこの少年は、都会のブルジョワの慣習になじめずにいた。彼の父親は、活気ある旧植民地で一儲けしようとキューバにやってきたガリシア人で、キューバ島東部、荒れたオリエンテ州ビランに土地を所有していた。七人兄弟のフィデルはその地で子どものころからからかわれっぱなしだった。四人の姉妹はいつもよってたかって彼にちょっかいを出し、奇妙なあだ名をつけて冷やかした。彼女たちは彼を怒らせて面白がり、その後しばらく彼が黙ってすすり泣いているのを放っておくのだった。そんなことで、フィデルは馬鹿にされることには耐えられない。

姉たちに続いてサンティアゴの学校に行き始めてからも、何かと問題は多かった。下宿先の夫婦とはすぐに喧嘩。彼は手紙でこう書いている。「僕たちは食べ物を何ももらえず、いつもおなかをすかせています。家はひどく汚く、奥さんはやる気なし。こんなところにいては時間の無駄です[*2]」

フィデル・アレハンドロ・カストロ・ルスは、それでも一九四五年六月に見事に文系の大学入学資格を取得した。これは母にとって大きな誇りだった。母リナ・ルスは一六歳のときにアンヘル・カストロのもとで働き始めた典型的なキューバ女性で、退学処分になったこともある問題児の息子が大学入学資格者の衣装を身にまとう姿を見ることができるとは思ってもいなかった。息子の卒業式の日ほど、彼女が華やかに着飾ったことはない。髪を結い、化粧をして、おちついたレースのワンピースを着た彼女に、息子フィデルはさらなる喜びを与えてくれた。法律を学びたいという強い意志をもって、ハバナ大学に入学したのである。

ハバナ大学は首都の高台にあり、近づいてはならない聖域のように町のほかの部分とは一線を画している。この大学に今までの学生生活にはなかった自由があることに、フィデルはすぐに気がついた。キャンパスには活気があり、すさまじい戦いに揺れる学生連盟は、優秀な者に政治家への道を約束する権力への登竜門であった。論争は単に言葉だけでなされるのではなく、ピストルや誘拐、殺害といった、野心がさ迷う迷路の中では決して解明されない手段も利用された。幸いにもフィデルは同じ地方出身のラファエル・ディアス・バラルトと友だちになり、彼とともに自分の向かうべき方向を探ることができた。

独裁者フルヘンシオ・バティスタに近いラファエルは、あらゆる面でフィデルへの助力を惜しまず、フィデルがやや辛辣すぎる権力批判をして追われたときには、両親の土地にかくまったこともある。人並みはずれて挑発的な彼の才気と少しの遠慮もない厚かましさを生かすべきだと、ラファエルはフィデルに自分の後ろ盾であるバティスタに会ってみないかと提案した。一九四〇年からキューバの政治を先頭に立って率いてきた人物である。しかしフィデルはベレンの高校でスペインのフランシスコ・フランコ将軍を熱烈に支持するイエズス会の影響を受けてきたこともあって、バティスタのことを「民主主義的すぎる」と判断した。彼はこの気が利く友人を、自分にとってもっと重要な人との出会いのほうに利用した――彼のブロンドの妹ミルタである。フィデルはこの哲学科の美人学生こそ、大学入学以来熱を入れてきた教条主義的な考えから自分を遠ざけてくれる女性だと考えた。下品な冗談を言って時間を浪費している場合ではない。そこで愛が待っているのだから。

この女学生が醸し出すノスタルジックな雰囲気に、情熱的なフィデルは魅了された。大学時代の友人は「彼女はとても美しかった。北欧女性の典型のようで、伝統的なキューバ女性とは違っていた」[*3]と振り返る。このミルタとラファエルは早くに母を亡くし、バネス市長である有力者の父親は威圧的な女と再婚した。この継母に生活の細かなことにまで口出しされたミルタは、三人の兄弟とは違って、結婚するまでその支配から逃れられそうになかった。どう見ても彼女に心を奪われているこの隣人の言葉を信じるならば、ミルタは夫選びに困ることはなかったはずだ。「ブロンドで緑の目をした彼女は誰よりも美しく、まさに聖女であり、その微笑みは太陽の光だった……。しかも彼女はダンスが大好きだった！」[*4]。ミルタはだからラファエルの大学の友人の間でも憧れの的で、気のいいラファエルは社会的にも立派な求愛者を何人も妹に紹介した。「ハンサムな若いエンジニアを紹介したこともあります。その人はその後ベネズエラで億万長者になりました」と彼は言う。しかしミルタの心は動かなかった。

当時のフィデルはまだ好きな女性のタイプがはっきりしていなかった。「実のところ、私はブロンドとブルネットのどちらとも選べない」[*5]と彼は認めている。最初に惹かれたのは、華奢なミルタとは正反対のタイプの女性であった。「私はむしろ幾分太った、ヒップの大きい娘のほうが好みだった。私は女性の美しさに関してはやや単純で、どちらかというと質よりも量を重視した。当時の私が見とれたのはミロのヴィーナスのような女性ではない」。ベレンの高校でなかなか終わらない授業を受けているとき、フィデルはお尻の大きいクラスメートを見て詩を書いたこともある。ぽっちゃりした尻にうっとりして宗教の先生がいるのに気づかず、書いた紙を取り上げられてしまった。先生はそれをもったいぶって読みあげた。「私はとても恥ずかしかったし、また悲しくもあった。心のいちばん秘めた部分に坊主に入り込まれたことがあまりにつらかったので、二度と詩は書かなかった（……）。その詩は多少エロチックではあったが、やましいものではなかった」

詩人にはならなかったものの、若者にとって自尊心が傷つくことなど何でもない。フィデルは恋をした。そして一瞬のうちにミルタも彼の魅力の虜になった。「私はこれが一目ぼれというものだと思いました」と、まだ駆け出しのプレイボーイの妹ファニタ・カストロは回想する。「兄は本当にハンサムでしたから、彼女はいちころだったと思います」。しかし愛が急激に燃え上がったのには、おそらく別の理由があったのだろう。「フィデルを選んだのは、継母を挑発するためだったと私は思います」とラファエルのほうは言う。一九四六年一〇月にふたりは婚約し、一七歳のミルタはついに家族の締め付けから解放されるのだと思った。

しかしフィデルのほうは結婚を急がず、翌年になってようやく婚約者をいたずら好きの妹に紹介した。この出会いは唐突だった。フアニタとエンマ・カストロはその晩ウルスリナス校で開かれるギリシア舞踏のショーに参加した。フィデルはミルタと一緒にこれを見に来ており、彼女の紹介を兼ねて一緒に町で夕食を食べようとふたりの妹を誘った。

「残念だわ、ミルタ。でも私、ギリシア風の衣装のままレストランには行けないわ」とエンマは躊躇した。「ご心配なく。叔父の家によって、服をお貸ししますわ。私とは足のサイズが合わないでしょうから、そのギリシア風のサンダルだけはそのままで」とミルタは言った。

最初に女同士で交わしたこうした会話からみても、義理の姉妹は良好な関係を築けそうだった。エンマは青と白のおしゃれなテーラードスーツを着て、若いカップルと同じテーブルに就いた。ミルタは食後その服を彼女にプレゼントするという気遣いも見せている。ふたりの妹はミルタが大好きになり、ミルタ・ディアス・バラルトに魅了されたカストロ家の人数はこれで三人になった。ふたりの味方を得たフィデルは、彼女を実家に呼んで正式に紹介することを考えはじめた。

夏休みになると、未来の義父と義母はフィデルにビランに帰るための列車代を送った。しかし学生の激しい政治論争に熱中したフィデルは予約をするのを忘れ、いちばん安い寝台車で我慢せざるを得なかった。「当然ながら、とてもつらかったです。私たちは一睡もできず、ビランに到着したときには疲れ切っていました。もちろんミルタもです。でも育ちのいい彼女は、決して不満を漏らしませんでした」とフアニタは語る。母リナ・ルスは物腰が優雅で感じのよいミルタを見てほっとした。ドミニカの独裁者トルヒーヨ将軍を倒してやるなどとおかしなことを言う息子にとって、ミルタは理想的な、心を晴らしてくれる存在に違いない。息子は、自分は死ぬ覚悟があるとまで言っていた。「おまえはミルタを愛しているし、同じようにミルタもおまえのことを愛している。見れば分かりますよ。あなたたちは若いのだから、今は家庭を築くべきときよ。結婚しなさい」。死より結婚をというこの選択は、神の摂理によるもののように思えた。

しかしミルタの両親を説得するのは難事業だった。カストロ家の了承を得たミルタが父親に結婚の約束のことを打ち明けると、現体制の役人である父親は予想以上に激しく怒った。彼はフィデルが学生組合の先頭に立って怪しげな道を歩んでいることをよく知っていた。その安定感のなさといい辛辣さといい、義理の息子にするには信用ならない。しかも町のチンピラとの付き合いで、危険なラスチニャック［バルザックの小説に登場する野心家の青年］にもなりかねない。ディアス・バラルト家の家長は断固反対した。絶望したミルタは、出口が突然閉ざされた思いだった。手練に長けたこの父親にうんと言わせるには、あとは脅ししかない。もし反対するなら、誰とでもいいからアメリカに行って、そこで暮らしますと。兄もまた妹のために戦う気はなかった。フィデルの弁舌の才は認めるものの、人格的な弱さも知っていたからである。「ミルタ、知ってのとおり奴は優秀な男で、特別な資質を持っている。だが、分かっているかい、あいつはパラノイアだ！　あるときには毛皮のコートをくれるかもしれないが、翌日には一〇階からおまえを突き落とすぞ！」[*6]

幸いにも友だちが夫選びについてミルタを力づけてくれた。とはいえ実のところその全員が彼女に嫉妬していた。そのうちのひとりが理由を明かしている。「彼はとてもハンサムで、とてもマッチョなキューバ男の典型でした。その若者らしい態度に、私たちはぐっときました」[*7]。ミルタに英語を教えていた女性も、ディアス・バラルト家でこの若いカップルを目にしていた。「彼は本当に魅力的でした。ただ、彼女にはとても優しかったのですが、私たちにはまったくの無関心でした」

フィデルは一度選んだら、ぶれることはない。彼は粘り強いところを見せ、意志を貫くためにミルタの豪奢な世界に溶け込もうとした。エリートたちの優雅な集まりであるアメリカン・クラブでは、ブルジョワジーの娯楽にも付き合った。「彼は踊りに来ていましたが、うまくはありませんでした」[8]と、当時の友だちは口をそろえる。理由は簡単だ。「うまい踊り手でも道楽好きでもない。彼はルンバもパチャンガも好きではなく、大衆舞踊を不器用に踊るだけでした」[9]。フロアでミルタを適当にくるくる回すだけでよしとし、すぐに席について男たちと政治談議をするほうが好きだったのである。

フィデルは何カ月にもわたる婚約期間の間、求められる人物像を演じ続けた。その後、未来の義父との軋轢は突如解消する。おそらくフィデルにとって幸いだったのは、ディアス・バラルト家はバネスでもトップクラスの名声を誇るとはいえ、ひどく金に困っていたという事実である。父アンヘル・カストロのほうは礼儀作法も知らない農民にすぎないと思われていたものの、十分な財産を手にしていた。

一九四八年一〇月一一日、ミルタ・フランシスカ・デ・ラ・カドリダード・ディアス・バラルト・グティエレスとフィデルは、教会で結婚式を挙げたのち、新婦の家で民事上の儀式を行なって結婚した。新婦の父親は不満顔ではあったが、バティスタが配慮して送ってくれた豪華なプレゼントを見つけてほっとした。アラバスター製の巨大なランプ一組だ。「バティスタはずいぶん高そうなものをくれたものね。きっと自分の力を誇示するために違いないわ。でも実のところ、それほど美しくもないわね」とリナ・ルスは冷静に観察している。

フルヘンシオ・バティスタは当時アメリカに亡命中だった。この妥協を知らない軍人はかつて軍事政権でキューバに親米体制を打ち立て、アメリカ憲法を模倣さえしていた。最初は参謀長であったが、一九三〇年代から次々に交代した大統領の黒幕となり、その後一九四〇年の選挙で権力を握った。しかし四年後の選挙で敗れ、お手本たる隣国アメリカに逃亡。とはいえ一〇年近く経っても影響力を保ち、一九四八年には上院議員に選ばれる。権力の座に戻って、自分にふさわしいように自ら作っておいたポストに復帰する思惑であった。

新郎の父親アンヘルは医者にベッドで安静にしているよう命じられ、祝宴に参加できなかった。息子の結婚式に出席できないことを嘆く夫を、妻のリナが慰めた。「あなた、そんな顔をしないで。体に悪いわ。これはただの旅行にすぎないと思ってください。私たちはみんなあなたのことを思っていますよ。あなたからの結婚祝い一万ドルは、私があの子たちに持っていきますね。きっととても喜ぶわ」

披露宴はアメリカン・クラブで、町の上流階級を招いて行なわれた。「私はとても満足しました。恋をして幸せそうなフィデルを久々に見たのですから」と母は、その日自分の計画が達成されたような気がしてうっとりした。宴のハイライトとして、ハネムーンで早々にアメリカに出発することが発表された。息子を政治の世界から遠ざける企てを完結させるべく、リナはミルタとフィデルに夫からの祝い金を手渡した。

「一万ドルも！　駄目だよ、お母さん。親父は頭がおかしくなっちゃったんだ！　こんな大金はもらえないよ」

「何も言わずに受け取りなさい、フィデル。お父さんはお前に心からこのお金を贈ってくれたのよ。旅行にも、ニューヨークでの勉強にも使えるでしょ」

ミルタは義母に飛びついた。「私たちがいただいたお祝いの中でも最高のプレゼントです。とても助かります」

この金額に加えて、バティスタからもご祝儀として一〇〇〇ドルの小切手が贈られた。この結婚はあらゆる大衆紙に取り上げられた。ミルタとフィデルはさまざまな形でたくさんの善意を突然受けて夢見心地のまま、小さな空港に向かった。武器を手にいつでも飛び出せるよう構えたふたりの男が先導していたのは、フィデルが親しくなりすぎたギャングの組長に追われていたからである。たしかに男たちは決着をつけるために島の主要空港で彼を待ち構えていたが、ミルタはそんなことはまったく知らなかった。*10

ふたりはマイアミビーチに向けてひそかに旅立ち、ヴェルサイユホテルに入った。この地で彼らは今まで知らなかった喜びを知った。「私は生まれて初めてTボーンステーキやスモークサーモン、食欲旺盛な若者が大いに満喫するような、あらゆるものを食べた」*11とフィデルはのちに懐かしむ。夫婦として初めてふたりが買ったのは、二〇〇〇ドル相当の青いリンカーン。それに乗ってふたりはニューヨークまで行った。「私たちのことは心配しないでください。とても楽しんでいますから」とミルタは新しく家族となった人々に手紙を書く配慮をしている。「私たちはふたりきりではありません。フィデルは私の兄のラファエル夫妻に、合流しようと持ちかけたのです。（……）フィデルが疲れたときには、ラファエルがハンドルを握ります。すべて順調です」。ふたりの旅はこの上なく豪華なもので、滞在したのも最高級ホテルのウォルドルフ＝アストリア。ミルタにとって結婚生活は最高に幸先よく始まった。彼女は自分が夢見ていた自由と同時に、自分を家族の一員として愛してくれる家族にも恵まれた気がした。「あなたのお父様は男の中の男といえるほど心の広い方ね。こんな大金をもらったのは初めてだわ」と彼女は興奮冷めやらなかった。

到着したニューヨークはあらゆる楽しみ、あらゆる発見の場所であった。町をきれいな碁盤目状に走る通りを進みながら、フィデルは巨大なクリスマスツリーの前で子どものようにはしゃいで妻を大笑いさせた。交通量の多さ、ダイナミックな都市計画と、フィデルにとっては驚くことばかり。とはいえふたりは単に骨休めのために来たわけではない。ふたりそろって大学に登録する予定で、マンハッタン八二丁目にあるラファエルのアパートに居候だ。

二一歳のフィデルがもうひとつ発見したのは、表現の自由である。彼は本屋でマルクスの『資本論』の英語版を買ったものの、アメリカのように共産主義に反対する国でなぜ自らの経済システムの破壊を説くような著作の販売が認められるのか、理解に苦しんだ。こうしたアメリカ人の風習は実に奇妙だ。プリンストン大学のキャンパスでは、学生同士のカップルが人目もはばからずに激しく抱擁する姿が衝撃的だった。

しかしミルタにとっては発見の、フィデルにとっては失望の二カ月が過ぎると、ふたりはアメリカで学ぶ夢を捨て、リンカーンに乗ってキューバへの帰路に着いた。とはいえ大学生活を送るという計画を忘れてしまったわけではない。フィデルは若妻にニューヨークよりもパリのほうがいいだろうと約束した。「次のステップはソルボンヌだよ、ミルタ。僕はパリで暮らせるよう奨学金を申し込むつもりだ」と彼は誇らしげに告げた。有頂天になったミルタはすぐさま夫の家族に手紙を書いた。彼女は夫の並外れた知性のおかげで、自分はまもなくヨーロッパに行けるのだと思い込んだ。「考えてもみてください。彼が奨学金をもらうのはきっと簡単です。私は近いうちにフランスに行けると思うと、嬉しくて飛び上がりそうです」。母リナも同じように喜んだ。「奨学金をもらえないんじゃないかなんて、心配しないでね、ミルタ。お父さんに話して、夢が実現するお手伝いをするから」

しかしハバナに戻ると、フィデルを政治の舞台から遠ざけるというふたりの女の願いはすぐに凍りついた。ミルタに荷物をサンラザロ通りのホテルに運ばせる一方、フィデルは待ちきれないようにオルトドクソ党に出入りしはじめた。この党は腐敗して崩れたキューバの政治体制を浄化するために、一点の曇りもない道徳性を武器に、権力を奪おうとしていた。ミルタは夫の政治問題に首を突っ込むような女ではなく、彼が政治集会を渡り歩き、地方キャンペーンを行うあいだ、ひとり車の中で何時間も待っていた。*12

ふたりはようやくベダド地区の三番通りと二番通りの角に引っ越した。フィデルが大学の聴講生になってとりつかれたように勉学に励んだため、若き妻は妊婦としての不安を毎週末にやってくる義理の姉妹たちと分かち合った。

一九四九年の夏は未来の母にとって理想的なものだった。ビランにあるフィデルの実家では、彼女の妊娠という幸せなニュースに全員が大喜びだ。未来のパパは休みなく勉強したが、それは輝く未来を家族に与えるためだと妻は思っていた。夕方には夫婦は海岸に行き、ラファエルとその仲間たちに会う。彼らはビールを飲み、たばこを吸い、ドミノゲームをしながら政治について語り合った。フィデルが激高し、怒鳴り、理屈をこねる一方、ミルタは夜遅くまで忍耐強く彼の話に耳を傾けた。季節の終わりには、最高に美しいプレゼントがあった。九月一日、フィデリト誕生。「フィデルは文字通り喜びに輝いていました」とフアニタは振り返る。この優秀な学生の周囲にいた女たちは皆、政治の虫が彼の中から出て行ったものと思った。リナは夫にこう尋ねた。「ねえ、カストロ。私たち、これ以上何の望みがある？　フィデルには息子ができた上、もうすぐ大学も卒業するわ。大学での政治活動ももう全然していないのよ。（……）幸せになるためのものは、すべて手にしているんじゃなくて？」

母親はすっかり信じ込んでいたが、実のところフィデルは本の虫になりすましてひそかに活動を続けていた。しかも弟のラウルまで大学のマルクス主義サークルに引き込み、共産主義青年同盟に参加させていた。バティスタ体制反対の態度を過激化したフィデルは、ミルタが何であれディアス・バラルト家の力を借りることを一切認めなかった。とはいえミルタからすれば、それは必要なことだったのだろう。ミルタ自身もモラルを何より重視する夫の誠実さに刺激される部分はあったが、とはいえ現実に向き合い、カストロ家からの援助だけで子どもを養わなければならなかったのだから。

君はパリを見たがったが……私たちはパリを見なかった

「ミルタ、私はパリには行かない。私の運命はそこにはないんだ。私はソルボンヌ大学に行くのをやめて、このキューバにとどまることにした。私はハバナでオルトドクソ党から議員選挙に出馬し、議会で戦っていつか権力を握るつもりだ」

「でもフィデル、私たちの計画をこんなふうに全部なかったことにするなんて、駄目よ！　パリに行って修士号を取るって、ご両親にも私にも約束してくれたじゃない！　そんなことできないはずよ、フィデル……ねえ聞いてよ[*13]」

　贅沢で自由なパリでの生活という夢は、ギロチンの刃のように下った宣告とともに遠ざかった。ミルタは涙にくれながら、夫の考えを変えさせようと努めた。夫婦喧嘩がおさまると、フィデルはバティスタからもらったランプをひとつつかんで、乱暴に床に投げつけた。裏切られた妻の涙が乾くのも待たず、彼女をほったらかしにして彼は新聞や集会で発言を続けた。「フィデルはもう家に帰ってこないも同然です。彼は政治とオルトドクソ党だけのために生きているのです。私は本当に見捨てられた気がします。私たちはほとんど話をせず、彼は一日中外で過ごしています。皆様からの送金がなければ、フィデリトと私はどうやって暮らしていけばいいのか分かりません」と彼女は義理の家族宛てに手紙を書いている。リナは嫁のためにハバナの数軒の店でつけで買い物ができるようにしてやり、また彼女を連れて真珠色の食堂用家具を買いに行った。それはミルタにとって束の間の家庭内の慰めになった。
ふたりだけでの外出は以後なくなった。夫婦にはいつもフィデルの多くの友人、とくに女友だちがくっついて来た。そのうちのひとりマルタ・フライデは裕福な医学生であったが、勉強よりもシンボル的な青年の傍らで活動することのほうを選んだ。「彼はすでに女性に対して、優しくて魅力的な面を見せていました」[*14]と彼女は言う。彼は仲間を楽しませるために、ハバナで大人気のカフェに連れて行くという気遣いも見せた。そこで皆は熱弁を十二分に聞いたあと、パンをかじるのだった。ほかの人たちがダンスのステップを始めても、フィデルは椅子に座りっぱなしで、妻をフロアに連れ出すそぶりさえ見せなかった。映画館レックスに行くのも、政治の動向次第であった。彼は妻を引っ張り出して、お気に入りの映画チャールズ・チャップリンの『独裁者』を繰り返し見せている。[*15]
その高潔さから、彼の周囲には多くの新しい女性ファンが集まった。コンチータ・フェルナンデスもすぐに彼の虜になった。「あらゆる意味で、私は彼から強い印象を受けました。(……)背中だけ見ても、人を惹きつける強烈な魅力を放っていました」[*16]。この若い女性は「幅広で縞模様のネクタイとジャケット」姿の彼に心を奪われた。フィデルは言葉だけでなく、文章でも活動しはじめた。彼は自らが打ち立てようとしている新しい社会で女性がどのような道をたどるかについて関心を持っていたが、その裏で、この一九五〇年代初頭に妻以外の女性との間にふたりの子どもをもうけている。母に対してこの「あやまち」を釈明するために、彼は超自然的な力を持ち出した。「彼女が道を渡るのを見ただけで、もう夢中になっちゃったんです。雷の一撃をくらったようなものですよ」
さまざまな出来事が起こり、カストロのキャリアも夫婦生活も混乱していった。一九五一年八月一六日、フィデルが内部で活動していたオルトドクソ党の党首が討論でコテンパンにやっつけられたあと、ラジオの生放送中に自らの腹に弾丸を撃った。こうして政治上の後見人が死んだことで、議員になるというフィデルの希望も爆音とともに消え去った。翌年三月一〇日、大統領選の数カ月前、フルヘンシオ・バティスタと配下の軍人が、兵士の歓声を浴びながらキューバでもっとも重要な兵営に侵入した。戒厳令がしかれ、バティスタは何の抵抗も受けずに大統領府に入った。ラファエル・ディアス・バラルトは義弟に電話をかけて、自分が新政府の一員になったことを告げ、彼にも仲間に加わるよう促した。怒ったフィデルは電話を床に投げつけると、家を出た。ミルタは不安で眠れない一夜を過ごした。朝になると、フィデルは彼女に決定的な手紙を書いた。

「親愛なるミルタ

ここ数時間で起こったことで、君の家族の立場がはっきりした。私はその立場を擁護するために戦うことはできない。敵と家庭をともにすることなど私には考えられない。だから私は、君の兄上がその立場を捨てない限り、家には戻らない決意だ」

八月の間じゅう、彼はバティスタと全面的に戦おうと訴えるちらしを配った。絶望した二二歳の若妻を訪れた女友だちは、その暮らしぶりを見て唖然とした。ある日ひとりの友だちがフィデルに挨拶したいと言うと、ミルタはこう答えた。「彼が車で通るときに、あなたに合図すると思うわ」[*17]。それが一日の中で唯一、夫と接触するときだったのだろう。彼女は笑顔を見せなくなり、以後家族と別れて暮らすことになった。「私は一日中フィデリトと家にいます。夫は私の父と兄が代表するあらゆるものに対して戦っているのです」と彼女は義母に手紙を書いている。

モンカダの〝華麗なる対決〟

一九五三年七月二六日、キューバの夏の素晴らしい一日が終わるころ。家に帰る道すがら数台の軍用ジープが走るのが見えたが、ハバナはまったく平和だった。マルタ・フライデの自宅に客が訪れる予定はなかったが、誰かが執拗にドアを叩くので開けてみると、動揺した様子のミルタとその息子。青ざめた顔で一言も言わず、ミルタは夕刊を差し出した。フィデルと仲間たちがモンカダの兵舎を攻撃したと書いてある。国の第二の都市、サンティアゴを守る兵舎である。

最初のニュースによれば襲撃は失敗し、攻撃者側の損失は甚大ということだった。フィデルが数カ月前から妻を貧窮状態においていたことを知るマルタは、友人の行く末を案じた。「少なくとも彼は母子手当をもらえるよう分担金を払っているの？」。ミルタは憔悴しきった様子で、フィデルの活動について何も知らないことを白状した。襲撃について一切知らされていなかったし、夫からは数日前から何の音沙汰もない。ふたりの女は同じ不幸に苦しんでいるはずの彼の仲間の家族を訪ねることにした。しかし好意的に迎えられるどころか、「フィデルは人殺しよ！　あいつのせいで息子は死んだのよ！」と罵声を浴びた。激高した母親やフィアンセの中には、ふたりを滅多打ちにしてやると脅す者さえいた。

途方にくれたミルタは、攻撃者の多くが逮捕後すぐに処刑されたというニュースをラジオで聞いた。でもたぶんフィデルは生き伸びているだろう。それならばわずかな生き残りを追う兵士たちに、寛大な措置を要求しに行かなければ。兵士たちの意志を変えられるのは信仰の篤い人だけだろうということで、ミルタはサンティアゴ大司教の慈悲にすがって平和の言葉を広めてもらおうと、すぐさま募金集めをはじめた。しかし残念ながら神への道には入り込めず、捜索は強化された。ミルタは最後の頼みの綱としてバティスタにすがり、父親に免じてフィデルを捕えても殺さないという約束をとりつけた。

勝ち誇った気分になったミルタは、軍の全司令官にメッセージが送られたことを知らせて、フィデルの家族を安心させた。メッセージの文面はこうだ。「モンカダ兵舎とその周辺の襲撃者を追う軍へ。フィデル・カストロとラウル・カストロは生かしたまま連れ帰るべし」

脱走者の中で、フィデルに従っていたふたりの女性もまた行方不明扱いになっていた。アイデ・サンタマリアは家出をしてハバナに移り住んでいたときに、圧政に苦しむ人々を助けようという熱い男フィデルに共感、彼女のアパートはすぐにアジテーターの秘密の会合場所のひとつになった。[*18] その彼女から新たな政治リーダーを紹介された親友メルバ・エルナンデスもまた、あっという間に魔法にかけられた。彼女は大学法学部卒の、若いながらも位の高い司法官であった。「フィデルの手を握ったら、それだけでもう彼のことを忘れられなくなるでしょう。（……）彼は強烈な個性の持ち主でした。（……）彼に話しかけられると私は抵抗できなくなって、その話に聞きほれてしまいました」[*19]

カストロは大衆、とくに女性に向けて話すコツを心得ていた。政治に関する発言自体は過激でも、鉄の論拠を話す声はビロードのように柔らかくなめらかだ。メルバ・エルナンデスによれば、「フィデルはとても低い声でした。彼は歩き回り、話しながら相手に近づくのです。言われたほうは、何か秘密の話をされているような気がしました」。やがてフィデルは彼女に読書についてのアドバイスをし、「ブルジョワ的」な哲学者の著作を読むよう勧めた。とはいえいつでも慎重さは絶対に必要だ。「自分の頭で考えるよう十分注意しなさい。心惹かれる論理を見つけることもあるだろうが、自分の知性によってそれに反対する必要もあるかもしれないのだから」

襲撃の三日前、フィデルはこの新しい参加者に近々行動を起こすことを知らせていた。「メルバ、持って行けるものを多少用意しておくんだ。とても嬉しいことがあるさ。私たちが行くところで、アイデに会えるだろうからね。とくにこれは忘れないように」。彼は花を詰めた箱を指さした。この中に銃を隠し入れるのだ。襲撃の前夜になると、事情が明らかになっていった。「私たちが制服にアイロンをかけ終わると、男たちは武器を持って訓練を始めました。アイデと私はフィデルのところに行って命令を聞きました。彼は私たちに、知らせが来るまで（……）待っているよう言いました。私たちは自分たちも一緒に行けるものと思っていたのでとてもがっかりし、脇にやられたような気がしました。私は抗議し、私たちも彼らと同じ革命家であり、女だからといって差別するのは不当だと訴えました。私に痛いところを突かれて、フィデルはぎくりとしていました」[*20]

女の望みはカストロの望みでもある。フィデルとラウル、アイデ、メルバは逮捕され、ピノス島にある厳重警備の刑務所に連行された。ふたりの女性はそこで忠誠心を乱暴なやり方で試された。特別残酷な伍長がある日ふたりの監房に入ってきて、まだぴくぴくしている人間の片目を見せた。「この目玉はおまえの兄貴のものだ。奴が口を割らなかった内容をおまえが白状しなかったら、もうひとつの目玉もくりぬいてやる」。何よりも兄を愛するアイデは威厳をもって答えた。「もしあなたにもう片方の目をくりぬかれても兄が話さないのだったら、私だって話しません」

次に伍長は彼女の腕にタバコを押し付けた。「おまえのフィアンセはもういない。奴もわれわれが殺してやったからな」。今度も彼女は冷静に立ち向かった。「彼は死んだりしません。祖国のために死ぬというのは、永遠に生きることなのですから」。こうした忠誠心に感動したフィデルは、彼女を完璧な女性だと思った。「キューバ女性の偉大さと尊厳がこれほどの高みまで達したことは過去に一度もなかった」[*21]

アイデは独房から、今や歴史上の人物となった男に対する愛情をさらに証明した。「何ひとつ正確には覚えていませんが、このときから私はフィデル以外の人のことを決して考えなくなりました。（……）残ったのは少しの血と立ち上る煙だけでした」[*22]

ミルタはこのヒロインには太刀打ちできず、妻の面会権もほとんど利用しなかった。とはいえ彼女は陰ながら、夫を助けるためなら何でもしようと心に決めていた。そこで彼女は、この一九五三年九月にフィデルに裁定を下す担当判事ニエトに働きかけた。「お願いですから、夫を殺すことだけはやめてください。どんな判決でも構いません。お望みなら一〇〇年でもいいですから」[*23]

一九五三年一〇月一六日、フィデルは裁判所に出廷し、後に世界的ベストセラーになる「歴史は私に無罪を宣告するであろう」という記念碑的な弁論を行った。つまり彼に禁固一五年を言い渡したのはニエト判事ではなく、おそらく歴史だったのだろう。ミルタは打ちのめされた。反逆者の夫は刑務所で自らの手についた血を洗うのだ。彼女は母ひとり子ひとりにされた。

郵便配達は一度しかベルを鳴らさないほうがよかった

フィデルは囚われの身ながら、「支持者」たちと何通もの手紙を交わした。彼は無遠慮なほど情熱的な手紙が災いすることなど少しも恐れず、ひとりの見知らぬ美女に熱っぽい手紙を何通も送った。その若い女性は有頂天になって、お返しに『お菓子と麦酒』というサマセット・モームの小説を送った。その本に一枚の写真をこっそり忍ばせるという念の入れようだ。それは、胸元の大きく開いたイブニングドレスを着て、少しでも美しく見えるような照明を浴びた自分の写真であった。フィデルは心の高ぶりを抑えることができなかった。政治のことしか書いていない手紙も何通かあったとはいえ、情熱的な手紙を幾度となくやりとりするうちに、激しい愛を求める彼の心に火がついた。

文通相手との微妙なバランス関係が崩れたのは、郵便の問題のせいだった。ミルタはある朝、恋に燃える文通相手に夫が書いた手紙を受け取った。いつも息子に対する教育について難癖をつけるくせに夫婦で決めるべき事柄には無関心なフィデルが、この手紙では優しく繊細なところを見せている。見知らぬ美女のほうは、ミルタ宛ての面白くもない手紙を読んでいた。「ミルタがどんな女性なのか、想像がつきます！　フィデルは彼女にはほとんど冷淡な、ユーモアのない手紙を書いているのですから……それに比べて私への手紙ときたら……」と彼女は得意になった。何者かがスキャンダルを暴きたてようと手紙を逆にして、正式な妻の内なる怒りを掻き立てたのである。

　手紙の相手の正体を突き止めると、ミルタの恨みは爆発した。自分が知っている女ではないか。彼女はフィデルの家族にこう知らせた。「私はこの屑のような女に、侮蔑的な言葉を浴びせてやりました。妻子ある男を追いかけるような図々しいことを、どうしてできるのでしょう。しかもこの女自身も、夫がある身なのです！[*24]」

　フィデルはこの女に宛てて書いた軽率な手紙を妻のもとに届く前に取り戻さなければならず、この役目を献身的なメルバ・エルナンデスに委ねた。翌日妻が面会にくると、フィデルはどんなことをしても許しを得ようとして、情熱的なときを過ごした。ミルタは夫婦の危機は去ったと確信し、珍しく夫と時間を共有したことに満足して、ピノス島をあとにした。しかし次の土曜日、ミルタはラジオ・レロッホのニュースを聞いて呆然とする。自分は賄賂を受け取ったためにバティスタ政府のポストから解任されたのだという。そういわれても、彼女は独裁者の黄金の宮殿に足を踏み入れたことさえ一度もないのだ。同じくニュースを聞いたフィデルは、すぐさま妻に手紙を書いた。「ミルタへ。ラジオのニュースで大臣がおまえの解雇を命じたと聞いた……。おまえが内閣に雇われていたとは、思いもしなかった」

　彼は妻に公の場できっぱりとこのニュースを否認するよう勧め、裁判で実の兄を攻撃すべきだとさえ言った。この策略の背後に兄がいるに違いないからだ。「断固たる行動をし、ためらうことなくこの事態に立ち向かうのだ。（……）おまえの苦しみや悲しみが大きいのは分かるが、私がお前を信頼し愛していることは、無条件で信じてほしい」。独房の奥で、訪ねてきたジャーナリストにフィデルは動揺した気持ちを打ち明けた。「私は自殺するつもりだと、ラファエロに伝えてくれ」

ミルタは窮地に立たされた。午後、彼女の兄と父親がやって来て、最後通牒をつきつけた。「悪ふざけはもう十分だろう、ミルタ。すべてを忘れて一緒に帰ろう。こうなったらもう家族か夫か、どちらか選びなさい」。あらゆる面で参っていた彼女は家族のもとに戻る決意をし、五歳になるフィデリトとともにキューバを発ってアメリカに避難することにした。これにはフィデルが猛反発した。「私は息子が一晩たりとも自分のもっとも嫌悪する敵と同じ屋根の下で眠ることなど考えたくもない。その無垢な頬に軽蔑すべきユダたちのキスを受けることなど、あってはならない」。ミルタとフィデルの戦いが始まった。

夜明けの約束

一九五二年三月一〇日、ナタリア・リベルタは全身黒ずくめの服装をした。とはいえ緑色の目をしたこの若妻の夫オルランド・フェルナンデス・フェレル医師が亡くなったわけではない。バティスタが政権を握ったというラジオニュースを聞いて、理想主義者の彼女は喪に服したのである。このクーデターに負けないぐらい急進的な反撃をしなければ。ナタリアはこの服装のまま鍵屋に行って家の合鍵を三つつくらせると、一つをオルトドクソ党党首に、二つ目を大統領候補者に、三つ目をフィデル・カストロなる男に送った。「最初のふたりからはすぐに返事がきました。彼らは明らかに感謝していました。でももちろん、フィデルからの返事はありませんでした」[*25]

自分の愛国的な考えを体現してくれそうな男を必死に探していた彼女は、学生デモのときに一度だけすれ違ったことのあるカリスマ的なカストロに興味をそそられた。それから約一年経った一九五三年一月のある午後、ようやくフィデルは暗黙の協力の申し出を受け入れ、リベルタ夫人宅の戸を叩いた。そこに現れた彼は完璧にアイロンをかけたズボンをはき、美しいキューバの伝統的なシャツ、グアジャベラを着ていた。ナタリアが廊下に姿を見せた瞬間、「ふたりは一目ぼれで何も聞こえず、何も見えなくなりました」[*26]

彼女は焼いたハムにパイナップルを添えてもてなした。この料理を彼は決して忘れないだろう。[*27]彼は自分の革命運動の計画を彼女に説明した。もはや野党の非暴力的な抵抗では駄目だ。バティスタは乱暴な形で権力を奪ったのだから、同じような形でそこから去るべきだ。ふたりが熱心に語り合っていると、オルランドが勤務先のクリニックから帰ってきたので、話は中断した。

夫は名うての理論家の話を少し聞くと彼の関心がどこにあるのかを理解し、ポケットに手を入れて一〇〇ドルほど出して、この雄弁な活動家に渡した。オルランドはカストロが血気盛んな妻の心をつかんだとみると、自分も同意見であることを示したほうが得策だと考えた。「もし必要なら、私をあてにしてくださって構いません」と、彼はこの細い口髭の男が立ち去る前に耳打ちした。

フィデルはナタリアの通うテニスクラブに招かれたが、行きはしなかった。クラブ通いはミルタのご機嫌をとるためにもう十分なほどしている。そこでフィデルのほうがナタリアを学生デモに誘った。彼女は指定された日の夕方、彼のいるストライキのピケにやって来た。フィデルは人波をかきわけて彼女を即席の演壇まで連れていき、その上から演説をした。彼女が反逆する興奮に酔いしれているころ、オルランドは病院で当直だった。ミルタにとってはこの晩も、ほかの多くの晩と同様、不安な夜であった。フィデルが夜遅く家に帰ると、ミルタはフィデリトのそばに付き添っていた。フィデリトは嘔吐がおさまらずに弱っていた。

それから数週間後、この留守がちな父親と仲間たちはナタリアの家を会合場所として使い始めた。アイデ・サンタマリアの家ではもはや頻繁な活動を隠しきれない。自分が女王様であるこの巣窟で、〝ナティ〟は濃密な暮らしを実感した。彼女は最初から、フィデルは闘争の中で殺されるのだろうと思っていた。そしてその疑いようのない死から緊張感が生まれ、自分は一種運命論者的な情熱にとらわれるのだろう。全体として彼らには計画があった。モンカダの駐屯部隊を奪取したら、マニフェストをラジオで発表し、その後全人民に配ろう。そこでナティはこっそり資料をタイプで打ち、自らコピーをハバナ中に配れるよう手はずを整えた。

フィデルが自ら読むはずの堂々たる演説の最初と最後に流す曲を選んだのも彼女である――ベートーベンの交響曲第三番『英雄』、そしてプロコフィエフ、マーラー、ベルリオーズ。彼女は自分の宝石を六〇〇〇ペソで売ったり、フィデルがちょっとした気まぐれを言っただけでも夫の貯金を引き出したりして、この友人に多大な援助をした。安全に夜を過ごせる部屋やひそかに移動するための車が必要になると、すぐさま小切手帳を取り出してその要求に応えてやった。

七月二四日の朝、未来の英雄はサンティアゴに向けて出発する前に、彼女に最後の指示を与えた。「明日の明け方までは家を離れるな。その時間に攻撃する予定だから、もしその前に君が捕まったら、われわれは全員態勢を整える前に見つかってしまう」。彼はイデオロギーを共にするこの献身的な仲間に対して、かつてないほど優しかった。「君と別れるのはとてもつらい。今ではもうすっかり親しくなったからね。われわれがどうなるかは分からないが、私が心の中で君を崇拝していることは知っていてほしい」。彼はさらに重要な任務を彼女に託した。もしこの戦いで自分が死んだら、ミルタとフィデリトの面倒をみてほしい。こうしたいきさつで、この一九五三年七月末に、ナタリア・リベルタはこの戦い好きな男に恋をしたのである。

日曜日の午前三時、ナティは神経が高ぶって眠りにつけず、タバコとブラックコーヒーで身構えて夜明けを待った。彼女は自分が誇りに思っているマニフェストを手渡さなければならない。その相手は政治家、野党議員、出版者、ジャーナリストの誰それと、頭の中で何度も繰り返した。しかし朝の一〇時、彼女はほかのカストロ支持者と同様、カリブの社会革命が失敗したことを知った。そこで彼女は地域の教会に駆け込み、狼狽した様子で聴罪司祭に不安を打ち明けた。それに対して司祭は、秘跡を受けるチャンスがないであろう友人たちの代わりに、彼女が受けるよう勧めるのだった。フェレル医師は妻が動揺しているのはその日の騒然たる事件にかかわってきたからだと直感的に理解し、妻の護衛役として運転手をひとり雇った。

しかし彼女が革命に対する義務感を失うことはなかった。自分が愛する男、けれどもまだ自分にとって未知な男の運命を思って彼女は苦しみ、頭の中に叩き込まれているリストどおり全員にマニフェストを手渡すことにした。そうした人々が彼の主張を擁護して、味方になってくれるかもしれない。このオピニオンリーダーたちは礼儀をわきまえた態度で彼女を迎えたが、収監された無能なアジテーターとは縁を切ってむしろ逃げ出したほうがいいと、アドバイスするのだった。フィデルのほうは緑の目の美しい彼女を手放す気はなく、牢獄からすぐに手紙を書いた。

「ナティへ

楽しいやりとりのはじまりとなった私の最初の手紙は、とても短いものになってしまった。あれ以上何も言うことはなかったのだ。私は誠実だったし、何の見返りも求めなかった。私は君に貸しではなく借りがあった。私は何も期待しないどころか、この身をすべて捧げてきた」[*28]

彼女は彼が好きなラドヤード・キップリングの詩の訳本を手に入れられるようにしてやった。そしてその力強い目が刑務所の壁ほど陰鬱でない風景を楽しめるようにと、万華鏡を送った。「彼が沈む太陽も空も木も見ることができないというのは、私にとってとても悲しいことでした」。独房の中にいても明るく過ごすにはどうすればよいか、ナティは知っていた。イタリア映画のリメイクや文学に関する記事、そして演奏会のプログラムなどを、次々に見せてやればよいのだ。それは俗物的なふたりのそれぞれの結婚の間に挟まれた、無垢な愛の幕間劇であった。彼らは当時大流行したロマン・ロランの小説『ジャン・クリストフ』をともに読んで、情熱的な若い音楽家である理想主義者の主人公について、また「調和」に至るまでに次々と主人公を襲う試練について、感想を述べ合った。ナティがこれぞと選んだこの本は、フィデルの琴線に触れるあらゆるものを備えていた。彼は平凡さや世界の無理解よりも孤独を好む主人公に、自らを重ね合わせた。彼女からみれば、ジャン・クリストフもフィデルも「精神的に傑出した存在」である。

ナタリアが何やかやと足りないものを補ってくれたので、フィデルは自分の妻との問題まで打ち明けた。「刑務所では無意味な問題とは無縁で暮らせるし、多少の安らぎも得られると、ミルタには伝えてある。私は裁判所に手紙を書いて、二五年ではなく一五年の刑に処したことを非難するつもりだ」[*29]。こうした手紙のやり取りを通じて、彼女はミルタはフィデルに向いていないと感じ、この夫婦の不協和音の中に自分が幸福を得るチャンスがあるような気がした。ミルタは明らかに彼を理解していないし、彼の分身にはなりえない。

それからは読書を通して、ナティは微笑み、緑色の目を輝かせた。「どのページにも、どの文章にも、どの単語の中にも君がいる。私はこの本の中に見つけた喜びをすべて君と分かち合いたい。それはつまり、君は私の心の伴侶であり、私は決してひとりではないということではないだろうか？」。フィデルは彼女の創意工夫や生き方を愛した。「私には君の身振りが見えるし、声が聞こえる。なぜ君はこれほど多くのことを知っているのか、教えてほしい」。ナティは妻ミルタとは正反対だとフィデルは感じた。とはいえミルタだって、ふたりが出会ったころには熱心に哲学に取り組んでいた。それが今では恐れも思想も武器も持たない女になっている。ナティのほうは、理想の男を見つけた気がした。輝かしくて純粋なこの男は、忙しくて無関心な夫とは大違い。「あなたが見ているのはありのままの人々であって、望む姿になっている人々ではありません」と彼女は彼への手紙に書いている。

ふたりで世界を征服しよう。「私たちは体系的に、実用的に、すべてを学ぼう。忍耐強く、冷静に、私はスペインやフランス、ロシアの文学の中でも最高の書物を選ぶとしよう。君は英文学について同じようにしてほしい。政府や経済、社会に関する学説など、味気ないが密度の濃い事柄は私に任せてもらう。君は音楽の受け持ちだ。君は思想は好きだろうか。私にはまだあと一五年ある。それらを実現するために必要な年月よりも、もっと長いわけだ」。すでに私利私欲のない愛情は征服と支配の夢に変化している。フィデルがブルジョワ的な彼女との食い違いに目をつぶらなければならないこともあるにせよ、このふたりが誰よりも共感しあっていることは、他の者たちに強い印象を与えた。クリスマスがやってくると、彼女はフィデリトのためにプレゼントを買ったと彼に手紙を書いた。ライトがつくラジコンの車、ケース入りのカウボーイとインディアン、そしてカバーオール。「おそろいで着られるよう、あなた用の大きいのも探しました」と彼女は無邪気に付け加えている。フィデルが権力の座に就いたらクリスマスを祝うことをやめるつもりだったことを、彼女は知らなかったのだろうか？

ナタリアはエッソで働いていたが、冬のあいだじゅう恋の歌を歌っていたため仕事のことをほとんど忘れていた。彼女の秘密の恋人と欠勤が同僚に知れ渡り、上司は内密の財務書類を整理する仕事は今後は別の人に任せたほうがいいと考えた。ナティは革命にくみしすぎていて公正にはできないと思われるからだ。

フィデルが独房からほかの女たちにもたくさんの手紙を送っていることで、彼女の嫉妬心は乱暴に試された。マメな手紙のやり取りを軽くは考えられないと、ナティは強く非難した。この怒りの嵐をフィデルは毒舌でせき止めた。「もし世界平和が君の双肩にかかっていたら、戦争になるに違いない」。彼は彼女に身を捧げると約束した。「この手紙はクリスマスの日に届くだろうか。君の気持ちが本物ならば、夕食の間じゅう私のことを忘れず、一杯飲んでは私のことを思ってほしい。そうすれば私は君とともにいる。愛する者は忘れないのだから」。お互いに永遠の愛を誓いあって、一年が終わった。

とはいえ年のはじめに、フィデルの心は孤独で押しつぶされそうだった。今度は彼のほうが嫉妬を感じていた。彼女は自分のいないところで、たぶんほかの男たちと一緒に過ごしているに違いない。「一九五四年二月二七日。親愛なるナティ。忙しすぎて短い手紙しか書けないなんて、言ってほしくない。嘘だ！　嘘だ！　それは私に対する残酷な復讐なのではないか」

恋する女はどぎまぎしたが、とはいえ彼女は従順な女ではなく、すぐさまこれに反発した。「考えてもみてください。あなたに手紙を書いているのは現代女性なのですよ。恐るべき女、原子力時代の産物であり産業革命後に生まれた女、自分の経済的自由を守るためには不思議にも事務仕事の奴隷にさえなる奇妙な世代の女なのです」

恋の駆け引きを進めようと、ナタリアは彼がよく知る女性と一緒に過ごしたと書き送った。彼の妻ミルタだ。「彼女は私にはいつも控えめですが、いつでも話すべきような問題をたくさん抱えています。でも誰が彼女を非難できましょう？　彼女は優しく、愛らしく、少なくとも私に対して無礼なことを言ったことは一度もありません。もしそんなことがあったら、もちろんあなたに言っているはずです。それとも、私は胸に秘めておくかもしれませんね」。好きな人をひどく怒らせるのは、愛を得るための確実なテクニックである。「私はエレガントな絹のドレスを注文しました」と書いたあと、彼女は「ナターシャ」と署名した。

しかし現実はまたべつものだ。ふたりは大人同士で、しかもどちらも既婚者である。文通など滑稽なメロドラマのエピソードのようなもので、フィデルの結婚が破たんしないほうが自分にとっていいことは、ナティにも分かる。ディアス・バラルト家の怒りを買うのは危険だ。とくにフィデルが結婚を解消したら、今度はオルランドが離婚を要求してくるだろう。そこで彼女はフィデルに、ミルタに対して「甘く、優しい」態度をとるよう助言した。「もし謝りの手紙をまだ書いていないのなら、今すぐ書いて彼女が多少とも感じているつらさや悲しみを晴らしてあげてください。お願いです。私のためにそうしてください」

彼女はミルタからの電話をこれまで以上に恐れるようになり、さらに細かい指示を出した。「お願いですから奥様に状況をはっきり説明し、あなたにとって彼女が大事な人であることを知らせてください。彼女は誤解しているのだと分からせてあげてください。私を不愉快な存在と思っている奥様の気持ちを、あなたに晴らしてほしいのです」。女の気持ちが分かる思慮深いナティは、妻の操作方法まで指南した。「ミルタは誇りを傷つけられたため、自分が今持っているものを守ろうとしています。(……)すべてはあなたの忍耐にかかっています。とくに、ぜひ落ち着いていてください」。今度は嘘つきの現場を見られた人のモットー。「私のことなど聞いたことがないふりをしてください。夫が一〇〇〇人の女に追われていても、夫が無視している限り妻は許します。でも男がその中でいちばん凡庸な女のことを褒め称えたら、妻の怒りは爆発します。私を弁護しないでください。自分への愛は変わっていないと思いさえすれば、奥様は満足するのです」。こうしてあらゆる努力をしたにもかかわらず、ミルタはその数カ月後に離婚を要求した。一九五五年五月、フロリダ州フォート・ローダーデール。ミルタは生活のためにふたつの仕事を掛け持ちした。レストランのウエイトレスと、私立学校のアルバイト教師だ。[*30] ハバナではナティが数時間後に迫ったフィデルの釈放を忍耐強く待っていた。彼女の結婚はスキャンダルにもめげずに続いていたが、筆まめな恋人の口封じはしなければならない。

母リナの助力が功を奏して、フィデルはピノス島で二一カ月過ごしただけで釈放と決まった。ナティは裾広がりの赤いスカートと、肩と細いウエストを露出した白いトップスという姿で、バティスタから恩赦を得た男をようやく迎えようとしていた。彼女はオルランドが疑念を持たないように夜明けとともに起き、バタバノ港に到着する彼を背筋を伸ばして待った。しかし期待が大きければそれだけ失望も大きいものだ。フィデルは自分の名を叫ぶファンの学生や大勢のカメラマンに取り囲まれ、予定外の記者会見まで行った。そしてフラッシュを浴びながら革命を約束し、それが終わると姉妹に付き添われて電車に乗って、首都ハバナに行ってしまった。よってこの日の再会はかなわなかった。

離れ離れだった情熱の月日の末、フィデルとナティはようやくハバナで再会を果たした。場所は姉妹が彼のために借りた質素なアパート。その後ふたりは愛人になった。しかし肉体的な愛だけでは彼をつなぎとめるのに十分ではない。やがてフィデルは刑務所での禁欲の日々を取り戻しにかかり、浮気を続けた。ある日の午後、妹のエンマは急に思いついて、学校が終わると兄の家に行くことにした。そんなことはしないほうがよかったようだ。彼女が見たのはソファに座るフィデルと、その足元にいる女。その女は明らかに彼をうっとりと見ている。この光景にエンマはぞっとし、走って逃げ帰った。翌日フィデルは妹を問いただした。

「おまえはどうしてあんなに無礼な態度をとったんだ？　あの人に背を向けたりして」

「夫がいて一家の主婦である女がお兄さんの足元に身を投げ出して見とれているなんて、正しいことだとは思わないわ」

「おまえは間違っている。私は紳士だ。私たちの間には何もない」

この弁解が習慣的に使われていたことは、ファニタの言葉から分かる。「ものにした女たちと一緒にいるところを私たちに見られると、兄はいつもそう言ってごまかしていました」。とはいえ嘘のかげにも真実は見えるもので、テーブルとベッドがひとつずつしかないアパートが、数週間のうちにハバナでもっとも有名な単身者用アパートになった。しかし釈放されて二カ月後、フィデルはハバナとナティから離れて亡命した。この年、ナティにはこれに加えてもうひとつ、驚くことがあった。妊娠したのだ。「私はおなかの子どもに、フィデルも私も待っていますよとは言いませんでした。私はそれが男の子であり、彼の不滅を示すひとつの形なのだと確信していました」

メキシコのナイチンゲール

一九五五年七月七日、ハバナ、ランチョ・ボイエロス空港。

フィデルはメキシコ行きの五六六便に乗ろうとしていた。フィデリトをメキシコシティまで連れて行くことはかなわなくても、せめて見送ってほしかった。何をしでかすか分からないこの父親に、子どもを力づくで連れて行かれては困る。そこでミルタは、ベビーシッター代わりに子どもに弁護士を付き添わせて監視することで合意した。機体を前にして、フィデルは最後に息子を腕に抱きしめ、いつか遠くからこの国に会いに来ると約束した。亡命の意志はあっても現地で何をするとも考えていないぐらいだから、この約束もまったくの思いつきで言ったようなものである。弟のラウルが待っているという以外、国際色豊かなメキシコシティに着いても、行く当てもなければ何の知識もない。ただ思いだけは変わらなかった。「ゲリラ活動」を続けること。

そんな状態とはいえ、メキシコがカストロにとって「一〇〇年の孤独」の地になるのではと心配するには及ばない。それどころか、彼が行くところどこでも、女たちは待ち構えているのである。

メキシカン・アパートメント

エンパラン通り四九番地でフィデルを迎えたのは、マリア・アントニア・サンチェスというキューバから亡命した女性だった。彼女はここにメキシコの反バティスタ勢力をすべて受け入れていた。この救い主のような後援者はプロレスラーと結婚していたが、今はいちゃついている場合ではなく、政治を考えるべきときである。一九〇センチの大男がやってくるというニュースはまたたくまに広がり、二日後にはこの「メキシコの宿」に小グループが集まって彼の話を聞いた。いつものようにその晩も、フィデルは夜八時から明け方までひとりで話し、ひとりで注目を集めた。

話を聞いていたうちのひとりである二七歳の青年は、フィデルに魅了された。アルゼンチンのアレルギー専門医、エルネスト・ゲバラである。アンデス山脈からメキシコまで革命を目指して放浪してきたゲバラは、祖国以外でカストロの弁舌の魅力の虜になった最初の犠牲者である。ふたりは一〇時間ぶっ続けで語り合った。ゲバラは熱狂する気持ちを抑えられず、女友だちにこう打ち明けている。「フィデルは偉大な政治リーダーだ。新しいタイプの控えめな指導者で、自分の行くべき場所を知っており、粘り強く堅固な意志を持っている（……）。彼は革命を起こすだろう。われわれは完璧に意見が一致した。彼のような男のためならば、私はすべてを投げ出せる」。[*31] この知的な「一目ぼれ」は強い結びつきへと変わり、ふたりの男は毎日のように会った。革命のために医師を必要としていたフィデルは、エルネストに仲間に加わって社会主義復権に向けて準備をしようと、ごく早い時期から誘いをかけていた。エルネストは社会主義をキューバだけではなく、ラテンアメリカ全体に確立したいと強く願っていた。

新たな友ゲバラは勤勉な男だったが、フィデルのほうは士気を保てなかった。モンカダでの失敗を勝利に変えることには成功したものの、ミルタとの離婚問題がうまくいかなかったからである。中心街の安宿に身を置いたフィデルは、マリア・アントニア・サンチェスと付き合うことで落ち込みがちな気分をまぎらわそうとした。彼女は昔日の面影を失った男と毎日食卓を共にした。

孤独の中、フィデルはメキシコ革命を勉強したりキューバ革命の計画を書き連ねたりして時間をつぶしていたが、幸いにもエルネストが寂しさから彼を救い出そうとしてくれた。仕事への意欲を取り戻させるには、若くて美しいお転婆三人娘がうってつけだ。事実ゲバラはペルーと中国の血が流れる現地の混血女性イルダ・ガデアのもとをたびたび訪れていた。彼女はベネズエラ人の女性詩人ルシラ・ベラスケスと共同生活をしていた。これに加えてもうひとり、イルダの友人でニカラグア人の政治学者の娘ミルナ・トレスもいた。ゲバラと親しいこのおかしな女性グループは非常に団結していた。[*32]

エルネストはある晩、この同志たちの家で夕食会をしようと提案した。しかしフィデルが時間を過ぎても来ないため、三人組のひとりルシラは待ちくたびれて怒り、自室に上がってしまった。遅刻者がようやく到着すると、ふたりの女性はルシラを呼び戻そうとした。彼女の詩をいくつか選んで、フィデルを楽しませてほしい。「でも彼女に下りてくるよう言うことさえはばかられました！」とミルナは言う。「私の詩なんか発表されてから読めばいいでしょう」とルシラは自室から怒鳴った。

　ひとりぐらいいなくても構わない。フィデルはふたりの仲間に強い印象を与えた。「彼は若く（……）、晴れやかな顔色をし、背が高く、がっしりした体つきでした。漆黒の輝くような髪にはウェーブがかかり、口髭をはやしていました。身のこなしが軽やかで敏捷で、自信に満ちていました。彼はいわゆるリーダー然とはしていなかったので、ブルジョワの素敵な旅行客だといえば十分とおったでしょう。とはいえ話をするときにはその目は情熱的に輝き、革命への熱意が感じられました」とミルナは記している。

　夕食会が終わると、心を奪われたミルナは彼と近づきになりたいと思った。「私はエルネストに、フィデルは女の人をそばに置かないのかしらと尋ねました。彼は私をまじまじと見るとすぐに意味を理解し、『たぶん君みたいな女性をね。でもとても難しいだろうね。どうして直接彼に話しかけないんだい？』と言いました」。そうは言っても彼女にはその勇気がなかった。イルダのほうはこの雄弁なキューバ人をもっといぶかしげに見て、挑戦的な態度をとった。

「あなたのいるべき場所はキューバのはずなのに、どうしてこんなところにいるの？」

「実にいい質問だ。説明するとしよう[*33]」

　説明は四時間続いた。これが終わるとゲバラのフィアンセも納得し、武力闘争に加わる決意をした。その数日後、頭の中でまだカストロの言説が回っていたゲバラは、若き恋人とふたりの将来の話をしているときに、とても真剣に聞いた。「キューバ人たちが抱いている気違いじみた考えについて、君はどう思う？沿岸砲兵隊が完璧に守っている島に侵入するなんて」

　イルダには婚約者が何を聞きたいのか、手にとるように分かった。準備途中のミッションに参加すべきかどうかということだ。「私たちが離れ離れになることで何か問題が生じるかもしれないことは分かっていましたし、信じがたいほどの危険を伴うものであることも分かっていました」。しかしイルダはこの男を自分のために引き留めておくことはできなかった。「間違いなく、まったく馬鹿げた考えだわ。でも私たちはそのためにやらなければいけないのよ」とこの果敢な女は答えた。エルネストは喜びを抑えられず、彼女にキスをした。「分かった。ただ僕は、君が何と言うか知りたかったんだ。僕は遠征隊に加わることにする。今はまだ計画の段階だが、まもなく訓練を始めることになるだろう。僕はそこに医師として参加する」。愛する女性の賛同を得てほっとしたゲバラは、彼女と永遠に生涯をともにする決意を固めた。

これまでふたりは将来の結婚生活を別な形で思い描いていた。彼が寄生虫学の講座をとったら、ふたりでヨーロッパと中国を訪れよう。彼女が小さいころから夢見ていたインドにも。しかしもちろんこうした計画はすべて、フィデルと出会った晩にとっくに消えていた。このイデオロギーの結婚の日、一夜にしてエルネストにとってイルダの計画よりもフィデルの計画のほうが重要になったのである。

〝チェ〟の妻

エルネスト・ゲバラとイルダ・ガデアの恋は、始まりからして幸先のよいものではなかった。一九五三年一二月二〇日、グアテマラで、若きペルー人女性は二五歳のアルゼンチン人医師を迎えて面倒をみることになった。彼はボリビア革命を目の当たりにしてきた、政治亡命者である。ボリビアでは民族革命運動党が民主主義を大きく推し進めたものの、土着インディオをなおざりにしていた。それを見てゲバラは新体制を公然と非難し、闘争をグアテマラから続ける決意をしたのである。大半がインディオのグアテマラは当時抜本的な社会改革の段階にあり、多くの活動家が集まっていた。イルダは社会主義のために戦う熱心な闘士で、極左の人々と多くのつながりを持っていた。彼女はまたトロツキーを信奉する鍛え抜かれたマルクス主義者でもあったが、一方エルネストのほうは詩に熱中する夢想家で、現実の政治にはそこまでかかわっていなかった。

この若い混血女性はゲバラに関心を持った。「彼はかなり青白い顔をしていました。濃い褐色の髪がその顔をとり囲み、燃えるような黒い目が美しい顔立ちを際立たせていました。（……）声は威圧的でしたが、見たところ虚弱そうでした。（……）まなざしは知的で鋭く、発言は的を射ていました」。この最初の出会いで、彼女は彼について「表面的でエゴイストでおどおどしている」という印象を持った。その判断が変わるのは、友人からゲバラは他人に助けを求めるのが大嫌いで、初対面の日にはひどいぜんそくの発作で苦しんでいたと聞いてからであった。たしかに人間味のある理由ではあるが、イルダはこのとんでもない男とは距離を置こうと思った。

エルネストはこの若い女性に心を奪われた。彼は定期的に彼女に電話をし、三日に一度は彼女が住む大統領府の真後ろの小さな下宿を訪れた。一九五四年三月半ばのある夕方、ゲバラはイルダが部屋にひとりでいるのだろうと思って電話をかけた。しかしそのとき彼女は、ちょっとしたパーティをしている最中だった。それを知ると、ゲバラのもったいぶった声があからさまに厳しい声に変わった。彼は事情をはっきり知りたいと思い、判断を下すためにその場に乗り込んだ。自分が数カ月前からものにしたいと思っている女がダンスをしている！　彼はイルダを部屋の片隅から観察し、ついに嫌味っぽく言い放った。「君がこんなに軽薄な女だとは思わなかったよ……。君は本当にダンスが好きなんだな！」。向う見ずな彼はそれでもプロポーズの言葉の入った詩を書いて彼女に渡した。このかなり不器用なやり方からして、ゲバラは本当に女についてはなにも知らないようだった。「それは深く心に響きましたが、でも私はたいして感激した様子は見せられませんでした。というのも、同時に彼は病院の看護婦とも関係を持っていると言ったからです」。よって返事は辛辣だ。「私は彼に、その看護婦さんが好きならその女とどこかに行けばいいと言ってやりました」。エルネストは彼女のむっとした顔を面白がって笑った。その愛人とは別れると約束するから自分の恋人になってほしい、看護婦の話は「彼女の反応を試す」ためのただのいたずらだったと、彼は大胆な弁解を口にした。愛のかけひきは彼の勝ち。イルダはついに降伏し、自分の気持ちを打ち明けた。とはいえ彼女は結婚はまだできないと感じていた。彼女にとっては政治闘争がすべてだったからである。負けを知らないエルネストは説得力のある論拠を持ち出した。マルクスとレーニンによれば、結婚は決して闘争を妨げるものではない。それどころか彼らの妻は、夫の闘争を支えたではないか。

一途なエルネストはイルダをたびたび軽い食事や映画——もっぱらコメディー——に誘った。『ロミオとジュリエット』のソビエトバレエ版を見たときには、見終わると腰を落ち着けてシェイクスピアの普遍性について語り合った。しかしこうした学生のような友情が実現するのは、メキシコに行ってからのことである。ここグアテマラは改革によって均衡を見出したように見えていたが、ゲバラが到着して六カ月後の一九五四年六月二七日、ＣＩＡがハコボ・アルベンス大統領を失墜させた。これによって今度はこの国が弾圧状態に陥り、各国から来ていた政治的アジテーターの大量検挙が計画された。

エルネストはメキシコに逃げ、彼女にも自分のもとに来るよう何通も手紙を送った。イルダはしばらくして、メキシコシティにやって来た。そこで彼女はベネズエラ人の若い独身女性ルシラ・ベラスケスと知り合った。実家から離れたふたりの独身女性は共同生活を送ることにして、すぐに一緒に住む小さなアパートを見つけた。ここにはしばしばエルネストもやってきて、街頭写真家として遭遇した出来事を話してふたりを楽しませた。彼はルシラとは詩を読んで楽しい時間を過ごしたが、とはいえいつも最後には革命の話になるのだった。

一九五四年一二月三一日の夜、ルシラはイルダとエルネストを大晦日のパーティに招いた。彼は仕事があるからと言ってこれを断り、その夜は午後九時から一〇時までふたりと夕食をするにとどめた。イルダは彼がこのパーティを欠席するのは無関心の表れだと解釈し、別れを決意、自分は何があっても友だちが開くダンスパーティに行くと、身じろぎもせずに彼に伝えた。「いいだろう、問題はない……。ルシラと行きたまえ」。これが唯一の返事だった。「そのため私はいっそう傷つきました」と彼女は回想する。彼女はダンスの合間に、ベネズエラ人の詩人と知り合いになった。横柄なアルゼンチン人よりもずっと配慮のある男性だから、翌日のデートの誘いもオーケーした。しかし浮気が実現するには時間が足りなかった。朝九時にエルネストがドアを叩いたからである。昼食を終えると、彼は新年のプレゼントとして緑の革綴じの薄い本を差し出した。そこには特別の献辞が書かれていた。

「イルダへ。いつか僕たちが離れ離れになっても、僕の希望と来たるべき闘争の神髄は君のもとにとどまりますように。

エルネスト、一九五五年一月」

今度こそ彼女は心から感動した。ルシラが出かけると、ふたりは「非常に個人的な活動」に身をゆだねた。いさかいがあったことなどすっかり忘れ、彼女はプロポーズを受け入れた。条件はグアテマラで初めて出会った日からちょうど一年後の三月に結婚すること。「君って奴は！　どうしてきっかり一年後でなければいけないんだい？　今だって、今月末だっていいだろう！」と、勝利を手にした気分の彼は楽しそうに言った。それなのにエルネストときたら、イルダの家に自分が訳しているアインシュタインの薄い本を忘れていった。しかも本に挟まっていたのは水着姿の若い女性の写真。「それが誰なのかは知りませんでしたが、私ではないことだけはたしかです」とイルダは怒って記している。熱が冷めた彼女は粗忽者に写真を返し、もう本当に終わりだと告げた。しかし今回もまたエルネストの悪ふざけは仲たがいには至らず、八月初旬にイルダは妊娠した。結婚を先延ばしにする理由はもう何もない。

ベスト・フレンズ・ウェディング

一九五五年八月一八日、テポツォトラン村。フィデルはエルネストと婚約者イルダの結婚式の立会人をした。この心温まる内輪の式に出席して新夫婦に見とれた人の中には、フィデルが出発直前に新しく組織した「七月二六日運動」の旗の下に集まった何人かの亡命者も含まれていた。フィデルがいそいそとやって来たのは、無礼な女流詩人ルシラ・ベラスケスの存在があってこそであった。この日フィデルがいに仲介役を期待していた。幸せいっぱいのエルネストは、式から戻ると集まった人々のためにロースト肉の準備をした。フィデルとルシラの関係は、これまでよりははっきりしたものになった。

再会の機会がようやく訪れたのは一〇月。ゲバラ夫妻はアメリカに発つフィデルのために、お別れの夕食会を開いた。イルダはペルー料理を準備し、ルシラはベネズエラ料理を添えた。革命初期の友人メルバ・エルナンデスも招待された。フィデルは料理の名人たちを褒め称え、パーティをにぎやかにするレコードを夢中になって聴いた。こうして彼が若い女性に無関心そうに見えたことが幸いしたらしい。

イルダによれば、「ルシラはフィデルにとても興味をそそられていました。ふたりの間には必ず何か起こると私たちは考えていました。というのも、彼女に会ったあと、ふたりは何度も一緒に出掛けていましたから。でも彼は政治のことでとても忙しくなったので、それ以外の問題はすべてなおざりにしていました」。イルダはいたずらっぽくこう付け加える。「それとも、彼にはほかにも何人か恋人がいたのかもしれません」

夜がふけるにつれルシラはもっとあけっぴろげになり、親友にこう聞いた。「ねえ、イルダ、あなたはどうやってエルネストをつかまえたの？」。その大胆さに皆が爆笑した。何が言いたいのかを誰もが察知し、ゲバラが自らこの質問に答えた。「つまりこういうことさ。僕は刑務所に連れて行かれるところだったけれども、彼女は僕の居場所を教えようとしなかった。しかも僕の代わりに刑務所にまで入った。だから感謝の意味で、彼女と結婚したのさ」。この冗談に再び爆笑が起こった。皆に受けたことに気をよくして、エルネストは言葉を続けた。彼はイルダのほうを向いて、おごそかに聞いた。

「ところで君のほうは、誰が恋人なの？」

「あなたよ」

「もちろん僕だ。僕は永遠に君の恋人だ。それを忘れないでくれ」

ゲバラとカストロという固く結びついたふたりが会うたびに、フィデルとルシラの仲も急速に進んだ。ルシラはふたりの男の深い絆を感じていた。「チェがいなければ、フィデルは決して共産主義者にはならなかったでしょう。そしてフィデルがいなければ、チェはマルクス主義の理論家、理想主義のインテリのままだったでしょう」[*34]

フィデルとルシラの関係は理想的なものにもなりえそうだったが、フィデルはこの逃亡先にいても、妻との問題にさいなまされていた。楽しい夕べから数週間後、彼はメキシコのアメリカ大使館で観光ビザを取得し、アメリカで新たに資金集めをしようと準備にかかった。その際ニューヨークに行く途中にマイアミを経由して、ミルタとフィデリトに再会しよう。彼女とは二年ぶりだ。おそらく顔を合わせれば、ふたりを離れ離れにした賄賂の暗い事件についても明らかになるだろう。「政治的に操られたのよ、フィデル、信じて」とミルタは懇願した。「家族がこの状況を利用しようとして、私はその陰謀の犠牲になっただけなの。ずっとあなたを愛しているわ」

　数日のうちにフィデルはそれまで最愛の人だった女性とよりを戻し、再びメキシコで一緒に暮らそうともちかけた。ミルタはためらう間もなく了承し、彼の長旅が終わったらすぐに彼のもとに行くと約束した。[*35] 一九五五年一一月二〇日、マイアミのフラグラー劇場で、フィデルは大勢のキューバ人亡命者を前に熱弁をふるい、自分を救世主のように見る人々に、夫婦の戦いの賜物を誇らしげに紹介した。六歳になる息子、フィデリトである。

　メキシコに戻ったフィデルは有頂天だ。「ミルタと私はお互いによく話し合った。家族の犠牲になったと言う彼女を、私は信じる。私はずっと彼女を愛していた。どんなことがあっても、彼女ともう一度結婚するつもりだ」。しかしハバナから、もうひとり過去の女が彼の人生に入り込んできた。ナティ・リベルタ。彼女は手紙で、フィデルは父親になると知らせてきた。数カ月も前から連絡もしていない女の筆跡を見て、フィデルは息を呑むほど驚いた。とはいえ子どもが生まれるのは嬉しいことだ。「彼は男の子を望んでいました。自分の思ったとおりに教育できる男の子です」[*36]

　ミルタは来なかった。フィデルはナティにメキシコに来ないかと誘い、彼女にも結婚を約束した。しかし彼女は受け入れることはできなかった。夫がいて妊娠しているのに、すべてを捨てて激情的な愛人のもとに走る女がいるだろうか？　しかもフィデルには黙っていたが、彼女の妊娠は母子どちらにとっても多くの危険を伴うもので、出産まで絶対安静にするよう医師に命じられていた。

　一九五六年三月一九日、彼女は女の子を産み、アリナと名付けた。つらい出産から回復すると、すぐに彼女はフィデルに手紙を書いて、この嬉しいニュースを知らせた。そして母親と一緒にシャンペンを開け、子どもの輝かしい未来のために乾杯した。メキシコにいるフィデルのほうは、それほど即座に祝杯をあげなかった。彼は子どもではないのではないかと心配し、自分の子であるしるしが赤ん坊の体にあるかどうかを調べさせるために、急遽姉のペルフィディアことリディアをリベルタ家に送り込んだ。友好的な訪問ではなかったものの、ナティは初めて認知されたことをとても喜んだ。

「赤ちゃんをなんと名付けたの？」

「アリナです。この子のおばあちゃまと同じ、ア・リナです」

「見せてもらえますか？　フィデルからよく見てくるよう言われたもので」

リディアは赤ん坊を眺めまわした。その腕を注意深く観察すると、カストロ家のしるしが見つかった。「少なくともここに、三角形に並んだ三つのほくろがあるわ」。それから子どもを腹這いにして左足を触った。もはや疑いはない。「ひざの裏に染みがある。この子はカストロ家の子だわ」

ナティは口には出さないものの、勝ち誇った様子だ。こうして母親を正式に認知すると、密使は小箱を差し出した。「さあ、フィデルからのプレゼントよ」。ナティにはメキシコの銀のブレスレット、子どもにはプラチナの小さなイヤリング。とくに意味のない気配りだったかもしれないが、ナティにとっては愛の希望が見えた思いだった。

メキシコでフィデルが毎日待っていたのは、しかしミルタからの知らせであった。束の間の仲直りから一年経った一九五六年一〇月、ミルタ・ディアス・バラルト再婚という公示がハバナの日刊紙に掲載された。フィデルは悲しみを怒りで隠し、話を聞きにきた人にわめき散らした。「あの女には今後決して私の名前を使わせない。絶対にだ。ミルタのしたことは裏切りだ！　立派な裏切りだ！」。フィデルは再び姉妹のひとりを使者として送った。ミルタはパリに新婚旅行に出かける前に、フィデリトをメキシコに行かせることを承諾した。*37

監獄ロック

フィデルは信じられなかった。自分たち反逆者の中の反逆だ！　どう見ても誰もが彼を裏切ろうとしている。今回彼を見捨てたのは兵士のひとり。彼に従ってきたこの哀れな農民は、ほかの仲間と同様何の不満ももらさずに、フィデルが数カ月前から小グループに課してきた数日間の強行軍に黙って耐えてきた。石の上に座って静かにタバコを吸うこの男は、しかし疲れ果ててこれ以上進むことを拒否した。ミルタに裏切られて以来、フィデルは男たちに一段と厳しい軍事訓練を強いてきた。しかし革命を目指す仲間から離れようとする連中にこそ、警戒すべきだったのだ。

フィデルはこの男のやる気のなさを見て、大義に反するとして即座に裁くことにした。「投獄」され、「法廷」に立たされたこの裏切り者は、疲れ果てたという以外、なかなか弁明ができなかった。フィデルのほうは革命に必要な究極的な訓練について延々とまくしたて、従わない者は死すべきだと死刑を要求した。検事役のラウルも兄の背後から、裏切り者を処刑するようほとんどヒステリックに主張した。結局この男の命は仲間の寛大さによってかろうじて救われた。警察に捜査に入られてはまずいという理由もあってのことだった。

絶対的な純粋さを求めるフィデルのふたり目の犠牲者になったのは、当初の愛人メルバ・エルナンデスであった。この軽率な女はある日、フィデリトが同じ部屋で遊んでいるときに、チェを批判するという愚行をおかした。少年は彼女の言葉を一つ一つ覚えていて、それを全部父親の前で繰り返してみせた。そのためフィデルはメルバを「陰謀を企てた」として私的な裁判にかけた。裁きは夜九時から朝七時まで行なわれ、容疑者の弁明を聞いたものの、全員一致で有罪判決が下った。メルバにはしかし最高の免責事由があった。女だという理由で銃殺を免れたのである。「とはいえ気をつけろ。今後メルバはわれわれのあらゆる計画から排除する」とフィデルは決定した。

判官贔屓

一九五六年七月二一日、メキシコ。

キューバから亡命した女性、テレサ・カスソは、若いキューバ人グループが町の移民拘置所に拘留されたというニュースを朝刊で知った。彼らは遠征と称するものを実行してキューバをバティスタ政権から解放しようと、大牧場で訓練しているときに捕まったのである。このニュースを見つけて、弱い者の味方をするのが好きな理想主義者テレサは、満面の笑みを浮かべた。勇気いっぱいのこの男たちに会いにいこう。しかし面会は許可されていない。テレサは一緒に住んでいる若い女性リリアが外泊から帰るのをいらいらしながら待った。幸いリリアにいい考えが浮かんだ。翌日反逆者たちの写真を撮りに拘置所に行くカメラマンと、一緒に夜をすごせばいい。

拘置所に着いたリリアはその優美さをふりまいた。彼女はファッションモデルのようで、「まつ毛にはマスカラを塗り、深緑の目は幅広に引いた黒いアイラインで強調して、本人に言わせると〝イタリア流ファッション〟で決めていました」[*38]。金色に光る髪にはウェーブをかける念の入れようだ。テレサのほうは「数カ月ぶりの」ワンピースを身に着けた。こんな姿のふたりを、五〇人ほどのキューバ人が拘置所の広い中庭で迎えた。ひとり目立つ男がいた。「彼は気品があり、誠実で毅然とした印象で、まるで大きなニューファンドランド犬のようでした」。ふたりの女性の注意を引いたのは、その動物的な姿だけではなかった。「彼は並外れて穏やかな様子で、信頼感と安心感を醸し出していました」。彼女たちには、囚人服姿の彼が本物の紳士のように思えた。「声は落ち着いていて、口ぶりは重々しく、態度は優しく礼儀正しいものでした。サラブレッドのように首をゆする癖があることに、私は気がつきました」

フィデルはふたりの素晴らしいキューバ人女性が時間を割いて来てくれたことを光栄に思った。自分の失敗を強みに変え、本質を見失わないのがフィデルである。「彼は私にメンバーをひとりずつ紹介する間、リリアのほうに長いこと目くばせしていました。威厳ある姿をしながら、若い女の魅力に惹かれた青年が誰でもするようなことをしているので、私は内心おかしくなってしまいました」。彼にとっては残念なことだが、若きリリア・アモールは男からちやほやされるのに慣れていて、彼に関心を向けられても何の興味も示さなかった。

そんなことはどうでもいい。そんな侮辱を忘れさせてあげたいと思う女はいくらでもいるのだから。拘束された男たちの中に、タートルネックの大きなセーターに首をうめたエルネスト・ゲバラがいた。彼は医学書を熱心に読んでいた。テレサは〝ドクター・ゲバラ〟に強く惹かれ、彼と楽しい話をしたいと思った。しかしまさにそのとき、突然「インディアンのような顔立ちの太った女」が彼女を遮った。イルダと娘のイルディタも捕まっていたのである。〝チェ〟はすぐに夫かつ父親の顔になり、テレサにフィデルと話しに行くよう促した。しかしすでに面会時間は過ぎており、テレサはフィデルに名刺を渡すのがやっとだった。彼女は彼に、もし援助が必要であれば彼女の家を自分の家のように思ってほしいとだけ言った。

その二日後の午後五時、テレサ・カスソがドアを開けて家に入ると、客間のソファにフィデル・カストロが座っていた。彼は非難するように頭を振った。もう一時間以上も待ったと言う。その埋め合わせとして、彼は午後一一時まで話し続けた。この六時間で、テレサは彼の顔や言葉づかい、表情をじっくりと観察し、この男はキューバを解放するに違いないと確信した。その日フィデルは何ひとつ要求せず、ただ一五歳年上のこの女性の意見を知りたがった。これまでの何年もの経験から、テレサはこの「ナイーブな男」は激情以外たいして戦略を持っていないと感じた。「私はキューバを解放するには別の計画を考えるべきだと説得しようとしました。けれども最後には、私のほうが彼に説得されてしまったのです」。彼女のためらいを追い払ったのは、言葉以上にその「子どものような純粋さ」であった。フィデルはリリアがいないことを残念がり、会話を引き延ばして彼女の帰りを待った。彼がようやく帰るころにはテレサは夢見心地で、愛国心に燃え、彼の言葉に高揚していた。

翌日フィデルはひとりの仲間とともにまたやってきて、「ほんの二つか三つのもの」を預かってほしいとテレサに頼んだ。自分がどんな危険にさらされるのかも分からないまま、彼女は彼を上の階に連れていき、寝室の押入れを一つ開けた。スペースが足りるか尋ねると、「十分だ」と彼は安心したように微笑んで言った。数時間のうちに、「気もそぞろに、急いで、魅力的に、彼は私の家を占有してしまいました」

その晩、フィデルは本物の武器と一〇人ほどのゲリラ兵を連れて戻ると、彼女が見たこともないような弾薬や武器でスペースを埋めていった。七台のライトバンいっぱいに詰め込んだ連発拳銃、ピストル、光学照準器付きのカービン銃、銃剣。リリアは近所の人たちにちょっとしたパーティを開くのだと思わせるために、オーディオの音量を上げた。兵士たちは装備一式を下すと家を出て行ったが、フィデルは少し残って夜を過ごし、もっと甘美な音楽をかけて彼女と話をした。

テレサが眠りにつこうかというとき、何かが壊れたような、けたたましい音がして目が覚めた。押入れの床が武器の重さに耐えきれなかったのである。そのため彼女は刀身や銃床の間から自分の服をかき集めるとともに、発射されるのを待っている約三〇〇〇の薬莢を整理し直さなければならなかった。客間では、かつてないほど頭の冴えたフィデル・カストロの前で、リリアが眠っていた。

若くてぴちぴちした一八歳のリリアは、目を見張るほど美しかった。彼女はテレサにとって娘のようなものであった。リリアはクラシック、とくにバッハ、ヴィヴァルディ、モーツアルトには親しんでいたものの、ポピュラーソングについてはびっくりするほど知識がなく、〝テテ〟をいらだたせた。テテは毎晩自分が働くレコード屋から新しいレコードを持ち帰り、スペインやフランス、メキシコの愛の歌でリリアをうんざりさせた。テレサはまた、男の熱烈なキスを受けたり、頬と頬をつけて踊ったりするのがどんなに心地よいものか、何時間も語ることもあった。

リリアを夢の神様にまかせて、フィデルは翌日発表するつもりの記事の口述を始めた。その記事の中で、彼は自分のことを〝もっとも優れたリーダー〟〝偉大なる指導者〟と呼んで大げさに褒め称えた。テレサはそれを思いとどまらせようとし、やりすぎはよくないとアドバイスした。「彼は当惑した様子でしたが、その後いつものような態度に戻って、大衆にひとりの人間に対する信頼感を吹き込むのは重要なことなのだと説明しました。自分も嫌だけれども、必要なのだと……」。この日から、フィデルと仲間たちはテレサの家に好きなように出入りするようになった。たとえとんでもない時間であっても。

週を追うごとにリリアとフィデルのロマンスは花開いていった。彼女の生来のそっけなさに、この地下活動家は惹かれると同時にいらだった。フィデルは人に逆らわれることに我慢がならない。彼はふたりの女を趣のあるレストランに連れて行ったが、日が暮れるとテーブルにテテひとりを残してリリアと姿を消した。

八月一三日、フィデルの三〇歳の誕生日。献身的な同志テレサはこの押しの強い反逆者に高価なプレゼントを贈った。ドイツ製のシェーバーである。「禿げに櫛を与える」という表現に、これ以上ふさわしい光景はないだろう。フィデルはもらった唯一のプレゼントだと言って喜び、いずれ使う日のために大事にとっておくと言った。テテは無用なプレゼントを贈っただけではない。彼女の人脈のおかげで、フィデルは一九五二年にバティスタに倒されたキューバのカルロス・プリオ・ソカラス元大統領と会い、将来反徒たちが遠征する際の資金調達について交渉することができたのである。これはテーブルに就く前から成功が決まっている交渉ではなかった。なぜならフィデルはかつてこの「汚職」政治家の殺害を呼びかけて、処罰を受けていたのだから。合意が取り付けられると、テレサはカルロス・プリオの寛容さを称え、今後彼は自分の「一番の友」だと宣言した。この賛辞にフィデルは怒った。「じゃあ私は何なんだ！　二番目だと言うのか？」。何においても常に自分が一番でないと気が済まない男だ。

フィデルとリリアはいつもプールで会って一緒に泳ぐのが習慣になっていた。彼女はチャプルテペックにあるクラブの水中バレエチームの一員であった。若い女性たちは水着メーカーのカタリナから、フランスの有名店がデザインした水の中に入るとキラキラ光る小さなビキニをもらっていた。フィデルは若い愛人がこの輝く水着を着て更衣室から出てくるのを見ると、危うく息がつまりそうになった。そして次のデートのとき、彼は彼女に包みを差し出した。「気に入ってもらえると嬉しいんだが。これが最新のものだと言われたものだからね」。彼女は恨めしく思った。肌をできる限り隠すようなワンピース型の水着。メッセージは明らかだ。

テテが厳しい交渉を行なっているころ、フィデルはリリアに結婚を申し込んだ。彼は人の心をとらえるコツをつかんでおり、彼女に真新しい洋服一式とフランス製の大きな香水瓶を贈った。

しかし結婚という新計画が生まれたからといって、キューバへの上陸計画を忘れるはずはない。この九月、フィデルがフィアンセのそばで過ごしたのは毎日数分にすぎなかった。このはっきりしない一カ月が過ぎたころ、彼女は命の危険を冒してまでその軍事作戦に参加する気など自分にはさらさらないことに気がついた。彼のほうは虚栄心をくすぐれば彼女を引き留められるのではないかと、軍の仲間の前で彼女を〝未来のキューバのファーストレディ〟と呼んだりもした。

翌朝、リリアは旅に出るような服装をしていた。傍らには小さなスーツケース。彼女のかつてのフィアンセがすぐにでも結婚したがっていたのである。リリアはテテからフィデルに自分の決心を伝えてもらった。冷水を浴びせたようなものだ。しかしカストロはこの知らせを模範的なほど冷静に聞き、今回も失敗を勝利に変えた。「彼は私に自分の手を触らせて、冷たくもないし震えてもいないことを確かめさせました。彼は、リリアは自分とは合わないことは分かっていた、これでよかったのだと言いました」とテテは回想する。このデモンストレーションは電話のベルが鳴って中断された。リリアは空港まで行ったものの、最後になって迷いが出たらしい。フィデルは受話器を取り、ただ最後にひとつ頼みがあると言った。彼女が知っている秘密を、決して話さないでほしい。翌日彼女はかつてのフィアンセと結婚した。

悪の華

リリア《百合》・アモール《愛》はスミレの香水を置いてテレサ・カスソの家を出て行った。花への愛情を偽名にした女は、とりわけ自身の本当の身元を一緒に運び去ってしまった。そのとき以来、歴史上にはこの偽の名前でしか、フィデル・カストロの求愛を拒否した唯一の女性のことは残されていなかった。しかし彼女は今、テテが語らなかったメキシコでのアバンチュールの内幕を、筆者に明かしてくれた。

「私はイサベルといいます。これも悪くはないですが、私はクレリヤという名前のほうが好きでした。スタンダールの『パルムの僧院』の登場人物と同じで、従順で控えめで、愛情にあふれているという女らしさの典型ですから」[*39]。逃げ去った女はつまりイサベル・クストディオという名前であった。スペインのブルジョワ階級出身で、ファシストと共和国派との戦いを避けて家族でメキシコに行き、そこで哲学を学んだ。彼女はフィデル・カストロに愛されたいきさつを、ほとんど完ぺきなフランス語で話してくれた。

テテもまた、自分自身のすべての秘密を明かしてはいなかった。メキシコに亡命する前はキューバで女優をしていた経緯があり、イサベルの父親の不敬虔な社会劇にも出演していた。つまりふたりはまったく違う生活を送っていたわけである。「テレサは庭とプールのあるベダドの家に住んでいました。犬が二匹、女中が六人、車が二台。そしてダイヤモンドをはめ込んだたくさんの腕時計。でも子どもはいませんでした」。この不足部分を埋めたのがイサベルであった。彼女は運転手つきのテレサの車に乗り込んでは、マレコン通りの店を一緒に回った。テテは彼女が望むものはなんでもあげるつもりだった。「でも私がいちばん気に入ったのは、彼女と、彼女の香りと、象牙の大きな煙草入れでした」。こうして彼女はメキシコまでこの完璧な女性を追いかけ、一九五六年にふたりはメキシコシティで一緒に暮らした。しかしイサベルはこの友に対して「不作為の罪」を犯した。彼女はフィデルとの関係が生じたことを、彼女に言い忘れていたのである。花柄の赤い絹の服に包まれ、真紅の口紅をつけ、同じ色のハイヒールを履いたイサベル。まつ毛にマスカラをたっぷり塗り、眉を描いた彼女は、ある日慎み深いテテに問い詰められた。「いったい何なの？　どうしてそんなに怒り狂っているのか、私には分からないわ」。イサベルはテテの問いかけに逆らった。

「まあ、分からないですって？　私はあんたがフィデルと親密だってことを言っているのよ。そうなんでしょ！」

質問に答える気のない彼女はテテの前から走って逃げだした。いずれにせよ、フィデルの名をしょっちゅう口にするのは、イサベルだけではない。

「彼女だっていつも彼と一緒にいました。彼に従うというのは革命に従うことでしたから」*40とイサベルは言う。

ひとつ指摘しておくと、イサベルは本を持って自室に閉じこもり、指揮官《コマンダンテ》が彼女のところに行こうと決めるまで待ち続けるような生活にうんざりしていた。ふたりの関係が始まった当初から、彼の態度は明快だった。「私は革命を起こし圧政者を倒すことに身を捧げるから、優雅な暮らしができるような状況にはない。だから私のプロポーズはこういうことになる。島に出発する前に結婚し、事を起こすまで私たちは……言ってみれば……革命に向けた仕事だけをする」

大学で彼女はルソーやホッブズ、シオランを知り、革命的なものに対する情熱を心に抱いた。「彼は私に何ひとつ命じませんでしたが、私たちの革命思想はいつも共鳴しあっていました」。しかし彼との関係を続ける上では、フィデルが不在がちであることだけでなく、彼の話を聞かされることにも我慢しなければならなかったはずだ。「ご安心ください。権力に就いてからの彼の演説は長いことで有名ですが、当時の話はそれほど長くはありませんでしたから!」

これはまた、家宅捜索や警察との小競り合い、暗号でのやり取りなどによってかき回された関係でもあった。「警察に追われたときには、翼の生えたサンダルを履いたヘルメスの気分でした」

ある日彼がシンパたちの家で長広舌をふるっていると、部屋で大きな騒音が聞こえた。彼は彼女の手を取って一緒に家の階段を駆け上がりはじめた。彼女にはわけが分からなかった。「何ものかが密告して、われわれがここに武器を隠していることを話したのです。私たちは警官が来る前に逃げなければなりませんでした」。でもどうやって? 建物の屋根から屋根へと飛び移って。しかしイサベルは下に何もないと思うと身動きができなくなり、めまいに襲われた。蒼白になって震えながら、彼女はあらん限りの大声で、これ以上一歩も進めないとわめいた。その叫び声は、けたたましいサイレンの音や警官の到着を知らせるメガホンの音にほとんどかき消されそうだった。フィデルは自分がどういう行動をとるべきか一瞬迷ったが、彼女を腕に抱いて落ち着かせた。仕方ない、ふたり一緒に捕まろう。しかし彼女は自分の若さと大胆さがあれば警官などどうにでもなるに違いないと思い、彼にひとりで逃げるよう説得した。彼女は彼に女友だちの電話番号を教え、そこで落ち合う約束をした。「キスをしたあと、彼は大丈夫かと尋ねるかのように、私の目をじっと見つめました。私は目で大丈夫と答えました」

また、こんなこともあった。ある日ふたりが車に乗っていると、フィデルが突然身をかがめるよう彼女に命じた。彼は彼女を床に押し付けて、その上に覆いかぶさった。連続射撃の音は永遠に続くような気がした。彼女は軽傷を負い、渋滞する道を彼とともに渡って逃げなければならなかった。細かいが重要なこととして、彼らは移動するときに必ず軽機関銃M16を携帯していた。これでは普通のカップルのように思わせるのは難しい。

もっともつらかったのは、とはいえ警官と対決することではなく、フィデルに近い何人かのメンバーとの関係であった。ゲバラ医師は彼女に冷淡だった。彼から見れば彼女はブルジョワすぎるし、香水の使い過ぎもぜんそく持ちの自分にとって迷惑だ。〝チェ〟はフィデルに、自分は反対だとまで言った。

「君が言うことにも一理あるかもしれない。それは否定できないが……」

「君は否定できない……。否定できないんだな！」

「そう、否定はできない。今はそんなことをしている場合じゃないってことは分かっているさ。でも、愛というのは突然襲ってくるものなんだ。ときを選ぶことなんてできやしない……場所もそうだが……」

「たしかにときは選べないが、相手は選べるじゃないか！　彼女は本物の革命家じゃない！　彼女は僕たちみたいに大義のために身を捧げたりはできないよ」

「もういい！　私は彼女を妻にする。そうなることで、彼女はみんなのように革命への道を進むんだ
（……）」

「離脱への道か！　しかもブルジョワの小娘と一緒に。僕たちは侮辱を受ける覚悟だが、彼女はそんなものに一秒たりとも耐えられないだろう……」

「この話は最後にしよう。私は言ったとおり結婚する。誰であれ口出しすることは許さないし、意見さえ言ってほしくない。これは私の人生だし、私の決めることだ」

　ドア口でこの言葉を聞いていたイサベルは勝ち誇ったように中に入り、見返すような尊大なまなざしをゲバラ医師に投げかけずにはいられなかった。エルネストはどれほど多くの女がフィデルに夢中になって熱心に追いかけているかを自慢するかのように話して、彼女に復讐した。しかし闘争で忙しいときには嫉妬は許されず、イサベルは大勢のファンたちに黙って耐えなければならなかった。「メルバ・エルナンデスだけが（……）私を本物の人間として扱ってくれました。（……）彼女は私に話しかけるときに微笑んでくれましたし、いつも私の名前を優しく呼んでくれました」

　しかし両親が訪れたことでイサベルの考えに変化が起こり、フィデルと人生を過ごしたいというたしかな気持ちにヒビが入っていった。彼女の母親は、内戦から逃げたときの話を聞かせた。夫は逮捕され、彼女はひとりでバルセロナに行って、身を隠すために死んだ兵士の服まで着たという。「私が当時の話をするのは、逆境の中で自分の理想のために生きる男についていくのがどういうことなのか、あなたによく考えてほしいからなのよ」

　イサベルはまもなくそれを理解した。ある日彼女は誘拐されたのである。一台の車が近づいて、その後

の記憶はクロロホルムの臭いの中に消えている。彼女がいなくなったことにまずテテが気づき、フィデルに知らせた。彼は即座に、誘拐犯は何か交換条件を言ってきたかと聞いた。この知らせに誰もが打ちひしがれたが、フィデルだけが冷静で、ゆったりした態度を見せて友人たちを安心させようとした。一方ゲバラは釘を刺した。

「いつも言っているように、僕たちはみんな彼女のせいで危険にさらされるんだ」

「もう十分だよ、エルネスト。そんなことはとっくに分かっている。そんなことを言っても何の役にも立たない。今必要なのは解決策を見つけることだ」とラウル。

「どんな解決策かい？　彼女を救い出すためにみんなで次々と襲撃するとでもいうのか。そんなことをしても死んだ彼女を見つけるだけさ……」

「黙れ」とフィデルは怒鳴った。「あれこれ考えても仕方ない。知らせを待とう。できれば静かにしてくれ……」

ようやく誘拐犯から電話がかかると、フィデルはゲバラの意見を無視して、ふたりの配下を連れて婚約者を連れ戻しに行った。しかし罠がはられており、撃ち合いになった。フィデルは相手を負かしたが、そこで見つけたのは地面に横たわる、意識のないイサベルであった。彼女は強い麻薬を打たれていた。仲間たちは和解し、五日間交代で彼女の枕もとに付き添った。

彼女が目を覚ますと、フィデルのやつれた顔が見えた。「彼は私に近づいてきて、私の目の奥までじっと見つめました。私たちはそのまま数分間、黙って見つめ合いました（……）。彼は引き返して、一言も言わずに部屋から出ていきました」。ふたりの愛はもはや呑気なものではいられず、彼女は別れを決意した。革命という冷たい腐植土の中では、花はやがて枯れてしまうものなのかもしれない。

イサベルが出発した翌日、テテがからっぽの彼女の部屋に入ると、武器に囲まれたフィデルが子どものようにうっとりして突撃銃を見つめていた。

「今の私には超美人の恋人がいるんだ」と彼は楽しげに言った。

「また別の？」

「そう！　革命さ」

しかし革命は厄介な恋人だ。一一月はじめ、テテは逮捕された。彼女は延々と問いただされたが、一週間口を開かなかった。話してフィデルを売るようなことをするよりも、死んだほうがましだ。彼女は初めてフィデルに会った移民拘置所に入れられ、新聞であるニュースを発見した。それはマイナス五度の過酷な独房よりももっと彼女を身震いさせるようなニュースであった。「キューバで革命勃発」。拘置所の中庭に出ると、メルバ・エルナンデスが微笑みながら近づいてきた。その目は涙で輝いていた。「やったわよ。彼らは日曜に出発したわ」

キューバ、スパイの巣窟

一九五六年一一月二五日、フィデルはグランマ号に乗って海に乗り出し、キューバに向かった。同行したのはメキシコで集めた八一人のゲリラ兵。何も知らずに苦しい日々を過ごしたゲバラ夫人は、涙を抑えることができなかった。プレッシャーを受けても逆境にあっても決して負けなかった彼女だが、もうこれ以上我慢できない。夫は死んだようだ。彼女は〝チェ〟が永遠に失われてしまうと思って、幼いイルディタとともにペルーに行く準備をした。[*41]

地球の裏側のパリでは、ミルタもまた母親として心が締め付けられる思いだった。フィデルが死んだと聞いたが、フィデリトがどこにいるのか分からない。彼女は待ちきれず、新婚旅行を早めに切り上げてキューバに戻った。彼女は知らなかったが、彼女の息子はグランマ号に同乗する予定であったものの、波止場に残って叔母の家に預けられていた。七歳の少年は叔母たちを安心させようとした。「泣かないで。パパは死んでなんかいない。もし死んだのなら、僕が大きくなったときにバティスタを殺してやる」*42

グランマ号に乗り込む前に、フィデルはフィデリトの運命を閉ざすような遺言書を書いていた。「もし私がキューバ解放の途上で死んだ場合、私は息子が（……）メキシコにとどまるよう望む。この国が自由を見出すまで、あるいは息子が解放のために戦える年齢になるまで、あの子がキューバに帰らないことを望む」。手紙の末尾は単刀直入だ。「わが姉妹たちに、ひとつ頼みがある。息子を隠してほしい。必要なら山の中へでも構わない。あの子をミルタに返してはならない」

女性革命家

一九五六年一一月三〇日、フィデル・カストロを乗せたグランマ号が今にもニケロ近くの湾に入ってくるのではないかと、セリア・サンチェスは様子をうかがっていた。しかし水平線上には何も現れない。この三七歳の女性革命家はその華奢な身体に似つかわしく、性格も細かい。彼女はキューバからフィデルに助言を与えていた。メキシコで古い舟を買い、それに乗ってキューバ島南東部に位置するひっそりとした海辺の町に上陸し、秘密の待ち合わせ場所まで来ること。そうすれば自分はそこで、あらゆる事態に備えた小数の人間とともに待っている。

グランマ号は定員一五人程度の舟で、八二人もの武装兵士を乗せられるような代物ではなかった。だからこそセリアはジープと武器をそろえて、仲間の反徒とともに闇の中で待ち構えたのである。グランマ号はそこまであと数千メートルというところで、燃料も時間も尽きてしまった。船の無線が機能しなくなり、まもなく小舟はバティスタの偵察ヘリコプターに認識された。船は二日遅れで約束の場所から二五キロ離れた地点に緊急接岸したが、政府側の兵士から射撃され、生き延びたのは一二人だけであった。この男たちはマングローブの間をかろうじて這って進んで難を逃れたが、次には別のタイプの一団に遭遇した。この湿地帯に住み着く蚊の群れである。

農民から知らせを受けたセリアは援軍を連れて到着し、バティスタ側の兵士と戦った。そうして最初に見つけた遭難者のひとりが、血まみれになってあえいでいるエルネスト・ゲバラであった。彼はぜんそくの発作に苦しんでいただけでなく、弾丸を受けて二カ所に傷を負っていた。医師の娘である彼女はあらゆる準備をしていた。包帯、薬、そしてぜんそく治療薬まで。そのおかげで〝チェ〟は救われたが、フィデルのほうはどうなったのだろう？

不安な日々は四日間続いた。その間政府は、反徒のリーダーを殺したと発表していた。しかし嬉しい便りがようやくセリアのもとに届いた。フィデルは生きており、彼女にとても会いたがっているという。彼女は手で顔を覆って嬉し泣きをした。[*43] 一二月一八日、マエストラ山脈内の丘の近くで、セリア・サンチェスは初めてフィデル・カストロの顔をまじまじと見た。彼女はのちに友人に書き送っている。「私は闘争中にそれほど興奮したり動揺したりすることはありませんでした。でもフィデルを見たとき（……）そして彼の力強い手で肩をつかまれたときだけは別です。私は彼に何も言わなかったと思います。彼もそうでした」。あれほど雄弁な男が発したのはただ一言。

「やっとだ」

「やっと何ですか？　やっと会えて……私を助けてくれる？」

フィデルは頷いたが、言葉にはしなかった。彼は彼女がどれほど大きな仕事をしてくれたかを知って感動した。フィデルはこの起伏の多い地帯に参謀部を置く予定にしていたが、ここで生き延びるのに必要な食糧供給網を、彼女がすっかり作り上げていたのである。

ミルタはパリから戻るや、メキシコに残っているフィデリトを返してくれるようカストロの姉妹に要求した。拒否されると、この気の強い母親は自分の息子の誘拐を企てた。ある朝、子どもが叔母と一緒にチャプルテペックの路上にいたところ、一台の黒い車が道をふさぎ、武装した男たちが現れて子どもを捕え、あっという間に消え去ってしまった。メキシコ内務省から叔母のもとにかかってきた電話によると、フィデリトとその母親はキューバ大使館におり、したがってこの誘拐はメキシコの管轄ではない。子どものパスポートを返却するため、母子と叔母は翌朝大使館の事務所で会うことになった。ミルタは叔母たちを厳しい表情で迎えた。「哀れな方たちですこと！　お気の毒ね！　運命の歯車がどう回っているか、お分かりでしょう。今ではあなたたちが下で、私のほうが上に立っているのよ！」。母親は感情を爆発させ、外交官が間に入ってなだめなければならないほどの権幕だった。

フィデルはいまやセリアしか頼れる人がいなかった。七歳年上のこの女性はわずかな間にその献身的な態度と勇敢さでゲリラ兵から、そして第一にリーダーから、敬意を払われるようになった。フィデルは山の上にある掘立小屋で彼女と一緒に暮らした。乾いた土の壁をヤシの葉で覆っただけの小屋には、ダブルベッドがひとつと椅子がひとつ。フィデルがその粗末なベッドで眠り、セリアはベッドの上に掛けたハンモックを使った。この小屋には小さなキッチンと、彼が書斎として使う部屋がひとつ、しつらえられていた。彼女は以後個人秘書、キャンプの助手、そして心を許せる友となった。アメリカ政府がバティスタを支持していることを確認すると、彼は彼女に宛ててこう書いた。

「一九五八年六月五日

セリア、私は自らに誓う。アメリカが現にしていることに対して、報いを受けさせてやる。この戦いが終わったら、私にとってもっと大きな戦いが始まるだろう。私はやつらに対する戦いを始めるつもりだ。私はそれこそが私の本当の運命だと実感している。フィデル」[*44]

フィデルはバティスタ軍との一〇日間の戦いで敵を押しやり、自らの決意を証明してみせた。バティスタは殺戮的な攻撃をしかけて、山中にいる過激派の増殖を抑えるつもりだった。事実、グランマ号の生き残りの仲間に加わろうと、二五カ月で五〇〇人の男女が集まっていた。カストロを中心とする反逆者たちは、初めて尻込みすることなく権力に抵抗した。セリアはゴリアテと戦うこのダヴィデの作戦のうまさに感動した。彼女はのちに友だちにこんな手紙を書いている。「ヒグエの戦闘でのフィデルほど、勇敢で輝かしい兵士は見たことがありません。（……）そのとき私は、私たちはハバナへ向かう道にいるのだと感じました！　小さな革命が大きな革命になったのです」

毒のある女

一九五九年一月七日、勝利したフィデル・カストロはジープに乗り、民衆に挨拶しながらハバナ入りした。仲間の闘士たちも彼の傍らでこの凱旋に加わり、一方後ろの席ではセリア・サンチェスが黙って喜びをかみしめていた。ミルタはこのニュースをタララビーチのアールデコ地区の家で、数人の友人と見ていた。夫との間に生まれたふたりの幼い娘も一緒だ。フィデルが車の中で立ち上がり、戦利品のひとつのようにフィデリトを見せびらかすと、彼女は嘆いた。「キューバは哀れだわ。指導者としての彼が父親としての彼と同程度のものだとしたら、キューバは哀れよ！」*45

前年の一二月三一日にバティスタが国外に逃亡してからは、元ゲリラの参謀部がキューバの臨時政府となり、遮るものなくハバナの町を見下ろす摩天楼、ヒルトンホテル二四〇六号のスイートルームに総司令部が置かれた。メキシコを離れる前、フィデルははっきりと言っていた。権力が崩壊したら、テテ・カスソは最初の飛行機に乗ってフィデルに会いに来るべし。しかしヒルトンに着いてから二日間階から階へとフィデルを探しまわったあげく、テレサはさらに〝最高指導者〟の控えの間で待たされた。ドア越しに彼の声は聞こえるものの、ぼさぼさ頭の恐ろしげな見張りの女が部屋の中には入れてくれない。

テレサは自分が特権的な協力者という立場を失ったことに気がついた。今やフィデルのそばまで行くには、セリア・サンチェスなる女の了解を得なければいけないのだ。カギを握るこの新たな女主人を初めて見たとき、彼女は当惑した。「それは年齢不詳の小柄で痩せた女でした。物腰は冷静で、ゆったりしていました」。女は困難な時期にフィデルの面倒を見てくれたといって、テレサに礼を言った。「彼女は私が彼に献身的に尽くしたことを、私に会う前から知っていたのだと思います。それは本当に同志としての（……）純粋な行為でしたから」。革命家のような服装をしたテテは、今後「彼女の領分」を侵してはならないのだと即座に感じた。

セリアとの初対面というテストを乗り越えた三日目の朝、テレサはついに彼女の案内で二四階にある最高指導者のスイートルームに入ることができた。ドアが開くと、制服姿のフィデルが部下たちに指示を与えている。そばにはチェ・ゲバラの姿もあった。彼女は心高鳴る思いでフィデルをじっと見つめ、自分が刑務所で二年間過ごしたことへの感謝の念が見られるのではないかと、そのまなざしを探った。彼は彼女をちらと見たが、それは彼女によれば「かつて私を見ていたのと同じ」目つきだった。「そこにいてくれ、私が行く」と彼は彼女にぞんざいに、しかしきっぱりと命じた。

フィデルは周囲の男たちに、町の「商人どもを命令に従わせてこい」と怒鳴った。テテが見たのは、メキシコにいた理想主義者でロマンチストの男ではなかった。「彼は残酷でほとんど狂ったような表情を浮かべていました（……）。それから彼は悲しげな作り笑いをして、私のほうを向きました。この日から、彼は微笑む代わりにその笑い顔を見せるようになったのです。彼は私に賛同してほしいようでした」。呆然とした彼女はそんな中途半端な笑みを返すことができず、返事に窮した。彼は再び指示を出し始めた。テテは窓からの景色を見たいと言って、バルコニーに逃げ出した。彼女ががっかりしているのに気づいたゲバラがついてきて、彼女の肩に手を置いた。変化したのは友人の性格だけでなく、体つきもまた変わっていた。髭が顔を覆っているうえ、太鼓腹で、「ぶよぶよ」になっているように彼女には思えた。もっと悪いことに、「マエストラ山脈で過ごした二年間で、彼の歯はガタガタになっていました」

テレサが訪れた翌日、お気に入りの縞模様のパジャマを着たフィデルは、メキシコの最近のニュースを聞かせてくれと彼女を急き立てた。その後彼は外務大臣に個人的に電話をかけて、政府の特別待遇としてテレサ・カスソを移動大使に任命するよう要求した。そして彼女に、今後外務担当のアドバイザーになるようにと言った。事務所はヒルトンの彼女の部屋、公用車はハバナ市長が最後に逃げ出す直前にもらっていたキャデラックの新車である。

フィデルがテレサに期待した仕事はもうひとつ、インタビューをするため廊下で待っている大勢の外国人ジャーナリストの対応であった。セリアもこの考えに同意し、旧年来の友人テテをフィデルと同じ階に引っ越させる手伝いをした。しかしリーダーにいちばん近い部屋はセリアのふたりの姉妹が使っており、セリア自身は〝指揮官《コマンダンテ》〟のスイートルームで寝ていた。会見の申し込みが増え始め、彼はほとんど休みなしだった。まもなくこの仕事は達成不可能であることが判明した。フィデルはしょっちゅうスケジュールを変更した挙句すっぽかしたり、行くとしても数時間遅刻するうえ謝りもしなかったりだった。「彼のスイートルームはいつも乱雑で、緊迫感といら立ちに満ちていました」と彼女は指摘する。彼が約束を守るか守らないかは予測できなかった。「彼は扱いにくいプリマドンナのようでした。朝セリアはその日の彼の気分を教えてくれましたが、ほとんどいつも不機嫌でした」

ヒルトンにはジャーナリスト以外の侵入者たちもやって来た。カストロのイメージをぜひとも「マネージ」したいというアメリカの広告業者である。しかしこの二月に軍の最高指揮官と首相とに任命されたばかりのこの男に、イメージづくりなど必要なかった。セリアの役割は、フィデルが権力に就いて以来大きく変わっていた。彼女はもはやキャンプの助手ではなく、本物の政府のトップであり、ファーストレディでさえあった。そのセリアに、フィデルはテレサの目の前で説教をした。彼は大統領職を元駐米大使マヌエル・ウルティアに委ねていたが、この男はアメリカにおもねった。そのポストに乗り気でなかったウルティアに承認するよう促したのは、彼女だったのである。

フィデルの母リナは、この見知らぬ女が息子に対して影響力を持つことに不安を感じていた。「フィデルとセリア・サンチェスはリーダーと部下以上の関係だと言いに来た人がいました。ふたりはマエストラ山脈で『死に際に』結婚したようです」。事実としてキューバの法律では、死の危険にあるときに市民が即席で結婚式を挙げることを認めており、その結婚は公認される。カストロ家の女たちは、フィデルが極度の危険状態のときにセリアと結婚したのではないかと恐れたのである。

ファアニタがある日兄を訪ねてドアの前まで来ると、セリアが中に入れてくれた。フィデルはシャワーを浴びている最中だった。突然スイートルームで叫び声が鳴り響いた。「セーリーアー、パンツを持ってきておくれ！」。気取り屋の助手役は客をほったらかしにして、指揮官の下着を持って行った。

カストロの姉妹たちは、マエストラ山脈の身元不明の女のことを見抜いてやろうと熱意を燃やした。「彼女が不可解な謎の女であることは一目見れば分かります。私の注意を引いたのは、彼女があまりしゃべらないということです。（……）自分が追い出されないように気をつけているような女です」とファニタは観察する。

セリアは英語を完璧に使えるにもかかわらず、この野蛮な言語で聞かれた質問にはテテに答えさせた。理由は、「私は敵の言葉は使いません」

カストロの周囲の女たちの嫉妬は、以後セリア・サンチェスに集中していく。ファニタが「肉体的魅力がまったくない」と判断した女は、事実すぐさま指揮官に近づく者を支配する門番となった。「彼女は自分だけが彼に近づける存在でありたいと考え、ほかの人は誰であれ彼女の承認を得なければなりませんでした」とファニアタは嘆く。こうしたあさましい言動は、しかも加速していった。セリアは新体制では禁じられているアメリカのタバコ、チェスターフィールドを吸っており、ファニタが同じものを吸うことに気まずさを見せていた。ファニタはこの内部闘争を面白がり、この義姉らしき女を挑発した。「私は雰囲気を和らげるために、いつも彼女に一箱あげました。彼女はそれを見つめていじくってから、『ありがとう』と言うのです。それから小さな優しい声を出して、怒りを押し殺して『ねえ、どこで手に入れたの？』と尋ねるのでした」

フィデルの取り巻きの女たちをコントロールするのは容易なことではなかった。ハバナに凱旋してからというもの、毎日奇妙な現象が起こった。フィデルを自分のヒーローだと思う女たちが熱狂して、彼の前に現れるのだ。ファニタによれば、「『彼と一夜を過ごして彼の子どもを産みたい』と、女たちは叫んでいました」。そこでセリアはフィデルの過去の女性関係をすべて断ち切るという予防措置をとったが、とはいえ二四〇六号室の大量の追っかけが〝指揮官《コマンダンテ》〟を〝女たらし〟と呼ぶのまでやめさせることはできなかった。その説明は驚くに値しない。「彼女たちは、彼は小便をするときのようにブーツを脱がずにセックスをするのだと言っていました。親密な感じもなくすごいスピードで、ドア口にはいつも一緒にいる警護を置いているのだと」*46と側近は言う。フィデルは計算高い女たちを喜ばすために自分の時間を割くのは、革命に対する不忠であり妥協であると考えていた。

セリアは見て見ぬふりをしたが、一度の抱擁の時間よりも長続きした女は誰であれ諦めさせようとした。ある日ファニタがフィデルの書斎に女友だちを連れてくると、彼は再び「一目ぼれ」の犠牲になった。その翌々日、その友だちがファニタにした話はなんとも奇妙だった。フィデルは午後護衛兵に彼女を迎えに行かせたが、ふたりは会ってもどこにも行かなかったのだという。「私たちはただハバナの町なかをぐるぐる回っていただけなのよ！　彼は何かから逃げているみたいだったわ」。ファニタはフィデルがその日誰から逃げようとしていたのか、ぴんときた。兵士のひとりがセリアに秘密のデートのことを教えていたのである。「セリアがどうするか分かっていたから、フィデルはその危険を避けようとしたのです」

しかしセリアをもっともてこずらせたのは、フィデルの過去の女性関係であった。上流階級の美しいナティ・リベルタは、従順なか弱い女ではなかった。ふたりの間に生まれた娘アリナが初めて父親の顔を見たのは、生後数年経ってからであった。三歳の誕生祝いのとき、彼はプレセントとして、二色づかいのチェコの靴とベビー人形だけを持ってやって来た。問いかけるような目をした娘に説明したところによると、プレゼントをいっぱい詰めたスーツケースをふたつ準備していたが、セリアがあいにく間違えて、それを兵士の子どもたちに配ってしまったのだという。

ナティは冷遇されることが多かった。フィデルが病気になったとき、母子は彼を見舞おうと、彼が一番通りに作ったトーチカを訪れた。しかし冷徹なセリアはふたりを中に入れないよう命じ、歩道に捨て置くという仕打ちをした。アリナはこの大嫌いな女、「ポニーテールがとがった頭の片側に下りている」女について、激しい口調で語っている。

セリアの至上命令の標的にされたのもナティである。ナティはフィデルから離れざるを得ない仕事を任された。パリ行きだ。「いかにもセリアらしいわ」とリナは言う。キューバ大使館第一書記という肩書で、ナティはフランスの化学産業の秘密について調査に行くよう命じられた。フィデルに見捨てられようとセリアから追い出されようと、そんなことはどうでもいい、彼女にとってはイデオロギーと献身的に働くことが何よりも重要だ。五〇〇ドルをポケットに、数枚の衣服をスーツケースに入れて、ナタリア・リベルタと娘のアリナはパリのアカシア通りにあるホテルに身を落ち着けた。そして数カ月にわたり、集中放牧の専門家アンドレ・ヴォワザンにキューバに来てくれるよう説得を重ねた。フィデルはヴォワザンの考えに魅力を感じ、それによってキューバ島に最先端の農地を作りたいと考えていたのである。

パリで一年過ごすと、娘はもはやキューバでの暮らしになじめなくなっていた。かつての恋人同士は娘の教育をめぐって激しく口論し、その中でフィデルは恐るべきことを言った。キューバから出て行けばいい。娘を慰めるため、ナティは一週間の休みをとって、フィデルの生まれ故郷ビランの農場に行く計画を立てた。しかしここでもセリアがふたりの先手を打っていた。「私たちは中に入れてもらえませんでした。そこはセリア・サンチェスから正式に招待された人しか行けない場所になっていたのです」

どんな女であっても、セリアからフィデルをかすめ取ろうとしているのではないかと疑われた。ある朝テレサ・カスソはドアを激しく叩く音で目が覚めた。かなりいらだった様子のセリアであった。彼女はフィデルを探しており、そこにいると思ったのである。セリアは部屋に入り込んで自らベッドが乱れていないかと確認し、狂ったように居間をくまなく引っ掻き回すと、一言の説明もなしに出て行った。「滑稽ではありましたが、こんなあてつけがましい態度は全然面白くありませんでした」とテテは嘆く。

フィデルはこうした強い女性たちの承認をどうしても必要としていた。フィデルがテレビで長時間に及ぶ演説をするたびに、テレサは建設的な演説だったと思えば部屋の花瓶にバラを一輪差すことを習慣にしていた。彼はこのプレゼントを「学校でいい成績を取った子ども」のように喜んだ。しかし演説が支離滅裂だったと判断されるとバラはなく、フィデルは意気消沈するのだった。

大学時代の女友だちマルタ・フライデもまた、全権を有するセリアの犠牲となった。新政府で厚生分野を発展させる任を負った彼女は、ある日の午後、船上にいたふたりのもとを重要な仕事のために訪れた。フィデルは徹夜による疲れから静かに眠っていた。待ちくたびれた彼女は、この昔からの仲間を揺すって昼寝から起こそうとした。その馴れ馴れしさが、セリアには気に入らない。

「どうしてわざわざ彼を起こすのよ?」と彼女は怒った。

「私はフィデルの寝顔を見るために来たんじゃなくて、仕事をするために来たのよ」

マルタはこれによって好ましからざる人物ということになり、スパイの容疑をかけられて三年間刑務所に入れられた。この一九五九年の末には、あらゆる立場の女たちが指揮官のスイートルームに押し寄せ、セリアのコントロールも機能しないほどであった。テレサ・カスソはドレスを買った店で、店員に腕や手や肩をつかまれてこう言われた。「ねえ、あなたに触らせてよ。だってあなた、彼とすごく親しいんでしょ」。

彼女はフィデルが権力に就いた最初の年を「性的に緊急事態の」年だったと言う。ジャーナリストたちはカストロの登場を「エロス革命」とまで言った。

一九五九年一二月三一日、大みそかの夜一〇時、テテはヒルトンホテルのスイートルームに年末の挨拶に行った。フィデルは部屋にいたが、そのそばにはもちろん女。〝最高指導者〟が用をすますまで数分待つと、彼が楽しげな顔で現れ、大きな声でテテに言った。「さあ、私と一緒においで！」。彼はセリアが姉妹と暮らしていた家に彼女を連れて行った。そこにいちばん美しいユニフォームを保管していたので、そこで着替えて、豪華なディナーを用意させているヒルトンに戻るつもりだった。しかしセリアはついてくるのを拒否した。「でも彼女はイブニングドレスを着ていたんですよ」とテテは言う。「彼女は彼がお遊びから戻ってくるのを待っていたのです」。セリアは表面的にはいらいらした様子を一切見せずに、少し前に考えていた結婚の計画はどうなったのかとテテに尋ねた。「私が彼女に中止したと言うと、彼女は結婚しないのは正しい、自由のほうがいいと言いました」。その晩テレサ・カスソは、フィデルの浮気の共犯者になるというよからぬ考えを思いついた。結果は、数カ月間の追放であった。

私を愛した女スパイ

一九六〇年五月、アメリカの『コンフィデンシャル』誌に掲載された記事がキューバの火薬庫に火をつけた。「フィデルが私の娘を強姦」[*47]。署名はアリス・ロレンツ。彼女はそこで二〇歳になる自分の娘マリタが誘拐され、〝指揮官《コマンダンテ》〟にもてあそばれた経緯について述べていた。涙にくれた母親の最初の言葉が、アメリカを震撼とさせた。「駄目よ、フィデル、駄目！　私たちの子どもを殺させないで、私たちの子どもを殺させないで！」。アリス・ロレンツはこうして、娘がニューヨークのルーズベルト病院で抑えようにも抑えられなかった叫びを代弁したのである。マリタは一月二〇日にこの病院で敗血症治療のための掻爬手術を受け、その後回復を目指していた。フィデルの命令を受けて妊娠五カ月半だった若いマリタを堕胎させたとして、母親はフェレルなる医師を訴えた。しかしこの医師は強情で、こめかみに拳銃をあてるという不幸な選択をしたらしい。そのため娘は死んだも同然として病室に放置された。母親はついにこの「犯罪者」を、「この話を公表するなら殺すと脅して」娘を執拗に追い回したとして、訴えた。

若いころアリス・ロレンツは女優になることを夢見てフランスに渡り、そこでドイツ海軍大佐ハインリヒ・ロレンツと出会った。ふたりが居を構えた地はブレーメン。一九三〇年代半ばにアメリカ人の妻をドイツに連れて行くとは、この若い将校はなんと奇妙なことを考えたのだろう。一九三六年のベルリンオリンピック開会式でハインリヒ・ロレンツが貴賓席に座っていると、アドルフ・ヒトラーに呼ばれ、ドイツ将校にはゲルマン人の妻のほうがふさわしいのではないかと尋ねられた。「総統、私はこれまでドイツで私の妻ほど美しく聡明な女性には会ったことがありません。しかも彼女は妊娠中なのです」*48。ヒトラーはこのおどけた答えを面白がり、この件はこれで終わった。だがこの夫婦がふたりの子どもをもうけたときに、戦争が勃発した。ある朝アリスと五歳になるマリタはゲシュタポに逮捕され、ベルゲン・ベルゼン強制収容所に入れられた。しかし奇跡的にふたりそろって生き延びて、家族は再び元の暮らしに戻った。ハインリヒ・ロレンツは太平洋横断船の船長に転身した。

一九五九年二月二七日、ドイツのハイデルベルク大学に入る娘へのプレゼントとしてカリブ海の小クルーズをしようと、三人はMSベルリン号に乗った。「MSベルリン号がハバナ湾に入ると、夫の船が突然キューバのゾディアック船に囲まれ、フィデル・カストロと武装した四〇人ほどの髭面の男たちが近づいてきました」とアリスは当時を振り返る。船長はいざこざを避けようと自分の机と夕食をカストロに提供し、その晩には妻と娘を紹介した。カストロはマリタの手を取って甲板に行き、夜遅くまでふたりきりで過ごした。無力なハインリヒ・ロレンツは口をはさめなかった。フィデルは高いところから光に浮かぶハバナを見せて、いい加減な英語で彼女にそっとささやいた。「あれはすべて私のものだ。キューバは私のものなのだ。すばらしいだろう？　目の前に見えているものを、君は好きじゃないかい？」。それから彼女を抱きしめると、とどめを刺した。「私がキューバだ」

両親は数日間の休日を終えてニューヨークへの帰路に着くと、やっと安心できると思った。しかしそれはフィデルの執拗さを知らないからであった。「カストロはハバナからずっと電話をかけてきました。（……）彼は娘にできもしない約束をしていたのです」

海の真ん中で一目ぼれ

一九五九年二月二七日、マリタ・ロレンツは母親が心配する以上にはるかに親密に、キューバのリーダーを知る機会を持っていた。MSベルリン号の甲板でほろ酔い加減でいた一九歳の娘は、自分でも驚くような大胆なことをしていたのである。「私はハバナのすばらしい建物群を見たいと言って、彼を救命ボートと救命ボートの間に誘い込みました。（……）私たちは抱き合い、彼は私の顔を両手で包んで『愛してるよ』と言いました」

抱擁を解く前に、フィデルはぬかりなくニューヨーク八七丁目の彼女のアパートの電話番号を書きとめた。そして彼女にココナッツアイスを一〇パックプレゼントし、甘美でありながら簡潔な決まり文句で、夢の世界を完成させた。「君はキューバの女王様になるんだ」。十分すぎる言葉ではないか。

それから二週間もしないうちに、フィデルはニューヨークに自家用飛行機を飛ばしてきた。「どんな女だって足元にはべらすことができる人なのに、なぜ彼は私を選んだのだろうと、私は当惑しました」。ハバナの空港に着くと、制服姿の二〇人の男が彼女を待っていて、有名なヒルトン二四〇六号室に彼女を案内した。マリタ・ロレンツはタバコの厚い煙に包まれたスイートルームに迎え入れられた。手紙や書類、レコードが床に散乱している。彼女がとくに驚いたのは、あちこちに散らばるおもちゃの装甲車。まもなく彼女はその理由を知った。「フィデルはいまだに大きな子どもで、ミニチュアの車や戦車で遊ぶのが好きでした」。マリタはこの雰囲気にわくわくしたが、彼に会えるまでそのまま一時間以上待たねばならなかった。数週間前にテテがフィデロに会うために待たされたのと同じ通路である。ようやくやってきた彼はカーテンを引いて彼女の手を取り、レコードをかけてロマンチックな音楽を流した。彼女の記憶の中では夢のような再会だったらしく、五〇年以上のときを経てもマリタはこう語っている。「ピアノ・マヒコの曲を聴きながらヒルトンのベッドで彼の腕に抱かれたことが、私にとっては彼とのいちばんの思い出です」[*49]

メロディが途切れたのは五時間後、兄が重大な国務に立ち会わないことを心配したラウルがドアを激しく叩いたときであった。「この部屋から出てはいけないよ。ここで待っていてくれ。愛してる」と言って彼は出て行った。しかしその日彼は戻らなかった。翌日お化粧を整えて、彼女はさらにひたすら待った。いつでも自分に対する女たちの熱狂を利用するフィデルは、彼女に専属秘書の役割を与えた。長い待ち時間には彼に来た手紙を選別することになったが、熱狂的な女たちからの手紙を読むのはいい気分ではなかった。

彼女は愛人のスケジュールにあきがあると心配し、セリア・サンチェスのそばで気を落ち着かせようとした。「彼はやるべきことがたくさんあるから」とセリアは弁解するように言った。「セリア・サンチェスは私にとても親切で礼儀正しく、丁重でした。意地悪だったのはアメリカ女優のエヴァ・ガードナーだけです」

マリタは実際ハリウッド女優ミス・ガードナーなる女からの手紙を破り捨てていた。美しいエヴァは革命直後にキューバに引っ越し、ホテル・ナショナルの三階に部屋をとっていた。フィデルは一九五九年の春に約束どおりヒルトンでエヴァに会い、この上なく魅力的な態度を示した。彼はこのアメリカ女性に総司令部を一回りさせると、バルコニーに出て一緒にカクテルを味わった。エヴァは魅了された。「彼女は帰ってくると、彼について大げさに話していました。彼女は彼に強く惹かれて、彼は素晴らしいアイデアをどんどん思いつくと言っていました[50]」と、エヴァの友人ベティ・シークルは言う。

マリタはこの「年配の女[51]」がフィデルに夢中になっているのに耐えられなかった。ある朝、ホテルのホールに下りると、彼女は明らかに酔ったエヴァがエレベーターのボタンを全部押しているのに出くわした。そして修羅場。「彼女はよろめきながら私のところまで来て、『フィデルと一緒にいるあばずれってあんたのこと？　彼を自分だけのものにしようとしてるんですって？』と言うと、私の顔を平手打ちしたのです！[52]」

酩酊状態だったエヴァはおそらくこの愚行を忘れただろうが、マリタにとってこの侮辱は耐えがたいものであった。次に会ったときフィデルはランの花束を持ってくるという気遣いを見せたが、彼女はもう別れると言いはった。しかしカストロは女の怒りなど扱い慣れている。「そろそろ結婚しよう。オーケーしてくれるね、かわいいドイツ娘ちゃん？」と、彼は彼女の涙をふきながら尋ねた。その一週間後に贈られた一八金の指輪で、このプロポーズは現実的なものになる。

フィデルはしかしキューバにやってくる国際女優たちを口説かずにはいられなかった。当時人気のあった陽気な若手イタリア女優シルヴァーナ・パンパニーニも、〝指揮官《コマンダンテ》〟の気前のよさの恩恵を受けた。「彼は私をどこにでも招待してくれましたし、たくさんのバラも贈ってくれました。あまりに数が多いので、彼が私に使わせてくれていた夢のようなスイートルームにも入りきらないほどでした。でも私はある点までは喜んで行っても、それ以上は行きたくなかったのです……。彼はそれを知ると……ひどく差別的な行動をとるようになりました。私のドアの前にはいつも軽機関銃を持った髭面の男が立っていました……」。フィデルは財産のほかにもうひとつ、それぞれの女に自分が唯一の女であるかのように思わせるという得意技を持っていた。「もちろん彼はマエストラ山脈にほかの女を招いたことはありません。私だけです。私の中に何か彼の魂に訴えるものがあったのかもしれません」[*53]

マリタは閉じ込められたような生活に苦しんだが、フィデルもまた政治的責任の重さに追い詰められているようだった。あるときには夜明け前に若い愛人を起こして、ジープで連れ出した。

「何かあったの？　どこに行くの？」

「自分でも分からない。とにかく逃げ出したかったんだ」

ふたりは首都から二〇〇キロ近く離れたプラヤヒロンの湿地帯まで車を走らせた。そこでフィデルは車を止めずにはいられなかった。極度に神経が高ぶっているようで、顔を手で覆った。ようやく口を開いた彼は、「どうやって続けていけばいいのか、もう分からないんだ」と告白した。彼女は彼の話を聞いた。「彼は、医師や教師、経済学者が数千人もマイアミに逃げたことに悩んでいました。エリートは全員キューバを離れてしまいましたし、実業界が彼に敵対していたのです」。マリタは自分の父親に頼んでアメリカ政府と対話をするようアドバイスした。返事代わりに大きな音が響いた。「彼は拳銃を取り出すと、アリゲーターに向けて発砲しました」。彼女は膝まで水に入りながら、彼を落ち着かせようとした。「これは私の最悪の思い出です。彼はサパタ湿地と呼ばれるこの場所で釣りをしたいと言いました。アリゲーターがはびこる沼がたくさんあるところです。私は彼のことがとても心配でしたし、彼の身の安全についても不安になりました」*54

夜は日中よりもさらに不安定だった。「彼が眠っている間、私は何時間も彼を見つめていました。彼は数分間完全にリラックスできたかと思うと、突然こめかみに汗をかきながら起き上り、『ここはどこだ？』と叫ぶのです。彼はいつも悪夢にうなされていました」。マリタは子どもにするように彼を励ました。しかしまもなく、もうひとりの子どもが彼女の愛を受けることになるだろう。彼女は妊娠数カ月だった。

四月二一日、フィデルは国際プレス協会の招きでニューヨークに行った。彼の車の周りには信じられないほどの群集がおしかけ、グランド・セントラル駅からハーレムのスタトラーホテルの足元に至るまで、彼の名を呼ぶ声が上がった。しかし国のトップになって数カ月しか経っていない男を、アメリカ政府は冷淡に迎えた。アイゼンハワー大統領は彼を迎えるためにゴルフを延期してやる気などなく、何時間にも及ぶカストロ指揮官の熱弁を聞いたのはニクソン副大統領であった。マリタは、「あなたの態度を見ただけでは、彼らはあなたのことを信頼しないわよ」と彼に注意した。

彼が会談から戻るのをマリタが部屋で辛抱強く待っていると、カストロはひとりではなく、朗らかな女性ジャーナリストを二六人連れてホテルに帰ってきた。「彼は喜びに輝き、『彼女たちはみんな私を愛しているんだ！』と叫びました」。それから鏡を見つめて、はっと気がついたように付け加えた。「私はまるでキリストだ。髭を生やしているし、背格好も一緒、年も同じ三三歳だ」。マリタは彼への愛情を感じるとともに、突如として狂気的な感覚に襲われることもあった。そうなると、他の女からフィデルに電話がかかってくるだけで嫉妬心を抑えられなかった。ドアを開けて中に入ろうとする女には誰であれ喧嘩をふっかけて威圧し、そこで待っている取材記者には怒鳴り散らした。「ひとりたりともこのスイートルームに女は入れないわよ。決めるのは私。私はマリタだし、ここはフィデルのプライベートな部屋なのよ。分かった?」

こうした騒ぎをとおして、アメリカの秘密情報機関のある局員は、フィデル・カストロの愛人が自分と同国人であることを知った。そしてしばらく経った八月、マリタは無邪気にもフランク・スタージスなる男と知り合いになった。彼はラテンアメリカ担当のCIA海外諜報員で、これまですでにメキシコ、ベネズエラ、コスタリカ、グアテマラ、パナマ、ホンジュラスで活動してきた。大陸南部でアメリカの支配に対する反乱を起こしかねない体制として、このときはキューバに派遣されて潜入工作をしていたのである。彼はフィデルとラウルの周囲の人々との付き合いも多く、彼女が一瞬ひとりになったときを利用して、マリタの耳元でこう囁いた。「私が君を助けてあげよう。君が誰だかは分かっているよ」。事実彼は活動を通じてマフィアと怪しげな関係を持っていた。不明瞭な策謀専門のこの男は、ケネディの暗殺者とされるリー・ハーベイ・オズワルドのアドレス帳にもその名前が記載されていたし、一九七二年のウォーターゲート事件でも侵入犯としてかかわることになる。

この一九五九年八月の晩、フィデルの若い愛人はアメリカの情報機関でもっとも怪しげな工作員のひとりとホテル・リヴィエラのバーで出会った。フランク・スタージスはこのときのやり取りについて、少し違ったことを言っている。マリタのほうが若い男に小声で尋ねたというのだ。「私をここから出してくれる?」[*55]。スタージスはいずれ彼女を救い出してやるつもりだったが、それは今後マリタ・ロレンツを通してカストロに直接接触する機会を得てからの話である。「『できる限り資料を集めてくれ』とフランクに言われたので、私はそうしました」[*56]と彼女は告白する。

一〇月一五日、フィデルの不在中に、マリタは自分の部屋から昼食を注文した。食事を終えた直後から動きは鈍くなり思考はまとまらなくなって、体が弱ったような気がした。ぼんやりしながら車に乗った記憶はある。そのほかに覚えているのは、医者と、叫び声と、激しい痛み。数日後に目を覚ましたときには、ヒルトンホテルの自分の部屋とは違う部屋にいた。「私のおなかは平らでからっぽになっていました。もう赤ちゃんはいませんでした」。血に染まった彼女を見つけたのは、フィデルのごく親しい仲間カミロ・シエンフエゴスだった。どうやって助ければよいのか分からず、彼は目に涙を浮かべながらハンカチで出血を止めようとした。そして電話でフィデルを呼びつつ、彼女に栄養を与えようとした。彼はまた抗生物質を見つけ、医者を呼んだ。マリタは敗血症でアメリカの病院に送られた。それとほぼときを同じくして、フランク・スタージスもキューバを離れ、彼女と同じ方向に向かっている。

ニューヨークにいたアリス・ロレンツが訃報欄に娘の名を見つけたのは、ちょうどそのときである。幸いマリタは回復し、心の平安を求めて子ども時代を過ごしたドイツに旅立った。その地で彼女は母親が発表した記事を見つけてぞっとした。自分がキューバの新指導者の残酷さと横暴のシンボルとして書かれている。共産主義に入り込んだキューバと、かつてそこを支配していたアメリカとの間の心理戦争の中心に、彼女は立たされていた。数日後、カミロは飛行機事故で死んだ。彼の乗る飛行機が、キューバ軍の航空機に撃墜されたのである。

不吉なミッション

一九六〇年一〇月、ＦＢＩのジョン・エドガー・フーバー長官は、ＣＩＡの幹部リチャード・ビッセルに書簡を送った。

「友人同士の会話の中で、サム・ジアンカーナがカストロはまもなく消されるだろうと断言した。彼自身すでに三回ほど暗殺者となる人々に会ったらしい。すべての措置は講じてあり、暗殺者たちはカストロのコップまたは食べ物に毒を入れることで、ある人と合意している」[*57]

マリタ・ロレンツはCIAからもフィデル・カストロからも逃れることはできないのだと悟った。一九六〇年春、彼女はアレックス・ロークという工作員に採用された。ロークは彼女を洗脳するためにフロリダの訓練センターに入れ、火器の操作を学ばせた。これはアメリカの周囲の国々で共産主義が進むことを抑えるための「オペレーション四〇」の一環であった。この作戦では、必要ならば抹殺という手段も使う。洗脳の目的はやがて明らかになった。彼女はカストロを毒殺するのだ。

この裏切り行為をすれば、マリタは報奨を得られる。スイスの口座に二〇〇万ドル振り込まれ、しかも英雄になれることが約束されている。フィデルは彼女を捨てたうえ子どもを殺したではないかと説得されて、彼女はこのミッションを引き受けた。しかしクバーナ航空の飛行機でハバナに着くと、彼女は恐怖に襲われた。セリア・サンチェスに電話をかけて、フィデルに会いたいと伝えなければならない。セリアは彼女を問いただして、遠ざけようとするに違いない。

フィデルに会えるまで、マリタはホテル・コリーナの部屋で待っていた。彼女は頭が混乱した。「もしスイートルームで彼がほかの女と一緒にいるところを見たら、たぶん私は嫉妬に狂ってその場でふたりを殺し、その後自分にも武器を向けたでしょう」。数週間前から「ビタミン剤」を飲まされてきたことが、おそらくこんな考えが浮かぶことと何か関係しているのだろう。「あれは完全に生気を失わせる一種の麻薬でした。どう説明すればいいか分かりませんが……自分が自分でなくなるような……成り行きに任せるしかなかったのです」[*58]。

しかし数カ月の訓練も恐れも苦悩も、かつての恋人を前にした瞬間に消え去った。この二四〇六号のスイートルームで、彼女はフィデルに飲ませるはずだった薬をビデの中に投げ捨てることにした。戦意を失ったマリタは再びこのタバコの匂いのする男の魅力に負け、泣きながら彼の腕の中に飛び込んだ。こうして彼との最後の晩を過ごしたあと、彼女はハバナに別れを告げ、英雄の冠をつけずにマイアミに戻った。

それから五二年経った現在、筆者は彼女に最後の質問を投げかけた。

「マリタ、あなたは本当に実行できると思ったのですか？」

「いいえ、感情があまりにも強すぎて……。理由もないのに、どうして彼を殺したりできるでしょう！　私は決してできなかったでしょう。私は殺人者にはなれません……彼を愛していましたから」

ゲバラよ、さらば

一九六七年一〇月、キューバ。

「私はあなたへの手紙をどこに送ればよいのでしょう？　どこでもいい、ボリビアの工兵にでもペルーにいる母親にでも宛ててくれれば、とあなたは答えるのでしょうね（……）。分かっています。〝チェ〟、あなたは私に身をもって教えてくれました。この手紙はあなたのもとには届かないでしょう。私がたくさん泣いてきたことを、どうやってあなたに伝えればいいのでしょう（……）。私は信じられませんでした。（……）そんなことはありえない。弾丸はまだ終わっていないものを終わらせることはできない。フィデルとあなたは生きているに違いない。もしあなたが生きていないのなら、私はどうすればいいのでしょう？　私は深く愛する人たちが死んでいくのを一四年間見てきました。今では私は生きていることに疲れを感じます。私は生きすぎたのだと思います。私はもう太陽をそれほど美しいとは思わないし、棕櫚の木を見ても喜びを感じません。ときどき（……）、私は永遠に目を閉じていたいと思います。あなたのように」*59

アイデ・サンタマリアは苦しみをすべて詰め込んだ手紙をどこに送ればいいか分からなかった。数日前の一〇月八日、エルネストはイゲラ村の小さな小学校でボリビア兵に殺された。アンデス山脈が走るこの国で革命の新たな「火」をおこすことに失敗したあと、追い詰められ支援もない彼は策略にはまり、撤退することもできなかった。CIAとボリビア軍はこの思いがけない機会をとらえて、ラテンアメリカ全土に火をつけようとするこのゲリラ兵を厄介払いした。峡谷でとらえられた彼は速やかに処刑された。それがたしかに忌まわしきアルゼンチン人であることを証明するために、処刑者たちは彼の手を切り落としたあと、残りの遺体を共同墓地に投げ入れた。

アイデは大きなショックを受けた。モンカダの攻撃で兄と婚約者が死ぬのを見たこの女性は、彼までが逝ってしまったことに耐えられなかった。「私は彼なしの革命など想像できません。フィデルは〝チェ〟の支えなしにどうやって切り抜けるのでしょう?」[60]と彼女は娘に打ち明けている。さらに新たな別れで、アイデの心に近い人が最後にまた失われた。チェスターフィールドのヘビースモーカー、セリア・サンチェスが一九八〇年一月一一日、肺がんでこの世を去ったのである。フィデルは彼女を救おうと手を尽くし、肺がん治療で有名なアメリカの病院に極秘搬送までした。生涯の伴侶を救うために、彼は生涯の敵までも頼ったわけである。

アイデは一九六七年に〝チェ〟の死を知った日よりも、もっと多くの涙を流した。しゃくりあげ、とめどなく涙を流しながら、彼女は娘のベッドに近づいて起こした。「今後誰がフィデルの面倒を見るのでしょう」[61]。

アイデのセリアに対する友情は何年も前から変わることはなく、いつも彼女は娘に繰り返していた。「人々に名字で呼ばれたら、最初に来るのはファーストネームだと言いなさい。セリアというおまえの名前はセリア・サンチェスからとったものだから、その名前で呼んでくださいと言うんですよ。おまえの名前は私がおまえにあげた最大のプレゼントなんですからね」

セリアは体制が安定して以降、フィデルに心から信頼される女性になった。ヒルトンホテルから次々に送られる請求書はあるときは一〇万ドル、あるときは五万ドルにのぼり、もはや支払もままならなくなった。そこで離れられないふたりは一一番通りの家に移った。この秘密の隠れ家は彼らのまさに仕事部屋であり、もっとも重要な書類はこの家で、しばしば明け方までかかって内輪で処理された。セリアはいつもは控えめな服装をしていたが、大きな公式行事のときにはフィデルをできるだけ輝かせるために完璧に決めた長いイブニングドレスをまとい、サン・ローランの香水リヴ・ゴーシュを軽くつけて、ファーストレディの役割を果たした。

ともに生きた二〇年以上の間、絡み合うふたりの関係にたった一度だけ危機をもたらしたのは、女ではなく政治であった。一九六一年末に、ソ連がキューバを手中におさめようとしたときのことである。隣国アメリカに対抗する長距離核ミサイルをキューバに配備する前段階として、フィデルの強力な後ろ盾となったソ連が、彼の個人秘書を親ソ要員に代えるよう要求したからである。これによってセリアはしばらく遠ざけられた。しかしフィデルはキューバを属国化しようとするソ連の態度に我慢できず、マルクス主義を信奉するとしてソ連を安心させたうえで、一九六二年三月以降押し付けられていたチーム要員を追い払って、すぐに彼女を呼び戻した。フィデルはセリアなしでは統治ができないのである。彼がケネディ大統領と対立し、世界平和を危険にさらす恐るべき危機に立ち向かうことができたのも、彼女がいたからであった。セリアだけが彼に助言し、その支えとなることができたのである。

セリアは晩年に友人であるノラ・ピーターズに宛てた手紙の中で、自制心のある常に態度の変わらない女という仮面を外して、二〇年間彼女を苦しめてきたフィデルの愛人たちについて告白している。マリタ・ロレンツは俗悪な「おもちゃ」でしかなかった。テテ・カスソは「かなり頭がよいうえ美しく、もし彼女が彼の、いいえ、私たちの政治に飽きさえしなければ第一の地位を望みうる」秘書であった。こうしたあらゆる女たちを前にして、彼女は我慢することを知っていた。恐れ心配したライバルはただひとり。「私がフィデルの人生にかかわった女の中で唯一、たったひとり嫉妬したのはナティです。ふしだらで頭の悪い女たちには動揺しませんでしたが、ナティは違います。ナティは彼をひとり占めできるほどの人だったとさえ思います。しかも私も彼女が好きでしたし、とても尊敬していました。でも私は彼を自由にさせることはできません。私は彼を愛していますし、それ以上に、キューバのために彼を必要としているからです」

フィデルへの愛は革命への愛と混じり合い、セリアは自らの理想を追求するためにナティやその他の女たちを敵に回さなければならなかった。しかしその代償はとてつもなく重かった。「ああ、ノラ！　私は革命家になりたかったわけではありません。もちろん政治家になりたいとも（……）。バティスタやマフィア、アメリカ政府と戦うことは、私にとってキューバへの愛とフィデルへの愛を両立させることに比べればいとも簡単だと思うときもありました。女は権力やお金のために這いまわったりしないものです」[*62]

アイデにとってセリアの思い出は、手足を失ったような苦しい感覚として何カ月もの間残った。四月のある日、絶望したひとりのバス運転手がその大きな車体の方向を変え、ペルー大使館の門に突っ込むという事件があった。運転手と数人の乗客はキューバの管轄外に入り、フィデルの手の及ばない状態になった。雄々しい運転手はこれを利用してただちに亡命志願者たちを国外に送った。セリアを失ったフィデルはこの新たな暴動を阻止することができず、初めて〝フィデルおじさん〟よばわりされるという侮辱を受けた。しかしこの貧困者たちは殴られ、こん棒で叩かれ、道のど真ん中で辱めを受けて鎮圧された。これはアイデにとって大きな衝撃であった。フィデルはもはや自分が知っていた男ではない。彼女はこの憤る群衆の味方になりたいと、カストロ兄弟に対して彼らを擁護した。しかしカストロは聞く耳を持たず、話し合いは紛糾するばかりだった。

モンカダ襲撃の記念日である一九八〇年七月二六日、事務所でアイデ・サンタマリアは自動小銃を手に取ると口の中に入れ、引き金を引いた。革命は最後の女王を失った。

一年後の一九八一年九月、フィデルはマリタ・ロレンツにこれを最後として会った。フィデルとの愛が終わってから、彼女はベネズエラの独裁者マルコス・ペレス・ヒメネスの愛人になっていた。彼女はカストロとの間には持てなかった子どもをマルコスとの間にもうけた。「フィデルは優しくて思いやりのある人でした。マルコスはもっとエゴイスティックな愛し方をします。ことが終わると『ありがとう。私は疲れた。もう行かないと』と言うのです」と彼女はふたりを比べた。彼女は二〇年の沈黙ののち、もう一度フィデルに会うためにキューバを訪れた。フィデルは彼女を抱きしめたが、それは感情的なものではなく社交辞令的なものであった。彼はあれ以来ソビエト流になっていたからである。ふたりは妊娠を突然妨害されて別れたが、彼女はそのときの子どもが生きているのではないかと期待して、彼に哀願した。しかしフィデルはそんな昔の話を聞きたがらなかった。彼は彼女に、キューバに越してきてふさわしい夫を見つけたらどうかと提案した。彼がひとり言を言っている間、彼女は懐かしい思いにとらわれた。「ねえ、覚えてる、フィデル？」。しかし彼は何の反応も示さない。「私があなたを愛するがゆえにどんなことをしてきたか、全部分かってる？」。彼女は彼の肩に手を置いたが、すでに帰らなければいけない時間になっていた。彼女は自分がどうしてここに来たのか、もはや分からなくなっていた。

秘密の妻

ミルタ、ナティ、テレサ、マリタ、イサベル、セリアはフィデルの世界から消えた。しかしカストロの世話をする女は相変わらずいるようだ。友人のマックス・レスニックに「離婚したあとに再婚する男なんて、馬鹿にちがいない」[*63]と打ち明けた男は、二〇年近く前から彼の家でひそかに暮らす女とついに結婚する決意を固めた。「彼は一九八〇年に結婚を決めましたが、それはずっと一緒だったセリアが死んでからのことです。彼にとってそれは決して癒されることのない、生涯最大の別離でした」[*64]と〝指揮官《コマンダンテ》〟の元ボディガード、デルフィン・フェルナンデスは言う。

フィデルがダリア・ソト・デル・バジュに出会ったのは一九五九年一〇月末、革命家カミロ・シエンフエゴスの飛行機事故が起こったときであった。彼はマリタがヒルトンホテルで血のシーツに包まれて打ち捨てられていたときに助けた人物である。カミロの飛行機はトリニダードに近いマシオ湾沖に墜落した。大きな油のシミが澄んだ海の上に発見されたため、近くにいた人たちは機体とパイロットが見つかるかもしれないと思って駆けつけた。捜索する任を負った司令官の姪ダリアは、優秀な女性ダイバーであった。背が高くとても色白の彼女はすぐさまダイバーとして捜索隊に加わった。「フィデルはトリニダードに着いて彼女に紹介され、一目ぼれしたのです」[*65]

デルフィン・フェルナンデスはこの謎の海中救援隊員について、もっと詳しく話している。「ダリアはどこにでもいそうな小学校教師で、覇気がなくだらしない感じでした。ブロンドの髪はきちんととかしておらず、爪の手入れもまったくしていませんでした」。フィデルは三〇年後に再婚する気になるが、ダリアをファーストレディにするなど問題外であった。「彼女はいつも裏に追いやられていました。夫の命令で公の場には決して現れず、フィデルの秘密の庭を守っていました」。ふたりの関係は隠されていたが、二〇〇一年の夏にスクープされた。あるレセプションでカストロの横にいた、明るい目の色をしたブロンド女性の写真が新聞に掲載されたのである。「それ以前にはダリアの写真は一度も出たことがありません。この写真を公にして、ふたりには五人の子どもがいることを暴いたのは私です」と元ボディガードは語る。

秘密が公になったことで、熟練庭師としてのダリアの姿が明らかになった。彼女はハバナ西部のおしゃれな郊外ハイマニタスの家で、外来種のバラの手入れをしている。熱帯庭園に囲まれたその家は、ものが豊富にある感じは少しもしない。快適な革のソファとかなり簡素な木製家具が置かれ、壁にはフィデルの気持ちを和らげる鮮やかな色の絵。五人の息子のために、テニスコートやバスケットボールのコートも作られている。キューバには極端に少ない家庭電化製品だけが、ここが大物の住まいであることを物語っている。

カストロ夫人はこうした大衆的なイメージとは裏腹の面を持っている。デルフィン・フェルナンデスによれば、「彼女はパリの一流ブランド、シャネルやらディオールやらの服をひそかに買いに行かせていました。香水や宝石もつけていましたが、それは家の中で息子や自分のスタッフだけに見せびらかすためなのです。彼女は決して外には出ないのですから」。しかし鳥かごは人が思うほど恵まれたものではない。「カストロの浮気は幸い内輪のごく少数の人間しか知りませんでしたが、いずれにせよ彼女はそれに黙って耐えなければなりませんでした」。激情的なフィデルの性格は、結婚してもあまりおさまらなかったということだ。元ボディガードによれば、一時的な感情で口説かれたり愛人に強情を張られたりしてうんざりしたときに、フィデルが習慣的な楽しみにしていることがあるという。

「町で気に入った女を見つけると、彼はまるでそこが魚市場であるかのように、護衛隊長に指さします。そうすると隊長は隊列の後部車に乗っている者に合図します。このときから〝犠牲者〟の事前調査のプロセスが始まるのです。はじめに尾行し、住所が分かるとすぐに第二プロセスです。つまりその女は既婚者か、夫は誰かを調べるのです。もし夫が党組織の一員であれば、夫に任務を与えます。例えば外国に行かせたりするわけです。こうして夫の影を薄くしたら、健康省の〝お決まりの健診〟が計画され、島内で疫病がはびこっているという口実で、女に対する徹底的な血液検査やレントゲン検査を実施します。満足すべき結果が得られたら、配下の男が強い口調で、あなたは最高指揮官の慰め役として選ばれましたと伝えます。こうしてその女は、日常的な問題が解決していたり、借金が返済されていたりすることに気づくわけです」

外界の好奇の目や妻の嫉妬からプライバシーを守るために、フィデルは用意周到だ。「彼は自宅内に〝一六〇号室〟として知られる、ダリアさえ入れない隠れ場所を持っていました。そこでは彼を満足させるために、若くて美しい女が常に待機していました」

この邸宅の中で、彼はハバナの喧騒やときに荒れ狂う性欲から離れ、あくまでも控えめな妻のそばでくつろぐ。デルフィン・フェルナンデスによれば、「でも彼女はとても抜け目ないうえ忍耐強い女でもあって、牙をむいて命令する機会を待っていました。そのときがようやく来たのが、二〇〇〇年代半ばにフィデルが病気になったときです」。フィデルはしかし誰であれダリアを自分の妻と呼ぶことを禁じ、自分は一度しか結婚していないと繰り返している。その相手がミルタなのかセリアなのか、あるいは革命なのかは定かではない。

第二章　サダム・フセイン――石油〝地の糧〟交換計画

「私は女性を信頼している。男は警戒しなければいけない。彼らは裏切るかもしれないからだ。しかし女性は忠実な友であり、頼みにすることができる。もし君に妻なり恋人なりがいるなら、その女は決して君を裏切るまい」

サダム・フセイン

ティグリス川のフィアンセ

一九九三年冬、バグダード。

ティグリス川のほとりのサダム・フセインの宮殿。診療室としてしつらえられた部屋の中で、危険の大きい手術に向けて器具が準備された。ファーストレディは毅然とした態度で待っている。彼女は心を決めた。腕にある醜悪なホクロはもういらない。メスが丁寧に消毒され、これから上皮腫が切除される。麻酔の注射はテーブルの上。手術は迅速に問題なく進んだが、傷口から大量に出血していることに医師は驚いた。アラ・バシール医師はこのVIP患者のためにすべて怠りないよう注意したにもかかわらず、ちょっとしたことを忘れていたのだ。「私は切除を始める前に局部麻酔をかけておくことを失念していました」[*1]

サジダが何も言わないことが、医師にとっていっそうの驚きであった。「彼女はかすかな叫び声も、わずかなうめき声も上げませんでした」。患者を、そしておそらくは自分の運命を心配したこのフセイン家専属外科医は、言い訳のように彼女に聞いた。

「かなり痛いですか？」

「ええ……。でもサダムとよい関係を築けるような女ならば、この程度のことには耐えられます」

たしかにサジダ・タルファは、終結までに時間がかかったイラン・イラク戦争もくぐり抜けてきた。バグダードは一年近く前からアメリカ軍の爆撃を受けていないし、イラク軍は何とか持ちこたえている。クウェートをイラクの一九番目の州にしようと考えたことから、イラクは重い制裁を受けた。米軍機の攻撃を受けてクウェートから撤退したときに二〇万人の兵士を失ったイラク軍は、その後南部ではシーア派の蜂起に直面し、次に北部で繰り返されるクルド人によるゲリラ活動に立ち向かってさらに力を弱めた。戦闘はいまだ終わってはいない。

一四年前にサダムが権力の座に就いてから三度目のこの戦いで、サジダはどんな苦しみにも耐えられる女になった。生き延びるために、彼女はあきらめるという生き方を打ち立てていた。とはいえ、幼いころから知っているサダムのことをあきらめるつもりは毛頭ない。

神よ、わが従兄弟よ！

一九四六年、ティクリート。

サダム・フセイン・アル＝ティクリーティはもう二度と戻るまいと固く決意して家族の家を離れ、母方の叔父ハイララ・タルファの家に避難した。生まれる前から父親がいなかったこの一〇歳の少年は、何よりも家に入ってきた新しい男から逃れたかった。「私の母は再婚した。（……）しかし母は運がなかった。

ハジャ・イブラヒム・アル＝ハサンは母にとても厳しくあたった。それはおそらくその田舎者の気質のせいだ。（……）私は朝早く起きて、すぐに薪を集めに出かけた。それが私の毎日の仕事で、冬でも夏でも、どんな天気のときでもしなければならないことであった。私は母を手伝って、家で飼っている数頭の雌牛や雌羊に草を食べさせることもした。私はハジャ・イブラヒム・アル＝ハサンに命令されたことをきちんと行なった[*2]」。しかし自分を杖で叩く義父との関係は最悪で、サダム少年は家庭内の横暴から逃れるために、日中は家の外で過ごすしかなかった。

母スブハ・タルファはしかしエネルギッシュな女で、夫たちを牛耳った。彼女は定住したベドウィンで、遊牧民独特の価値観を保ち、両頬と額には小さな丸いタトゥーを誇らしげに入れていた。腕をむき出しにして堂々と歩き回ったが、それは当時のイラクの片田舎ではみだらとされていた行為である。そのころの噂では、彼女の最初の夫で一人息子の父親である男は、強情で家母長的な考えを受け継ぐこの頑強な女から逃げ出したのだろうと言われていた。スブハは生涯ヨーロッパ風の衣服を身に着けることも、写真を撮られることも拒否した。そういう姿勢を断固崩さない女であるだけに、サダムは母親の姿を写真に残すことができず、奥の手を使わざるを得なかった。国中に密使を送って、モデルがポーズをとらなくても肖像画を描くことのできる画家を探させたのである。「自分が描かれていることをスブハに気づかれないように、画家はガラスの仕切りの背後に隠れて仕事をしました[*3]」とサダムの元儀典長は言う。

叔父タルファの家では少年をもっとあたたかく迎えたようである。彼の従姉妹にあたるサジダとイルハム、その兄弟のアドナンという同年齢の子どもたちがいたおかげで、おそらく和らいだ雰囲気だったのだろう。姉妹の姉サジダはサダムと同じ一〇歳だった。ふたりは同じおもちゃで遊び、人生の第一歩である学校へも一緒に通った。

少年は教育を受ける喜びにとりつかれ、たちまち優等生になったが、その番長のような気質は名士の子どもたちの中ではすでに浮いていた。サダムはのちに友人夫婦に最初に学校に行った日の話をし、この日に初めて下着を着けて興奮したと語っている。「その日彼はディシュダシャ――イラクの白い長衣――をずっとまくり上げて、友だちに下着を見せていました。彼はそれが人が身に着けうる最高のものだと思って見せびらかしたかったのです[*4]」

サジダもまた父親がいない苦しみを知っていた。ハイララ・タルファァはナショナリズムの理想を持つ若き兵士で、一九二〇年から続くイギリスによるイラクの委任統治に反対する闘争にも加わっていた。娘が六歳のころ、ハイララはイギリスの力が一時的に弱まった機を利用して、イラクからイギリスを排除することを目指した親ナチス的な政府を士官グループとともに打ち立てようとするも失敗、逮捕されて五年間投獄された。つまりサジダが乳歯のころには父親は不在であった。その間兵士としての給料が入らず家族は困窮したが、誇りをもって生き延びた。

ハイララは一九四六年に釈放されたが軍からは追い出され、バグダードで教育の仕事を見つけた。こうして一九五〇年代初頭、家族は甥を連れてアル＝ハラクのさまざまな宗教が混在する地区に引っ越した。サダムはハイララに若き労働力としてありがたられ、タバコ売り、タクシーの客引き、カフェのウエーターなど、さまざまな仕事をこなした。このころはまだか弱い少年で、若い少年好きの男たちのアプローチをいくつも拒絶しなければならないほどだった。

優等生のサジダのほうは、ラヒバト・アル＝タクドマのキリスト教学校に通った。父ハイララに本物の闘士として育てられたタルファァ姉妹は、子どものころから英雄的な父親の発言を吸収し、非妥協的な性格を作り上げていった。ハイララはイラクの若いナショナリストのまさに憲章ともいうべき試論まで書いている。タイトルは『神が創造すべきでなかった三種類の存在、ペルシア人、ユダヤ人、ハエ』。「アラビアのプロシア人」たるイラク人は、プロシア人がドイツを統一したように、アラブ世界を統一しなければならない。この中で彼はペルシア人を「神が人間の形に創った動物」、ハエを「神が創造した目的が理解できない」存在と書いている。*5

アンクル・タルファの小屋

サジダは政治に心を惹かれはじめた闘士の卵時代のサダムを、誰よりもよく知っている。彼は父親代わりの叔父の教えに熱心に耳を傾け、一九五二年のインティファーダにも叔父とともに参加した。こうしてイラクの真の独立について語ることをいまだに妨げるイギリス軍の存在に反対することで、この家の男たちは自治を求めるアラブ人の闘いを体現していた。

サダムは助言者の歩みに従って、二年後に軍事アカデミーのテストを受けるが失敗する。サジダが教師を目指して勉強を続ける一方、夢破れたサダムは地下組織のリーダーへと方向転換した。一九五九年一〇月、頭角を現すチャンスがようやくやってきた。ギャンググループと付き合いのあるこの若き闘士に、死刑執行の仕事をしないかという誘いがきたのである。権力を握ったアブドゥル＝カリム・カーシム首相はナセルの汎アラブ共和国設立計画にイラクが加わることを拒否して、多くの反感を買っていた。そこで特別攻撃隊が組織され、サダムは見張り役として攻撃の合図を送る任を負った。しかしこれは失敗した。サダムはふくらはぎに弾を受けたものの、ただひとり逃れた。その後彼は女装してバグダードを抜け出し、砂漠を横断する長旅に加わってシリアに向かった。サジダにとって、男が自らの信念のために家族を捨て置くのを見るのは初めてのことではなかった。

ベドウィンのもとに少し身を寄せたあと、この逃亡者は早々とカイロに行き、そこでナセルのシンパから支援金をもらってどうにか暮らした。彼はドッキの高級地区にある高校で再び勉強をはじめ、カイロ大学法学部に入学した。大学生となったサダムは地下活動をしていたのが遠い昔であるかのように、インディアナやトリンプといったカフェのテラスでお茶を飲んだり、社会主義やアラブ統一について議論したり、さらにはチェスをしたりして過ごした。当時身近にいた人によると、彼は控えめで、どちらかというと臆病で内向的であった。[*6] 女性関係については聞いたことがないという。「私は外出して気晴らしすることはほとんどなく、時間があるときにはいつも本を読んでいた」と本人も当時のことを振り返っている。しかし彼はこの状態をすぐに改善すべきだと考え、カイロに来て数カ月後、義父宛てに手紙を書いて結婚したいという意思を伝えた。相手はすでに決めている。従姉妹のザジダ・ハイララ・タルファである。義父はこれに大賛成した。「神様のおかげだ。息子よ、でかした！ この国の宗教を持つすべての家族にとって、とくに年齢の若い結婚というのは無分別な行動を遠ざけ、誘惑から身を守るものだからだ」[*7]。喜んだ義父がすぐさまハイララの家に行って結婚を申し込むと、ハイララも快諾した。

養父のハイララが喜んで応じた理由は、おそらく違っていた。実はサダムはもうひとりのほうの従姉妹を愛していたが、彼女はすでにほかの男と婚約していた。友人によると、「彼は彼女について語り、彼女と結婚しようと思っていました。青春時代の恋です。サジダのほうは兄妹のようなもので、女性としてはなかなか愛せなかったのです」[*8]。しかしこの自然な愛情は、一族の統一を脅かしかねないものであった。「父からのプレゼント」というベドウィンの慣習に従って、ハイララは子どものころから育てたサダムに長女を嫁がせるつもりでいた。もし別の女性を選んだら、それはこの寛大な保護者への裏切りであり信用にかかわることなのである。

使者を介したこの結婚には、現代的でヨーロッパ的な点がひとつあった。サダムが婚約者に結婚指輪を贈ったことである。ふたりの間には三〇〇〇キロメートルの距離があったため初夜はお預けだったが、婚約の祝宴は一方の当事者のいないまま近親者のあいだで行なわれ、大勢のイラク人亡命者が集まった。[*9] 続いてサダムは、自分にとってハネムーン代わりになることを計画した──ピラミッドに行ったりナイル川クルーズをしたりする一人旅である。

バグダードにいたサジダは、家族とティクリーティ一族全体を二分する争いに巻き込まれていた。ハイラランとその従兄弟ハサン・アル＝バクルが、バアス党（「復興」の意）新党首の座をめぐって争っていたのである。一九六三年二月、バアス党とCIAが同時に起こしたクーデターで、突然アラブの大義に対する裏切り者カーシムの政権が倒された。意を強くしたサダムはバアス党に戻るとともに、「サジダとの結婚を完遂」しようと考えた。

ようやくふたりは完全にヨーロッパスタイルの結婚式を挙げ、この祝い事のために雇ったカメラマンの前でポーズをとった。新婦はブローチとイヤリングをつけ、薄化粧をし、濃い褐色のショートヘアは結わずにおろした。サダムはクラシックスタイルの背広とネクタイ姿で、めずらしく髭を剃り、軽い微笑みを浮かべている。

新婚夫婦はラジバ・ハトゥーン地区にある、格子窓のついたとても近代的な小さな家に住んだ。屋上もあり、花壇にはバラが咲いていた。とはいえこれは束の間の再会で、一一月にはサダムは政治警察に逮捕された。権力を握った軍部がバアス党を排除する決意を固めたからであった。カイロでの穏やかな逃亡生活と引き換えに、窮屈な刑務所暮らしのはじまりだ。サジダはすでに第一子を妊娠していたが、新婚生活は鉄格子越しに送ることになった。彼女は刑務所をたびたび訪れ、彼がもっとも必要としていたもの、つまり本を持って行った。サジダがとくに担ったのは、思想家ミシェル・アフラクとハサン・アル＝バクルがたくらむサダムの脱走計画の仲介役としての務めであった。彼女は勇気ある女闘士として活動し、夫宛てのメッセージをふたりの第一子で生後数カ月のウダイの服の中に隠すような大胆なことまでした。特別利発な彼女は、もっとも重要な書簡は乳飲み子のおむつの中にしのばせた。

サダムは一九六四年七月、拘留から約二〇カ月後に脱走した。今回利用したのは妻の巧妙さではなく、刑務所から裁判所への移送時間であった。彼は警備担当者にカフェで食事をしようと誘い、気前よくランチをふるまった。そして彼らが大いに楽しんでいるすきに、裏のドアから逃げたのである。[*10]

その後サダムは使命を得て地下組織に入った。その使命とは、軍事クーデターを率いた親族のハサン・アル＝バクルが権力を奪取するのに助力すること。このミッションを、今回サダムは成し遂げた。ハサンは一九六八年に国を掌握し、有能なサダムに感謝して、教育とプロパガンダの仕事を任せた。サダムはまた革命指導評議会の副議長にもなったが、これは重要なポストで、後継者に指名されたようなものであった。サダムはこのポストに全精力を注ぎ、サジダと三人の子どもはなおざりにした。ウダイに続いて一九六六年にクサイ、一九六七年にラガドが生まれていた。

一家の財政状況は明らかに改善した。サジダは家の切り盛りを一手に引き受け、自宅用の家電製品も自ら買いに行った。店員の義兄弟によれば「彼女は黒いアバヤ――伝統的な慎ましい衣服――を着ていました。とても内気で無口で、店に入っても欲しいものを指さして、のちほどサダムが支払いますと言うだけでした」[*11]

サダムは政治の道にすべてを捧げた。彼は社会参加という近代的な考えへと人々を導きたいと思い、新たな使命を得た自分を前面に押し出すようになった。周囲の人々は皆彼の服装をお手本にした。彼は一貫して背広を着てネクタイを締め、とりわけ靴にこだわった。好きなのは細身のエナメル靴。装いに関しては、細かいところを重視した――ストライプの明るい色のスーツ、四つボタンのジャケット、千鳥格子のスーツ、地味な色のジャケット、カフスボタン。どんなときでも服装の最後の決め手はまさにコレクションのように持っていたネクタイで、話す相手によって変え、ヴィヴィッドな色のものも恐れず身に着けた。「彼はいつでもとてもエレガントで、とくにフランスのブランドを好んでいました。いちばん重視したのはネクタイとシャツの組み合わせ方で、靴は必ず革靴、身なりの仕上げに少し香水をつけていました。一日に三回着替えることもありました」[*12]とレバノン人の建築家ファウジ・シャロウブは語る。単なるおしゃれのようにも見えるが、実はサダムは外見を利用することを考えていた。伝統的な衣装を着る中東の権力者とは一線を画した魅力的なイメージづくりをすれば、国際外交にもっと有利になると思ったのである。

ダンディズムと汎アラブ主義

サダムはサジダの家で教育を授けられ社会的地位も得たが、いまや大人であり、世の人々に立派な夫であり父親であるという姿を見せる必要があった。一九七二年のハラの誕生は、そんな彼にとって現代的な一家の主というイメージをアピールするよい機会となった。新聞は社会主義革命のリーダーに娘が生まれたことについて飽くことなく称賛し、若い両親と赤ちゃんの写真をページいっぱいに掲載した。慎み深く洗練された妻であり、母であり、働く女性であるサジダは、ハサン・アル＝バクル率いる新体制イラクの女性のお手本とされた。とはいえサダム・フセインは自らの家庭生活について「私たちはほかの多くの人々となんら変わりません」と『アル＝マラ』誌にコメントしている。

彼はそれでも貧しい農民という自らの出自を忘れなかった。家長のイメージだけでは十分ではない。将来バグダードの上流社会を築くであろう若者たちと、信頼に足る関係を築くことが必要だ。国父を目指すサダムはハラの誕生直後から、自らの社会生活をさらに勢いづける決意をした。夫婦はそのために船を借りてティグリス川に浮かべ、パーティを開いた。船が動きだして誰もが踊り、笑い、乾杯していたとき、会食者のひとりが船長に〝豚の島〟に横付けするよう命じた。

招待客のひとりはこう回想する。「私たちが船から砂の上へ降りると、驚いたことに年若い男性がそこで待っていて、私たちを出迎えてくれました。白いスーツを着た男性です。シャツも靴も全身白づくめで、月の光の下で輝いていました。私たちはこの人は誰だろうと思いました。(……)。その男性の後ろにいたふたりの男が『こちらはサダム・フセイン氏です』と言いました。私たちはみんな見つめ合いましたが、誰ひとりとして彼を知っている人はいませんでした。ついに私は大きな声で、『サダム・フセインって誰ですか?』と聞きました[*13]」。するとひとりの男が、こちらはイラクの副大統領だと言って疑問を解消した。サダムの判断は正しかった。彼はまだこの国の裕福な若者たちには知られていなかったのである。彼らを味方につけなければ。

サダムは多くの人々と握手をし、酒を勧めはじめた。酒は島の周囲をぐるりと囲んだ船から一瞬のうちに運ばれ、まもなく小船はシャンペンの瓶だらけになった。「誰もがたちまちのうちに彼の魅力的な人柄に惹かれ、私たちはとてもすばらしい夜を過ごしました」と、この数年後にサダムの専属機長になる人物の夫人アリア・サルビは言う。サダムはそれぞれの夫婦としばらく一緒に過ごして、顔見知りになった。彼のアプローチ戦略は実に独特であった。「彼はまず女性がとくに美しいカップルからはじめ、とりあえずグループの中のブロンド女性全員とダンスをしました」。副大統領はそれぞれの男と友人になるよう努めながらも、その男の妻にも気を配った。「彼はまず男の妻を信頼できなければ、夫のほうを決して信頼しませんでした」。好意と不信の間で揺れるサダムの友情は、拒否することのできないプレゼントであった。彼はたびたび誘いをかけ、友人をレーシングクラブに招いた。サジダを連れてくることもあったが、アリア・サルビによれば、彼女は「とくに社交的な女性ではありませんでした」

ある晩この機長夫婦が夕食をすませた午後一一時ごろに友人の家に立ち寄ると、客間にサダムがいた。三時間にわたって彼は自分の理想とするところや、全般的な好み、とくに狩猟について、あることないことを話し続けた。しかしその言葉はほとんど重要ではなかった。「私は彼の目をいつまでも忘れないと思います。その目は私たち一人ひとりをじっと見つめて、細かく探っているようでした」。その晩、彼はこの忍耐強い友人宅に、友情のしるしとしてコレクションの猟銃を届けさせた。サダムの考えでは、銃はアラブ男の心にもっとも近しいものである。その次が女、その次が馬。なるほど、サダムはパーティに夫人を連れて行くことよりも銃を携帯していくことのほうが多かったわけだ。

こうした夜の楽しみは愛人たちを連れ出す機会でもあった。ある晩サダムは新しい友人たちに、最近ものにしたハナアなる女のことを話した。「彼女は単なる友人ではなく、自分のあらゆる欲求を満たしてくれるのだと彼は言っていましたが、どのように彼女を殺したかについても私たちに語りました。彼女が別の男と会っていたのでひどく嫉妬し、彼女の家に行って自らピストルで彼女を撃ち殺したというのです。そのときベッドで寝ていた彼女の母親も殺したそうです」。この殺人とおぼしき罪の証拠は見つからないが、いずれにせよサダムはこの話をするのが好きだった。こうした自らの伝説をプレゼントと同じように気前よく振りまいたため、友人たちは彼を評価するのと同じぐらい恐れることになったのである。

エリートたちに話をすることで力を増していたフセイン副大統領は、一九七九年七月、さらにその勢いを強めることになる。彼は夜のバグダードの町を歩き回り、家を次々と訪問した。友人たちにとって、真夜中に彼から電話がかかり、今から行くから急いでほかの知り合いを集めろと頼まれることも、当時は珍しいことではなかった。この時期彼はよく飲んだ。「お気に入りのウイスキーはシーバスリーガルで、パーティに出席するときにはいつもそれを何ケースも運ばせていました」。サダムはダンスが大好きで、とくに西洋音楽に合わせて踊るのが好きだった。アリアによれば、「彼はとくに踊りがうまかったわけではありませんが、決して踊り疲れることがありませんでした。彼はとても強い男で、十人分ぐらいのエネルギーがありました」

この七月のある晩、サダムは友人のもとを訪れ、ハサン・アル＝バクルについて愉快そうに言った。「私はもう老人にはうんざりだ」。彼はとくにこの親戚が政治上の決定をするたびにいちいち盲目の女性占い師に伺いを立てることを嫌っていた。アル・ドゥブジェ地区に住むこの占い師が政治に対して大きな影響力を持つことに、我慢ならなかったのである。「その女を宮殿まで連れてこさせて自ら殺したと、彼は私たちに言いました」。これが事実なのか作り話なのかはともかくとして、サダムは人間の心理をよく知っており、親しい相手に対しても状況に応じて巧みに態度を変えることができた。「彼女は秘密を知りすぎていた」と彼は簡潔にコメントした。こうした言動の効果は明らかであった。「私たちは彼の魅力的な人柄が好きでしたが、彼を恐れてもいました。だから私たちは、彼にどんな要求をされても嫌と言えなかったのです」

サダムというフェミニスト

友人の妻たちとよい関係を築けたことに意を強くして、サダムは女性を政治的な意味で獲得するためにいっそうの努力をした。彼はサジダとの結婚生活がうまくいっていることを強調して夫婦アドバイザーのようになり、新聞や雑誌で幸せな結婚生活を送るためのいくつものアドバイスをイラク人に与えた。一九七八年には『アル＝マラ』誌でこう言い放っている。「結婚生活でもっとも重要なのは、単に妻が女で自分が男だからという理由で、妻に抑圧されていると思わせないようにすることです」

サダムは束縛されていたイラク女性に向けて発言し、女性を解放へと導こうとした。「過去の反啓蒙主義と抑圧の時代に、女性は束縛されていました。そうしたあらゆる拘束から女性を完全完璧に解放することが、わが党と革命の最重要目的のひとつです。（……）事実として女性は社会の半分を占めています。女性が自由で自覚的でなく、教育を受けずにいれば、われわれの社会は発展せず、解放されないままでしょう」[*14]。彼は自分の考えを決然たるスローガンに要約した。「女性を蔑視することは革命に背くことである」。「女性の保護者」であろうとすることは「祖国と民衆を駄目にする」ことになると、彼は初期のころの会合で言い放っている。彼は「女性」というときには必ず「愛する」「尊敬すべき」「気品ある」あるいは「虐待された」といった愛情あふれる修飾語を付け加える配慮をし、単独で使うことはまれであった。

この公然たるフェミニストは、こうして多くのイラク女性に自分を個人崇拝させることに成功した。女性たちにとって、彼は単なる指導者ではなく家族の一員である。女流詩人のサジダ・アル＝ムサヴィは、こうして芽生えた彼に対する愛情を賛美した。「彼は友であり、模範であり、家であり、息子。サダムは心、蝋燭の光、思い出、涙、大地、そして幸福で純粋な民衆。サダムはイラク全体」[*15]

イラク女性総連の会議で彼は熱のこもった演説を行い、その中で男たちに「妻を敬いその要求に配慮」するよう具体的に促した。ヘリコプターに乗ってある知事を突然訪問したときには、サダムはこの知事が太って髭をきちんと剃らず、とりわけ口内の衛生を怠っていることに気がついた。サダムは審判を下し、全員を集めておごそかに宣言した。「諸君は食事に気をつけ、髭を剃り、歯を磨かなければいけない。妻のことを考えなさい。イラク女性はそうしたことに耐えられないのだ」[16]。サダムは即効性のあるダイエットを党幹部全員に命じるとともに、自らも率先して行なった。これにより太った知事は約三〇キロ、サダムは約一〇キロの減量に成功した。

ドクター・フセインの体の衛生に関するアドバイスはさらにエスカレートした。彼はある日テレビで宣言した。「男は汗の臭いをさせたまま会合や家族の集まりに出てはならない！　入浴は毎日すべし！　女性は一日に二度入浴すること。なぜなら女の匂いは男の匂いよりも微妙で、人に気づかれやすいからである。女性は歯ブラシを使えないときには、人さし指で歯を磨くこと」

とはいえ実際のサダムは、男女平等や衛生管理について、目指しているほど進歩的ではなかった。彼の発言は年々因習的な様相を帯び、革命の原則は後回しにされた。国家のトップに立とうともくろむサダムは、男たちを敵に回すわけにはいかない。そのため彼の言葉は消極的になった。「妻は夫の権威に従わなければならない。夫は家長として最終決定権を持ち、家庭の責任を負うものだからだ」。女性に関する政策にはいまや保守主義が必要だ。「男が軍隊で殊勲を上げるように、女は子どもの教育という面で優れるべきである。これは補い合うふたつの務めであり、社会に対する個人の基本的義務のひとつである」。「女性に対する保護」を取り除くよう要求するのは的外れなことで、「保守的な考えの人やあらさがしをする帝国主義の役人の反発を引き起こす」危険がある。女性に対して寛大すぎると、革命が麻痺してしまうかもしれない。

目的は達せられた。サダム・フセインは一九七九年七月一六日、宮殿内革命を起こしてアル＝バクルを引退に追い込み、国家のトップの座をつかんだ。サダムのイラク女性たちとの結婚は、以後正式なものとなる。

サダムと彼のチャーリーズ・エンジェル

「あなたはいつも私の心の中にいます。まるであなたがそばにいるかのように、私はあなたの美しい声を聞き、あなたの目を、笑顔を見ます。まるであなたが私を見つめて微笑んでいるかのように（……）。朝目覚めるときも、夜眠りにつくときも、あなたのことを考えずには一日たりとも過ぎることはありません。私の成功はあなた次第です。なぜならあなたは私たち学生によく勉強するようにという大事な話をしてくださったからです。そして今年、私はクラスで最優秀生徒に選ばれました」[*17]

女子高生アシュティ・マルベンは、新大統領に愛情と敬愛の念のこもった手紙を書いた。多くのイラク女性と同様、彼女はこの七月一六日、テレビで新しい、強い男の顔を見た。白黒画面の前に集まったこの国の女性たちは、サダムのオーダーメイドの服について活発に意見を述べた。「私たちの財産を取り戻すために世界の権力者に微笑みながら立ち向かう、輝く目をした」この男性に、「私はすぐさま心を奪われました」とアシュティは記す。

若いテレビ視聴者たちは大統領の魅力に勝てず、テレビ小説よりも熱心に彼の登場する画面を追った。彼は毎日テレビに現れ、「ゆっくりと冷静で、何とも美しい」[*18]声で語るのだった。

こうしてサダムは政治的な勢いを誇るだけでなく、恋愛対象としても見られるようになった。「私のお気に入りのひとりがフィデル・カストロでした。彼は謙虚で、ジープで国を横断して身分の低い人たちにも話しかけていたからです」とアシュティは言い、世界の権力者たちの魅力比べをした。「私はドイツのウィリー・ブラント首相とフランスのヴァレリー・ジスカール・デスタン大統領も好きです。ジスカール・デスタンが選挙戦で勝ったことには何の驚きもありません。だって彼はライバルよりもはるかにエレガントですから。でも私が絶対的に好きなのはわれらがサダム・フセイン大統領で、ほかの国家元首に比べて圧倒的一位です。とくに好きなのはエレガントで魅力的なところです」

サダムの権力は誘惑の強力な武器であった。たぶん彼の魅力はそのまなざしにあるのだろう。「残酷な人！　彼の目は世界一美しく、絹のように甘美です」と大統領のファンはうっとりする。また、イラクの政治家で人道主義者である夫がエジプト亡命時代のサダムを知っているという別の女性セルマ・ムシンも、大統領の「ピストルのような目」を目の当たりにした。「微笑む彼の目は制服によっていっそう引き立っていました。彼は誰に対しても微笑みかけましたが、私から目を離しませんでした。『彼はワルかもしれない』と私は思いました。でも彼の目の前では、自分の弱さを感じてしまうのです[*19]」

男たちもまた、見抜かれるような耐え難い彼のまなざしの間接的な犠牲者になった。「目を凝視することはできませんでした。とても美しく女性的な目でしたが、何か魅惑的なものがあるせいで、ほとんどぞっとするような恐ろしさがありました。彼が笑っているときでさえそうでした[*20]」と建築家のファウジ・シャロウブは言う。

やがて目だけでなく、顔全体に数々の美点があると言われるようになった。「大統領は輝く太陽の下にいました（……）。私は突然彼の耳に魅了され、もはや彼が何を話しているのか分からなくなりました。太陽の光を浴びた彼の耳たぶは透き通り、灰色の蝋細工のようでした」と専属外科医アラ・バシールは言う。サダムは自分の外見に手を入れていた。ごましお頭が気になりはじめると、この専属医はかなり軽率な解決法を提案した。口髭と頬髯を剃ればいい。「サダムは私をまじまじと見ました（……）。私は黙っていたほうがよかったのかもしれませんが、彼が髪と髭を染めているのを知っていたものですから」

しかしおそらく彼の魅力のおおもとは、その鋭いファッションセンスや四〇〇本のベルト、細身の革靴にあったのだろう。とはいえ彼の靴はとても幅が狭かったため足にタコができ、定期的に切除しなければならなかった。彼は海千山千の大物さえも惑わした。例えばジャン＝マリ・ル・ペン〔フランスの政治家〕も、このアラブの「ドゴール」に魅了された。「何度会っても彼は実にシックで、絹のようになめらかな青い麻の背広に、完璧にコーディネートしたネクタイを合わせていました。彼はいつでも堂々としており、奥ゆかしい礼儀をわきまえていました」[*21]。石油と同じぐらい無尽蔵の衣装を持つサダムは、「ダンディすぎるという非難」まで受けた。アルメニア出身の専属テーラー、サルキス・サルキスは、ヨーロッパの大都市からもっとも洗練されたパターンを取り寄せていた。

　サダムはとくに女性をエスコートして満足させる自分なりの方法を持っていた。彼が打ち立てて哲学の域にまで高めた掟はこうである。「女性は自分が必要とするもの以上のものを持つのが大好きだ。それは毎日市場で見られる光景である。女たちは自分が見つけたものだけでは決して満足しない。女は何か先天的にそうなっている。頭がよかろうが悪かろうか、地方出身であろうがバグダード出身であろうが、何も変わらない。女を変えようと試みても、何の役にも立ちはしない」[*22]

　彼の魅力のほどは親しい友人のこの冗談からも分かる。「彼の妹でさえ彼に恋したらしいです」[*23]最高の自分を演出したサダムの魅力は国境を越えた。ファウジ・シャロウブは言う。「彼は女性に取り巻かれるのが大好きでした！　一九七九年末のある晩、官房長から私にパーティを開くという電話がかかってきました。運転手に宮殿に連れていかれると、ブラジル人のすばらしい美女が七人いました。そのうちのひとりが大統領に手紙を送って、大統領がイラクでしていることが大好きなのでぜひ会いたいと伝えたのだそうです。そうしたらサダムはその女性の友だちもみんな招待して、観光旅行まで計画してやったのです」

サダムの執務室で

しかしすべてのイラク人女性がこれほど打ち解けた雰囲気で新大統領に会うチャンスがあったわけではない。一九七九年二月から、隣国イランの情勢は不穏になった。嫌われ者の国王に代わって闘争的なアヤトラ・ホメイニ師がトップに立ち、自分の考える革命を外国にまで輸出しようとした。ホメイニ師はその中で、女性の解放についてサダムとはまったく異なる見方をしていた。

サダムはサジダを連れて首都にある大人気のハンティング・クラブにたびたび出かけていたが、夜のこの行動を改めた。「それからというもの、気晴らしの娯楽は必ず宮殿の中で家族だけで、あるいはごく限られた人数で行なうようになりました。サダムはイスラム主義者に自分のリベラルでヨーロッパ的すぎる行動について攻撃する機会を与えたくなかったのです」[*24]と、大統領のブレーンでバアス党の創立者のひとりミシェル・アフラクの息子イヤド・アフラクは言う。だから女性たちが大統領にアプローチできるのは、共和国宮殿の個人執務室の中でということになった。

ラブレターを書いたアシュティ・マルベンは、ある日熱愛する人に会おうと決意した。サダムの趣味を知っている彼女は髪を洗い、香水をつけ、化粧をした。彼は香水をつけた女は好きだが、化粧の濃すぎる女は大嫌いだ。「彼が三、四メートル先のところまで来たとき、私は彼をむさぼるように見つめました。彼は写真で見るよりもずっとハンサムでした！　とてもエレガントでした！（……）まるで私たちの間の空気が電気を帯びたかのように、私は全身がぞくぞくしました。抑えられない力が彼から発して私のところまでやってきました。巨大な力が私を引きつけ、貫き、私の体のすべての細胞を震わせたのです」。アシュティの前には別の女がいた。この女の夫は別の女との結婚を望んでいた。「あなただけが私の家庭に平和をもたらすことができます」と彼女が懇願すると、サダムは「私がご主人に話しましょう」と度量の大きいところを見せた。若いアシュティはサダムとふたりきりになると、身動きできなくなった。「もっと近くに来て挨拶しなさい」と情熱的な彼は言い、立ち上がって執務室を一周した。大統領は彼女に近づくと腕に抱き、抱擁した。「私は頭を彼の肩に乗せ、頬に彼の背広の布を感じました。彼の香水の匂いがしましたが、それは天国の香水でした！」とこの若い女性は言い、さらにもっと詳しく語った。「それは工場で作ったような香水でもないし、アフターシェーブローションでもありませんでした。天国のような香りに私はうっとりしたのです。私は喜びで気を失ってしまうのではないかと思いました」。サダムは魅力全開だ。

「君からの手紙を受け取ったよ。アシュティ、名前からいってクルド人かい？」

「私はクルド人ではなくて、キリスト教徒です」と彼女があわてて答えると、サダムは明らかに気を悪くしたように言い返した。「クルド人だろうがキリスト教徒だろうがアラブ人だろうが、われわれはみんなイラク人であって、何の違いもない」

彼女が退出する前に、彼は一九八〇年九月一八日という日付を入れた写真を手渡した。彼は彼女を手ぶらでは帰さず、金文字で「特別な功労に対して」と刻まれた小箱を用意させていた。中にはスイス製の金色の時計。黒い文字盤にはサダムの肖像が描かれている。それとともに一〇〇〇ディナールの紙幣も入っていた。

大統領は相手が男であれば激怒するようなことでも、女性であれば受け入れた。ただひとつ決して侵してはならない条件は、いかなる場合でも彼の政治については言及しないこと。「執務室で泣いても、彼に対して声を荒げても、彼は動じることなく受け止めてくれました」とセルマ・ムシンは言う。彼女にはサダムの執務室を訪れたときの苦い思い出がある。彼女の願いはロマンチックとはほど遠いものであった。

政治家である彼女の夫はサダムの前任者の考えで外務大臣に内定していたが、投獄され、その後家族には何の知らせもないままだった。若妻は大統領の前に赴いて夫のために釈明した。彼女もまた口紅をつけ、マスカラを薄く塗る配慮をした。

「どうして君が来たのかは分かっている。夫のためだろう」と彼は言い放った。「あいつは何の役にも立たないし、自由にしてやる価値はない」

「それが閣下のお考えなのですね。どんなことをお望みでも私は従いますし、服従いたします」

「おまえの夫は傲慢だと私は思うね。何でも知っていると思っているんだ」

サダムは立ち上がって執務室をぐるりとまわり、彼女に近づいた。その続きは逃れられない悪い夢を見ているようだった。「彼は突然私の腰をつかんで、キスしたり抱擁したりしはじめました。彼は体じゅうさわりつづけ、私の秘密の部分にまで手を伸ばしました。胸や腿をまさぐって、彼は言いました。『君は実にいい体をしている。よく手入れしてそれを守りなさい。君は美しい』」。感情のこもっていないお世辞であった。大統領の手始めの攻撃は一〇分ほど続いた。

「私が誰だかお分かりですか?」と彼女は彼の気をそらそうと話しかけた。

「もちろんだとも。サダム・フセインはイラク人を全員知っている」と彼は笑いながら言った。彼女はもし夫を釈放してくれるなら彼に身を捧げると約束した。「君がほしければ、私は許可などなくても君をものにできる。奴が刑務所にいようと自由の身であろうと、君をほしいと思ったら即座に私はものにするのだ」

しかし彼はそれ以上何もする気はなく、ぎりぎりまで獲物を追いこんだところで放して、大統領用の白いベンツで送らせた。事情を察した運転手は彼女に、「タバコを吸ってもかまいませんよ」とだけ言った。

セルマの夫は奇跡的に釈放された。「サダムは本当に私をものにしたかったのではなく、夫のために私を辱めたかっただけなのです。そうやって私に──そして夫に──自分は夫に対しても私に対しても力を持っているのだということを感じさせたかっただけです」[*25]。とくに彼女はこう観察する。「私は彼の好みのタイプではありませんでした。背は低いし髪は黒ですからね。彼が好きなのはブロンドで背の高い女性ですから」

サダムは実際必要なときに女性を利用するすべを心得ていた。ときによって外交の武器にも宣伝道具にもなりうる女は、彼にとって忠実な同盟者である。彼は女性協力者に囲まれているのが好きで、そうした女たちに戦略的なポストを与えた。例えば、新大統領の山ほどある健康関連業務の分野では、あるミステリアスな女性薬剤師が登場した。この女は本人の言によれば多くの兵士が前線で命を落とす原因になっていた病気──壊疽──を治す軟膏を開発したという。しかし誰からも認められず嘲笑されるばかりなので、彼女はこの件を大統領に委ねようと思いついた。慧眼を誇るサダムはあわてて答えた。「経験上私は知っているのだが、わが国では君がしたような新しい考えや進歩の多くは、役人という障壁を越えるのが難しいのだ」[*26]。彼は秘書に、この「科学者」の発見の成果をできるかぎり早く実用化するため、何であれ便宜をはかってやるよう命じた。

この女性医学博士マビュスは、最初のうちはサレ教授が率いるサダム心臓病医療センターで、大統領専属ガードマンに付き添われて大きな顔をしていた。彼女はその奇跡の鎮痛薬を、国民的英雄ながら両足の壊死に苦しむ将軍に塗った。これをいぶかしく思ったセンター長はこっそりその軟膏を分析させ、効果がないどころか細菌培養基にほかならないことを発見した。女ペテン師は正式に解雇されたため、共和国宮殿に直接訴えた。サダム心臓病医療センターはただちにセンター長をすげかえ、この立派な女医は自分の研究所まで持つことになった。ちなみに将軍の足は切断された。

女たちが自ら自分のもとにやって来ないときには、サダムは大学や党組織をたびたび訪ねて、献身的な女性協力者を採用した。彼は女たちの才能を称賛し、その功績にふさわしいポストを与えた。なぜなら彼が若い女の取り巻き連に望んだのは、自分に対する愛情よりも、彼女たちがイラクとその兵士たちにもたらしうるものだったからである。

一九八〇年は、サダムにとって最高に幸先よくはじまった。ホメイニ師によって粛清されたイラン軍が一時的に力を弱めたことを利用して、彼は敵の先手を打ったのである。敵はイラクのシーア派教徒の土地を奪おうともくろんでいるに違いなく、その中には重要な聖地ナジャフも含まれている。そこで大統領は一九八〇年九月二二日、古くから争いになってきたティグリス・ユーフラテス川河口の国境問題を持ち出して、永遠の敵ペルシア人に宣戦布告した。こうしてイランとの間に始まった戦争の最初の数カ月は、驚くべきことに大統領にとってもっとも幸福な時期のひとつであった。サダムはほとんど毎晩外出予定があり、行く先々のパーティでは女性ダンサーや歌手があふれるほど来て、彼のために声をからした。彼女たちは彼の足元に座って伝統的な農民の歌を歌ったが、とくにサダムを感動させたのは物悲しい歌であった。アリア・サルビによれば、「私たちはパーティから帰るときには頭痛がしていました。ベドウィンの音楽や、戦争に関する熱を帯びた議論のせいです（……）。彼は当時みんなに自分の周りにいてほしかったのです」

イランとの戦争が始まると、イラク人たちは故郷を捨てて前線に向かった。戦いによってサダム・フセイン大統領は再び女たちとの結びつきを強固にする必要に迫られた。国を挙げて容赦ない戦いに備えるためには、「パートナー」を再び見つけて、彼女たちとともに国を支えるよう尽力しなければならない。そこで一夫多妻制反対と女性の離婚を認める措置のほかに参政権が付け加えられ、また殉教者博物館が建設されて女性が聖域化された。この博物館の中の「マンデラの殉教した新婦」の部屋では、結婚初夜にイランのミサイルに斃された女性を紹介している。この女性の花嫁衣裳と靴も展示品の一部で、天国へ上る彼女の彫像もある。女流詩人サジダ・アル＝ムサヴィは指導者を称えた。「サダムは火と光の間を優しく流れる小川のよう。サダムは私たちにとって天国への鍵」。イラクの新指導者は、しかしもはやヨーロッパの大国ではなく国境のほうへ目を向け、ヨーロッパの最新流行の服を脱いでバアス党のオリーヴ色の軍隊風制服に着替えた。この服装はのちに失墜するまで彼を特徴づけるものになる。

サダムはこの殺戮戦を指揮することで頭がいっぱいで、ティクリーティ一族の問題については顧みなかった。夫が権力を握ってからというもの、サジダは家長としてひとりで戦わなければならなかった。

〝ちっちゃな淑女たち〟

サジダはアルコールが大量消費される社交の場を夫とともにおおっぴらに夜はしごするようなことはしなかったが、とはいえサダムが権力の座に就くにあたって重要なパートナーであった。優等生だったサジダは学校の先生になり、その後夫が権力奪取するまでは男女共学の進歩的な学校の校長をしていた。[*27] 名家の子弟が学ぶバグダードのエリートに人気の学校の校長の座を離れたのは、ただ新たな任務を得た夫を補佐するためにほかならない。サダムは女性教育を推進する主意主義的な政策を進めたが、彼女はこのように身をもってその政策の正しさを示していたのである。識字教育プロジェクトが次々と立ち上げられ、やがて女性の九五パーセントが学校教育を受けるようになった。軍隊と軍事学校は女性にも門戸を開き、戦闘機のパイロットになる女性も現れた。

夫が政治に激しい情熱を傾けているあいだ、サジダは娘たちの世話をしたり、宮殿生活に身を尽くしたり、高圧的なほど断固たる態度でレセプションを取りしきったりした。ティクリーティ一族は大勢の人を豪勢にもてなさなければならなかった。荘厳な雰囲気の内輪のダンスパーティでは、招かれた客がファーストレディのほうへ進んで敬意を表すると、彼女はうなずきながら迎えて形ばかり微笑む。オーケストラが愛国的な曲を奏で、大臣の妻たちはサジダの周りで踊る。誰もが年頃の娘を彼女に誇示するよう努め、バグダード一注目されている独身男性である彼女の息子ウダイとクサイの相手として目を付けられないかと期待した。

サジダの周囲にいる良家の婦人たちが疲れてくると、今度は娘たちがラガドとラナの近くで踊った。夫婦の長女ラガドは毅然とした娘で、宮殿の学校でバアス党の理念を教えていた。サダムの専属機長の娘ザイナブ・サルビは、大統領の模範的な娘たちについてこう語る。「ラナは私より二歳年下で、真ん中の優しいお姉さんでした。ハラは七歳年下で、甘やかされた赤ちゃんでしたが、サダムのお気に入りであることは誰もが知っていました」。大統領主催の祝宴が宮廷で開かれると、その間娘たちは自分たちなりの方法で周囲の人々を解釈し直していた。「ラガドはファッションのようなどうでもいいことについて、偉そうな口調で意見を述べながら広間を練り歩いていました。他の娘たちも私も、小刻みに歩きながら彼女のあとについていくのです。まるで彼女がサダムで、私たちがそのボディガードのようでした」

お気に入りの話題はうわさ話とファッション。ウダイのクラスメートのラティファ・ヤヒアは、宮殿のパーティにファーストレディが現れたときの思い出を語った。「この女性が衣装のほかにもうひとつ、いつも気にしていたのは、どうすればもっと宝石を手に入れられるかということでした。彼女は珍しくパーティに現れても、宝石の話ばかりしていました。指輪をどこで手に入れたかとか、イヤリングをどこの町で買ったとかいうことなら、彼女は延々と熱っぽく話すことができたのです」[*28]

大統領の娘たちは戦争中に国を離れることを禁じられ、ロンドンやパリのブティックでショッピングをすることができなくなった。そのつらさを和らげるために彼女たちがしたのは、世界中から取り寄せたカタログを見ること。気に入ったものがあればモデルを指さすだけで、即座に手に入れることができた。洋服にまつわる暗い出来事が宮殿で起こることもあった。「グループの中でいちばんおしゃれなタマラは自分のドレスをたびたび貸していましたが、返ってくることもこないこともありました。一枚の服はもう着られなくなっていました。というのもお針子が同じものを作れと命令されたため、糸をほどいてまた縫い合わせたからです」。こうしたエレガントな女性のもとを訪れるたびにファッションショーのような展開になり、あの娘の服はどうだこうだと厳しくコメントした。ザイナブによれば、「同じものを二回着たりしたら大きな話題になるほどでした」

大統領の妻

サジダもまた流行に明るかった。彼女は自由に旅行ができる女性に、服を買ってきてくれるよう頼んだ。例えばサダムの専属機長の妻アリア・サルビがそのひとりであった。しかしサジダがすぐに支払をしないため、買い物を頼まれて嘆く女もいた。ある日ついに大統領は妻に、ふたりの叔母とともに数週間外国に行ってもいいと許可を出し、この小家族集団の一人ひとりに一万ドルずつ小遣いを与えた。買い物をして気晴らしをするようにということである。「濃く描いた三角眉がいかなる動きも見せない」サジダは、宮殿の女たちの間で個人崇拝され続けなければならない。そのためには見せびらかすドレスや宝石、お気に入りの女性たちへのプレゼントをたびたび新しくしなければいけなかったのである。

一九八一年初頭、イラク大統領の妻はこうして二〇人ほどの宮殿の親しい人々とともにロンドンに降り立ち、いちばんのお目当てであるエルメスを筆頭に、ボンド・ストリートの高級ブランドに押し掛けて数十万ポンドを使った。金ぴかのものやブランドものへの欲求を満たすと、翌月彼女はイラクの国連大使と*29ともにボーイング七四七型ジャンボジェットに乗って、ニューヨークに向けて飛び立った。これはサダムの専属機長がアメリカで買った、真新しい飛行機である。床には大統領のエンブレム入りの緑と白のカーペットが敷き詰められ、そこを進むと現代的な家具が置かれた個室に続く。大統領のスイートルームには特大のベッド、会議室、書斎、浴室まで備えられていた。今回サジダが引き連れたのは買い物依存症的な三〇人の仕入れ係で、それを率いたのは彼女の当時のお気に入り、フセイン・カメル・アル＝ティクリーティであった。サジダはブルーミングデールズ百貨店に情熱を燃やし、とんでもない額の買い物をした。

大統領夫妻の距離は縮まった様子で、夫婦は毎日電話で話をした。おそらくサダムはこうしてフセイン・カメルを巧みに操作したのだろう。というのもカメルのニューヨークでの使命は、イランとの戦争のためにひそかに弾薬を買い付けることだったからである。アメリカからイラクへの輸出は禁じられているものの、イラクは軍事物資を調達するために幽霊会社と契約を結んだ。サジダはこの作戦を指揮したわけではないが、いずれにせよ歓迎のしるしにアメリカの会社から贈られた気前のよい心づけはうまく利用した。*30

贅沢なファッション小物に対する下らない熱中のように思えるものは、むしろ夫になおざりにされたことに対する気晴らしであり、慰めだったようである。実際当時サダムの情事をめぐる最初のスキャンダルが起きていた。サダムは妻よりも、官能的なテニスプレーヤーである情報通信大臣の妻のほうが好きになっていたのである。

イラクに戻ったサジダはほかの女性と同じような主婦であろうとしたが、あまりうまくいかなかった。自宅前の土にトマトを植えてはみたものの、まったく手入れはせず、新芽に日よけもつけずに直射日光にさらし続けた。そこで手入れを命じられた六人のボディガードが水をやったが、ときすでに遅く、まもなくトマトは枯れてしまった。そのため彼女は、この無能な園芸管理人を一〇日間刑務所に入れることにした。

ティクリーティ一族

宮殿ではまた別の悪い芽が育っていた。夫婦の三人の娘は模範的な少女だったが、ウダイとクサイが大きな心配の種だった。サジダは自分ひとりで育てたこのふたりの息子に手を焼いた。サダムはふたりが五歳のときから死刑執行に立ち会わせていたが、にもかかわらず彼らの精神バランスをとるための配慮は、おそらくまったくしなかったのだろう。

ウダイはあらゆる方法を使って幼い友だち相手に見栄を張った。小学校にはとてつもなく贅沢な車で乗りつけ、ポルシェを学校の中庭の真ん中に停めさせたり、歩いて上りたくないからと運転手に命じて車で一〇段の階段をよじ上らせたりした。

授業では教師は教育よりも自分の安全を守ることを優先させた。ある生徒によればその雰囲気はこうである。大統領のふたりの息子は「極度にガードされていて、ほかの生徒だけでなく保護者にも迷惑でしたが、親たちは子どもを転校させるなど考えることさえできませんでした」[*31]。そんなことをしたら大統領の息子を侮辱したことになるのだろう。「彼らは何もしないのに、いつでも一番でした」と彼は愚痴をこぼす。

大統領の息子たちの奇行は、注意力が散漫だからというわけではなかった。制服着用が義務づけられているこの厳格な学校で、ふたりは服装の決まりなどまったく気にしなかった。ウダイはときにはベルトの代わりにバンダナを使い、その中にピストルの弾を入れていた。「ある日彼は竹製の帽子をかぶって授業にやってきました。もちろん先生は何も言わず、私たちは何も目に入らないふりをしました」と旧友は言う。[32]ウダイはテストのときに、クラス全員に自分の意志を押し付けたこともある。「先生も彼に従わざるをえず、あるときには一五分以上テスト時間を延長しました。彼が六分で終えてしまい、ほかの生徒にもそれ以上続けさせないよう命じたこともあります」

サジダの長子ウダイは父親をお手本として育ち、幼いころから父をまねようとした。彼は一五歳でタバコを吸い、父の書斎とまったく同じものを持ちたいと要求した。彼はその後バグダードの大学で建築を専攻し、ほとんど勉強はしなかったにもかかわらず、百点満点中平均九八・五点という好成績で問題なく卒業した。最高点をつけなかったごく少数の教師は、イラクの秘密警察《ムハバラート》を相手にすることになった。

ティクリーティ一族の倫理の名において、そしてウダイの無分別な行動を考慮して、結婚が決まった。ウダイはサダムの異父弟バルザンの娘と結婚した。しかしこの正真正銘の従姉妹との結婚は、残念ながらすぐによからぬほうへ向かった。若妻と夜を過ごすよりも、この反抗的な息子はぴちぴちした女の子をハントに行くほうに熱心だったのである。ウダイは理想的な婿とは程遠かった。「彼は結婚などしたくなかったのです。彼の頭には別の女の子がいましたから」と親しかった者は言う。[33]いつでもアルコールが入っていた彼には、お気に入りのハント場所があった。例えば裕福な若者がよく行くバグダードの有名なアイスクリーム屋の周辺を高級車をひけらかして運転したり、マンソール・メリア・ホテルの屋上にあるディスコに行ったり。彼はまたティグリス川に所有する平底船をプライベートクラブとして使った。これはイラク独立後にイギリスの参謀部が捨て置いたもので、ヴィクトリア朝スタイルの貴重な木の装飾が豊かに施されていた。彼はそこにあらゆる女を呼び寄せ、カラシニコフ銃を空中発砲して威嚇した。パーティは必ずしも楽しく終わるときばかりではなく、殴り合いや発砲、強姦、さらには少女誘拐の話も数えきれないほどあった。

結婚わずか三カ月で、不幸な妻サジャは義母サジダのもとに逃げ込み、すぐさま父親が当時働いていたスイスに送られた。熱湯でやけどをした母親は水まで恐れるというわけで、サジダは息子が夫婦生活を送れないことを理解し、もう身を固めさせようとはしなかった。クサイがすでにサダムの孫をもうけていただけに、なおさらであった。

フセイン家の次男クサイはオーダーメイドのイギリス風の地味なスーツといういでたちで、その服装に奇抜さはなかった。兄よりも内向的そうな彼は、父親の後継者にふさわしいように見えた。事実ふたりの少年は正反対の人生を歩む。クサイは問題のない立派な家の娘と結婚し、やがて政治学部を卒業する。彼は授業で退屈すると、ウダイとは違って顔を上げて立ち上がり、何も言わずに教室から出て行った。サダムはふたりの兄弟のライバル心を保つため、クサイのほうとより長い時間を過ごした。「彼は自分のほうが気に入られていると分かっていたので、それを証明する必要はありませんでした」とラティフ・ヤヒアは言う。

しかしこの暴れん坊兄弟は、一方がもめごとを抱えたときには、ティクリーティ家として団結した。一九八四年のある夜、バグダードのホテルで、酔っぱらったクサイが同じく酔ったサウジアラビアの外交官と喧嘩をした。相手は南部の強大な王国の代表者である。サダムはこの愚行を捨てておけないと考え、息子を投獄させせた。するとウダイは弟へのライバル心を忘れて自ら刑務所長室に乗り込み、弟を解放するよう強く命じた。しかし拒否されたため、カラシニコフ銃を出して力を込めて所長の足を撃った。すると所長は突然協力的になり、クサイを即座に釈放した。父親の反応を恐れたふたりはサジダの実家に逃げ込み、サダムの怒りがおさまるのを待った。そしてさらなる安全を図ろうと砂袋でバリケードを作り、ウダイは軽機関銃で武装した。

何か問題が起こるたびに、サジダは家族に平和とまではいかなくても、少なくとも冷静さを取り戻させなければならなかった。彼女は激しやすいふたりの息子のためにたびたび夫のもとにとりなしに行き、父親の懲罰から守ってやろうとした。しかし彼女の支えは必ずしも若い獣たちの過ちを償うには十分ではなかった。ある晩サジダの義兄弟ルアイが教師の叱責を不当と思って怒りを爆発させ、この口うるさい先生の腕をへし折った。サダムは即座に罰を下した。イヤド・アフラクによれば、「彼はルアイを呼びつけると、罰として今度は彼の腕を折らせました」。サダムは公平という考えをさらに明確に推し進めた。「私はビデオで見たのですが、三人の男がルアイを殴ると医者がその腕を見て、彼が先生に傷を負わせたのとまったく同じ個所が折れているかどうかを確かめていました」

大統領は手に余る親族をどう正すべきか、ふさわしい方法に迷うこともあった。あるとき彼は侍医のアラ・バシールに話した。「もし自分の犬が赤ちゃんで小さいなら、殴ってもいいし、いろいろな方法で罰を与えてもいい。しかし成長してたくましくなった犬であったら、殴る前によく考えないと噛まれるかもしれない。そんな犬が周りに一〇〇匹いる状態を想像してみてほしい」

しかし、最初にいざこざを起こしてティクリーティ一族のまとまりにヒビを入れたのはサジダであった。ウダイの個人秘書はこのエピソードも一九八四年のことだとしている。いさかいの原因はラガドの結婚問題。おそろしき秘密警察《ムハバラート》の長官だったサダムの異父弟バルザンが、大統領の長女を自分の息子と結婚させてほしいと頼みにきた。しかしサダムが拒否したため、バルザンは即座にすべての公的義務をキャンセルした。彼はサダムの決定の背後にサジダの頑固な反対があることをよく知っていた。サジダはこの娘を自分のお気に入りの男のためにとっておきたかったのである。「サジダはラガドを当時自分の護衛チームの一員だったフセイン・カメルと結婚させたかったのです。彼女はバルザン家の誰よりも、彼のことを気に入っていました」[*34]とウダイの秘書は言う。ファーストレディがこの青年に執着していたことは家族中が知っていた。サジダの妹イルハムは、フセイン・カメルは「サジダを魅了」していると思った。この男は「大統領の妻を操ってあっという間にそのお気に入りになり、私たちの間に喧嘩の種をまきました（……）。私は何度も姉にこの人物はとても危険だと注意しようとしたのですが、聞いてはもらえませんでした」[*35]

将来の花嫁ラガドは未来の夫の名を知らされても不満をもらさなかったが、ただ結婚にひとつ条件を付けた。学業を修めたいというのである。彼もまた条件を付けくわえた。学校で一年過ごすごとにひとり子どもをもうけること。

数カ月して結婚の準備が進んでいくと、この婚姻はこのうえなくうまくいきそうな感じがした。「彼女のドレスはニナ・リッチのオートクチュールで、私自身がラガドに付き添ってパリに行って注文しました」と大統領の元儀典長は言う。「それは繊細な真珠を三五人ものお針子が手縫いして飾った、素晴らしいドレスでした」。ドレスの次には美しい跡取り娘にふさわしい装身具が必要だ。「ペルシア湾岸のあらゆる王室に宝石を提供するアル・アルバシュで、彼女は三分も経たないうちに、エメラルド、ルビー、クリーム色のダイヤモンドをはめ込んだネックレスを選びました」。残りの嫁入り支度品はクウェートへの三日間の旅行でそろえた。クウェート市では一団全員でメリディアンホテルを占拠した。

フセイン・カメルは大統領の妻に近づくだけでは満足せず、サジダの長女と結婚した次には、その妹のラナを自分の弟と結婚させることに成功した。こうして姻戚関係を固めることで、彼はこの体制下でもっとも影響力を持つ男のひとりになった。事実このファーストレディの婿はほとんど学業を修めていないばかりか、軍事教育も受けていないというのに、やがて軍のトップに昇進する。

サジダはその言動によって、これよりももっと重大な一族の問題も引き起こした。バルザンはかつてあらゆることにかかわる情報機関の実力者であったが、自分が体制からつまはじきにされていることを感じていた。「私は完全に遠ざけられています。政治的な面からだけでなく、社会的にも、家族的にも」[*36]と彼は親しい人に打ち明けている。弱い立場になったバルザンはサダムに再婚の意志を隠さざるをえなかった。というのも相手の美しきジェナンの前夫は情報機関の元長官で、CIAと接触した咎で不興を買って死んだ人物だったからである。[*37] 結婚式のときサダムは平静だったが、その背後でサジダはすぐにこれに反対する姿勢を見せた。「裏切り者の未亡人と結婚するなんて、一族全員にとって大打撃です」と彼女は新郎の証人に対して激高した。それだけではない。バルザンの新婦は政府に非常に批判的で、その公然たる西側好き、ヨーロッパ好きは現体制の姿勢とはかけ離れている。大統領も結局は妻の考えに同調した。彼は三人の異父弟を呼んで、バルザンに最後通牒をつきつけた。「離婚しないのなら、おまえはもう私の弟ではない」[*38]。バルザンはしかしこれに従わなかった。

バルザンは遠ざけられ、何年かジュネーブの国連大使を務めさせられた。その後サダムはようやくこの反抗的な弟を呼び寄せて外務大臣のポストを与えた。しかしバルザンの妻はがんを病み、治療のためスイスにとどまる必要があった。バルザンは妻のもとに帰れるよう頼んだが、サダムは彼を必要としていた。彼女はレマン湖のほとりでひとりぼっちのまま亡くなった。「バルザンは妻に付き添ってやれなかったことで大統領を恨んでいました」[*39]と近しい人は語る。

敵同士の小さな諍い

一九八八年七月二二日、サジダは夫が幸福感に浸っているのに気がついた。一〇年ほど前に権力の座に就き、その後いくつかの成功をおさめて以来、あまり見かけない姿であった。彼はイラン・イラク戦争終結の知らせに大喜びしていたのである。サダムは軍事的圧力をかけてイランによるバスラへの襲撃を撃退し、両国を八年前の開戦以前の状態に戻す停戦決議をホメイニ師に受け入れさせた。しかも大統領は、この出来事をさらに華々しい勝利に変えることができた。彼は敬意を表しにやって来るアラブ諸国の代表者を、堂々たる態度で笑顔をふりまきながら次々と迎えた。ときには群衆に交じって、祝宴用の民俗舞踊ショッピを踊ることもあった。[*40] 中東の救い主という役割を果たしたことで、自身の結婚生活もほぼ立て直されたようであった。ファーストレディたるサジダが世界的にこれほど重んじられたことはなかった。

八月には、サダムは宮殿で「勝利」の祝宴を公式に開催した。庭園では伝統に従って別々のふたつのパーティが開かれ、招待客を迎えた。一方はサダムが男性のために開くもので、もう一方はサジダの主催である。肉やイラクの名物、外国産の果物を並べた巨大なテーブルが招待客の間に置かれた。貧窮したバグダードでこれほどの宴会が開かれたのは、ここ数年来なかったことである。緑や赤、黄色、紫のキラキラした衣装を着たジプシー娘たちが舞台で歌い、踊る。腰まで下ろしたそのなめらかな黒髪は、楽団のタンバリンの音に合わせて揺れ動く。この女たちはこの日のために念入りに化粧をし、身体をあらわにし、唇と頬を鮮やかな赤で塗り、目を黒く極端に強調して、金の大きなイヤリングと堂々としたブレスレットをじゃらじゃら鳴らせた。女性のためのパフォーマンスが終わると、彼女たちは男の祭りのほうに向かった。それを見ていたサジダは、いらだちを自制心でかろうじておさめた。

「男たちがこれから何をするかは神のみぞ知る、だわね」とラガドが皮肉な口調で言った。

「歌って踊るの？」とザイナブ・サルビが尋ねた。

「男はジプシーが好きだし、私の夫は男の祭りにいるんだから[*41]」

ザイナブはラガドの愚痴に驚いた。クラスメートだったラガドは決して嘆かないよう母親からしつけられており、こんなことを言うことはめったになかったからである。まだ二〇歳だというのに、ラガドはすでに三人の子どもの母親であった。

サダム父さん

一族の中には放埓な行動をとる者もいたとはいえ、サダムは家族の幸福という考えをあきらめなかった。テレビには涙を浮かべながら子どものほうへ駆け寄る、一家の父親としての彼が映し出された。これはおそらく作為的に効果を狙ったものではなかった。大統領は自らの周囲に、失われていた家族の絆という幻想を再び作り出していた。

サダムは自分がよしとする人々だけに囲まれて安心していたいと考え、プライベートな総合施設のそばにある「田舎風の家」を、親しい友人たちに提供した。大統領専属機長の家族であるサルビ家も、そうした親密な人々の一員であった。サダム自身はそこから五〇〇メートル離れたところに塀で守られた家を所有しており、週末や一日の終わりにたびたびやって来ては軽く飲んでいた。だからいつ来てもいいようにきれいに整えて準備して待っていなければならないが、それが無駄になることもままあった。この「家庭的な時間」に関して定められた指示は厳格であった。サダムを熱狂的に迎え、キスし、褒め称え、傍らに座り、自分たちは幸せだ、とても幸せだということを彼に示すこと。彼を笑わせるよう努めること。「ときどき彼は感情を高ぶらせて、目に涙を浮かべることがありました。そうしたらすぐさま私たちは、その悲しみに共感していることを示さなければなりませんでした。イラクへの愛を語るときには、よくそうなりました」と機長夫婦の娘ザイナブは言う。この熱っぽい時間には、サダム自身の家族は遠ざけられていた。

サダムは周囲に集まる娘たちのために、午後のパーティを即興で開くこともあった。彼は優しい世話人のようにピアノのリサイタルや魚釣り競争を企画し、若い参加者たちの採点をして祝いの言葉を述べたり、拍手を送ったりした。サダムは『美しく青きドナウ』のようないくつかのメロディを聞くと最高潮に感動した。ザイナブによれば、「何か彼を感服させるようなことを誰かがすると、彼は輝くような目でその人をじっと見つめていました」

サダムはまた別の機会には、赤いクーペのハンドルを握ることもあった。彼はそういうときにはレーサー用のヘルメットをかぶった。女の子たちの両親が昼寝をするような時間を利用して、彼は彼女たちを連れて回った。少女たちが車に飛び乗ると、彼はカーラジオのボリュームを上げ、砂漠の道に突っ込んで皆をわくわくさせた。そこで彼はリラックスし、太陽の下で音楽に合わせて運転した。「私たちが若いころ、彼は礼儀正しく親切で、私たちに全神経を集中して楽しませてくれました。理想的なほどもてなし上手でした」とザイナブは言う。サダムは自分の釣り小屋にも彼女たちを招いた。それは「何かの場合」のために建てたトーチカで、そこで彼はフルーツジュースやソーダをごちそうした。イベントの目玉は、彼が所有する船の中でも最大級の、湖に浮かべた船に行くことであった。「おまえたち、結婚するときまでこの場所を覚えておきなさい。結婚の晩に使えるかもしれないからね」と彼は言った。

時折サダムは午後に水遊びをしようと宣言した。そのときには全員が喜びを爆発させて参加しなければならなかった。大統領は泳ぎが上手で、しかも必ずそれをひけらかした。このひとときにはどんなことがあろうと付き合わなければいけなかった。たとえ娘のひとりが水着を忘れたとしても。「そんなことはどうでもいい。私の部屋に上がって私の水着を着なさい。その上にTシャツを着ればいいじゃないか」と彼は即座に提案した。「もし私の水着を着るのが恥ずかしいなら、私のディシュダシャを着ればいいさ！

本当にここは美しい。さあ、来なさい！」と彼はあくまでこだわった。この場面が完璧なものであるためには、誰ひとりとして誘いを無視してはいけなかったのである。

サダムは自分の家族を必ずしもいつもうまくまとめていたわけではないが、親しい人の家庭で調停役を果たすこともあった。ある日サルビ夫妻が大喧嘩をし、娘がモスクに逃げ出した。この家出を知ったサダムは短気な夫婦を呼びつけて命じた。「ザイナブは君たちにメッセージを送ろうとしている。彼女は君たちの注意を引くために出て行ったのだ。彼女は君たちに仲直りしてほしいと思っている。君たちはほかならぬ彼女のためにそうすべきだ」

反抗的な息子

イラクがイランに対する「勝利」をいつまでも祝っていた一九八八年一〇月一八日、大統領の総合施設をエジプトのホスニ・ムバラク大統領夫人スザンヌ・ムバラクが訪れた。公式の場で顔を合わせているうちにサジダの友人になったスザンヌは、勝利を心から祝福するために夫に派遣されてバグダードにやって来たのである。ふたりの女性は滞在中ずっと共和国宮殿内の館に一緒に宿泊した。ある晩、館の管理者でサダムの専属毒見役でもあるカメル・ハンナが仲間とともに酔っぱらい、その勢いに任せて総合施設近くの別の館で友人の誕生日祝いをすることに決めた。大統領と特別な関係にあるのだから、少しぐらい羽目をはずしても心配ないに違いない。キリスト教徒でティクリート近辺の出身であるカメルは、サダムから全幅の信頼を得ていた。これはイラクではきわめてまれなことであった。

慣習通り参加者たちはカラシニコフ銃を四方八方に一斉射撃することで喜びを表した。ウダイは自分と同じ楽しみを他の人々がしていることに我慢できず、スザンヌ・ムバラクを起こしてしまうからという口実をつけて、配下のひとりにこのどんちゃん騒ぎをやめるよう言いに行かせた。しかしその配下が浮かれ騒ぐ人々にすぐに追い返されたことを知ると、その晩恐ろしく酔っ払っていたウダイは自分が静かにさせてやろうと決めた。楽しんでいる者たちの前に突然現れた彼は、黒いディシュダシャ姿で、手には象牙のステッキ。そのステッキは握りが純銀製で、口を開いた蛇の形をしていた。一瞬にして沈黙が訪れた。「このパーティはプライベートなものですから、口を出さないでください。今晩だけはお引き取り願えませんか?」とカメル・ハンナは無礼なウダイに反論した。しかし相手は誰からも口答えされたことのない大統領の息子である。「この犬野郎、よくも私にそんなことが言えたもんだな!」。ウダイはステッキを振り上げるとカメルの頭を激しく殴った。サダムの忠実な友であり奉仕者である男は、ぐったり倒れて即死した。ウダイは自分が犯したことをそのときまだ認識しておらず、この傲慢な態度について父親に知らせてやると息巻いて去って行った。

ウダイがようやくことの重大さに気づいたのは翌日である。サダムからの電話で起こされ、昨晩のことを問いただされたウダイはかろうじて記憶をかき集めたが、その言葉はすぐに遮られた。「おまえは彼を殺したんだ。警察に出頭してしかるべき制裁を受けなさい」。父の声は冷静ではあったが、ウダイは自分が初めて父の怒りに直面しなければならないことを悟った。サダムは知らせを聞いたときに、「私がこの手で奴の首を絞めてやる」と妻に叫ぶほど怒っていた。サジダは今回のこの怒りは自分の手には負えないと感じ、素早い行動をとった。国内に頼れる人が見あたらないため、即座にヨルダンのフセイン国王に電話をかけたのである。彼女はしどろもどろに叫んだ。「ウダイがハンナを殺したんです。それで今サダムがウダイを殺そうとしています!」。人のよいヨルダン国王はこの母親の叫び声を聞いて慌てふためき、フセイン家を滅茶苦茶にしかねない争いを鎮めようと援護に駆け付けた。ウダイは罠にかけられたと思ったもののどうしていいか分からず、どんな手を使ってでも逃げ出そうとした。彼はまず催眠薬を一瓶分飲んでボディガードの前で倒れ、こん睡状態になりかけて病院に運ばれた。しかし胃洗浄を受けるとすぐに回復し、翌日には病院を出ていった。家に帰るとまたしても自宅を幾重にも厳重にふさぎ、近づくものには何であれ発砲した。彼の心が落ち着きを取り戻したのは、サジダが訪れたときだけであった。彼女はボディガードをつけずに、弟クサイだけを連れてやってきた。

ウダイは投獄された。サダムはハンナの家族を大統領宮殿に招いて礼を尽くし、大きな償いをした。その間サジダは毎晩息子の独房に行って、中で一緒に眠った。深く悲しんだ大統領自身もまた息子を見捨ててはいないことを本人に示したいと思い、ある日には彼の独房のドアの前で一夜を過ごした。父親の頑固さは結局四六日間しか続かず、ウダイは釈放された。そして国連大使としてスイスに派遣され、そこに少なくとも数年はとどまるよう指示されたが、ウダイはここでも好き勝手にふるまった。そして途中に寄ったパリやイスタンブールでも警察と数々のもめごとを起こしたあげく、三カ月後にイラクに帰国した。

その間サダムはウダイが自分の侍従を激しく憎悪する理由が分かった。それはタルファ家全体やサジダの思いと同じであった。数年前から大統領の関心をひき寵愛を得ていた女、いまや第二夫人となった女を紹介したのは、この侍従だったのである。その女はシーア派のブロンド女性、サミラ・シャバンダル。すべては四年前に遡る。

ブロンド戦争は起こらない

一九八四年、バグダード。

数週間前からサダムはレセプションですれ違った女のことばかり考えていた。それはイラク航空が開催したレセプションで、この会社がアメリカで手に入れた最新型ボーイング七四七型ジャンボジェットの引き渡しを記念する催しであった。イラクの首都バグダードにこの飛行機が到着することは、オイルダラーのおかげで設立された若い企業にとって大きな喜びであった。トップエンジニアのヌレディン・アル＝サフィは皆の前で自らの成功を誇示することに誇りを感じ、妻のサミラ・シャバンダルを紹介したいと考えた。大統領も自らこの飛行機を視察しにやって来て、国にもたらされた発展のシンボルを祝福した。しかし祝宴に対する関心はすぐに薄れた。もっと関心をそそるものを見つけたからである。

その少し前に、サダムはすでにシャバンダル姉妹の美しさに心を奪われていた。一九八二年に専属機長がプライベート用のボーイング七四七型機を引き渡しに来たときに、サダムは真新しい飛行機を見に来ており、乗っていた人々の中に明るい色の目をしたブロンド女性を見つけて大いに喜んだ。それがサミラの姉妹アメルだったのである。「あれこそ本物の美人だ」。大統領のブロンド好きは広く知られており、航空技師の夫はこの賛辞を喜べずにいた。

ふたりの姉妹はシーア派教徒の商人の娘で、出身はレバノンだがバグダードに住んでいた。スンニ派の貧しい農民だったサダムの家とは大違いである。彼女たちはふたりとも幸せな結婚をしていた。夫はどちらも軍のパイロットから転身した、新会社の有能な技師であった。美しく気品があり、身だしなみがよくヨーロッパ風な風貌、貴族のような物腰の彼女たちは、これまでのサダムには縁がなかったような存在であった。

彼はすぐにこのほとんど見知らぬ――「サダムはイラク人を全員知っている」のだが――四〇がらみの美女を口説こうと決め、香水やドレス、宝石、車を贈った。襲撃のように贈られるこのプレゼントをサミラは最初のうちは拒否したものの、数週間後に夫が外国に出張に行くと、大統領からの明らかな誘惑にこれ以上抵抗できなくなった。「イラクでいちばん力のある男が花束やチョコレートを手にして、口ごもっているのです。私はそれを見て、この人は本当に私のことを愛しているのだと思いました」[*42]

すでに三児の母だった彼女によれば、いちばん心を惹かれたのは車その他の豪華なプレゼントよりも、花であったという。彼女に残る出会いの思い出は、とても牧歌的である。サダムは末娘ハラのために計画したピクニックでサミラに気づき、その美しさに魅了されたらしい。教養のある独立した女性が好きな大統領が惹かれたのは、おそらくその顔立ちだけではないだろう。サミラは眼科医で専門分野の教師もしていた。

ふたりはできるだけひそかに会い、そうすることで激しやすいティクリーティ一族から清純な恋を守った。サダムは私生活で男として生まれ変われることを喜んだ。サジダとは兄妹のように一緒に育ったため、影の部分もすべて知られている。しかもずっと前から知っている女と肉体的に睦まじい関係を作り出すことは困難であった。

サダムは秘密を守れず、サミラをごく親しい協力者や友人に紹介した。さらに出会いからしばらくすると、愛人をサルビ家に連れて行くと言い出した。サルビの娘ザイナブは大統領と自分の母との口論を忘れられない。サジダに忠実なザイナブの母は、正式な妻ではない女を招くことを拒否した。「私は母がサミラという名前を口にするのを聞きましたが、その声は肉屋の包丁のようでした。彼は『ジュルバ！』と叫びました。その叫び声は家じゅうに響き渡りました。それは恐ろしい言葉、外国人にとって残酷な呼び方です」。この言葉は事実「湿疹」を意味する。サダムはその大声のおかげで彼女の頑固さに打ち勝った。「サミラはサダムおじさんの今の恋人で、私たちみんなに友だちになってほしいのだと、母は私に言いました。

でも私の両親はサミラに耐えられませんでした」

シャバンダル姉妹は実際わざと子どもっぽい甘ったれた声で話すという不愉快な癖があった。しかも毒舌は無垢な喉からも発せられるというわけで、サミラは反抗的な夫婦に対して侮辱的なことを声高に言った。それはサダムが本人をサルビ家に謝罪に行かせるほど、十分不快な言葉であった。しかし「父はとても当惑してドアを開けに行くのも嫌がり、サミラを自宅に一歩も入れさせませんでした」。大統領からの電話で夫婦は落ち着きを取り戻し、宮殿で夕食をという誘いを快諾した。しかし行ってみると、そこにはサミラの姿もあった。

食事が終わると芝生の上に大きな楕円形を描いて椅子が並べられ、招待客一人ひとりに軍服を着た給仕人がついてサービスされた。「サミラがそばにいたので、サダムおじさんはその晩この上なく陽気で上機嫌でした。彼女は笑って彼におもねり、その腕に手をかけて、彼との関係を私の両親に見せつけました。（……）私たちが彼女を見るとすぐに彼女は彼に近づき、サダムの耳元に何かささやきながら指を彼の腿の上で走らせて、その場にいるエリートとおぼしき人々よりも自分のほうが優位に立っていることを示そうとしました」。サミラの息子たちまでいたことから、家族はこれ以上ないほど不愉快な思いをした。礼儀作法などあったものではなく、彼女だけが大統領をファーストネームで呼び、男性の仲間だけで集まっている中にも彼女だけが入って一緒に飲むことが許された。また別の日には、彼女はからかいながら彼の頬をたたき、彼の被り物を床に落とした。これはアラブ人にとって侮辱的な行為とみなされている。「彼は革ベルトぐらい固そうな自分の被り物で彼女のことを力いっぱい殴り始めました。そこで彼女が彼の手足にキスし始めると、彼はそれを大いに喜びました。彼は彼女をさらに叩き続け、彼女のほうは彼にキスし続けました。私たちみんながいる前でですよ」とザイナブは語る。サダムはティクリーティ一族のことや夫としての現実を忘れさせてくれるこの他愛ない遊びに夢中になった。「彼女がときには少女のように、ときには成熟した大人のようにふるまうのがどれほど好きかと、彼はたびたび話していました。彼女といるとどれほどくつろげるかとも」と元儀典長は言う。

やがてサダムは、妻を寝取られても全面的な理解を示すサミラの夫を無視して、彼女への情熱に走った。「サダムがやってくるたびに、夫のほうは家を出て彼に場所を提供しなければなりませんでした。ほかの男に奪われるような美人の女性とはもう二度と結婚したくないと、彼は言っていました」とセルマ・マソンは言う。

サダムが恐れたのは、ライバルとなりうる男よりもウィルスに感染することであった。そのため彼は新しい愛人にはトータルな健診を受けさせた。元儀典長によれば、「彼はイラク女性としか外出せず、ヨーロッパ人やアラブ諸国の外国女性とは決して外出しませんでした。彼はＣＩＡやＫＧＢその他の情報機関が女スパイを送ってくるのではないか、あるいはもっとひどい場合には、彼にとって大きな恐怖であるＨＩＶウィルスを持った女を送り込んでくるのではないかと、非常に恐れていました」

一九八六年、サダムは単なる一時的な愛人にすることもできた女をふたりめの妻とした。サミラが語ったところによると、彼女はこの愛人に夫との離婚を強制されたのだという。サダムは夫を誘拐して数日間拘留し、その間に離婚を成立させたらしい。離婚の代償はイラク航空の幹部の座だったようである。いずれにせよサミラとこの夫との結婚は幸せではなく、彼女がサダムと結婚するためにあらゆることをしたというのは衆目の一致するところである。*43 それにしても、ティクリーティ一族を激怒させる恐れがあるというのに、なぜふたりの関係を正式なものにする必要があったのだろう？

イランでイスラム革命が起こりホメイニ師が権力に就いて以来、サダムは戦争によって悪化したスンニ派とシーア派の対立の結果がどうなるものかと、強く恐れはじめた。「それがサミラとの結婚を後押ししたのかもしれません。和解のお手本を示すようなものです」[*44]と親しい者は言う。

砂とともに去りぬ

「彼はいい夫でした。彼は私に素晴らしい宝石を買ってくれるのが好きでした」とサミラは回想する。彼女の物欲はほしいと口にする前から満たされた。とはいえ愛情が個人の利害と無関係なはずはなく、サダムの新妻の幸福にはいささか微妙な面があった。「サダムにノーと言ったら、私は彼に殺されていたでしょう。それは分かっていました」

このシーア派の美女を知る以前、サダムは国のエリートに気に入られるために、自分も彼らのようになろうと努力していた。例えば決して悪態をついたりしないよう注意したり、田舎の農民風の話し方を都会人のイントネーションに変えようとしたり。しかし大統領はサミラのそばでは態度をがらっと変えた。ザイナブによれば、「彼は努力するのをやめて、彼女やその周囲の人々に話しかけるときには卑俗な言葉を使っていました」

サダムはインテリアについても明らかにリラックスした感じのものを好んだ。彼はバグダード中心部にある三階建ての立派な独身者用住宅を改修させた。党の将軍や責任者たちが住む高級地区に建つこの家にはビニール張りの植物園や女中部屋もあったが、彼はそのすべてを一九六〇年代のスタイルに統一させた。バーには彼が好きなイタリアの高級赤ワインやコニャック、ウイスキーの瓶があふれていた。上の階には黄色やピンク、明るいブルーのクッションを置いたテレビ室。浴室にはジェットバス。特大サイズのベッドは、両側が鏡になったアルコーヴに配置され[*45]、そばには女性の形のランプ。絵画に描かれているのは乳房をあらわにしたブロンド女性が緑色の悪魔に脅かされ、口髭を生やした神話的な英雄のほうを指さしている姿。壁にはサダム・フセインとブロンド女性が並んで立って微笑んでいる何枚かの写真。

ティクリーティ一族の中では、しばらく前からサダムがひそかに結婚したのではないかと疑う者もいたが、この話題はタブーであった。サジダの妹イルハムだけが、より多くの情報を得ていたらしい。サダムの異父弟ワトバンと結婚したイルハムは、サジダの目を覚まさせようとした。「でもサジダは私の話を聞こうとしませんでした。サダムのほうは、何もかも否定しました」と彼女はアラ・バシールに打ち明けている。一九八六年、サジダはついにサダムとシャバンダルとの関係を認めたが、とはいえ結婚の噂を肯定することはなかった。バグダード中がこの結婚について話題にするようになっても、彼女はそれを信じようとしなかった。イルハムは勇気を奮い立たせた。「私は姉にすべて話しました。兄弟が誰ひとり、あえて言おうとしなかったからです。サジダは私の言葉を、大理石のように無表情なまま黙って聞いていました。最後に彼女は、そのサミラとやらがサダム・フセイン夫人と署名した招待状を配っているとしても、自分の夫が二度目の結婚をしたと証明するものは何ひとつないのだと答えました」

夫に問いただしても無駄ではあったが、それでも秘密は最後には明らかになった。サジダは侮辱された気がして、自分の健康のことなど顧みなくなった。不満を示すために、「彼女はバグダードから一六〇キロ離れたウイギアの宮殿に引きこもりました」と大統領の元儀典長は言う。サダムは謝らなければならなかった。長年連れ添った妻を失いたくないだけでなく、まとまった家族というイメージをかつてないほど必要としていたからである。そこでサダムは家族全員を国の北部へ連れて行った。彼は記者も招いて、黒い毛皮のコートを着た夫婦が雪の中を腕を組んで歩く姿を写真に撮らせたり、凍った道ですべらないよう妻を支えてやったりした。しかし日常から離れたからといって、過ちが償えるわけではない。ファーストレディの嫉妬は以後とどまることを知らなかった。

サジダはサダムがカールしたブロンドが好きなことを見抜くとすぐさま髪を染め、以後マリリン・モンロー風の髪型にした。彼女はこの新しいブロンドを夫に対する一種の挑戦のように見せつけた。彼女は知っていた[*46]。不実な女をこっそり迎え入れた男は、誰であれ皆やがて宣戦布告されることになるのだ。サルビ夫妻がサミラに会うことを承諾すると、すぐさまサジダは夕食をごちそうになろうと娘たちとともに夫妻の家に押しかけた。アリアは一日じゅう台所で過ごして自慢のオリエンタル名物サバジを用意し、ファーストレディにその皿を差し出した。サジダは冷酷な目をして言い放った。「まあ、アリア、あなたはサバジを〝イラン風〟に料理したのね……」。それは血を凍らせるような指摘であった。この国では、これよりもっと些細なことでも消し去られることがある。事実アリアがイラン出身で、単にイラクで容認されているだけであることを、こうしてサジダは思い出させたのである。

サジダは傷ついた。ファーストレディという自分の立場はぐらついている。大統領の妻として完全な資格を持ち、夫のプロパガンダに大きな役割を果たしてきた彼女は、いつでもサダムから特別に注意を払われ、守られてきた。彼女は自分の地位を攻撃するものにはもはや一切我慢できなかった。その犠牲になったのが、サビハ・アル＝ムダリスである。「私の義姉妹は七〇歳で、女性弁護士としても番組司会者としても、この国の草分け的な存在でした[*47]」とアマル・アル＝ムダリスは言う。サジダはどんなに小さなことでも折りあるごとにこのベテラン・ジャーナリストに電話をかけるようになり、自分が観察したことを彼女に知らせていた。その口調は自己中心的で、表現の仕方もうんざりするようなものであった。無自覚な女性アナウンサーは廊下で他愛ないおしゃべりをしている最中に、長い付き合いの同僚に軽々しくもこのことについて少し話してしまった。軽率なこの女は、サジダは「イラクのファーストレディにふさわしくない」[*48]とまで言った。するとサジダに好意的な内通者のひとりが、直ちにこの情報を報告した。数分で事は解決した。スタジオの出口はすべて封鎖され、警官が不運な女を捕まえた。「彼らはサジダを批判した罪で彼女を逮捕し、拷問にかけました。尋問の最中彼女は再びサジダに対する恨みを言いました」。このジャーナリストはその批判精神の報いを受けた。「彼女は絞首刑にかけられ、舌が切られました。そしてその舌が家族に送られたのです」

それでもサジダの怒りはおさまらなかった。愚弄された妻は一族の長老である父ハイララにサミラの件を任せて、義理の息子であるサダムとの仲介役になってもらおうと考えた。しかしサダムは断固拒否の構えで第二夫人を守ろうとし、出しゃばる家族の圧力にも屈しそうになかった。彼にとってサミラは政治を離れた慰めの場であり、それをベドウィンの義務によって壊すつもりはなかったのである。ハイララは娘に、夫婦の家を出て娘たちの近くで生活するようアドバイスした。こうして一種の塹壕戦の火ぶたが切られた。サミラを憎む気持ちは全員一致していた。

サジダの兄弟アドナンも子どものころからサダムを知っていたが、彼もまた不賛成であった。ふたりの男は長年非常に親しい関係にあり、サダムが二〇年前に刑務所を出てから少しずつ軍を掌握していったのも、この輝かしい隊長が間に立ったからこそであった。サダムが権力を握ってからは、アドナンは遊びの面でも彼に従った。ウイスキーのオールドパーのおいしさをサダムに伝えたのもアドナンである。アドナンはイランとの戦争中に参謀部の中で昇進し、勝利した暁には選り抜きの地位を与えられた。動員解除のときには負傷兵士のための社会復帰計画を立案したことで、国民的英雄にまでなっていた。[*49]彼は今や姉妹を支える義務があると考え、サジダのもとを毎日訪問した。サジダもその父親も、以後週に一度の一族の会合に姿を現さなくなった。ウダイがカメル・ハンナを殴り殺したこともあって家族は完全に分裂し、状況は悪化していた。

サダムは一族がいきり立っていると知るとサミラの安全を心配し、泥仕合から遠ざけるために彼女をヨーロッパへ行かせた。さらに彼は一族に対する懲らしめをせずにはいられず、義父を叱責しようと、彼が不正支配している企業をすべて没収した。ハイララの経済帝国を消滅させたにもかかわらず、その翌日サダムはテレビに出演して、ハイララをイラク実業界一の大物として皮肉に褒め称えている。

数カ月後、イラク北部でイランに対する勝利をあらためて祝うために、大統領の家族全員がヘリコプターに乗り込んだ。プライベート・ヘリコプターはそれぞれのグループで一機ずつ。この出来事はテレビで撮影された。離陸直後、アドナンの乗ったヘリコプターが地面に墜落し、英雄は即死した。理由ははっきり分からなかったが、調査の結果は機械の問題ということであった。国葬では、ウダイがやつれた顔をして棺を運んだ。涙の裏に怨恨があり、儀式の最後にとんでもないことが起こった。ラティフ・ヤヒアによれば、ハイララがサダムに向かって怒鳴りつけたのだという。「おまえは私の娘の人生を滅茶苦茶にしたうえ、息子を殺したんだ。永遠に復讐してやる！」[*50]。しかしクウェートでの戦争ですべてが変わっていく。

「砂漠の嵐」作戦

一九九〇年八月二日、バグダード。

イランに対する勝利宣言で味をしめたサダムは、クウェートの併合を目的とする遠征軍を派遣した。彼の脳裏には先日行なったばかりのイラク駐在アメリカ大使エイプリル・グラスピーとの会談がまだ焼きついていた。事実としてサダムは七月二五日に、イランとの戦争中にいちばん支持してくれたアメリカの代表者と密かに会っていた。会談はサダムが相手の意図を探る尋問のような形になった。彼は自分の魅力をもってすれば情報が得られるだろうと考えていた。クウェートに侵攻した場合アメリカはどのように反応するだろうかとサダムが率直に尋ねると、エイプリル・グラスピー大使は顎をあいまいに動かした。この動きがこの地域の運命を決した。サダムはこの女性が口をとがらせたのを暗黙の支持だと考えたのである。おそらく彼は疑問形を肯定形に変えてしまう癖がありすぎたのだろう。

そこでサダムは任期中二度目の戦争に突入した。この戦いはイラク人女性の名誉を守るためのものだと説明された。サダムは仲介役を果たそうとしたエジプトのムバラク大統領に宛てた公開書簡の中で、戦争の目的を明かしている。「放縦な態度をとる指導者たち」から「アラブ女性の名誉を回復する」[*51]こと。クウェート人はイラク女性を「娼婦」と呼ぶなど、敬意を欠いていたようである。実際サダムはイラク女性の名誉や幸福に大いに関心を持っていたらしく、エロチシズムと政治とが入り混じった小説『ザビバと王様』を書いてイラク女性に献じることまでしている。

昔々メソポタミアで、〝民衆の娘〟ザビバは、ティクリートとモスルの間に広がる君主国の「孤独で息がつまりそうな」王に出会う。若いザビバはその美しさと洗練された言葉づかいで彼を魅了する。「すべてが前もって決められている宮殿に閉じ込められ、重苦しい儀式に囲まれて暮らす王は、若い娘の素朴さに惹かれた。それは彼にとって生活によってつくられた女、現実に難なく入り込む女、明敏な精神に恵まれ、自然で虚飾のない女であった」。王はザビバへの愛で心がいっぱいになる。彼は彼女のどの部分も好きだ。「夫が妻の口に嫉妬するのは当然だ。なぜならそれは欲望の対象だからである。それは男を惹きつけたり拒絶したりする魅力あるパーツの一つだ。賢い女性は誘惑するために、自分の支配力を強めるために、そして男を罠にはめるために、それを利用する！」と彼は書いている。

ザビバは夫が自分を「まるで性的欲求を満たすために借りたもの」のように扱い、「まるで雌羊の群れの中にいる一匹の雄羊のように」ふるまうと王に嘆く。寛大な王は、女の望みは尊重すべきだと答える。「女がいなければ何事もなしえない。社会の半分は女性ではないか？（……）女性が男性に逆らおうとしたら、いったい何が起きるだろう？　女性は男性に大きな影響力を持っているのだから」。父親の負担を軽くするというだけの理由で結婚するのは嫌だと拒否したこの〝民衆の娘〟を前にして、王は次第に男としての弱さを見せていく。「彼女は王のうなじを抱きしめて、その頭や額、手をキスで覆った。彼の足にキスをしようと彼女がかがむと、彼は彼女をつかんで立ち上がらせた。ふたりの体は互いにほとんど溶け合った。彼が彼女の目と目の間にキスをすると、彼女は泣きはじめ、その涙が王の頰を流れた」。王は彼女を悪夫から解放する。しかし残念ながらこの愛の背後に政治が忍び寄る。若い女は一月一七日に見知らぬ男に暴行される。その後王は辱めを受けた〝民衆の娘〟の復讐を続けることになる。*52

一九九一年一月一七日、アメリカ軍の爆撃がイラクの空を引き裂いた。「砂漠の嵐」作戦の始まりである。アメリカがクウェート救援のために軍を派遣したことを知っても、サダムは裏切りとは考えず、宮殿に逃げ込んだ。

二月一日の夜、空軍はバグダードへの砲撃をほとんど休みなく続けた。避難場所に行こうとした大統領は車を制御できなくなり、血まみれになって真夜中の病院に運ばれた。アメリカに攻撃されているあいだ町は真っ暗闇で、その中で彼の車はほかの車と衝突したのである。正面からぶつかったサダムは左目の下にほお骨まで達する深い傷を負い、顎にも切り傷を負ったが、幸いにも口髭は無事だった。小指の先は皮一枚でくっついているような状態であった。外科医は顔に局部麻酔をして手術し、顔に包帯を巻くなというサダムの唯一の指示に応えた。「分かるだろう、私は明日プリマコフに会うんだ。世界中に流れるテレビで傷ついた姿を見せたくはない」。大統領は弱さを、ましてや醜悪なところを、みじんも見せるわけにはいかないのである。とくに相手はソ連外務省の特使なのだから。

しかし彼が気にしたのは政治だけではなかった。縫合が終わるやサダムは外科医をわきに呼んで、ただちに町の別の病院に行ってくれと頼んだ。「そこにはあのときの衝突で同じく怪我をした一般女性がいる。彼女のために最善を尽くしてくれ」。サダムと同じように左のほお骨を骨折し額の左側に深い切り傷を負っているのを見れば、この女が車に同乗していたことは明らかであった。手術は翌日に予定されたが、ガソリンが問題だ。医者には戻れるだけのガソリンがなかった。「お医者様に五〇リットルやりなさい」と、一般女性であるはずの身元不明の女は護衛に命令した。この一言で、医者はこの女が大統領と親密な関係にあることを完全に理解した。サミラ・シャバンダルが頭に包帯をまいた姿で大統領の護衛に送られて家に帰ると、隣人たちもまた事情を察した。そのうちのひとりがウダイに知らせると、父親をひとりじめする見知らぬ女と再び対決しなければならないことにいらついたウダイは、すぐにこのニュースを弟に知らせた。「このことは話すな。一言も言うなよ」とクサイは答えた。

サミラとの関係について秘密は守られたものの、一族のメンバーは相変わらず憎しみのせいで分裂していた。ウダイはサミラが前夫との間にもうけた息子を何度も攻撃しようとした。アラ・バシールによると、「彼女の息子は外出した瞬間からウダイの配下の男につけられていました」。そこでサミラは根本的な解決法を考えた。「私はサダムに、バカンスとして息子をしばらくイラクから遠ざけたいと言いました」。しかしサダムは、息子がいなければ彼女が駄目になってしまうことを知っていた。何度も交渉した結果、彼は条件を出した。「もし彼が国から出ても、彼がいないことについて絶対に不満を言わないでほしい。私はそんな言葉を決して聞きたくない」。もしこれ以上彼女が固執したら、彼女の人生にぽっかり穴があくことになると気づかせるために、彼はさらなることまで言った。「それは私の人生で最悪の日でした。夫は、私は生涯もう二度と息子に話しかけることも、会うこともできなくなるだろうと言ったのです」

二月二三日、アメリカは襲撃の最終段階――「砂漠の剣」作戦――を開始した。アメリカ軍兵士による地上作戦は一〇〇時間続き、サダムは追い詰められ、打ち負かされた。イラクが発射したスカッド・ミサイルは彼の名誉を救うことに役立っただけで、大いなる夢は砕け散った。この戦争は高くついた。イラクは二〇万人の兵士を失い、国際舞台で初の敗北を喫した。しかしサダムがそれよりも恐れたのは、息子の出国以来落ち込むサミラを失うことであった。彼女は体重が大きく減り、夫の前ではにこやかな顔をしようとするものの、アラ・バシールの前では気持ちを抑えられなかった。「私の顔を見たとたんに、彼女は息子のことを話し出したものです。彼女は彼が出国したことから決して立ち直れませんでした」[*53]

サダムはサミラの望みどおりのことをして、彼女を不幸にしてしまった。彼は物質的な豊かさでつらい感情の埋め合わせをしようとし、ふたりの妻や娘たちの望みをかなえるためには何でもした。「彼女たちが整形手術をしたいと言い張ったら、彼は嫌だと思っても結局は許していました。彼はいつも娘たちに負けていました」と外科医は言う。なぜなら、どんな軍事的な勝利よりも、サダムは女たちが笑っているのを見るのが好きだったからである。彼は自分がそのための確実なテクニックを持っていると思っていた。「私が彼の家から帰るとき、彼はいつも私に魚やら鶏肉やらいっぱいの食料を押し付けるようにして持たせ、こう言ったものです。『女というものはいつでもプレゼントをもらうと満足するものだ。たとえ家にたくさんのものを持っていようと、彼女たちを喜ばせるために贈り物をするとよい』」。献身的な医師はある日、彼の人生の中で女性がこれほどの地位を占めている理由を聞いてみた。彼はきっぱりと答えた。「私は女性を信頼しているのだ。アラ、男は警戒しなければいけない。彼らは裏切るかもしれないからだ。しかし女性は忠実な友であり、頼みにすることができる。もし君に妻なり恋人なりがいるなら、その女は決して君を裏切るまい」

〝黒蘭の女〟

大統領の生活に第二夫人が登場したことで、サジダのイメージと役割に影がさした。彼女はもはやサダムに注意を向けてもらえる唯一の女ではなかった。政府の公式写真を飾り、何かの開会式で歩き回り、毎年四月二八日に夫の盛大な誕生パーティを主催することだけが役割のようになった彼女は、自分はあてがわれるまったく形式的な役割しかできない女ではないことを示そうとしたようである。彼女は二〇年もの間、一族のメンバー同士の仲を取り持つことができたし、いくつかの逸脱行為があったときにも、とくにそれがやっとのことで獲得した自分の存在感と独立を侵すようなものであればなおのこと止めようとした。

サダムの敬うべき叔母ハジア・バドラは自分の意志を宮殿内の組織全体に押し付ける習慣と才能があり、どんな些細な望みでも必ず満足させていた。老齢とも言うべき年で完全に妄想的な彼女は、自分の人生は人から恨まれていると思い込み、自宅周辺の道にボディガードを配置してほかの車が入れないようにした。しかるべき理由がなければ全面的に通行禁止というわけで、ドライバーたちは面倒でも迂回しなければならない。しかしある朝サジダはそこを通ると決めた。老齢の叔母のガードマンに通行を妨げられると、サジダは我を忘れるほど怒りを爆発させ、道を開けなければガードマンを車のトランクに閉じ込めて独房へ連れて行ってやると脅した。哀れなガードマンたちは、ここでサジダに従えば、その代り老女の怒りに身をさらすことになる。とはいえ自分がもはや「守られて」いないことに気づいたサジダに怒りをぶちまけられた暇な兵士たちは、柵をいったん外して設置し直すことを余儀なくされた。帰り道にサジダは再び足止めされた。約束を違えない彼女は処刑してやると脅して、うるさい男たちをその場で自分の車のトランクに押し込み、サダムの刑務所でたしかに気晴らしとなる一週間を過ごさせた。いずれにせよどこの誰であれ、ハジア・バドラの道を通ることはできないのであった。

ハイララ姉妹はフセイン兄弟と結婚していた。これはよくもあり、悪くもあった。塹壕戦のさなか彼女たちの周囲では度外れの放蕩や個人的利害の対立が悪化していたが、そんな雰囲気の中でもふたりは数十年間真面目に暮らしていた。しかしイルハムとサジダはなぜか医療マーケットの分野に乗り出すことになった。実行に移したのは、サダムがイラクの病院にMRI装置を導入することに決めたことからであった。イルハムはアメリカの機器メーカーから打診を受け、政府の決定権を持つ人たちへ積極的に働きかけてくれないかと頼まれた。装置は魅力的な価格で提示された。しかも当然の結果として、ふたりの姉妹には十分な手数料が入る。表面的には必要なさそうに見えても、イルハムとサジダは当時大統領のオイルダラーを直接手にできる女であれば取るに足らないような額の手当を、奪い合うような状態にあった。サジダは突然欲深くなったのだろうか。あるいはサダムはもはや第一妻にすぎない女のための財源など、干上がらせてしまったのだろうか？

事を決めるには、サダムに近い医者のお墨付きが必要だ。年を経るごとに大統領の信頼を得ていた忠実な外科医アラ・バシールは、清廉な専門家としての役割を求められ、姉妹に執拗に頼まれた。サジダのボディガードがあとは署名だけすればよい手紙を見せてサインするよう威圧したが、それでもこの医師は策略に加わることを拒否した。子牛、雌牛、豚、ひなどりよ、さらば［ラ・フォンテーヌ『乳搾りの女と牛乳壺』］。こうして第一夫人と賄賂の話は幕を閉じた。

宮殿内では、サジダがフセイン家の生活をもっとうまく取り仕切るようになっていた。国務や戦争で忙しすぎる夫は、彼女にいわば委任した。父親が一徹であったおかげで、彼女は原則を守る重要性を知っており、楽な生活をしていたらティクリーティ家に伝わるベドウィンの価値観から遠ざかりかねない人々にそれを課していった。彼女は一族の精神状態を象徴する厳しさを守り、秩序から遠ざかる人々にそれを思い出させずにはいなかった。しかしこの家族の悲劇の最終幕は、それまでのすべてのことよりも強烈なものであった。

一九九五年八月のある晩、プライベート船で行なった大饗宴の場で、恐るべき息子ウダイは新しく手に入れた自動小銃をパーティの間じゅう空中発砲し、アルコールと火薬のせいで完全に酩酊状態に陥った。平和な何年かが過ぎたのちクウェートで敗北、その後シーア派とクルド人の反乱を鎮圧して体制は生き延びたが、その結果ゆるみが生じていた。そうした状況の中にあって、このパーティはこれまでしまいこんでいた憎しみを爆発させるよい機会であった。

サダムの異父弟のひとりワトバンは、無謀にも甥ウダイの物まねをした。彼は甥の突き出た顎と、その結果である誰もがよく知る発音の欠陥をパロディ化してみせたのである。一瞬にして、高位のふたりのボディガード同士が大勢で戦う銃撃戦になり、深い傷を負った内務大臣ワトバンは片足が利かなくなった。この狂気の沙汰を目の当たりにしたラガドとラナは、それぞれ夫とともに船から逃げ出すことにした。公式的にはふたりの娘婿とその妻はブルガリアで行なわれる会議のために出発したとされたが、実際に向かったのは隣国ヨルダンであった。国境で彼らの身元確認をあえてするものはいなかった。アンマンで彼らは護衛から離れ、タクシーを見つけてＣＩＡ局員が待つホテルまで行った。模範的な娘たちが姿を消したことは大きなスキャンダルになった。

この背信行為は単に個人的なものとして済まされるものではなかった。ラガドの夫フセイン・カメルは力のある軍事開発省を支配していた関係で、サダムの軍事機密を知り尽くしている。そしてラナの夫である彼の弟は大統領に近い警備班のトップで、大統領とは親密な関係にある。いや、少なくとも過去においては親密な関係にあった。数年前に自動車事故に遭って外科手術を受けた際に、大統領がその手を握っていたほどなのだから。

娘たちが去ると、「サジダの健康は悪化しました」と妹イルハムは言う。「そんなわけで、私は彼女をとがめることはできませんでした。というのも、私たちは許しという概念を中心に教育を受けた家族ですし、私たちがこの国で占めているとても高い地位以上に、家族の絆はとても重要ですから」。サジダが何も表に出さないため、サダムは妻が内心悲痛な思いでいることに気づかなかった。イルハムによれば、「彼女はとても内向的な性格で、何であれ自分の内に秘めてしまうのです。とくに家族生活については」

逃亡は誰にとっても苦しいものであり、亡命は思うほど解放的ではない。宮殿での贅沢な暮らしに慣れ、支出のことなど考えたこともないふたりの夫は、アンマンでの生活に不満を感じた。ＣＩＡは思いがけず現れたこの情報提供者からごく些細な情報まで引きずり出すと、ふたりをまるでペスト患者のように扱った。シーア派とクルド人の反乱鎮圧後に手を血で汚していることから、彼らはイラクの政治体制の犠牲者になることもできなかった。状況のあまりの変わりように、フセイン・カメルは数カ月すると精神に不調をきたした。サダムは彼らに寛大な措置を約束するメッセージを何度も送り、帰国を促した。こうして逃亡者たちは、早い時期から戻る必要性を説得されていた。

一九九六年二月二〇日、ラガドとラナとふたりの夫はトラビルの検問所を通って国境を越えた。フセイン・カメルの審査をした係官は「髭の手入れをしていない、夢遊病者のようなパジャマ姿の」男のことを覚えている。この大統領の義理の息子はそれでもピストルを保有していて没収された。ウダイが一団に会いに行き、ふたりの妹を連れ帰る一方、夫たちは別々に宮殿に連れていかれた。そこにはサダムが断固たる姿勢で待ち構えていた。彼はふたりに許すつもりであることを今一度断言したが、ひとつ条件を付けた。娘と即刻離婚すること。このサダムの寛容さに対して、ふたりの夫はともに拒否の意を伝えた。

二日後、宗教上の祝典に際して、サダムは「私は彼らに制裁を加えないと約束した」と再び宣言して、自分の判断に対する一族の反応を確かめた。しかし彼は政治に手を染めた当初からの手下アリ・ハサン・アル＝マジドの一言に流された。サダムが個人として許したとしても、「これは一族で解決すべき問題です」。そして一族は今一度自分たちの掟を大統領に押し付けた。

ラナとラガドはウダイに連れられて母のもとに行ったものの、この再会を利用する時間はあまりなかった。ラナは当時を思い出してつらそうに語っている。「母は突然泣き崩れました。まるでおそろしく重いものが肩の上に落ちてきたようでした。母は私たちの手をとっていたわってくれようとしましたが、『娘たちよ、とんでもないことになってしまって、私はもうへとへとなの』と機械的に繰り返すばかりでした」[*54]。サダムと会ったあと、ふたりの婿はバグダード郊外にある自分たちの姉妹の家に大量の武器を携えて避難した。大統領がアリの婉曲な判決を承認したことで、その晩に攻撃することが決定した。

朝五時、攻撃者たちに囲まれたふたりの兄弟は、死を覚悟して着用したアラブの伝統的な被り物を投げることによって、命令に応えた。これは靴を投げるよりももっと重大なアラブ世界での究極の無礼であり、即刻の処刑に値する。彼らが勇敢に戦ったため、家に対する襲撃は三時間以上続いた。その間ウダイとクサイは車の中から窓越しに決着の場面に立ち会っていた。裏切り者フセイン・カメルの埋葬に際して、「サダムは誰であれ一滴でも涙を流したものは殺すと言って、全員に泣くことを禁じました」[*55]と近しかった女性は語る。ラナは精神的におかしくなり、一週間食べることも飲むことも話すこともできなかった。母親のソファで身体をこわばらせた彼女が生きていると分かるのは、息をしていることと泣くことからだけであった。この女性によれば、「自分の人生に責任を持たずにすんだ甘やかされた娘も、自分の望みをサダムの命令であるかのようにかなえることができた愛された妻も、永遠に消え去ってしまいました」

ふたりの娘は寡婦としてのつらい状況を肌で感じ始めていたが、このころいちばん憔悴しているように見えたのはサジダであった。「母はこの日以降、すっかり変わってしまいました」。自分が長女のために選んだお気に入りの男を殺したことは、一族を率いる彼女にとって激しい屈辱であり、しかもその直接的な責任は彼女の夫にある。夫に裏切られて精神的に参っていた彼女に、さらなる不幸が次々と襲いかかった。

六カ月経つか経たないかというころ、ウダイは「ガールハント」場所としてお気に入りのアイスクリーム屋の前で、カラシニコフ銃によるテロ行為の被害に遭った。このときサジダが非難した相手はサダムであった。アラ・バシールから惨劇を知らされた彼女は、息子の枕もとに駆け付けた。いつも気取った態度で髪を完璧にセットしているサジダが、いまや髪を振り乱し、だらしのない身なりのまま病院の廊下でわめきちらした。「息子たちはあの人に殺されるんだわ！」。息子たちがイラク人に憎悪される直接の原因は、彼女の夫にある。「分かっているわ。きっと悪い結果になるのよ」[*56]と彼女は外科医の前で何度も繰り返した。

ウダイが治りかけてきたころ、サダムとクサイがやってきた。クサイが兄の体を心配する一方、サダムはこう警告した。「おまえは最悪のことに備えておけ」。イラクのために尽くしている間に、すべてが奪われてしまった。アラ・バシールは言う。「サジダは賢い母親で、子どもの命が危険にさらされていることも、今後イラクでは安全な人などひとりもいないことも分かっていました。しかも彼女は、自分の不幸を隠すために大きなエネルギーを使っていました」

サジダにはもはや一族を牛耳る力はなく、ウダイを抑えられる者は誰もいなかった。誠実なバシール医師にはこんな思い出もある。「ある日私はウダイからある政府高官を非難する文章を書いてほしいと頼まれましたが、断りました。すると翌日彼が支配する新聞のページ一面に、私を非難する記事が掲載されました。私がどれほどひどい人間かが書き連ねてあったのですが、私はこれに応じようとは思いませんでした。一週間後私がサジダに会いに行くと、彼女は完全に混乱していて、私にこう嘆きました。『ウダイに問いただしたけれど、あの子は自分は関係ないと言うのよ。でもどうしてそんなことをするのかしら？どうして人から尊敬され評価されている人に対して、こんな態度をとるのかしら？』」

模範的だった娘たちは父親の政治動向に翻弄され、人生を滅茶苦茶にされた。彼は一家の父親として国を導き、鉄の男として家族を率いたが、ラガドがもし別の人生を選べるとしたら、サダムは「一介の弁護士で、母のサジダは学校の先生。そんな両親とともに普通に成長し、権力のせいで起こる問題やエゴイズムとは一切無縁でいたいです。そんな幸せな家族で、何かに耐えるとしても、ほかの人たちが耐えているようなことだけであってほしいものです」

家族の幻影

出しゃばりな一族や理知的な妻に、多くの場合不意に、ときには陰険に手玉にとられるサダムはサミラを逃げ場とし、この心の避難場所を美しいものにしておきたかった。

年月を経るにつれて、サミラの関心事も変化した。戦争の年月はもはやバグダードの荒廃した壁にその跡を残すのみであった。大統領一家に存在を知られてからというもの、サミラはジプシーのような生活をするようになり、スーツケースはいつでも戸口の裏に準備していた。二〇〇〇年代初頭、彼女はようやく自分のトランクと苦しみを家におさめることができた。ティグリス川の吊り橋近くにある、わずかな家具しかない質素な家であった。

　サダムとの抱擁も短くなっていた。元儀典長によれば、「正式な妻であれ愛人であれ、彼は決して女性と一緒に夜を過ごしませんでした」。サミラは衛星放送のテレビに没頭することで孤独を紛らわした。ある日美容外科に関する報道番組を見たサミラはすぐさまアラ・バシールに「顔や首にしわが増え始めたんです」と訴え、次の金曜日にしわ取り手術を予約した。その日は中東の祝日だったため手術は極秘で行なわれ、患者はただちにサダムとその家族用のスイートルームに運ばれた。術後、外科医は単に形式的に尋ねた。

「ご主人はご存じですね?」

「いいえ」

　当然ながら家族の誰かが医学的治療を受けるときには、ただちにサダムに知らせる決まりになっていた。最悪のことを恐れた医師が言いわけを考える間もなく、廊下で大統領の足音が聞こえた。入ってきた大統領は明らかに不安のために動揺していた。大統領に問いただされたアラ・バシールは、うまい口実を思いついた。サミラは公式的には耳の裏側のイボを取るためにきたことにしよう。その腫れ物が悪性のものではないかとサダムに聞かれ、医師はただの脂肪腫だと答えた。そして少し皮膚を切らなければならなかったこと、不恰好にならないように首の反対側にも同様の処置をしたことを説明した。サダムは安心して彼女に微笑みかけたが、一言も言葉はかけなかった。

　手術後の診察の際に、サミラは医師と少し話をした。「サダムがもともと悲惨な境遇で育ったことを考えると、どうして彼がこれほどの地位まで上り詰めたのか、今でも私には分かりません」と言う彼女は、自分が結婚した相手に相変わらずときめき、強い関心を寄せていた。彼女の下のふたりの息子と元夫は彼女の家に住んでいたが、彼らと気持ちを分かち合うことはできなかった。彼女には孫娘もひとりいた。この娘をサダムはとくにかわいがってしょっちゅう会いたがり、高い高いをして喜ばせることもあった。しかしこの二〇〇〇年の夏、サダムの訪問は間遠になった。サミラは常に入口近くに置いている赤いふたつのスーケースを見るにつけ、自分は断続的な妻にすぎないことを思い知らされた。「毎晩私はボディガードが迎えにきた場合に備えて、支度をしておかなければなりません。彼がいつ私に会いたいと思うかも、自分がどんな家で夜を過ごすのかも、私には決して分からないからです。人からは満ち足りた女だと思われているけれど、私の人生はそれだけなのです」

イラク政府は執行猶予中のような状態にあった。一九九八年一二月にはビル・クリントン大統領が最初の攻撃をしかけた。湾岸戦争後に所有を禁じられた軍事施設をイラクが保有している疑いがあり、これを破壊するというのが目的であった。そして二〇〇三年三月一九日、ジョージ・W・ブッシュ大統領はイラクに侵攻する決意を固めた。サダムの抵抗は数週間しかもたなかった。今回ばかりは、失敗を成功に変えることはできそうになかった。

愛するふたりの運命はバグダードが陥落する四月九日に急転した。サダムは初めてサミラに胸の内を明かし、近親者のひとりに裏切られたのだと打ち明けた。「彼は私が隠れていた場所にやってきましたが、ひどく落ち込み、悲しんでいました。彼は私を横の部屋に呼んで泣きました」。彼はサミラに恐れることはないと言ったが、涙にくれる逃亡中の男の言葉には、おそらくそれほど説得力はなかっただろう。

サミラは警備隊に連れられてシリアとの国境まで行った。愛人としてすでに何年も身を隠さなければならなかった彼女が彼と最後に会う場所は、小さなレストランと小さなモスクになるのだろう。サダムはベドウィンに変装してやって来た。「私がどうなるのかは聞かないでくれ。君は安全であってほしい」。短いやり取りだった。現金五〇〇万ドル──別れの値段──とトランクに入れたいくつかの宝石は、「いつか君が本当に必要になったときのために」。彼は最後に彼女の手を取って抱きしめた。ダマスカスに到着するまで泣き続けた彼女にとって、トランクを開けることだけが慰めだったかもしれない。一〇キロの金塊。それは彼女に言わせれば愛の証拠である。サダムは彼女のためにレバノンの新しいパスポートを用意させていた。名前の欄には「ハディジャ」とあった。

サジダのほうは二度とサダムと会うことはなかった。イヤド・アフラクによれば、「彼女は自分の兄弟、息子、孫、そして夫が殺されるのを見たのです……。彼女は犯罪的な行為を進めたかったわけではないと思います。彼女はサダムと結婚したことで多くの犠牲を払いましたから、もはや喪の悲しみはなかったのです」。シェイクスピアばりのヒロインは公の舞台から去り、宮殿と無縁の孤独な亡命生活に入った。

ギリシアの愛人

イラクの政権崩壊後、ＣＩＡとアメリカ国防総省のスタッフはデスクの背後で戦いを始めた。原因は大統領の謎めいたギリシア人の愛人「事件」である。ＣＩＡは懐疑的だったが──サダムの愛人として知られている女は全員イラク人女性だ──国防総省のほうは反対に、この女の存在こそが「情報を目の前にしても見抜くことができないＣＩＡの無能さの確たる証拠[*57]」であると主張した。アメリカの二大諜報機関がひとりの女の存在について一致することができなかったわけである。サダムをめぐるとめどない論争の的となったこの女性が、スウェーデン某所の小さなアパートのドアを開けて筆者を迎えてくれた。彼女はイラク大統領のきらびやかな宮殿で生活した人が住んでいるとはとても思えない低家賃住宅地区で、ひと目を一切避けて暮らしている。

「私たちの関係がどうしてこれほど長く続いたのか、私には分かりません。サダムは愛というものがどんなものなのか知りませんでした。もっと若いときに愛情を受けてこなかったからです。私のほうはたくさんの愛情を受けてきましたし、それがまさに私の強みでした。もちろん権力者は自らの役割を果たさなければなりません。(……)私は彼の家族とも一族とも離れていましたから、彼は私といれば安心感を持てたのだと思います[*58]」

この地で「ギリシア人のマリア」と呼ばれている女性について、尋問を受けた大統領の近親者は誰も知らなかったらしく、彼女の存在さえも否定した。しかしサダムがプライベートを秘密で包んでいたことを考えれば、内縁の妻についても明かされていないことはあるだろう。彼女は自分に自信がある誠実な女性のようで、栄光を求めず、ただ自分の話をしたがっていた。いまだ疑う者もいるが、「私はサダムの家族から嘘つきだと直接言われたことは一度もありません」と彼女は言い放った。

サダムの元儀典長はしかし回想録の中でこの女性の存在について明かしている。かなり前に出会ったこの秘密の愛人は、「シャクラ──ブロンド女性──という名前でのみ呼ばれていた」

サタデーナイト・フィーバー

一九六九年、バグダード。

「今から彼女は私のものだ。ほかの誰も彼女を興味深く見る権利はない[*59]」と、サダムは一緒にいたバルザンに命じた。ふたりの兄弟はバグダードでもトップクラスのアルメニア人デザイナー、アルト・アル＝カヤートの家で開かれたダンスパーティに騒々しく入ってきた。彼はさっそく若いブロンド女性に目をつけた。はつらつとしたパリソウラ・ランプソスである。

　デザイナーの妻はその晩招待客を豪勢にもてなそうと決めていた。隣人のギリシア女性ヘレーヌにレバノン風サラダ、タブーレをつくってもらい、客たちをあっと言わせよう。ひとりではマナーよくサービスできないので、ついでに世話好きなヘレーヌの娘に手伝ってくれないかと頼み、一六歳のパリソウラからオーケーの返事ももらっていた。彼女もまたパーティに参加してみたいと思い、ウエストがきゅっとしまってスカートが広がった、ピンクのチェックのワンピースを着た。一九六〇年代にヨーロッパで流行った、最新ファッションだ。彼女は髪に合うリボンを結び、おしゃれの仕上げにゴールドのブレスレットとアンクレットをつけた。シルバーの靴とお気に入りの香水も忘れてはいけない。身なりをすっかり整えた娘が母親に見せにいくと、母親からは非難の声。「タブーレを出すのにどうしてそんな恰好をするの？　悪いことを考えているのなら、行くのはやめなさい」[*60]。しかし娘は低い石垣を飛び越え、軽やかなドレスのままタブーレの皿を運んだ。

　彼女は隣の奥さんのアドバイスに従って、テーブルにポテトチップスを丁寧に並べた。招待客を待つあいだにアルトがポータブルレコードプレーヤーをかけると、『夜のストレンジャー』が家じゅうに響いた。彼女は彼に踊ろうと誘われた。最高のパーティになりそうだ。ふたりのティクリーティ兄弟はちょうどこのほとんど踊りだしたばかりのときにやって来た。アルトは急いでこの著名な客を出迎えに行ったが、若い娘のほうは手をとられるのを待っている状態のままであった。サダムはこの娘のところに行ってその手をとると、部屋をぐるっと回った。

　ふたりの男のうち、サダムだけが彼女の注意を引いた。彼女はすぐに彼の絹の青い背広と、濃い色の髪を引き立てる雪のように白いワイシャツに注目した。「私はあれほど金褐色の信じられないような目を見たことがありませんでした。その目は金属のように輝いていました」。彼女はその発見をあえて口にした。「あなたの目は野性的で、まなざしがとても冷たいわね」。相手はサダムだが、彼女はそれを知らない。サダムは笑った。当時すでにあらゆる人から恐れられていた彼は、明るい色の目をした少女の大胆さを気に入った。彼女は何ひとつ恐れなかった。自分がここで見知らぬ男と踊っていることを、母親に知られることを除けば。

サダムは彼女に近づいて抱きしめた。彼女は叫んだ。「私はびっくりすると同時に腹が立ちました」。「君は美しい目をしている」と彼は身体を離しながらささやいた。しかしこの娘はミッシェル・モルガンではない。彼女は大胆にも、もう帰らなければと言った。獲物はまだつかめない。サダムはアルトが話好きであることを期待して、ブロンド娘の家族について尋ねた。

その晩人々は凝ったコイ料理を味わった。アラブの伝統では魚の頭の後ろ部分がもっとも貴重とされ、文字通り「漁師からの贈り物」と言われている。この部分を誰かに与えるということは、その人に注目し敬意を払っているということである。サダムは魚を切り分けると、彼女のほうに向いた。「口を開けてごらん」。言葉以上に象徴的なこの行為に、集まった人々は皆驚いた。女主人は我を忘れて、尻軽女を帰らせようとした。パリソウラは立ち上がったが、彼は押しとどめようとした。「あなたは私の夫でもフィアンセでもありません。私はあなたの言うことを聞く必要はありません」と彼女は氷のような沈黙の中で反論した。サダムが笑ってくれたおかげで、招待客はなんとか魚の骨をつまらせずに済んだ。

情熱的なダンディ男は戸口の前まで若い娘について行った。

「もしここにあんたがいることを私の母が知ったら、あんたを殺すでしょうよ」と彼女は警告した。

「殺させなさい。構うものか」

彼は不満そうな彼女を見て笑った。「変わらないで、今のままの君でいなさい（……）。私の気が変わる前に、早くお帰り」

この無作法な男を最後にちらっと見て、彼女はステップを駆け降りた。

笑う口髭

パリソウラは相変わらずよく笑う口髭男サダムが何者かを知らずにいたが、彼の印象は強く残っていた。ギリシア出身の彼女の家族は一九五六年、彼女が三歳のときにレバノンから移住した。父親のストヴロス・パリシス・ランプソスは石油会社の仕事でバグダードに呼ばれ、妻と八人の子どもをアル＝サドゥンの高級地区に住まわせた。パリソウラは質の高い教育を受け、バグダードにある私立のインターナショナルスクールに通ってフランス語を学んだ。

こうした非常にヨーロッパ的な教育を受けたにもかかわらず、この少女が外出するときにはいつも七人の兄弟のうちのふたりが付き添うことになっていた。彼らは一緒に、大きく発展しているこの国の裕福な若者のためのプライベートクラブ「アル＝ウィヤ」に熱心に通った。そこで飲み、踊り、プールで泳ぐ目的は、独身の大物に目をつけてもらうことにあった。

疲れを知らない求婚者サダムは、ためらいもせず彼女の自宅に直接電話をかけてきた。一度目には彼女が出たが、番号違いだと言って電話を切った。まもなく二度目の電話。出たのはランプソス夫人であった。サダムは策略を思いつき、自分はクラブのメンバーで、彼女が忘れていった本を返したいのだと言った。母親は自己紹介もしない青年の口調を不信に思い、疑わしげな様子を露骨にみせながら、受話器を娘に渡した。「近いうちに会おう。君の友だちのファリアルが君の家に迎えに行って、僕のところまで連れてきてくれるよ」と彼は言った。事実として数時間後、まったくの偶然であるかのようにファリアルがランプソス家にやって来て、クラブにコーラを飲みに行こうと彼女を誘った。陽気なふたりの少女が向かったのは、しかし予想外の方向であった。着いたのはバグダード中心部にある立派な家。ボディガードに後ろからぴったりとつけられてガレージを通り、豪華な装飾の巨大な木製ドアの前まで来ると、友人は彼女をひとり置いて行ってしまった。ドアが開くと客間になっていて、サダムがどっかり腰を下ろしていた。「私はひきつったような、気まずいような作り笑いをしました」と彼女は言う。

「私が電話をしたときに、切るのはもうやめてくれ」とほがらかな口髭男は命令した。

「私に命令するなんて、あなたは何者なの？」

「サダムだ」

パリソウラはサダムに最初に会ったときの複雑な感情を打ち明けた。「思い返すと恥ずかしくなってしまいます。だって、私は本当に馬鹿だったんですもの。私にとって唯一つ重要だったのは、彼が私を見たり触ったりするときのやり方でした。愛撫されるたびに私はぞくぞくしてはいました」。彼は繰り返して言った。「私はサダムだ。君にはそれで十分だろう。君はそれ以上知る必要はない。やがて分かるだろうが、サダムはどこにでもいるんだ。君がどこに行こうが、何をしようが、私には全部分かるのさ」。彼は身をかがめて彼女の頬にキスすると言った。「さあ、もう帰っていい。ただ君に会いたかっただけだ」。握ったり撫ぜたりする彼の手が、やがてなくてはならないものになっていく。

二カ月の間にパリソウラの娘らしい感情は大きくなり、なかなか会えないだけに膨らんでいった。デートはファリアルの共犯のおかげで断続的に実現した。ファリアルはプレゼントやケーキその他のスイーツを使って、母親の警戒心を解いていった。こうしてふたりの友人は副大統領の邸宅に行ったが、パリソウラはまだ彼が副大統領であることを知らずにいた。彼女が発見したのは、単にヨーロッパ風に飾られたインテリアや、いつもたくさんのアルコールが並んでいるプライベートバー、その近くにあるパイオニアの音響機器、そしてそのおかげで聞けるレコードだけ。その晩は小さなパーティが開かれ、エルヴィス・プレスリーやポール・アンカが聴けた。招待客が帰ってしまうと、彼女はサダムとふたりきりになった。待ちきれない様子で彼は彼女の腰を抱き、隣の寝室に連れていった。少女は赤いバラを飾った真っ白なベッドに目を奪われた。「すべてをヨーロッパ女性が気に入るような完璧のものにしたかったんだ。気に入ったかい？」。非の打ちどころがなかった。純真な彼女に、バラがとどめをさした。「私はこの夜のことを決して忘れません。まるでふたつの世界を隔てる国境を超えたようでした」

彼は優しい態度をとり、彼女に愛しているとまで言った。「私は彼の心をつかんだのだと思いましたが、そうではありませんでした」と彼女は判断する。結婚する気などさらさらない男に自分は身を捧げているのだと、彼女は理解した。処女を失った女と結婚によって結びつきたいと望む男はもはやいないだろう。とはいえ夜は続く。クラブではふたりの噂が大きくなりはじめ、ランプソス家にまで聞こえてきた。父親は単刀直入に聞いた。

「おまえがサダム・フセインと会っているというのは本当なのか？」

「違うわ」

「おまえは政治家のサダム・フセインを知っているのか？」

「いいえ、私が知っているのは別のサダム、ただの士官よ」

「その男の評判がどんなものか、知っているのか？　人殺しをしたことがある奴だ」

「彼はそんな人じゃないわ……」

「おまえは明日の早朝出発する飛行機に乗りなさい。レバノンの家族のもとへ行って、ベイルートの学校に行くのだ。さあ、荷物をまとめて」

急転

罰は一年ほどで終わった。両親はサダムとの恋の戯れはもう過去のものになったと思い、娘がバグダードに戻ることを許した。再び始まったブルジョワジーのクラブ通いはいっそうひどくなり、ブロンド娘は男たちを虜にした。そんな中でシロップ・イスカンダリアンという百万長者の若いプレイボーイが彼女の自由を求める気持ちを吹き飛ばしてプロポーズ、家族はすぐに承諾するよう彼女を急き立てた。やがて娘がふたり生まれた。シロップの個人財産のおかげで、夫婦は何台もの白いベンツや召使いを置くような裕福な暮らしを十分送ることができた。「当時の私はお姫様のような暮らしをしていました」とパリソウラは言う。

サダムは彼女から遠く離れているように見えたが、「彼はいつも忍び足で進むのです」。ある晩、夫婦がふたりの娘とともにテレビを見ていると、財産や土地を政府に没収される地主の名前が発表された。リストの最初にシロップ・イスカンダリアンの名前があった。秘密警察《ムハバラート》の男たちが近々やって来ることを知った以上、シロップはこの国を去らなければならない。とはいえサダムの下では、逃亡しようが自白しようが、どのみちふたりの別れは避けられないだろう。「私の出国が当然と思われるように、パリ、お前に青あざをつくろう。おまえは自分でお父さんに電話をかけて、私に殴られたと言うんだ。お父さんはお前を連れ戻しにくるだろうから、実家に帰りなさい」。彼女を殴る前に、夫は謝った。「夫はその晩を最後に、永遠に行ってしまいました」。レバノンに逃げた夫は離婚の手はずを整え、パリソウラが署名だけすれば完成する書類を彼女に送った。

その数カ月後、サダムのボディガードがブロンドのギリシア女性のドアをノックした。命令により彼女を宮殿に連れていくという。「いつかこの日が来ることは分かっていました」。なぜだか分からないが、彼女は自分の人生を破滅させた男のために、自分が引き立つようなドレスを着た。彼女は警官が車から降りてドアを開けるまで、車の前で立っていた。支配的なサダムに対するちょっとした勝利の気持ちであった。大統領府に着くと、彼女は戸口の前で身動きできなくなった。「もし私に入ってほしいなら、門のところまで来て私を中に案内しなさいよ」と彼女は挑戦的に言った。ボディガードが息を止めた。サダムにじっと見つめられると、彼女はその視線を避けて平静を装った。彼がお世辞を言って彼女の機嫌をとろうとすると、その声は部屋の向こうの端から鳴り響いた。

「シャクラ、君は以前よりももっと美しくなった」

「みんなそう思ってるわ」

サダムは哀れな勝利を相手に譲り、ボディガードたちが見つめる中、部屋を横切った。「ようこそパリソウラ、中に入ってくれないかい？」

彼女は微笑んだ――制服の上着が似合って彼は素敵だ――が、彼の申し出には抵抗しようと心に決めていた。勝負は接戦になりそうだ。最初のアプローチは斜めに来た。彼女に食事をしようと提案してきたのである。彼女は胃がきりきりしていた。二回戦。今度は何か飲まないかと言ってきた。パリソウラは皮肉を込めてドライマティーニを要求した。ふたりが最後に会ったときに彼女が飲んだのがドライマティーニであった。彼女は一歩引いて、家族の話で相手を失敗させようと考えた。この話題は彼の弱みのひとつに違いない。「私には子どもがふたりいて、母の家で私を待っているんです」。追い込まれたサダムは反撃に出た。突然彼女を抱きしめたのだ。打ち負かされた彼女は彼の胸の中で自分が小さくなってしまったような気がした。彼の匂いに魅了されてしまう。彼は自分が再び優位に立ったことを感じた。「戻ってくるんだ」。それは肯定文で、疑問形の要素は少しもない。女の自由はときとして疑問符の問題にすぎない。ふたりの関係が再び始まったが、そこにはもはや純真さはまったくなかった。愛情はもはや無償ではない。憎悪と情熱から恐れが生じた。

三美神

大統領の管轄機関にひそかに監視されて国外脱出を妨げられたパリソウラは、家族の命を心配した。彼女は自分がいつでもサダムを楽しませ驚かせなければならないことを知っていた。とくに必要なのは、彼女が彼のものであると同時に、彼に抵抗していると思わせること。「ほかの人たちはみんな『私はサダムだ』と聞くと彼の足元にひれ伏しますが、私は『そう、あなたはサダムよ、だから何なの？　私はパリソウラよ』と答えることができました。そうすると彼は笑い、リラックスするのです」。天真爛漫な彼女は、大統領が慰められたいか、愛されたいか、話を聞いてもらいたいかに応じて、母親役、愛人役、親友役を演じ分けた。

やがてイランとの戦争が始まり、イラク人でない女たちは離婚するか帰化するかを選択した。この乱暴な措置によってパリソウラはギリシアに戻ったが、残してきたいくらかの財産を取り戻そうとアテネのイラク大使館に働きかけた。儀典長ハイタム・ラシド・ウィハイブによれば、「彼女はそのため呼び出しを受け、秘密警察《ムハバラート》のふたりの警官と話し合った末、金を受け取りました。それと同時に警官は、サダムの命令で彼女をバグダードに行かせる準備をしていることを伝えました」。二日後、彼女は再びサダムのベッドの中にいた。「私が一言もしゃべらないで彼を休ませる夜もありました。私と一緒だと彼はありのままの姿に戻ることができ、怒りにまかせてドアをバタンと閉めたり、頭を私の膝に乗せたりもしました。私は彼に、ウイスキーを一杯どうかと尋ねるだけでした」

彼は彼女を宮殿敷地内の贅沢な館に、ふたりの娘とともに住まわせた。娘たちはすでに魅力的な若い女性になっていた。「六カ月間、彼女は大統領の正式な愛人として豪勢な暮らしをしていました。車、宝石、美しいドレスと、彼女には何ひとつ足りないものはありませんでした。自由を除けば」とハイタム・ラシドは言う。しかしサダムとの関係によって、パリソウラはティクリーティ一族と対立することになる。イラクではサダムの愛人であることほど難しいことはない。愛人の影は、彼女の周囲でもいたるところでちらついていた。しかし彼女は一家の母として一族を支配する女の訪問は一度も受けなかった。「サジダは第一夫人としての自分の地位が大好きでした。サミラのほうはもっと権力がほしいと思い、サジダの地位を奪ってサダムの心の中で彼女を追い越したいと思っていました」と彼女は説明する。

大統領をめぐる女たちがパリソウラに対して非常に慎み深かったのに対して、一族の男たちはたびたび彼女のもとを訪れた。これは危険なことであった。「もし私の家で彼らに何か悪いことが起こったら、それは私の過ちになってしまいますから」。そんなことはお構いなしに、大統領の暴れん坊息子たちはたびたび彼女の家にやってきた。「クサイは私の料理を気に入り、私の家に来て話をするのが大好きでした。彼はボディガードやいつも一緒にいる仲間アルトを連れずに、真夜中にひとりで来ることもありました。そして私に言うんです。『パリ、卵をふたつ料理してくれよ』」

ある晩サジダの義兄弟のひとりが、パリソウラのコックに伝統的な料理を作ってくれと頼んだ。彼女は自分の家で彼が病気になることを恐れ、慎重を期して水も含めてすべて宮殿内の材料を集めた。見事にテストに合格したと思った彼女が疲れ切ってやっと寝室に戻り、眠ろうとしたそのとき、誰かがドアをノックした。震える手でドアを開けると、そこには茫然としたボディガード。招待客は病院にいるという。気を落ち着けなければと思う間もなく、その人はすでに帰宅したという知らせが入った。ただの消化不良であった。

また別の晩には、酔っ払ったウダイが彼女の家に夜中の一時半ごろボディガードをつけずにやってきて、彼女と娘たちをティグリス河畔に連れて行きたいと言い出した。大統領の長男が相手では、何であれ拒否はできない。たとえ彼が自らスポーツカーを運転したいと言ったとしても。「お願いだからやめて。もしあなたのお父様が知ったら、かんかんに怒るって分かるでしょう!」。この話は夜とともに穏やかに終わった。ウダイは自分に逆らうことのできるこの女を評価し、イラク・オリンピック委員会のアシスタントとして採用した。

サジダの乱暴息子たちとの間にかろうじて築いていたバランスは、ある日彼女の娘エリザベスの告白で崩れた。ウダイが彼女を強姦したのである。「あいつを殺していい? 殺していい?」。パリソウラは茫然とした。数週間にわたってエリザベスは生気なく椅子に座ったままで、学校にも行こうとしなかった。彼女はウダイの船上パーティに行ったときに、暗い片隅に連れて行かれたらしい。赤いバラも白いシーツもなしだった。涙にくれる母親は、子どもたちの安全を確保するため自由に行動できず、ウダイを無視することしかできなかった。しかしウダイは軽蔑されて黙っているような男ではない。「とにかく何か言え!」とある日彼は彼女に向かってわめいた。彼女にとってウダイはもはや娘の虐待者にしか見えなかった。「あんたはもう私にとって存在しない人よ。私はまともな男としか話さない。(……)何が起こったか、あんたの父親に言ってやるわ」。サダムはウダイの乱行を再び罰し、戒めとしてしばらく刑務所に入れた。そのためウダイは復讐をたくらむのに十分な時間を得た。釈放されてまもなく、彼はパリソウラの家で処罰という使命を果たしはじめた。彼女が仕事から帰ると、女中たちが客間の隅にかたまっていた。反対側にはウダイの姿。そして彼は密告した女を殴らせた。この二〇〇一年初頭、パリソウラはここを出ていくべきだと悟った。しかし娘と一緒ではチャンスはない。そこで彼女は娘の安全を守るために、自分の意図を伝えずに娘を残してひとりで出て行った。とはいえ彼女は出国前に最後にサダムに会わずにはいられなかった。

「パリ、君は変わったよ」と彼は言った。

「変わったのはあなたよ、ハビビ」

「私には分かる。君はもう、かつて私が知っていたパリではない。君はずっと昔のままの君でなければいけないって、私は何度も言っただろう？」

彼女は彼を見た。ふたりとも変わっていた。状況が変わったのだ。やがてアメリカ軍はバグダードを爆撃するだろう。ウダイは殺され、サダムは牢屋に入れられ、逃亡した模範的な娘たちは追われるだろう。ティクリーティ一族は永遠に失墜するだろう。

サダムの国のアリス

二〇〇四年一月、バグダード、キャンプ・クロッパー。

ＦＢＩのジョージ・ピロ捜査官は囚人となったサダム・フセインの監視と尋問の担当になり、ジレンマに陥った。サダムがいつも手紙に書いているアリスという名の看護婦は、いったい誰なのだろう?
二〇〇三年一二月にアメリカ軍に逮捕されて以来、サダムの拘留場所は包囲されたバグダードの中でももっとも固く守られた秘密のひとつであった。キャンプでは担当者以外誰も彼の身元を知らなかった。彼らにとって彼は〝ビクター〟、これが彼の新しいコードネームであった。彼の好みに完全に合致するにはイギリス的すぎるし、彼が毛嫌いするにはフランス的すぎる名前だ。

ジョージ・ピロは囚人の不屈の心に精神的な圧力となる要素が何か見つからないかと期待して、毎日〝ビクター〟の手紙を調べた。しかし身元不明の女は検閲者にとってどこの誰だか分からないままであった。いまだにサダム・フセインを笑わせ、話させ、その楽観主義を保たせることのできる唯一の女、アリス。彼女は彼の話を聞き、慰めを与えている。ふたりは閉鎖されたキャンプの厚い壁を越えて、ちょっとした人間的なあたたかさを分かち合っている。ジョージ・ピロが彼らに対して優位に立っているのは、もし女がキャンプの安全システムを破壊したら、あるいはもしサダムがいまだ謎のコードネームのおかげで外の世界にメッセージを送ろうとしたら、決定を下せる点にあった。

中東でもっとも監視が厳しい独房で殴り書きした短い手紙を調べていると、数週間前から彼のミッションを混乱させてきた間違いがついに明らかになった。アリスという名の人物はいない。それはエリス、軍曹のロバート・エリスだ。サダムの見知らぬ女は、実際はミズーリ州出身の大柄な黒人のアメリカ人男性、四三九分遣隊に属する看護師だったのである。

キャンプは三つの尋問室、仮兵舎、管理事務所のほか屋内体操場などを含む巨大な総合施設である。正確な面積は機密事項だが、七平方キロメートル近い敷地内にすべてが収まっている。監禁施設のある一帯は〝森〟[*61]と呼ばれていた。

アメリカチームが少しずつ〝森〟を離れていく中で、ロバート・エリスは新たな使命を任された――どんな犠牲を払ってでも、囚人〝ビクター〟を良好な健康状態に保つこと。元大統領がアメリカ側の監視下にある間に死ぬようなことがあってはならない。自分の裁判に生きた状態で出廷しなければならないのである。さしあたっては、囚人の高血圧、軽度の前立腺肥大、くるぶしの炎症を指摘する医療記録だけがあるが、これらについて囚人は一度も苦痛を訴えたことはなかった。ロバート・エリスが独房に行こうとしたときに、前任者が最後にアドバイスした。「慎重にしろよ。あれはとても強い男で、言葉以外の手がかりを見抜くのは難しい。奴は手慣れた心理学者だ」

サダムは熱心に読んでいた本を置いて立ち上がり、新しい看護師を迎えた。彼はすぐに看護師から数センチのところまで身を乗り出し、その姿で強い印象を与えた。ごま塩頭は完璧に整えられ、濃い茶色のきれいなサンダルをはき、汚れひとつないディシュダシャをまとっている。ロバートは毎日午前八時と午後八時に〝ビクター〟の世話をすることになった。

非常に驚いたことにサダムは模範的な受刑者だったが、ただ看護師にとってはとても困る欠点を持っていた――どんなにつらくても、決してそれを訴えないのである。つまり彼の病気を特定するのは難しい。名誉ある男は肉体的弱さなど見せないと考える彼は、〝看護婦のアリスさん〟と呼び続ける男と心の中の思いを共有するほうを好んだ。ロバートがこの強情な受刑者に高血圧の治療をしようとしても、きっぱりと拒否された。「理解できないことは分かっているが、私はこれをあなたに読んで聞かせたいんだ」。サダムはメモ帳をつかむと、自分がアラブ語で書いたばかりの詩を優しい声で朗読しはじめた。三、四分後、彼は満足げな目を看護師に向けて、称賛を求めた。ロバートは微笑むものの、理解できないことは隠さない。しかし聞いてくれただけで十分だ。「では治療を受けるとしよう」とようやく囚人は譲歩する。交渉はいつも、サダムに期待しなくなったときから始まった。毎晩サダムは手帳を持ったまま辛抱強くロバートを待ち、日中に書いた詩を朗読した。彼はその詩の中で自分の理想だけでなく、花や女、刑務所の鳥についても歌っていた。

サダムが運動場代わりの埃っぽいグラウンドに現れると、彼の周りにたくさんの鳥がやって来てさえずった。食事のたびに元大統領はパンのかけらをこっそりポケットに入れておき、待ち構える羽を持った訪問者たちに与えていた。サダムは外に出るとオーケストラの指揮者よろしく、鳥にこっちにおいでと命令するかのように手をあげた。そして新たな友のほうを向くと、大きな笑顔を見せて「見ろよ。やつらがやってくるぞ」と言うのだった。

ある日鳥が来なかった。「きっともう何か食べてしまったんだろう」とサダムはとても悲しそうな声で言い、散歩をせずに引き上げた。友だちになった鳥たちを断固呼び戻すべく、彼は運動場の一画に小さな農園を作ろうと考えた。ひとりの看守が協力して、自分の母親に種を送ってくれるよう頼んでくれた。こうしてサダムはちっぽけな緑化計画からはじめて、やがて〝私の庭〟と宣言するまでのものを作り上げた。おかげでその後離脱する鳥はいなくなった。

朗読を続けるうちにふたりの男の距離は縮まり、やがてときには打ち明け話をするような間柄になった。ロバートはサダムに、イラクに来る前に二度目の結婚をしたことを打ち明けた。失墜した大統領は面白がった。

「あなたには奥さんがふたりいるんですか?」

「ええ、でも同時にではないですよ。私の国ではそれは法律に反しますからね」と看護師は笑って答えた。

サダムも笑い、自分には複数の妻がいると自慢げに言った。打ち解けた雰囲気になり、彼は自分の「秘密」

を教えてやった。ナツメヤシの実。彼によればそれは性欲を高めるのだという。「それを食べるときには、そばに女を確保しておけ」と彼は笑い、看護師の結婚写真を見せてくれと言った。

その晩ロバートは頼まれたものを持って再びやってきた。サダムはロバートの妻の写真をしげしげと見た。「彼は私の妻のために楽しい話を書いてやろうと約束してくれました」。事実として翌日、サダムは誇らしげに約束の詩を友人に見せた。その詩の中で彼はエリス夫人を星にたとえている。

命の終りに夜は敗れ
星は消え散り散りになる
だが君のかたわらには喜びの夜明けが生まれ
わが心は幸いにも夢に届く
幸福感が根づき苦痛は去った
わが魂は花をつけ、その花は開いた
そして神はわれらの残りの人生を祝福した[*62]

よくあるたとえだ。サダムは香り高くみずみずしい、花のような女性を愛した。「そういう話になると、声も身振りも変わり、いつもよりも優しい感じになりました」

囚人〝ビクター〟はヘルニアが悪化して痛んだため、何機ものヘリコプターを動員し一大隊の兵士全員に付き添われて病院に運ばれた。彼はそこで外科医による整復手術を受けたが、自分の運命にはあまり関心がないようであった。「彼は麻酔をかける看護婦を横目で見ていました。その看護婦がとても美しいお尻をしていることに気づいて、彼女が部屋にいるときにはそこからずっと目を離しませんでした。手術棟で手術台に座っているときでさえ、彼は彼女に目くばせし続けていました」

「分かるだろう、私は女ってものをもう五カ月も見ていないんだ」と彼はついには弁解した。

「ええ、私もです」とロバートも主張した。

「あなたもですか?」

なぜ看護師が囚人と同じ運命を課されるのか理解できず、サダムは唖然とした。

サダムは妻の面会についてアメリカ当局と交渉したいと考えた。おそらく新しい子どもでも生まれれば、孤独もやわらぐだろう。しかし妻たちの年齢のせいでこの望みは叶わなかった。ロバートは専門家を連れてきて、年を重ね更年期になると女性が何を失うのかということを説明した。サダムはそれを聞いて驚き、そしてがっかりした。

模範的な娘たちに会えないのも寂しかった。ときには思いがけないものから昔の記憶が蘇ることもあった。サダムはある晩看護師が持ってくる痛み止めの中に、ときどき末娘のハラが腹痛のときに飲ませていた薬があることに気がついた。「これを娘のためにふたつに割ってやったものだ」と彼は懐かしそうに言った。そんなときには手術後の痛みよりも強い痛みを胸に感じていた。

ラガドはアメリカの侵攻から逃げずに父親のそばにとどまった。戦争の真っただ中の二〇〇三年、サダムは彼女にイラクを離れることを禁じた。「私は駄目だと言いました」と彼は弁護士に語っている。「爆撃が激しくなり、敵が私たちを家から家へと追いかけ始めたとき、娘は国外に出ると主張し続けました。『お父様は三〇年前から権力を享受してその特権を利用してきたのだから、今この国を食い尽くす火の中で燃やされたとしても(……)自業自得でしょうよ』[63]」

父親の誕生日である四月二八日、この反抗心のある娘はキャンプ・クロッパーに花束を送ったが、看守にただちに没収された。怒ったサダムの弁護士は、それが危害を加えるようなものではないことを証明するために、すぐさまそれを食べてやれと提案した。「彼女はとても毅然とした女性でした！」とキャンプの上官ウェイン・シルヴェストル司令官は言う。[*64]「父親との手紙のやり取りが認められると、彼女はしょっちゅう手紙をよこしました。毎月彼女は父親の心身の健康のために大量のものを送ってきました。包みの中身はタバコや食料、衣類や家庭のこまごましたものでした」。兵士たちはラガドからの贈り物はよしとしたが、ラナが送ったものには承服しかねた。彼女は父親にカルダモンの種子の入った小さな袋を送ってきたのだか、彼らはそれを危険すぎると判断したのである。

釈放の知らせがないまま数カ月がすぎた。「愛しています。あなたがいなくて寂しいです」とラガドはあらゆるテレビで訴えた。こうした激しい感情を見せたことで、彼女は国際刑事警察機構《インターポール》からもイラクの占領軍からも、指名手配者のリストの上位に挙げられた。四一人が書かれたこのリストの一六番目に、ラガド・フセインの名があった。理由は「反政府主義者に対する莫大な財政援助と、元バアス党員として反徒への送金に助力したこと」。国際刑事警察機構《インターポール》の令状はもっと簡潔だ。「指名手配者、アル・マジド・ラガド・サダム・フセイン。2006/54606、アル・マジド・ラガド。理由：人命に対する犯罪の教唆、テロ行為の扇動」

一七番目に挙がっていたのは彼女の実母サジダであった。国際刑事警察機構《インターポール》によれば、理由は「イラク反政府主義者の指揮、後方支援、資金調達の中心人物」だからである。イラクの新指導者から見れば、権力失墜後もサダムを見捨てなかったサジダは、反乱を指揮する人々と明らかにつながりを築き、サダム・フセインが盗んだ財産に手を付けて財政援助をした罪人である。実際大統領の弁護団長はサダム・フセインの第一妻であり続ける彼女のもとに、彼の脱走に協力する覚悟のあるあらゆる人々を送っていた。

サジダが変わることなく夫を支えたにもかかわらず、サダム・フセインが刑務所から毎週電話をかけた相手は、レバノンに逃げた第二夫人サミラ・シャバンダルのほうであった。「何か電話では言えない細かいことがあると、必ず二、三日後にすべてを説明した手紙が私のもとに届きました」[*65]と彼女は誇らしげだ。

判決のときが近づいた。サダムは逮捕時に流された映像とは違う、自分のよいイメージを最後に与えたいと思った。裁判用に与えられた服はカッティングも悪く彼の好みからすれば色も地味すぎた。ロバート・エリス隊は彼に最後の情けをかけてやった。彼はクリスチャン・ディオールの服を着て判決を受けることになったのである。

二〇〇六年一一月五日、判決が下された。死刑。この判決を受けた元大統領は、最期の苦しみを和らげる薬に頼ることを一切拒否した。「山のような男は鎮痛剤など一切必要としない」。そして最後の力を誇示しようと、彼はエアロバイクに乗ったことを打ち明けた。「信仰に導かれたアラブ人の真の姿を見せてやるため、私は毎日一二分から三五分訓練した」

その日が来た。サダムは何枚かの白いワイシャツと黒いジャケット、コイーバ・シガレットの箱、そして詩を書いた手帳をまとめ、すべてラガドに渡すよう頼んだ。彼は看守に、自分は穏やかな心と清い手をもって天国への道を進むのだと彼女に伝えてほしいと言った。

「私は父に話しかける許可をもらえませんでした。私はただ、あなたがいなくて寂しい、愛していると言いたかっただけなのに」と彼女は嘆いた。しかしこのラガドの最後の訴えを認めなかったのはエリス軍曹の配下たちではなく、サダムその人であった。「私はセンチメンタルな理由で家族に話しかけたくはない。娘たちは泣きじゃくってしまうだろう」[*66]。彼は第一夫人サジダのために最後の詩も書いている。「わが心はいまも愛にあふれ、愛する力は決して消えない[*67]」

第三章　ホメイニ──妻のイマーム

「私は夢中だ、いとしい人よ、君の唇のホクロに。君の物憂げな眼を見ると、私はやるせない」

ルホラー・ホメイニ

無椿姫

一九六三年六月二日、イラン北部の聖なる町コム。

ホメイニ夫妻は子どもたちとともに一五年前から住んでいる簡素な家で床に就いていた。中庭に面した四つの大きな部屋には大した家具もない。唯一高価なものといえば何枚かのペルシア織物キリムだが、それさえ大衆用のもので、模様も地味で目を引かない。この質素な家は、しかし家長にとっては何物にも代えがたい利点を持っている。メッカのほうを向いているのだ。

夕食はいつものようにコメと発酵乳、レンズマメのピスタチオ・果物添えという慎ましいものであった。このレンズマメの一皿は、ルホラー・アル＝ムサビ・アル＝ホメイニが定めた厳格な食事制限の中で唯一認めたごちそうである。夕べの祈りの儀式を行なったら、三〇年前からずっと変わらない時間に寸分たがわず各々床に就く。

まもなく午前三時になろうかというとき、この何の変哲もない家の完全な静けさを恐ろしい轟音が破った。王政下の秘密警察である恐るべきサバクが家の屋根から侵入したのだ。数時間前から警官たちはこの家の裏手にある果樹園で態勢を整え、何らかの行動をとる機会をうかがっていた。ホメイニの妻ハディジエ・サカフィは目を覚ました。ドアが打ち破られ、女たちが叫び声をあげて大騒ぎになり、家はたちまちのうちに収拾がつかない状態になった。菜食主義で禁欲者であるこの家の主人の姿を求めて、各部屋が綿密に調べられた。男たちは一七人の女中を集めて矢継ぎ早に質問し、アヤトラ［イスラム教シーア派最高指導者］・ホメイニがどこに隠れたか白状させようとした。だが四五分経っても、口を割る者はいなかった。家の外にはこの騒ぎを聞いた住民が大勢が集まった。

ホメイニは侵入直前に長靴のかすかな音に気づき、向かいの家に住む長男モスタファのもとへ逃げ込んでいた。すぐ近いので召使いや妻の叫び声も十分聞こえる。彼は戦場と化した中庭に戻ると、武装した男たちに近づいて叫んだ。「逮捕したまえ！　私がルホラー・ホメイニだ。君たちが探しているのが私であるなら、その哀れな人々を虐待するのはやめなさい」[*1]。彼が数メートル先に停めてあるフォルクスワーゲンのほうへ連れて行かれるのを見て、息子たちは黙ってはいなかった。一八歳のアフマドは作戦を妨害しようとして、自分も連れて行ってくれと要求した。しぶといその態度にひとりの士官がやむなく武器を振りかざすと、アフマドは息子としての意気をそがれた[*2]。父の個人秘書でもある兄のモスタファは、隊列を押しとどめるために反乱を起こそうとした。彼は屋根によじ登り、治安警察に対して蜂起させようと、忠実な者たちに訴えかけた。父親が現れて「ああ、イスラムの民よ、目を覚ましなさい」と叫ぶと文字通り身を投げ出し、その手足にキスしようとした人々だ。しかし男たちは動じず、六〇歳を越えたイマーム［イスラム教指導者］を連れて行こうとした。モスタファは屋根から屋根へと飛び移って、父を被疑者としてテヘランまで連行しようとする車のところまで追いかけた。しかし事態が好転しないとみると、今度は脅しにかかった。「もし父を放さなかったら、私は宙に飛び降りてやる！」。この悲しい光景を見ていたホメイニは、母親のもとへ戻るよう息子に命じた。

ハディジェは呆然とした。今回初めて逮捕された夫とは、数十年来離れて暮らしたことはない。誰にすがればよいのか分からないまま、彼女は友人に電話をかけた。「彼女は泣いて、彼らはテヘランから夫を探しに来たのだと言っていました。彼女のご主人は手を縛られ、軍の輸送隊のところまで連れて行かれたのだそうです。私は彼女を安心させるために、朝そちらに行くと言いました。でも翌日、彼らはあらゆる道路を封鎖し、学校も大学も閉鎖してしまったのです*3」

どこからの救いもなく、ルホラーは一カ月間刑務所に入れられた。反国王《シャー》へと民衆を扇動したというのが逮捕の理由であった。しばらく前から、ふたりの男の間で緊張が高まっていた。実際、国王モハンマド・レザー・シャーはイランを宗教指導者の影響力から解放したいと考えていた。それは彼の徹底的な近代化政策の妨げになると思われるからである。宗教指導者たちはイランを「ロバの時代」にとどめることに固執しているが、王は国民をジェット機の時代に入らせたい。この目的のため、王はためらわずにこの特権階級に対してもっとも荒々しく挑戦的な方法を使い、自分の支配下にある新聞で彼らを「イギリス人に金で買われた男色家のスパイ」呼ばわりしたのである。この少し前に国王は、覆面をした制服姿の衛兵を介してホメイニに個人的なメッセージを伝えることさえしていた。「おとなしくしていなさい。さもないとおまえの骨を折ることになる」。ルホラーは平然と言い返した。「われわれには陛下の力の及ばない特別攻撃隊がいます」。かくして国内で対立するふたつの真逆な考え方を体現するふたりの男の間で、戦いが始まった。

ホメイニの最初の攻撃はその日の午後に、説教壇上で熱のこもった演説を行うという形で行なわれた。

「哀れなる者よ（……）、秘密警察《サバク》はなぜわれわれが国王やイスラエルについて語ることを嫌がるのか。国王はイスラエル人なのか？　国王はユダヤ人なのか？　王よ、私はあなたを異教徒だと宣言し、この国から追放させなければならないのか？　あなたの人民が立ち上がる日にページはめくられ、あなたの友人はひとりもあなたの助けに来ないであろう。それをあなたは知らないのだろうか？」。国王の返答に演説は必要なかった。

ハディジェは何の知らせもないまま、カスル刑務所から夫が戻るのを待った。この三〇年以上のあいだ、ふたりが離れ離れになったのは、ホメイニがサウジアラビアのメッカに巡礼に行ったときただ一度だけであった。一九三七年に遡るその巡礼で、彼は尊敬される賢人ハジ［巡礼を終えた者］の称号を得た。そのときレバノンのサイダ港から、「彼はカメラマンのアトリエの花瓶の横でポーズをとり、写真の裏に『私は君の夢を見る』と書いて送りました」[*4]。彼はこうして六カ月ほど彼女と離れて暮らしたことがあったのである。その彼との結婚を、彼女は断りかねないところであった。

ハディジェに出会う前、ホメイニはただの真面目を通り越すほど猛然と勉強する学生で、コムの神学教授たちから敬意を払われるほどであった。しかし勉強に熱中するあまり、彼は男の人生にとって重要な側面を忘れていた。二七歳の誕生日を迎えたというのに、結婚せず、家庭を築いていなかったのである。コーラン学習所で知りあった友人ラバサニは彼が時間をかなり無駄にしていると思い、ある日出し抜けにこう聞いた。

「どうして君は結婚しようとしないんだい？」

「思っている人は誰もいないし、同じ村の女とは結婚したくないんだ」と彼は答えた。

「サカフィ氏にはお嬢さんがふたりいて、私の義姉妹によれば結婚するにはよい相手らしいよ」[*5]

サカフィ氏というのはシャフレ・レイの金持ちのアヤトラで、しかも預言者の子孫という恵まれた境遇にある——つまりホメイニと同じサイイド［ムハンマドの直系子孫］というわけで、この両家の結婚となれば縁起のよいものになりそうだ。とくにホメイニにとっては、暮らし向きも社会的地位も著しく向上するうえ、完璧な学習態度によって手にしつつある昇進も確実なものになるに違いなかった。

ホメイニが心を決めると、ふたりの仲間はこの理想的な義父の家へと向かった。ルホラーは贈り物として、何よりもまずサフラン、トルコ石、ラピスラズリ、祈祷用絨毯を買った。さらにもうひとつ準備したのは、貴重な玉、すなわちシーア派の聖人の墓[*6]の土で作った数珠であった。

ふたりの学生はこれらの荷物を抱えて尊敬すべきサカフィの家に行き、結婚を申し込んだ。サカフィはこの求婚者を「教養があり誠実で知的で信心深い」と評価した。ことはいとも簡単に進みそうに思えた。少しするとルホラーの前に、厚手の黒いスカーフに包まれて目のあたりしか見えない華奢な女性が現れた。黙ってお茶を出すハディジェはまだ一三歳ぐらいで、[*7]このいかめしい求婚者をじっくり観察することができた。見かけでは分からないが、国のエリートに属するこの少女は召使いのような育ち方はしておらず、多くの使用人を使って家を切り盛りできるような女性として育てられていた。父親が敬意を払われるのを見慣れている彼女は、若いにもかかわらずヒエラルキーと礼儀作法に対するきちんとした感覚を持っていた。ふたりの間で言葉は一言も交わされなかったが、それは慣例的に育ちのよい娘は見知らぬ人に声を聞かせないことになっているからである。目で見えない代わりに、耳によって相手の欲望を目覚めさせてしまうかもしれないというのがその理由である。

しかしハディジェはムッラー［イスラム教律法学者］と結婚する気は毛頭なく、当時はむしろ政府の役人と結婚して首都で暮らしたいと思っていた。[*8]よってプロポーズはきっぱりと断った。「彼女が最終的に同意するまで一〇カ月はゆうにかかりました」[*9]と家族のひとりは言う。ルホラーは粘り強い様子を見せ、ほぼ毎日サカフィ家に使者を送った。交渉の先頭に立ったのは、友人ラバサニの母親であった。しかし娘を決心させる仲介役は、もっと上のほうからやって来た。

ハディジェは夢の中で、抵抗できないようなものが現れるのを見た。預言者ムハンマド、その娘ファティマ、女婿アリが彼女のもとを訪れたのである。四人目の人物が彼らを指差して言った。「この三人のうち誰ひとりとして、今はあなたのことを愛していません。なぜならあなたは彼らの息子を拒否したからです」。翌日彼女は態度を豹変させた。「私は両親に気が変わったと言いました」[*10]。急いで調べたところ、事実としてルホラーはファティマと誕生日が同じであった。彼女が見た夢は明快だった。ファティマが現れた家はふたりがのちに借りる家そのもので、まさにふたりの将来の寝室となる部屋であった。彼女はそこにかかっていたカーテンもはっきりと覚えていた。とはいえ賢明な娘は、結婚にひとつ条件を付けた。教育をきちんと最後まで修めさせてくれること。「でも宗教者の妻はひとりで学校に行くことはできないので、彼女は彼に先生になってくれるよう頼み、彼もそれを了解しました」[*11]と、のちに文化イスラム指導大臣になるアタオラ・モハジェラニは言う。

状況が好転したこの一九二九年夏の終わり、友人のラバサニは、ルホラーとハディジェを夫婦にする小さな儀式の進行役を務めた。この日、彼女は繊細な黒と白の刺繍をした服を身に着けた。ホメイニは新婚家庭を築く家を探しにコムに戻る前に、ようやく若妻の顔を見ることができた。妻としての自分に何を期待するかと彼女が尋ねると、彼の答えはストレートだった。「彼は私に、自分は家の仕事を一手に引き受けることを期待するような反啓蒙主義者ではないと言いました。彼の唯一の望みは、私がイスラムの掟を守ることでした」と彼女は言う。

ルホラーはその言葉をきちんと守り、妻が育ってきたのと同程度の生活水準、つまり鍋を磨くよりも人に命じるような暮らしを妻にさせられるよう努めた。さしあたって彼女は、この厳格な宗教者からは想像できないような詩のインスピレーションを与える巫女《シビラ》であった。例えば『庭の婚約者』という詩。

ときは春、アーモンドが花開く
間違いなく庭の婚約者はアーモンドの木
疲れた目を癒す光景（……）
アーモンドの木は創造主からのメッセージ
冬の死のマスクをかぶった泥の中から
美と命が生まれるとあなたに言う
老いも若きものんきに陽気に庭に急ぐ
花は永遠と素朴に信じながら*12

結婚したときルホラーは二七歳の青年で、ハディジェは人生の春を彼に捧げた。描写された地上の愛は、神に吹き込まれた愛のイメージにすぎない。アーモンドの花や恋人たちのときは神の前でしか永遠ではなく、その季節が永遠に続くと信じる者は痛い目にあう！　ホメイニはすでに愛の詩的な真実を感じとっている――それは束の間のものにすぎない。

とつぜん空はかげり、嵐の気配がする

雨がアーモンドの木をゆすり、その花を散らす
庭の婚約者は立っている
裸で揺れながら、まるで道に追い出された乞食の老女のように
忘却のとき、忘恩のとき
神は忘れる者を追い立てる

ファミリー・ロマンス

かくして一九三〇年一月、ハディジェはコムにやってきた。彼女はこうして家族と離れたわけだが、すぐにルホラーは新しい家族を与えてくれた。彼女はこのきわめて保守的な町に来た直後に、初めての子どもを妊娠したのである。どんな映画もその他の娯楽も、コーランの伝統維持にすべてを捧げたこの町の流れを変えることはない。一九三〇年代になると、コムには高等教育機関《マドラサ》がちらほらとできた。イスラム思想と神学を学ぶこの学校では、師《アヤトラ》の周りに生徒《タリバン》が集まる。町の社会生活はすべて第八代イマームの妹の寺院の周りで繰り広げられ、そこでは警備員が一日中バラ水をまいている。女たちは夫婦の幸福と子宝に恵まれることを願って、この瞑想の中心地にやってくる。干上がった塩湖の上に築かれたこの町では利用できる水はわずかしかなく、そのうちの少量の水が通りの清掃に使われる。当時はまだ下水システムが古めかしく、ゴミや汚水が曲がりくねった道の真ん中に自由に流れていた。そこを現実とは思えないような人影が歩き回る。ペルシアのルルド［フランスの巡礼地］とも言うべきこの町には、背骨の曲がった人や足の不自由な人、盲人、精神病者や身体障碍者が奇跡の治癒を夢見てやって来るのである。

良家のお嬢さんが首都から一五〇キロ離れたこの町に引きこもるのをためらう気持ちはよく分かる。彼女の父親は娘が結婚するまで教育を授けたため、彼女は中等教育第四学年ぐらいのレベルには達していた。ルホラーは彼女の教育をなおざりにしないと約束し、その言を守った。結婚して八年間彼女に授業を行い、その結果ハディジェを当時の女性としては珍しいほどの教育レベルにまで高めたのである。

　ルホラーはさまざまな面で妻の幸福に気を配った。「彼はいつも私に部屋でいちばんいい場所を与え、食事も私がテーブルに就くまで始めようとしませんでした。彼はいつも私に非常に敬意を払ってくれ、私が家の仕事をすることを望みませんでした。彼はいつも私に言ったものです。『掃除をするな！』。私がたらいで衣服を洗濯しようとすると、彼は近づいてきて言いました。『立ち上がりなさい、おまえがそんなことをする必要はない』」。驚くべきことに、イマームは家事を妻がすべき仕事とは見ていなかった。「もし必要があって私がときどき家の仕事をすると、彼はそれを私に対する不当な仕打ちのように思って動揺するのです」。妊娠中の妻が疲れないよう、彼はほんの些細なことにまで目を行き届かせた。「私が寝室に戻ったときでさえ、彼は私に『すぐにドアを閉めなさい』とは決して言いませんでした。それどころか私が座るまで待って、それから立ち上がって自分で閉めるのです[*13]」。ハディジェの当初の不安はすぐに払拭され、ふたりはこの上なく釣合のとれた夫婦のように見えた。「私は鳥のように自由だと感じていました[*14]」

　ルホラーはあふれるほどの気配りをしたが、にもかかわらず数カ月後にハディジェはおそろしい苦しみに襲われ、最初の子どもを産み月までもたすことができなかった。暑い季節のコムの息苦しいほどの雰囲気、絶えずたかってくるハエの群れ、町の汚れた水が彼女の体力を打ちのめした。彼女の状況はとくにつらいものであった。なぜなら子をなすことのできない女は当時重荷とみなされ、アケエマ（不妊女）と呼ばれていたからである。娘しか産まない女はそれよりはまだ認められたが、「男を産めない女」という地位にしかいられない。この国では男子をふたり産んだ女だけが妻として名誉ある特権的な地位を獲得するのである。当時子どもは家族の負担を軽くする労働力とみなされており、いかなる子どもも家計を圧迫してはならなかった。子どもを産まない妻はしたがって非生産的な存在であり、一方生まれた娘は家族という安らぎの場を離れて、労働や持参金によって夫の家を豊かにすべき存在と運命づけられていた。

　幸い一年足らずのうちに息子が生まれ、ハディジェはこの嬉しくない地位から解放された。ルホラーは息子の名前をモスタファと付けた。これは会ったことのない彼の実の父親の名前であった。この一族の祖先は一八世紀にインド征服に乗り出したペルシア人に従ってインドに行き、カシミール地方に定着、そこで高等教育機関《マドラサ》を経営したが、その後インドがイギリスに征服されるとイラン高原に戻った。ホメイニの父モスタファはホメインという小さな町で、妻のサディカと四人の子どもとともに、隣の家に接した乾土づくりの小さな家に住んでいた。輝かしい先祖から受け継いだ小さな土地を耕して生活しなければならず、家族との時間を十分にとることはできなかった。

　一九〇三年三月、ルホラーが生まれて六カ月後、モスタファはほかの土地所有者と収穫物の分配をめぐって争い、殺された。生まれたばかりのルホラーはやがてこの罪の間接的な犯人とみなされるようになった。モスタファはナイフで六回切られたが、これは息子の月数と同じだという噂が流れ、だからこれは不幸をもたらす子どもなのだという話にすぐさま行きついたのである。これによってこの子はホメイニ家全員に対する警戒心、さらには敵意までをも生じさせる存在になった。そのためルホラーは叔母の家に預けられ、そこでの大部分の時間を外や道端で過ごした。彼はしょっちゅう埃まみれ、かすり傷だらけのだらしない恰好で帰ってきた。すばしこくたくましい彼は、その地では格闘技や馬跳びのチャンピオンであった。彼のお気に入りの遊びは「泥棒と大臣」。泥棒が警官に逮捕され、大臣のもとへ連れて行かれる。大臣は架空の罪のために彼を罰さなければならないという遊びである。家族は子どものころから彼の中に死んだ父親によく似た点があることに気づいていた――怒りっぽく頑固で、しばしば恨みがましく、少しの不満でも怒りを爆発させる。仕事によく耐え、質素で厳格な彼は、若いころから孤独を大いに好み、悪徳に侵されていると判断した世界の仲間を求めようとはしなかった。

ルホラーは叔母の家で数カ月だけ過ごす予定であったが、この第二の母の家に一五歳までとどまった。勉学のためコムの町に出発しようというとき、母親と叔母が一カ月しか間をおかずに相次いで亡くなり、彼は孤児になった。ホメインの町にも縁者はなく、彼は生涯二度とこの地に戻ることはない。ルホラーは霊性の勉強に没頭し、この世からの解脱の思想をきわめていった。彼の日常の中に死が轟音をとどろかせながら入り込んできたのと同様のことが、やがてハディジェの身にもふりかかる。

アリと名付けた息子とふたりの娘が、幼いうちに彼女の腕の中で死んだのである。寂しい母親の心に生気が戻るのは、一九三六年にアフマドが、その後三人の娘が一年おきに生まれてからであった。しかし喪の寂しさで疲れた彼女を、運命は今一度苦しめる。一九四四年、ハディジェは次に生まれた娘を失った。彼女の目の前での溺死であった。家族の友人はそのときの光景を覚えている。「ホメイニの妻は絶望で髪をかきむしっていました。彼女の夫は、帰宅すると六人目の末娘の体を前にして静かに祈りました。私は彼の顔を見ましたが、悲嘆する様子は少しも見られませんでした。彼がこの子をとても深く愛していたことを私は知っていました。でも彼は何の感情も、少しの苦しみさえ見せませんでした」[*15]。ルホラーは瞑想したあと、平静な様子でこう宣言した。「神は私にこの子を授けてくださった。そして今、私から取り返されたのだ」。彼は死を冷静に受け入れるという主義を打ち立てていた。ある演説で、彼はこの解脱にいたるもとになった考え方を打ち明けている。「この世は通過点にすぎない。これはわれわれが生きなければいけない世界ではない。これは狭い通り道に過ぎない。われわれがこの世界で人生と呼んでいるものは、生ではなく死である。あの世だけが本当の命を与えてくれる。（……）誰であれこの隘路をまず通らなければ、一人前の人間にはなれない」[*16]

現実の家族が欠けていく中で、ホメイニは自分の理想にかなった「家族の物語」を築いていった。彼は自分の家族を預言者の家族になぞらえ、アリの人生を自分の人生に重ねることによって、禁欲的に浮世を捨てていった。実際アリの父アブ・ターリブは息子が六歳のときに死に、アリは孤児となって預言者ムハンマドの家に入った。ムハンマドは自分の従弟に当たるアリとともに暮らし、大きな愛情を注いで育て、彼を生まれたばかりの宗教を「遵守」するべき第一の男にした。アリは父親の愛情を不当に奪われた逆境の中で、戦いを続けた。どんな試練にぶつかっても勇敢さを見せ、聖戦ではイスラム教に軍事的勝利をもたらした英雄になり、多くの人々からムハンマドの後継者と目された。アリは不正と戦う英雄として、シーア派のあらゆる教徒から崇拝されている。

ホメイニは自分をアリと同一視した。アリのように自分も孤児だ。価値体系や原則に関して妥協しない非の打ちどころのない信仰心から、自分も地上の喜びを軽視して、贅沢や豪華さとは無縁の生活を送っている。アリと同じように、自分もこの上なく熱心に、真摯に預言者の道に従う者だと確信している。ムハンマドに育てられたアリは、子どものころからムハンマドの言葉に浸っていた。ちょうど自分が六歳のときからコーランをすべて暗記していたのと同じではないか。喜びや悲しみなど俗世の感情を捨てる態度を身をもって示したいと、ルホラーは娘の死に際して言った。「もし神が私の息子、赤子のアフマドをつかんで殺しても、私は何も言わないだろう」[*17]。彼の禁欲主義には家族中が従わなければならなかった。ここでも彼はアリの言葉を借りて、敬虔な模範的人物のエピソードを挙げている。「小箱の中のネックレスを借用した娘に、彼は断言した。『おまえは間違いなく、アケメネス朝で初めて手を切り落とされる女になるだろう』」[18]。これはホメイニ家で範を示すのに十分な例であった。

コムの夫婦の家が嵐にあったとき、中庭にある階段のすり減ったレンガを取り換えたほうがいいと石工に言われたことがあった。しかしルホラーの答えは簡潔であった。「この使い古したレンガを裏返して、元の場所に置いてください」[19]。非妥協的な態度は少しずつ訪問者にも及んでいった。彼の支持者のひとりは、家計に関する教えを受けたことを覚えている。「ある日、ザクロの種がふたつ流しに落ちたのを見て、食べ物を決して無駄にしてはいけないと彼は何度も私に言いました」[20]

ホメイニがアリを自分になぞらえたのは、価値観以上に個人的な生活の面からであった。四人まで妻を持つことができるにもかかわらず、アリと同じように、自分も生涯を通じて妻をひとりしか持たないつもりだ。事実アリはムハンマドの輝かしいひとり娘ファティマと結婚し、彼女との間に後継者をなし、彼女よりも長生きする。「ファティマは私の一部であり、ファティマを怒らせた者は私も怒らせる」[21]とアリは語る。ハディジェもまたホメイニの一部であり、子どもたちでさえ決して侮辱してはいけない存在であった。「両親の結びつきは非常に深く、父は母を一方に、子どもたちをもう一方においていました」と彼の娘シディカ・モスタファビは言う。夫婦のもうひとりの娘ファリデによれば、「父は母を頼っており、家庭の問題についてはいつも母の意見を求めました。父が作った決まり事で、母が食べ始めるまでは誰も食べてはいけませんでした。家族全員がこれを習慣にして、いつも母が食べるのを待っていました」

ファティマは夫の反対者に逆らうだけの気概を持っていた。強い性格のこの女性は、相続問題をきっかけに初代カリフのアブ・バクルに話しかけることを拒否した。ムハンマドから受け継いだ土地をアブ・バクルによって押収されたファティマは、この措置を不当と考え、死ぬまでカリフに言葉をかけまいと心に決めたのである。ハディジェもまた夫の戦いを支持した。一九三六年、国王レザー・ハーンはトルコに倣った世俗化をいっそうの速さで進め、イランの近代化計画を強行しようとした。王がテヘランで行なわれた免状授与式に出席したとき、ともに現れた王妃とロイヤルプリンセスである娘はどちらもパリとロンドンで注文した帽子とドレスという姿であった。そのとき王はイランの女性に、ふたりの例に倣って「不正と恥辱のシンボル」*22であるヴェールを捨て去るよう促した。しかもその後法律によって、公共の場ではヴェールの着用が全面的に禁じられた。その方法もまた強硬であった。この反啓蒙主義のシンボルをあえて着けた女は、警察によって力づくでヴェールをはぎとられ、抵抗した場合には刑務所に入れられたのである。

これに従わない女たちもいた。ハディジェは一年近く自宅に閉じこもることで、反対の意を表そうと決めた。顔をむき出しにして通りを歩くぐらいならば、公衆浴場や蒸し風呂《ハマム》をあきらめたほうがましだ。ようやく騒ぎがおさまると、彼女は最初の外出のときに今までよりももっと隠す部分が大きい二枚のヴェールを着用することで、自らの自尊心へのこだわりを表した。ホメイニのほうは、ペンで意見を述べた。「わが国の女性たちには、売春婦になるか自宅にとどまるか以外の選択はなかった」。ハディジェにはたしかに、夫やイラン人男性の前に「売春婦」のような姿で現れる自由はなかった。アヤトラの妻は模範を示さなければいけないのだから。彼女は夫のためにヘンナで染めた髪を他人の視線にさらしたくはなかった。ホメイニ夫人の髪は実際驚くようなものであった。ヴェールの下の髪は、濃い赤茶のまき毛だったのである。

夫婦の家には今では夫の神学校に集まった生徒のサークルができており、非常に活発に活動していた。人々は夫の説教に敬虔に耳を傾けたが、当局はムッラーをますます評価しなくなっていた。ホメイニの憎悪は国王軍に助言するアメリカ士官にまで向かった。「もしこの国がアメリカの占領下にあるならば、そう言いたまえ。そのような場合にはわれわれを逮捕し、国外に追放するがよい」と彼は挑戦するように言った。この願いはたちまちのうちにかなえられる。

一九六四年一一月四日、この挑発的な言動から一週間して、ルホラーは自宅で尋問された。ハディジェは再び秘密警察《サバク》に対峙し、軍による自宅包囲に立ち向かわなければならなかった。しかし今回は暴力もなく、屋根から入り込む特別攻撃隊もいなかった。ホメイニは妻の目の前で抵抗もせずに進み出た。驚いたことに、追放先に家族の何人かを連れて行くことが認められたにもかかわらず、彼はきっぱりと拒否した。ハディジェは夫と運命を共にしたかったが、ルホラーはそれを禁じ、ついて来るなと言うのだった。しかし彼は妻の決意をよく理解していなかった。夫がトルコの国境地帯に連れて行かれると、彼女は急いで荷物をまとめ、子どもを何人か連れて自分もイランを去ったのである。*23

ホメイニはイランの高官にトルコのブルサまで連れて行かれ、アリという名のトルコの役人の管理下に置かれた。到着してみると役人の妻や娘がヴェールをかぶっていないので、ルホラーはこの軽々しさに気分を害するとともに、恐れさえ感じた。「ホメイニの生活はすべて人に与えるイメージをベースにしており、もしイランの大佐がその場にいなければ、彼女たちに対してもそれほど荒々しい反応はしなかったのではないかと（……）私は思います*24」とトルコの係官は言う。この国には彼にとってほかにも不愉快なことがあった。ホメイニは寒さに苦しみ、息子アフマドが言うには、自分が「水から出た魚」のような気がしていたのである。彼はハディジェに手紙を書き、彼女のことを思うとこの困難なときを乗り越える力になると伝えている。

「この時期、私の目の光であり、私の心の支えであるあなたがいないので、私はつらい思いをしています。私はいつもあなたについて話していますし、あなたの美しい顔が私の心の鏡に映っています。愛するあなた、神があなたを祝福し、安全で幸せな状態に保ってくださいますように。私の人生は最悪な形で進んでいます。でも、現在までに起こったことはすべて私にふさわしいものですし、今私はブルサの美しい町にいます。本当のことを言えば、あなたがそばにいないのがとても寂しい。町の見事な景色を眺めても、海が楽しげでも、愛するあなたがそばにいないことを確かめると、私はひどく残念で、景色を楽しむ気にもなれません。（……）もしあなたがⅤ氏とⅥ夫人に手紙を書くつもりなら、彼らに私からの敬意を伝え、Ⅷ医師に（……）よろしく言ってください」

国外追放されて以来、ホメイニはたびたびふたりの息子に手紙を書き、それぞれの手紙で母親を大事にするよう頼んだ。トルコに着いて二カ月後、彼はアンカラに行く許可を得て、そこで再び何カ月もハディジェのいない生活を送った。ハディジェは夫の孤独を慰めるために息子のモスタファを彼のもとに行かせた。

「モスタファが無事に着いたこと、そしてわれわれがふたりともとても元気であることは神のおかげと言えよう。どうかあまり心配しないように。あなた自身の手でわれわれに別々に手紙を書いて、あなたのことを教えてほしい。ここの天候はとても快適だ。あなたが元気であるとともに、それが神のお望みでありますように。家族全員の健康について教えてください。そしてみんなに私からの思いを伝えてください（……）」

「老いたサメは歯を失った」

一九六五年一一月、ナジャフ。

ハディジェが結局ルホラーに従わなかったのは、彼にとって幸いであった。ほぼ一年妻と離れてトルコで暮らしたあと、彼はもっとなじみのある町で亡命生活を続けることを許可された。アリの墓があるイスラム教シーア派最大の聖地、ナジャフである。そこでは、イラクの地で独力で道を切り開くことに成功した忍耐強いハディジェが待っていた。

彼らはこの地で家族生活を再開しようと考え、まず自分たちの資金で足りる二部屋の小さな家に住んだ。ハディジェが召使いの助けなしでやるのはこれが初めてであった。台所はとくに狭かったが、一家の主婦の領域として、そこは彼女の世界になった。知り合いのまったくいないこの町では、彼女は数多くいるムッラーの妻のひとりにすぎなかった。この聖地の雰囲気は、悪いことに墓地の雰囲気である。シーア派の人々は実際高額な地下墓所代を払って、死んだ家族をアリの亡骸にいちばん近いところに埋葬する。誰であれここに埋葬された人は、神の審判を受ける必要なしに天国での居場所が確保されるのである。

ナジャフはしたがって死者崇拝が生者の崇拝に勝る、胸が締めつけられるような町である。ハディジェはイランにとどまっている息子アフマドに何通も手紙を書いた。「彼女は別れ別れであることにとても苦しんでいました。子どもたちをとても大切にする女性でしたから」[*25]と家族に近い人は言う。ハディジェは機会を見つけてはこの墓の町を逃れてバグダードに行った。ルホラーのほうは予定が細かく決まっているため、その種の気晴らしには付き合えなかった。彼は朝五時ごろ起床して朝の祈りをし、それから再び少し眠る。ハディジェは、床にじかに敷いたゴザのそばに、パンと少量のはちみつという朝食を並べる。一一時、彼女は彼にフルーツジュースを持っていく。正午にはレンズマメを添えた少量のコメ、あるいは単にヨーグルトとときにはチーズ。その後は昼寝をして、午後の祈りのために起きる。唯一の散歩として、毎日二〇分間、日の出と夕暮れ時に歩くことを自らに課している。彼は少数の学生に教え、訪問者を受け入れ、手紙を書いて、決まった時間に床に就く。すべて決まっていて、変わることは決してなかった。[*26]

六三歳になったルホラーはかつてないほど暗かった。心不全、腎臓障害、慢性的頭痛に苦しむ彼は老齢でもあり、遅からず寿命が尽きるのだろうとテヘランでは誰もが思っていた。ナジャフに住むこの国外追放者を監視していた秘密警察《サバク》の警官たちは、「老いたサメは歯を失った」と国王に断言した。事実ホメイニは自分の周囲の「完全に堕落したこの俗世の背徳性」を嘆いてときを過ごすばかりであった。従うものはごく少数で、訪問者はめったに来ない。亡命生活の最後の行先として選んだこの町に彼が来ても、熱狂的に歓迎する動きは起こらなかった。自分が来る前から名声は伝わっていると思っていた彼は、町の主だったアヤトラが挨拶に来るのを新しい家で一週間待ちつづけたが、来る者はひとりもいなかった。誇りを押し隠して、彼は自分のほうから歩み寄らなければならなかった。それは意気消沈したこの男にとって、さらなる屈辱であった。

夫婦は孤立して生活した。宗教指導者のトップであれ一般の人々であれ、彼の住まいを足しげく訪れる者はいなかった。「初めてアリの墓所に行ったとき、ほとんど誰にも注意を払われなかったので、彼はとてもがっかりしていました。人々は彼に挨拶しに来るわけでも、彼の周りに集まるわけでもありませんでした」[*27]と、のちにイラン共和国大統領となるアボル・ハサン・バニサドルは語る。この容赦ない威光の失墜と貧窮は、家族内の雰囲気にも感じられた。もはや使用人はひとりも雇わず、父の個人秘書はモスタファが務めた。家族に合流したアフマドは化学の講座を受けるために大学に登録しようとしたが拒否され、町で配る父のちらしを手書きした。ハディジェにとっては実にもどかしい状況であった。

弟のアフマドは兄とはぜんぜん違っていた。モスタファがルホラーの短気で頑固な性格を受け継いだのに対して、アフマドは人々の小さな欠点にもっと寛大な態度を示した。父の解放が拒否された反動で、彼は宗教の知識を一切拒否し、同時にアラビア語もほんの基礎しか学ばなかった。彼はむしろペルシア文学の研究やフランス語、英語に没頭した。個人的な野心を犠牲にされたこの青年にとっては大した慰めにもならないが、アフマドは父に西洋小説を何冊か読ませることに成功した。そのひとつがドストエフスキーの『カラマーゾフの兄弟』である。放蕩生活を送る息子や信仰心を捨てた息子を持つ道徳心のない男が親殺しの犠牲になるというこの小説を選んだのは、父親へのあてつけと見るべきであろうか？

この家族がそろって落ち込まなかったのは、あきらかにハディジェのおかげであった。どんな試練にも耐える彼女の強い心こそが、生気のない家族全体を支えた。狭い台所で、彼女は今や家事すべてをひとりで担わなければならない。助けてくれるのは夫だけで、この夫はとくに皿洗いを受け持った。ルホラーは今では自ら寝床を整え、自分で準備したお茶を一日中飲んでいた。夫婦が唯一の贅沢として所有していたのは、アフマドからもらったパコ・ラバンヌのアフターシェーブローションであった。家族の男は全員豊かなあご髭を蓄えているのにどうして買ったのか、不思議ではある。いずれにせよこのエキゾチックで要するに害のない香りを好んだルホラーと息子たちは、これを髭にふりかけた。しかしパコ・ラバンヌの匂いにうっとりするどころか、ホメイニは香水の使い方まで定めた。「いかなる種類の香水も家の外で使ってはならないと、祖父はたびたび力説していました」と孫娘のひとりは言う。「ある日イマームが別の孫娘に香水の瓶をプレゼントし、私には違うものをくれました。『おまえはまだ結婚していないのだから、香水をつける必要はない』ということでした」[*28]。かぐわしい香りがするとはいえ囚われの身であることは変わらず、ルホラーがイラクを離れることは認められなかった。

ハディジェだけがイランに旅行する許可を与えられた。彼女はこの息抜きを利用して子どもたちに会い、ルホラーの新たな指示を伝えたりしたが、いちばんの目的はコムの神学校に行くことであった。夫は新しい宗教思想の中枢の状況を知っておくために彼女を使者として送り込むことを、非常に重要なことだと考えていた。ハディジェはイランに行くたびに、夫が待ち焦がれている情報を山ほど持ってナジャフに戻った。

しかし政治的な理由があるとはいえ、別れ別れはつらいものである。一九七二年はハディジェが毎月のようにこうした旅行をし、ルホラーは不安を抱えたままナジャフに残った。一九七二年八月、彼は妻に手紙を書いた。

「尊敬すべきモスタファの母へ。

元気ですか。私のほうは神のおかげでとても元気です。私のことは心配に及びません。神がお望みのことはすべて最良なのですから。（……）。モスタファもとても元気です。何の心配もいりません。私はただあなたからの知らせがないので少し気になっているだけです」[*29]

九月になってハディジェからの手紙が届き、ルホラーはようやく安心した。この間にハディジェはおばあちゃんになっていた。ハディジェによれば、彼の赤ん坊は『本当に醜い』そうです。ルホラーは特異な体つきをした孫の誕生を喜んだ。「アフマドによれば、彼の赤ん坊は『本当に醜い』そうです。あなたも赤ん坊はアフマドに似ていると言っていましたから、これは驚くべきことではありません。でも二通目の手紙に『赤ん坊は母親と同じ目をしている』と書かれていました。これは愉快です。あなたのことも知らせてください」

イランでは、ハディジェは自分の子どもたちに手を焼いていた。娘のファリデは鬱状態で、ハディジェはその精神状態を癒してやるため自分の力でできることは何でもしようとした。そのため数週間後に夫が妻に送った手紙は、どうしても暗い内容になっていた。

「最大の敬意を払うべきもっとも偉大な女性へ。

まず第一に、あなたが書いてよこしたわれわれの娘ファリデに関することすべてと、彼女の鬱状態を改善させるためにあなたがメシェド[*30]に連れて行ったということについて、私はとても心配しています。またあなたはテヘランから私に手紙をくれましたが、ファリデからは私に一言もないという事実が、気になるし不安です。ファリデの娘フェレシュテはこの旅行中あなたたちと一緒ではなかったようですが、それはなぜなのでしょう。彼女に健康の問題があるのか、あるいはそれは家族の問題なのか、私に教えてください。とても心配なのです。（……）第三に、気になるのでこれ以上不確かなことを書かないでください。第四に、メシェドへの旅が楽しかったことを祈ります。（……）何よりも、あなたのことをもっと知らせてください。そうすれば私は幸せになります」

　数カ月の間、ルホラーはイランやその政治状況について、妻の目を通して以外は直接知ることができずにいた。貧窮生活は七年続いたが、この一九七二年にアヤトラの支持者たちからの寄贈が戻ったことで、夫婦はいくらか楽になった。隣の家を取得したためホメイニは学生たちの集まりに適した場を持てるようになり、そこに金を投資した。外から見れば豊かな印象はあったが、家の中は相変わらず質素のままであった。貧しさのシンボルである応接間はキリムの敷物だけで家具はなく、天井には簡素な送風機。一般の家よりも豪華なものは何ひとつなかった。二階にあるルホラーの仕事部屋には数冊の本と低い机があり、絨毯が敷かれていた。

　モスタファのほうは、そこからほど近い同じ通り沿いのもう少しだけ贅沢な家に、三人の子どもとともに引っ越した。ホメイニはハディジェがひっきりなしに旅行に出て、手紙も間遠になったことから、孤独を感じていた。「長い間待って、ようやくあなたの手紙を受け取りました。あなたは手紙をもらわないと私が心配するとは思いもしないで、私を完全に忘れるためにナジャフから旅立ったような気がします。それはともかく、あなたが元気であることを祈っています」と彼は一九七四年七月に手紙を書いている。

貧窮生活や国外追放、喪の悲しみを経たあと、現在はすべてが好転し、生活は快適なようだった。しかし一九七七年一〇月二一日、ハディジェの心が再び痛む出来事があった。四五歳のモスタファが自宅で急死したのである。この死に家族全員が茫然とした。命を奪った心臓の不調の原因は、モスタファの過度の食欲と肥満にあったようだ。ハディジェは泣き崩れた。ルホラーのほうは、手紙では打ち捨てられたような寂しさをわずかながら表し、妻へのあふれる愛情を伝えていたが、子どもの死となればそれほど軽く扱うことはできなかった。「神はわれわれにあの子を授けてくださった。そして今、われわれから取り返されたのだ」と彼は控えめに妻に言った。彼女にとってこの言葉を聞くのは二度目であり、訴える力は弱まっていたかもしれない。

ルホラーはモスクで行なわれた死者追悼儀式に出席したが、あくまでもその堅忍不抜の態度を崩すことはなかった。「私たちがモスクに着くと、うめき声をあげて泣いていた人々が彼のために道を開きました。しかし人々は驚いてささやき始めました。『どうしたんだ？　イマームは泣きもしないのか？』」[*31]。祈りを先導する聖職者はホメイニの内心の苦しみを思って、慰め、泣かせようとし、説教壇の上からモスタファの名前を七回も口にした。しかしイマームは少しも動じず、落ち着いたままだった。「彼が唱えながら私を見つめるので、私はびくっとした」とホメイニはのちに打ち明けている。「もし私が泣いたらそれは息子の悲劇のためであり、神の喜びのためではないからだ」

テヘランでは秘密警察《サバク》がモスタファを暗殺したのではないかという噂が流れた。これによって民衆の間で父親に同情する声が上がり、国内での自発的なデモ行進という形になって表れた。この機会を利用して民衆が機動隊に勇敢に立ち向かって通りを歩く姿を伝える、報告書、写真、記録、説教、ビデオが、ホメイニのもとに特別郵便で送られた。彼は自分が再び国王の権力にとって危険の象徴になっていること、反体制派の大部分がいまや自分を、時折起こる王の中の王に対するあらゆる抗議運動の指導者として受け入れていることを理解した。老いたサメは再び歯を持った。

サダム、見知らぬ隣人

一九七八年九月、テヘラン。

イラク航空のボーイング機がテヘランの国際空港の滑走路にとまり、埃とともに疑問が巻き起こった。その唯一の乗客は、この地域全体の運命を決定する任務を委ねられてきた、サダム・フセインの弟バルザン・ティクリーティ。イラクのシークレットサービスの長官であるバルザンは、イラクの高官として数十年ぶりにイランにやってきた。イラクの絶対的指導者になろうとしているサダムは、隣国との重要な問題を解決しようとしていた。イランとイラクから「狂信的な」ホメイニを追い払おう。ホメイニは国王の王位と同時にアラブの若き共和国をも脅かす存在だからである。

バルザンはただちに王国の役人に迎えられ、テヘランの夜の中をニアバラン宮殿まで案内された。ここは公式歓迎会をするような豪華な建物ではなく、むしろ黒い闇に沈む建造物、包囲された要塞のような雰囲気のところである。ホメイニは支持者たちの力を借りて首都全域で停電を起こさせ、国王の怒りを掻き立てた。サダムのメッセージを手渡すには豪華さは必要ない。「陛下がご健勝であられますように。イラク当局はできる限りの力で国王をお助けします」。バルザンは国王にアヤトラの無条件の抹殺が解決策であり、そのために足りないのは国王の同意だけであると伝えた。「私たちは拒否しました。そんなことをすれば彼は殉教者になってしまうからです」[*32]と王妃ファラ・ディーバは言う。ホメイニはイランの次の支配者になる恐れがあり、自分の政治政策にとって最大級の脅威になりうることを、サダムはよく理解していた。「畜生！　ホメイニには計画がある。彼はイランとシリアとレバノンのシーア派を結びつける輪を作って、私を包囲しようと考えているのだ！　奴はスンニ派の世界を滅茶苦茶にしようとしている！　それがどこで止まるのか分からない。どこまで行くのか、私には分からない」*33とサダムは当時イラクの建築家ファウジ・シャロウブに告白している。

イランの情報機関の長官バルザンは、サダムによる反ホメイニ作戦の報告書をホメイニに持って行った。そのときの彼の反応は予想外のものであった。彼はその紙を手に取ると裏返して、そこに詩を書いただけだったのである。一〇行の謎めいた詩。それがサダムに対してどんな報復を検討するのか尋ねる男への、ホメイニの唯一の返答であった。*34

フセイン大統領のほうは悠然としてはいられなかった。彼はナジャフに引きこもるアヤトラがイラン各地に混乱の種をまく謎の暴力集団の首謀者であることを知っていた。事実、息子モスタファの死が報じられデモ行進が行なわれて以来、一年近い間にイランの反国王勢力はホメイニの周囲に集結していた。深く悲しむ母親の苦しみと対照的に、政治家としてのホメイニにとってはチャンス到来だ。彼は七六才にしてようやく、自らの前に狭いながらも道が開かれるのを感じた。大衆はモスタファを殉教者に、ホメイニを新たな都市ゲリラの導き手にしたのである。

その一カ月前の八月一九日、石油の町アバダンの高級映画館レックスでは、人気のあるイラン人映画監督の作品に続いて国王に関するドキュメンタリー映画を上映していた。一〇〇〇人の観客が映画を見ている最中に火事が起こり、信じられないような速さで広がった。瞬く間に劇場内全体が炎に包まれ、誰もが出口に押し寄せたが、恐ろしいことに出口は開かず、どうしても出られなかった。消防士はやや遅れて通報を受け一五分後に到着したが、もはや手の施しようがなかった。アバダンの水道管からは水が出なかった。水もホメイニが命じたストのせいで止められていたのである。消防士がようやく燃え盛る火の中に入ったときには、閉じ込められた人々の半数はもはや救えなかった——その晩に四七七人が死んだ。惨劇から数時間後、ホメイニは声明文を発表した。「イスラム法に反するこの非人間的な行為が国王の敵によるものでないことは明らかである。いくつかの手がかりからみて、この大罪はイスラム過激派によるものと思われる」。国をかき乱す革命運動が頂点に達したこの悲劇をきっかけに、さまざまな立場の人々が議論を始め、相手側を非難した。疑いはまずホメイニにかかったが、あまりに激しく自己弁護するので、やがて矛先は国王体制のほうに向かった。イラン共産党はこの非難に乗じてホメイニ側につき、国内の不安定を利用しようとした。

しかし調査を始めると早々に真犯人が発覚した。この襲撃はナジャフにあるホメイニとハディジェの静かで小さな家から計画されたものらしい。フランスに逃亡中だったイラン人ジャバド・ビシュタブがその計画について打ち明けている。灯油缶を供給したのはアヤトラのジャミ・ダバダン、それに火をつけたのは群衆にまぎれた手下の三人の男のようである。ダバダンはまた劇場の外の見張り役も務め、ドアを封鎖して共犯者たちを見捨てていた。*35

革命防衛隊司令官モフセン・レザイは、レックスが最初の標的になった理由を説明する。「イスラム主義的な運動は、根本的に堕落した場所とは相いれないものです。例えばキャバレーやダンスホール、映画館、銀行、ポルノの出版センターその他、下劣な西洋文明を表すあらゆるもの。だから多くの映画館が焼き払われたわけです*36」。ドイツ国会議事堂放火事件を彷彿とさせるこの火事の目的——混乱の種をまいてその罪の責任を国王に負わせる——は達成された。

ヨーロッパ風の堕落のシンボルに対する襲撃は、まったく予期できないものになった。テヘランでは「アラーのライダー」と名乗るゲリラ兵の小グループが、緑の腕章を目印につけてバイクに乗り、的を絞った破壊的で予測できない急襲を組織して、銀行や官庁を襲った。しかしホメイニが決定した戦略は、必ずしもそれほど直接的で力強いものばかりではなかった。すべての人々を大義のために貢献させようと考えたからである。

彼の命令は明確だった。戦いを継続するには、ゲリラ兵が機動隊と正面から戦う必要はない。行列の先頭に女や子ども、老人を立たせるほうがよいだろう。そうすれば警察は微妙な選択を迫られる。この弱い人々に向かって発砲するか、あるいは行動を控えるか。これによって真の闘士もまた顔を隠して進むことができて、インティファーダの戦略を改善できる。「子どもの死はとくに重要だ。それはこのシオニスト体制の本当の性格を暴きだす」と彼は巧みに論証した。こうして女性たちは自宅から外に出て、国の解放に賛成するよう促された。しかし女たちが自らの自由と権利を守るためにあまりにも激しく示威運動をすると、ホメイニの支持者たちは剃刀の刃や酸を浴びせて、女性の顔を醜くすることさえためらわなかった。[*37]

サダムの提案は、国王にとって届くのが遅すぎた。世論はすでにホメイニ側にあり、彼を処刑する計画に同意することはできないことを王は知っていた。会見の最後には、最低限の妥協点が見出された。イラク政府は危険な〝サメ〟を国外に追放する。

数カ月のうちにルホラーは現政権の敵になった。とはいえ忠実なハディジェが知っているのは、夜起き出して、消し忘れた客間の明かりを消しに行き、彼女が疲れないようにしてくれる思いやりのある夫だけであった。彼女は五〇年間まったく献身的に夫の世話をしてきたが、今度は看護婦代わりも務めることになった。ホメイニの健康状態がイラク滞在中に悪化したからである。彼女は夫の心臓がますます弱って、絶え間ない活動に耐えられなくなるのではないかと恐れた。夫の政治的な企みは知らなかったが、政治がまたふたりを引き離していく。

パリの休日

数週間前にルホラーは親しい護衛をつれて息子アフマドとともにパリへ飛び立った。ハディジェは大嫌いなナジャフの町にひとりとどまった。ここからでは夫を守ることはできない。五〇年間で、夫との距離がこれほど離れたことはなかった。完全に音沙汰がなくなりそうだ。というのもルホラーは電話を使うことを断固拒否したからである。ふたりは一九七八年一〇月一二日に別れ、夫のほうはその数時間後にフランスの首都に到着した。ルホラーは堕落した光景によって汚されないようにと、空港からカシャンまでの移動の間じゅう目を覆っていた。華やかさのない小さな町を選んだのは、ソルボンヌで勉強中のイランの知識人アボル・ハサン・バニサドルが率いる歓迎委員会であった。「ホメイニが来るからと、ある友人がカシャンにある自分のアパートを開放しました。でもそこに入って四日後に息子のアフマドが私のところにやって来て、父は母を呼び寄せたいので戸建ての家に引っ越したがっていると言いました」*38

ホメイニの新たな司令部になくてはならない人、ハディジェが欠けていた。指導者の妻を迎えるにあたって、ふさわしい家を急いで探さなければならなかった。バニサドルはやがてイヴリーヌ県ヌフル・ル・シャトーに、フランス人とイラン人の夫婦が貸してくれるという一戸建ての家を見つけた。しかし無視できない事柄があって、引っ越しの準備に支障が出た。その家のトイレが西洋式であってトルコ式ではないことにルホラーが気づいて、嫌悪感を持ったのである。彼は断固拒否した。ハディジェが来る前に改装しなければならない。その機を利用してほかにも家に多少手を加え、女性専用の部分を家のその他の部分と完全に分離した。

こうしてハディジェは一九七八年一〇年末にカシャンのアパートに行き、その後夫に従ってヌフル・ル・シャトーの新たな総司令部に入った。彼女が質素で古めかしいインテリアを好んだことは、ある証言から分かる。「メインルームには田舎風のストーブと、ずいぶん前から動かないスイス製の鳩時計がありました。くたびれた花模様の壁紙と、弱い電球の光に照らされた真紅のカーテンが、この面白みのない装飾を補っていました」*39

夫婦の日常が少しずつ戻った。ふたりは自分たちが来たことで生じた動揺から離れて、いつも閉ざされている家にこもって生活した。ハディジェはここでは文字通り一家の主婦として、忍耐強く数十人の支持者にお茶を用意した。支持者たちはこの家に住み着き、以後この家を「イランの母」を意味する「コドゼ・イラン」を短縮した「コドシ」と呼んだ。ルホラーがフランスの食べ物を一切拒否したため、彼女はこの人々のためにイラン料理アブグーシュを用意し、香りづけしたブイヨンで煮たジャガイモやヒヨコマメのピューレを並べた。彼女はとくに洗濯機や家庭用ガスなど見たこともない現代的な家庭用品を使いこなした。

五〇〇〇キロ離れたところにいる国王を倒そうとするこの革命の巣を守るのは大変なことであったが、ルホラーは妻にそれをすべて負担させるつもりはなかった。彼女はある日夫が真新しいトルコ式トイレにいる時間が普段よりもずいぶん長いことに気がついた。一五分後に現れた彼は袖をまくり上げ、手にはバケツを持っていた。彼女が片づけを手伝おうと駆け寄ると、彼はただ一言、「やって来てトイレを使うのは私の客人だ。だからここをきれいに保つために君を手伝うのは、私の義務なのだ」*40

たしかにハディジェは活気あふれるこの広い家をきちんと維持するために、多くの力を必要としていた。夜になっても、人々は帰らなかった。この穏やかな初秋、アヤトラの護衛と支持者たちは客間のあちこちで床にじかに寝ていた。ヌフルの司令センターは一二人以下で構成される予定であったが、すぐさまテヘランから五〇人のボディガードが援軍として駆けつけ、家は満杯になった。空間は最大限利用され、ホメイニとハディジェの甥や孫たちのための小さな学校が、アヤトラの仕事部屋の隣に急遽作られた。地方郵政局が六本の電話回線と二つのテレックスを設置したことで騒々しくなり、学んだり瞑想したりすることもままならなくなった。それはともかく、家の正面にある白と青の縞模様のサーカス小屋があいていたためルホラーが使うことになり、臨時のモスク代わりにすることにした。

信者や亡命イラン人たちの寄付のおかげで正面の土地の小さな家を借りることができたことから、夫婦と子どもたちは少しくつろげるようになり、ハディジェも論戦から離れて一息つくことができた。ルホラーは自分が生み出した大きな波が手におえないものにならないように、これまで以上に自らの厳格さと厳密さを守った。一方イランでは、反国王運動が制御できないほどの勢いになっていた。極限まで行き着いたルホラーの厳格さは、イマームの警護係のフランス人たちが冷やかすほどであった。時計が狂っていないか心配なときでも、イマームが外出したり儀式をしたりする時間を見て、それに合わせさえすればよいというのだ。

首都パリはなじみのない町ではあったが、それでもこの時期の喧騒や活気は夫婦の日常に変化をもたらした。ルホラーとハディジェは周囲の見知らぬ世界への好奇心にかられ、多少とも気ままな自由へと踏み出した。

ある晩ルホラーは自分の周りに群がるガードマンやジャーナリストから逃れようと思い立ち、ヌフルの村の探検にひとりで出かけることにした。「ヨーロッパの誘惑」に負けないよう空港からアパートまで目を閉じていた彼は、ヌフルの名さえまだ発音できなかった。しかし彼は家の前で見張りに立つフランスの警官と自分の護衛の休憩時間をうまく利用して、夜の中をそぞろ歩いた。警官たちはしばらくしてから彼がいないことに気づき、即座にこの気晴らしの脱走をやめさせた。

村の住民がこの無口な宗教家を観察する機会は、このとき以外にもあった。冬は当然ながらクリスマスへと向かい、ルホラーは町の平和な日常を混乱させたお詫びとして、子どもたちにクリスマスプレゼントを贈ることにした。町の子どもたちはモミの木の下で白い髭を豊かに蓄えた寛大な老人に会うことができたが、このとき彼の周囲にいた翻訳者たちの言を信じるのであれば、それはサンタクロースではなかったわけである。

ハディジェのほうは、パリの町と品ぞろえのよい美しい店を見ることで好奇心を満足させた。彼女は自分たち夫婦の選り抜きの支持者を連れてパリ中を見て回った。その中でもとくにスダブ・ソディフィは、フランスで勉強した女性活動家であった。ホメイニが到着したときカシャンのアパートを貸したのが、彼女とその夫アフマド・ガザンファルプールである。この若い女性は彼らの亡命中に指導者の妻と非常に親しくなり、ハディジェの必要に合わせて一緒に買い物にも出かけた。

実際ここでスダブは、あらゆる敬意を払われる特権的な女性の地位をじゅうぶん目の当たりにした。ハディジェは未来のイスラム共和国でファーストレディの「参謀部」を形成するであろう女性たち──未来の議員や大臣、革命防衛隊の妻たち──の一団を率いていた。

パリに来たハディジェは、ナジャフの粗野な町で自分に何が足りないかを知ることができた。センスを磨いてエレガントで洗練された女性という評判を上げることだ。「彼女は本当におしゃれのセンスがありました」[*41]と、のちのイラン共和国大統領の娘フィルーズ・バニサドルは言う。「彼女は現実の政治からはかなり離れていて、非常に浅薄なところもありました」とその母オズラ・バニサドルは観察する。彼女はハディジェとパリでお店めぐりをしたときのことをこう振り返る。「彼女は私の家に来て、外出しようと言いました。靴を一足買いに行きたかったのです。私たちはアレジア街で車から降りてダンフェール・ロシュローまで歩きました。彼女が多くのショーウインドーで立ち止まるので付き添っていた男はうんざりし、午後六時にカフェに迎えに来ると約束して私たちを置いて家に帰りました。でも言われた時間に行っても彼がいなかったので、彼女は猛烈に怒りだしました。私は彼女に暖かいところに行って何か口にしましょうと提案しましたが、彼女は即座に拒否し、外国のカフェで飲むなんて汚らわしいことだと言いました。でも私は別の友だちから、彼女がギャルリー・ラファイエットでケーキを食べたと聞いていたのです」[42]

ルホラーのほうは、相変わらず退廃と安易な生活のシンボルにはどんな小さなものであれ目をやることを拒否し、ギュスターヴ・エッフェルが築いた現代のバベルの塔にも決して近よらなかった。「手術を受けた日、彼は自宅まで送り届けてくれる車に、大きく迂回するよう頼みました。エッフェル塔の近くで写真を撮られるリスクを避けたかったからです」[43]とイランのある知識人は言う。「私のイメージにとってそれは致命的なことなのだ」とルホラーは運転手に打ち明けたという。

ルホラーは映画館レックスの虐殺後ずっと嫌疑をかけられていたものの、少しずつイメージを和らげることに成功した。カーター大統領とジスカール・デスタン大統領は次第に彼を最後の頼みの綱と見るようになり、アメリカは政治的自由について、フランスは宗教の少数派の運命について、適切な行動をとるという確約を求めた。裏工作の合法性を確認する任を負った三人の弁護士のひとりフランソワ・シェロンは、ホメイニに特別待遇されている翻訳者から思いもよらぬ打ち明け話を聞いた。[44]ヌフルで行なわれた上層部の会合後、翻訳者はシェロンに、指導者のためにパリに買い物に行かなければならないと言った。目的はオーデコロンだという。

「師はクリスチャン・ディオールのオー・ソヴァージュがお好みなのです」

驚いた弁護士は大笑いした。

「ホメイニが？　クリスチャン・ディオールだって？」と彼はおかしさを抑えきれない。

「そうですとも。いけませんか？　いい香りがしてはいけないなんて、法には書いてありませんからね。ホメイニ夫人のことはご存じですか？　彼女は大部分の時間、パリのディオールで洋服を買って過ごしているんですよ」と献身的な翻訳者は守りの姿勢をとった。

「その種の買い物が予算に組まれているのかどうかは知らないが、彼女はチャドルの下はとてもエレガントでなくてはならないからね」とシェロンは言い返した。

「たしかにそうです」[*45]と翻訳者は大真面目だった。

一九七九年一月一六日、ルホラーが朝の祈りをすませた直後にひとりの支持者がやってきて、一五年間にわたる亡命中ずっと待ち続けてきた知らせを伝えた。「仲間たちが言うには、国王は国を去ったそうです。テヘラン・ラジオがそう伝えたのです」。静かに座り足を組んだホメイニは、少し間をおいて言い放った。「何か他には？」。はやる心で知らせに来た男は何も付け足すことがなかったので、会話を終わらせた。ヌフルにいるイラン人たちはまもなくイランに戻れるだろう。

控えめな女と詩人の王

一九七九年二月一日、テヘラン。

ホメイニの支持者たちは首都の空港を占領し、大衆はこぞってこの聖なる男の帰還を待ち構えた。カセットでは今まで禁止されていた歌『ホメイニ・エイ・イマーム（「ホメイニは我らの導き手」）』が流され、人々は家で一日中聞いていた。女性たちはホメイニを自分たちの名誉を守ってくれる存在と考え、生まれて初めて通りに出て、待ちに待ったホメイニ夫人の帰国に備えた。夫人を通して自分たちも受け入れられ、話を聞いてもらうことを期待していたのである。

夫のほうはエールフランス機で到着したところであった。ホメイニはその機内に一〇〇人ほどのジャーナリストを同乗させるという配慮を怠らなかった。最後に残った国王派によって、飛行中に撃ち落とされないための保険のようなものである。彼は妻にも、あらゆる危険から身を守るために一緒の飛行機に乗らないよう念を押した。だからイラン女性は、ニューヒロインの顔を見るまであと数日待たなければならなかった。

到着したハディジェは、状況が一変していることにすぐに気がついた。必要なのはもはや暴動を遠くから指揮することではなく、イランを世界初のイスラム共和国にすることである。保守革命を導くために、夫婦は危害を加えられないであろう郊外の平凡な家ではなく、奇妙な宮殿を選んだ。テヘラン南部にある議会《マジュレス》から数百メートル離れた、レファの女学校である。三〇〇人以上の生徒と教師を受け入れるこの建物であれば、大勢の協力者や、ホメイニの「理想の共和国」の新設機関を収容することができるだろう。

新指導者の妻は数時間のうちに八〇〇人以上のヒズボラ（「神の党」）の戦士に囲まれた。これはレバノンに根をおろした原理主義の武装組織である。地区自体が包囲されたが、ルホラーは家族全員が宮殿で暮らすか、または同じ街区内に住むことに固執した。彼の子どもたちと一四人の孫はこうして優しいおばあちゃんのそばに落ち着くことになった。家族の友人によれば「彼女はもう少し洗練された上流階級の家のほうがよかったようです。そういうところに慣れてしまっていましたからね。でも状況をかんがみて質素な家で我慢したのです」[*46]

脅しは絶えず、テロ未遂事件は毎日あった。ルホラーは建物の複雑さを利用して毎晩寝室を変え、やがて隣接する家々を地下でつないで、ひそかに避難する可能性を広げておいた。レファの学校はすぐに巡礼地となり、数千人の人々が毎日家の鉄柵前まで押し掛けた。

ハディジェは常にこの激しい興奮の中に身を置いていたいとは思わず、自分用の「サロン」を町の北部ダロウスにある静かな高級住宅地の家の中に作った。彼女はそこで新体制の高官の妻を迎えたり、聖人の妻に会えると思って高揚した住民の代表団から挨拶を受けたりした。幸運にも選ばれたひとりの女性が儀式について語っている。「私は祖母に連れられて挨拶に伺いました。私たちの順番になると、彼女はすでに床に座っていました。私たちは跪いて彼女の頬にキスをし、イランへの帰国をお喜びしました。祖母が私を彼女のほうに少し押し出したので、私はホメイニ夫人の膝に直接触れました。その後彼女は私を見て、あなたはこうして祝福されたのですと宣言してくださいました」[*47]

新ファーストレディに挨拶に来たのは女性だけではなく、高官たちも急いでやって来た。その中にはのちに最高指導者になるアリ・ハメネイその人もいた。この政治家は夫婦の家にたびたび来たので、ハディジェは彼を「お友だち」と呼ぶようになった。控えめな女性がそうするのは、非常に象徴的な行為である。ルホラーもまた奇跡を起こす不思議な力を持っているように思われ、レファの学校の前では女性たちが群れをなした。とくに心酔している女性は、妥協なき神の復讐者を見ただけでよろめくのだった。ホメイニが女性たちを魅了するようなことを約束したというのも事実である。彼は演説で、水道や電気、住居まで無料にするとほのめかしていた。「大勢が急いで殺到したので、人の多さのせいで八一七人ほどの女性がその日に気絶しました」と目撃者は言う。しかし信心深すぎる人々は羞恥心に苦しんだ。「女性たちが失神して倒れると、われわれはその人を担架に乗せて、髪や手足が人から見られないように気を配る以外のことはできませんでした。われわれは師にその話をして言いました。『あなたに会いに来る女性たちを逮捕する許可をお与えください』。ホメイニの返事は断固たるものでした。『国王を倒したのは私の告知や演説であると思うのですか？　国王を退位させたのはこの女性たちなのです。彼女たちに敬意を持って接しなさい！』」[*48]

しかし国王を追い出すだけでは十分ではない。新体制を確立し、それを法に照らして正当なものにしなければならなかった。宗教関係者の中でも、多くのムッラーは事態を沈静化して政治的に寛大な態度をとるほうに賛成した。ハディジェの父モハメド・サカフィもそのひとりであった。尊敬すべき義父に反対されても構わない。ルホラーは演説の中で自分の行く手を阻むすべての人の「歯を折る」ことを約束し、対立政党の拠点や王政派の残党の家を炎で包むために新たな兵隊を送った。対立する意見を言うことは危険になり、服従しない新聞の印刷工や敵たちは短刀や鎖、肉切り包丁で襲われた。一九七九年夏、ホメイニはイラン唯一の指導者になった。

混乱状態の数カ月が過ぎると、夫婦はコムの町でしかるべき休息をとろうと考えた。結婚後最初の四〇年に夫婦を包んでいた、信仰心に満ちた雰囲気が戻るに違いない。しかしコムへの行き方については意見が一致しなかった。家族が一室に集まり、何台の車を使えばよいかと考えた。ある者は早く出発したいと言い、ある者は遅くに戻りたいと言う。話し合いは長引いたが決定には至らなかった。議論のはじめから一言も発言せずにさまざまな意見を聞いていたハディジェが、突然人々の不意を突いた。「彼女は膝をポンと叩いて叫びました。『そうしましょう！』。その一言で急に全員が賛成しました」と若いアドナン・タバタバイは回想する。「彼女はほとんどしゃべりませんが、彼女がしゃべるとみんなが黙るのです！」ハディジェはコムにいるときのほうが安心な感じがし、ルホラーはもはやボディガードを必要としなくなった。夏になると彼女はパリ亡命時代の側近を再び集めた。夫に近い大勢の協力者の妻たちが家に昼食を食べにやってくると、ハディジェは色鮮やかな申し分のない花柄のチャドルを着て迎えた。その服装は小人数の親しい人々が集まるときだけのもので、客とかなり近しい関係であることを示すものであった。公式的な挨拶の際には彼女は仕切りの向こうにいて、相手を近づけさせなかった。

　ハディジェは新たな特権を得たが、とはいえコムにおいてもよいことばかりではなかった。彼女の夫は日常生活で徳のある振る舞いをすることによってイスラムの教えを強要しようとしたが、彼と同じように彼女もまた自分の生活を民衆に示す「模範例」にしなければならなかったのである。フィルーズ・バニサドルは当時一五歳で、周囲の人々の中では端役的な存在であった。

「私の母がホメイニ師の本を一冊翻訳したところ、編集者が発行許可を得るためにフランス人女性を派遣してきました。私たち三人は彼女の家で行なわれた女性だけのパーティにランチに行きました。給仕が果物を運んできましたが、私たち全員分のお皿がありませんでした。私はそんなことはどうでもいい、隣のフランス女性と一緒に使うからと言いました。するとホメイニ夫人はすぐにこう言って厳しく叱責しました。『どうしてそんなことするんですか？　彼女はイスラム教徒ではないんですよ！』」[*49]。ホメイニ家には宗教的寛容はなく、ハディジェは自宅でも伝統を守らせなければならなかったのである。

　秋にはイスラム共和国が勝利し、権力はふたつの決定機関に分割された。最高指導者が国家の真のトップであることに変わりないが、政治組織のトップである大統領には非宗教者を選出しなければならない。一九八〇年一月、ホメイニに忠実なアボル・ハサン・バニサドルがその支持を受けて共和国大統領に選ばれたが、ホメイニはやがて彼の裁量幅を狭めるために首相を置くことになる。

こわれゆく女

一九八〇年はじきに八〇歳を迎えようというホメイニにとって実に幸先よくはじまった。ついに国家権力を握った彼は、自分をもっともよく知る人々からのわずかな裏切りさえ許せなかった。相手を永遠に自分に忠実にさせておく最良の方法は、その男を抹殺することである。こうして最高指導者に近い人々が次々と投獄されたり処刑されたりしはじめた。フランスに同行した翻訳者も逮捕された。これを検閲のはじまりであると見たバニサドルは、この不運な男を擁護する立場をとった。彼の妻オズラはハディジェに電話をかけ、ホメイニの特別の計らいを得られるようとりなしてもらいたいと頼んだ。しかしその答えはおどおどした、不明瞭なものであった。「少し刑務所にいたほうが彼にとっていいだろうと、夫は言っていたわ」[*50]

寛大な処遇を求めてホメイニ夫人に仲介役を頼む人々に対して、夫人は同情はするものの争いごとには耳を閉ざした。彼女の夫に対する信頼感はゆるがなかった。彼が決定することは善へと至る絶対正しいものであると考える彼女は、夫に異議を唱えることなど頭の隅にも浮かばなかった。例えば、追われて地下に逃げた闘士がいた。その家族のひとりはホメイニ夫人の知り合いで、赦免を求めて彼女に会いに来た。「彼が出て来て服従すれば、解放されるんじゃないかしら」[*51]とハディジェは答えた。その男は命じられたとおりにしたものの、結局は投獄された。

また別の日にはひとりの女性が、何の罪もない旧体制のメンバーが処刑されたとしてハディジェを批判した。ハディジェは身じろぎひとつせず、「もし無実なら、その人は天国に行くでしょう。問題はありません」

と答えたという。権力はルホラーの忠実な妻の目をも曇らせてしまったようである。

またある日、公式的なファーストレディであるオズラ・バニサドルがホメイニ夫人を訪問したが、護衛たちに阻まれた。「私は大統領の妻ですよ」と彼女は言った。そうすればすぐに道を開いてくれると思ってのことだが、「そんなことはどうでもいい」と彼らは反論し、ハディジェに直接口添えを願い出るよう促した。軍部が政権打倒をもくろんだときには、多くのムッラーの妻たちがこの出来事について話した。「彼女たちは、反逆者たちは罰として死刑に処すべきだと非難していました。私はその言葉の激しさに恐ろしくなりました」とバニサドル夫人は語る。

ハディジェを凝り固まった横柄な態度から目覚めさせようとした人々は、彼女は悪意に突き動かされているのか理性を失ったのかよく分からないと思うような、何ともためになる説教を聞かされた。フィルーズ・バニサドルはこんな話をしている。「ある日彼女が私の叔母の家に来たときに、私は怒っていたので彼女に聞きました。『宗教者たちがこんなに処刑を命じるなんて、どういうことなのですか?』。私は手でムッラーのターバンを指さすようなしぐさをしました。彼女はそれをとても悪いことだと判断して私に言いました。『あなたのお祖父様はアヤトラだったのですから、あなたは宗教家を尊敬しなくてはいけません! そしてあなたのお父様は軍のトップなのに、どうしてそれを自分自身でやめさせないのですか?』」。互いの口調が激しくなったこのときの口論を、フィルーズはよく覚えている。「彼女は私の言うことなど聞かずに反論しましたが、言い争いが終わるとまた冷静になりました」

粛清が自分の直接の関係者に及びそうになったときでさえ、ハディジェは家にこもっていた。事実翌年六月一〇日には、バニサドルが大統領就任から数カ月で地位を追われた。ホメイニは自ら邪魔者を更迭し、自分が国のトップであることをあらためて示したのである。カシャンのアパートを貸したスダブ・ソディフィとアフマド・ガザンファルプール夫妻も、逮捕・投獄された。ホメイニ夫人と一緒にパリで高級ブティックめぐりをしたこの女性も、夫人から何の情けも受けずに拷問にかけられた。[*52]

オズラ・バニサドルもまた逮捕され尋問を受けた。最高指導者の直轄機関は、彼女の夫が派手な脱走劇を見せたあとにどこに逃げ隠れたのか、その場所を彼女から聞き出そうとしたのである。献身的なイスラム聖戦士《ムジャヒディン》の一派が女装したバニサドルをボーイング七〇七型機に乗せてどこかに出国させたばかりで、ホメイニ夫妻に近い一団は激怒していた。

家族内の争い

争いが大嫌いな慎み深い妻ハディジェは、これまでいつもうまい具合に夫の政治問題とかかわらずにきた。しかし血の海から新共和国が生まれたことで、控えめにしていた数年間が砕け散った。今後彼女はまったく考えの合わない家族をひとつにまとめなければならなくなった。

イラクに亡命していた当時から、すでに緊張は高まっていた。死んだ息子モスタファは、ルホラーの政治的意図について疑問を持っていたのだろうか？「私は父に国王にとって代わってもらいたいとは思わない。父は国王より悪いだろう」[*53]というモスタファの言葉を、あるときその長男ホセインがバニサドルに打ち明けている。この言葉を伝えた孫息子もまた一九八〇年に立場を一変し、手厳しくも同じことを繰り返した。一九八〇年六月、ホセインはメシェドで大衆に警告しておくべきだと考えて、祖父の統治は「宗教的ファシズムの始まりであり何よりも最悪」[*54]なものになるだろうと発言した。イマームはこの反逆的な孫を呼び出し、六カ月近く刑務所に入れた。モスタファの妻であるホセインの母親は、友人にこの出来事の内幕を明かした。「私の息子が祖父に反対したため、息子に何事も起こらないように、ホメイニ夫人が救ってくれたのです」[*55]

この逮捕をきっかけに、ホメイニの義理の娘は反ホメイニ集団を増やしていった。この中にはすでにホメイニの兄モルテザやその息子レザも含まれていた。レザは「父親殺し」ではなくむしろ叔父を殺したいと思っていた。モルテザはルホラーの戦いに積極的にかかわり、一九六四年にルホラーが亡命したときにはイランに残された彼の家族の面倒をみてやったし、その後弟の後を引き継いで、コムの聖職者を相手に反国王の演説をぶったこともある。弟の名前で金を集め、その金をモスクや学生につぎ込む役目も負った。モルテザはこうして弟の帰還の準備をしてやったが、政治的にはルホラーよりもはるかにリベラルであった。

ふたりの兄弟が決定的に断絶したのは、レファの学校に設置された裁判所で横暴な判決が繰り返されたことからであった。モルテザは公の場で幾度となくハルハリ判事に対する不快感を表明した。これは弟の息のかかった冷酷な法律家で、三〇分足らずのうちに六〇人ものクルド人に刑を宣告したり、数千人のイラン人を銃殺隊の前へ送り込んだりと、〝首つり判事〟のあだ名にふさわしいことをしていた。バニサドル大統領に送った電報の中で、モルテザはこう書いている。「遺憾ながらお伝えします。歴史上のいかなるときにおいても、これほどの行為が行なわれたことはありません。人々はイスラム政府にこのような行動を期待していたわけではありません」

協調的な性格のハディジェに厳しい試練を課したのは、下の息子であった。事実アフマドは微妙な位置にいた。彼はモスタファの後を継いで父の個人秘書になり、内閣のトップにまでなったが、とはいえ父親と完全に意見を同じくしていたわけではなく、穏健派や民主主義者とも良好な関係を保った。彼は宗教者の権力を制限する試みのひとつとしてバニサドルを支援したのち、教養ある文化大臣でのちに改革を実行するモハンマド・ハタミやアヤトラのモンタゼリとも友情で結ばれた。モンタゼリはホメイニが指名した後継者として認知されると、次第に男女の人権を積極的に擁護するようになり、その結果一九八八年に権力継承から遠ざけられ自宅軟禁された。しかしアフマドはモンタゼリの人間性や考えに深く共感していたため彼を全面的に支持し、死に瀕したホメイニの手による復讐の手紙を公開せず、父が死ぬまで隠し通した。

ハディジェにとって幸いなことに、家族の中には彼女の夫側につく者もいた。アフマドの息子ハサンはルホラーに対して非常に理解があった。原理主義者の彼は祖父と同じくアヤトラになり、お手本とする祖父の思想に強い影響を受けた。夫婦の末娘ザフラ・モスタファビもまた父親のイデオロギーを受け継いだ。彼女は哲学の博士号を取得後、イラン・イスラム共和国女性協会の会長として父親の遺産を守った。「ヒジャブは女性を悪習から遠ざけ、家族を守ってくれるものです。従って男たちは家の外にも何ら問題はないと得心しており、ゆえに妻に対してより誠実になれるのです」。ハディジェは家の中に少しの平和を取り戻すために、娘を頼みにすることができたわけである。

優しいおじいちゃん

ルホラーはいつも内にこもった印象を与える人で、イラン人の前に出るときには必ずいかめしい顔か、さらには怒っているような顔をしていた。ある日ある若い女性がホメイニ夫人に、ご主人は「厳しすぎる」のではないかと訴えた。その答えは驚くべきものであった。「とんでもありません。ハルハリがそばにいるときは、夫は笑って楽しんでいますよ」。[*56] つまり体制側の最悪の死刑執行人は、いわばアヤトラの道化役だったわけである。とはいえホメイニは〝首つり判事〟のそばでしか笑わなかったわけではない。彼をもっとも微笑ませたのは、何といっても孫たちである。アヤトラに会ったことのあるジャーナリストはこう証言する。

「私が部屋に入ると、ホメイニ師はすでに足を組んで床に座っていました。彼は私の手を握り、座ったまま私を迎えました。四五分間のインタビューの間、ホメイニ師が微笑んだのはたった一度、孫息子が部屋に入ってきて彼の膝の上に飛び乗り、熱烈にキスしてくれとせがんだときだけでした」[*57]

ホメイニの娘ファリデによれば、彼は子どもたちに、「それぞれが彼のお気に入りであるかのように思わせるような」態度をとった。とはいえ彼女はこう付け加える。「そうは言っても、父は息子よりも娘のほうが好きなのだと私は感じていました」。また別の娘ザフラはときどき陽気でさえあった父を思い出す。「隠れん坊遊びをするときに、父はいつも自分の長いチュニックの下に私たちを隠してくれました」[*58]。しかしふたりの姉妹はどちらも、彼は孫に対してのほうが愛情を素直に表現していたと感じている。「父が子どもよりも孫に対するほうがよりあけっぴろげで優しかったことに、私たちはあとになって気がつきました」[*59]

事実としてホメイニは孫に対して実に細かいところまで気を配った。ある日アフマドの妻ファテムはよからぬ考えを思いつき、息子ハサンを膝につぎ当てをしたズボン姿で祖父のもとへ行かせた。彼女は叱責された。

「なぜ彼はこんな服装をしているのか?」とイマームが尋ねた。

「これが一文無しの貧しい人々の暮らしなのです」と彼女は冗談のような口調で言った。

彼の顔が一気にこわばった。

「慎重にしなさい。神に気に入られるためというより、むしろ誰にであれ気に入られるために、身なりをおろそかにしてはいけません」

ルホラーは息子の妻や娘たちに助言を惜しまなかった。そのうちのひとりが、自分の結婚式の直前に受けた究極のアドバイスについて語っている。「もしおまえの夫が動転したり、理由は何であれおまえのことを非難したり、あるいは悪い行動をしたりしたら、おまえのほうが正しかったとしてもその場では何も彼に言わないことだ。彼が落ち着くまで待って、それからわだかまっていたことを彼に言いなさい」。ホメイニは人間の心、とくに女性の心に精通した者として、同じアドバイスを未来の娘婿にも与えている。

「あなた方女性、その魅力」……革命版

女性に関してホメイニがもっとももしなければいけないと思ったのは、イラン女性が西洋の吐き気を催させるような風習によって堕落しないよう阻むことであった。本人の言によれば、「女は美しくなるために顔に化粧をすべきだと考えてはいけないし、ヒジャブをつけずに外出してもいけない。(……)それは女性の役割ではなく、人形ごっこをしているようなものである」[*60]
こうした「人形」のひとりであるイタリアの女性ジャーナリスト、オリアナ・ファラチは、テヘランでイランの新指導者に初めてインタビューした女性である。彼女は微妙な問題であるヴェールについて質問した。それに対する侮辱のような返事。「革命を起こした女は(……)肌をあらわにして大勢の男どもを引き連れて歩くような、あなたのように化粧をしたエレガントな女ではない。化粧をして外に出て、首や髪、体つきを見せながら通りを歩く売春婦は国王と戦わなかった。(……)彼女たちは社会的にであれ、政治的、職業的にであれ、有益な人間にはなれないのだ」[*61]
女性の日常の関心事からほど遠い話ぶりに納得がいかなかったこのジャーナリストは、アヤトラをイデ

オロギー的に最後の砦まで追い詰め、彼がいずれ直面しなければならないであろう大胆で危険な態度に出た。

「この服は差別のように私は感じます。（……）チャドルを着けていたら、泳ぐときにどうするのですか？」

「それはあなたには関係ない。（……）もしイスラムの服がお気に召さないのであれば、あなたは着る必要はありません。それはきちんとした若い女性のものですからね」

　この攻撃は五〇歳代のジャーナリストの痛いところを突いた。

「ご親切ですこと。そうおっしゃるなら、私はこの場でこの古臭い馬鹿げた布を脱ぎましょう。でももうひとつ教えてください。私のような女が（……）戦争に行って前線で兵士とともに眠る場合、あなたの意見ではその女性は不道徳な女、あるいは尊敬できない老女なのですか？」

「あなたの良心だけがご存じでしょう。私は個人的なケースについては判断しません」

　オリアナ・ファラチは知らない間に、ホメイニのプロパガンダにおいて重要な問題である女性について触れていた。彼の目から見れば、女性は第一級の政治的な支持者であり、彼の社会計画の本質的な要素のひとつである。「女は男のもっとも深い息吹きの化身である。女は尊敬すべき男や女の乳母であり、男は女の胎内で精神的な進歩を始める」[*62]

　基礎を築く者としての女性の役割がなければ、国民は退廃に陥ってしまうだろうと彼は言う。事実女性は子どもの教育を担うことによって次世代に福音を広めることのできる、最初の存在である。

　アフマドの妻ファテム・タバタバイはこの問題に関して義父を挑発したことがある。「ときどき私たちは義父に、女はいつも家にいなければならないと言ってふざけることがありました。すると義父はこう答えたものです。『家のことを軽くみてはいけません！　子どもの教育は些細なことではありません！　もし女性が子どもをきちんと育てることができれば、それは社会に大きく貢献することなのです！』」

ホメイニによれば、男は子どもの教育を担うことはできない。女だけが子どもの発育に必要な優しさや家族意識、愛情を持っている。これは重大な任務であり、堕落した女や退廃した女がひとりでもいれば、それだけで世界全体が堕落する恐れがある。「義父はチャドルを革命のシンボルとみなしていました」とファテムは言う。国民に「範を示す」という掟を守ろうとするルホラーは、まずは周囲の女性たちの服装に大きな注意を寄せた。「夕食時に手が袖から必要以上に出ていると、必ず彼に指摘されました」

新体制は広報活動を通して、ホメイニにためらいを感じる女性たちを惹きつけようとした。彼はまず社会的平等への第一歩として、女性に男と同等の社会的地位を与えた。「イスラム教は女性を男性の面前に置いたが、とはいえ女性を男性と対等の存在にした」と彼は言うものの、「もちろん女性に対する特別の指示や命令はある」と明確化することを忘れてはいない。彼はまた離婚の権利も認めたが、それは「夫が道徳的に堕落している場合、妻に対してよからぬ行動をする場合、妻を虐待する場合」に限られる。そして彼はついに女性に政治的役割を与え、それを「女性の義務」と明言したが、最高位からは遠ざけた。なぜなら女性は「どんな場合でも君主にはなれないし、人民に対して権力を行使することはできない」からである。この微妙な違いについては、アボル・ハサン・バニサドルが指摘した。

慎ましい女

あらゆる女性の中でただひとり、イマームにとってほかとは違う女がいた。その純粋さを見ると、彼の口からはとめどなく賛辞があふれ出た。「ファティマは女が、人間が持ちうる善をすべて備えている。彼女は普通の女ではなく、機知にとんだ天使のような女性だ。彼女は足りないところのない人間であり、まさに完璧な人間そのものだ。彼女は女性の本質であり、あらゆる人類の神髄である」[*63]

この完璧さを絵に描いたような女性は想像上のものではなく、その生まれ変わりをホメイニは現実に長いあいだ自らのかたわらに置いていた――ハディジェである。事実彼の「家族の物語」の中で、彼女は年月が経つにつれてアリの献身的な妻のような性格を帯びてきた。威厳あるお手本と同様、ホメイニは生涯ほかの女性を妻とすることを拒否した。のちの大統領ラフサンジャニによれば、ハディジェは「もっとも夫の近くにいて、もっとも忍耐強く夫を支えた」[*64]女性である。

ハディジェは最大の巡礼地であるサウジアラビアのメッカに行くことになった。夫をテヘランにひとり残すのも、これが最後になるだろう。ふたりにとって、離れ離れになるこの旅はつらいものになった。事実一九八七年に、スンニ派とシーア派の反目が頂点に達した。イラクとの戦争が激しさを増したとき、イランの熱狂的な巡礼者たちはホメイニのスローガンをわめきながら、メッカの大モスクを支配しようとした。彼らは預言者が中東征服に出発した町の狭い路地に殺到し、その後サウジアラビア軍に押し戻された。歩道には四〇〇人の死体が転がっていた。夫の不安はこのとき初めて政治不安と共鳴した。父親のそばに住む娘たちは彼をからかって元気づけようとした。「お母様がここにいればイマームは笑うのに、いないと寂しがって機嫌が悪いのですね」と娘のひとりが彼に言った。「私たちがどんなにからかっても、父はしかめっ面をしたままでした」。彼を苦しめるつらさが本物であり、何をもってしてもハディジェについての心配を晴らすことはできないことが分かると、彼女はこう言い放った。

「お父様にこれだけ愛されているのだから、お母様はなんて幸せなんでしょう！」

「あれほどの妻を持っているのだから、私はなんて幸せなんだろう！　お母さんが生涯でしてきたほどの犠牲を払える人は、他には誰もいない！　もしおまえたちがお母さんのようであれば、おまえ前たちも同じぐらい夫に愛されるだろう！」

ホメイニのハディジェに対する愛情を笑うものは、親族にもひとりもいなかった。幸い彼は身近な人のおかげで気を紛らわすことができた。アドナン・タバタバイはある日、ルホラーのまわりに家族が集まっていたときのことを覚えている。彼の姉妹が真新しいバッグを持って部屋の中に入ってきた。「それは明らかにブランド物のバッグで、とても洗練された、とても女性らしいものでした。私の母が彼女にどこで買ったのかと聞くと、突然ホメイニがそのバッグを見て、私たちを遮って言いました。『ああ、こういうすばらしいものが全部女のためのものだなんて、なんて残念なんだろう！』」[*65]

巡礼の旅で瞑想の機会を得たこと、そして虐殺された多くの死体を見たことで、ホメイニ夫人は自分の一族を引き裂く憎しみを静めたいという気持ちになったに違いない。彼女はメッカから、当時フランスに亡命中だったバニサドルに宛てて手紙を送った。「彼女は私に許しを乞い、過去のことで夫に対して厳格な態度をとりつづけないでほしいと言ってきました。彼女はイランの名において私に和解を求めましたが、私はそれは本心ではないと思いました」とバニサドルは語る。

テヘランで夫は重病に陥った。がんのステージが上がり、いくぶん心臓が衰えた。最高指導者の視力は大幅に低下し、もはや権力もほとんど行使できなかった。それでも彼は、メガネをかけて人前に出ることを拒否した。そんなことをして自分の弱さをさらけ出したら、致命的なことになりかねない。一九八一年六月二八日に恐ろしいテロが起こって、政府のメンバー一〇人を含むイスラム共和党の高官七〇人が犠牲になった。そのとき以来彼は、支持者のひとりが贈ってくれたジャマラン地区の家に引きこもったような状態になった。

新体制が不安定であると見たサダム・フセイン率いる長年の敵イラクは、戦いを続ける中で力を増し、かつてないほどテヘランに圧力を加えつづけた。ジャマラン地区には革命防衛隊がいる影響で次第に住民がいなくなり、一九八四年にはイマームと近親者が周囲の家々に住んでいるだけという状態になった。以後ジャマランはイマーム専用地区になり、この地で囚われの身のようになった彼は、その後決してここから出ることはなかった。

ルホラーはハディジェを待ちながら耐え抜いた。彼女は長旅から無事戻ったが、ふたりにとってお互い相手と離れていたのはつらいことであり、その余波が残った。八年の戦いの末、一九八八年にイラクの前線にようやく平和が訪れたが、ホメイニは今後の状況を思うと屈辱を感じ、停戦を受け入れたときには毒を飲んで死ぬことさえ考えた。*66 今回もハディジェの存在だけが慰めとなり、彼を無気力から救った。

ルホラーは今や希望が持てないほど健康状態が悪化し、老齢のせいもあって、家族に包まれながら少しずつ死へと向かいつつあった。彼は苦しみから意識不明に陥り、意識を取り戻したときには愛するハディジェを気遣うばかりだった。

「父は目を開けて話すことができるときにはいつも、『お母さんはどうしている?』と私たち尋ねました」と娘のひとりは言う。

「元気よ。ここに呼びましょうか?」

「いや、背中が痛くなるだろうから休ませてあげなさい」と彼は答えるにとどめた。

一九八九年六月三日、家族とごく親しい人々が全員、瀕死のイマームの周囲に集まった。静かで重苦しい雰囲気の中、涙をこらえられない者もいた。弱った身体で彼は最後に無理に微笑み、それからゆっくりと最後の忠告をはっきりと述べた。義理の娘ファテムによれば、その言葉はこうであった。「私はもう回復しないだろうが、あなたがたには苦しんだり恐れたりしてほしくない。私は神に、あなたがたに忍耐を与えてくださるようお願いする。泣いたり嘆いたりしないように努めなさい」。最後に会話を交わした相手は、息子アフマドの妻ファテムであった。彼は彼女をとくにかわいがっていた。

「神のご加護できっと治りますよ」と彼女は彼を安心させようとした。

「私はもう駄目だ……。でもひとつ言わせてくれ。あの世にたどり着くのはとても難しい……。あの世に行くのはとても難しい」

「そんなことをおっしゃったら、私たちの希望がすべて消えてしまいます。（……）お義父様にとってそれが難しいなら、私たちは何と言えばいいのでしょう？　私たちは怖くて、取り乱してしまいます」

「私は満足できるような善行を何ひとつしなかった。神の恩寵を願うばかりだ。私は自信が持てるようなよい行ないを少しもしていない。（……）あの世に行くのは難しい、あの世に行くのは難しい」と彼は繰り返した。その後医師は人々に退室を求めた。イマームが救いへといたる狭き道に向かって、ひとりで最後に歩み出すためである。

　ハディジェは今一度愛する人の喪の悲しみに耐えなければならなかった。〝革命の母〟と呼ばれた女は、このとき初めて国民に本名を明かすことになった。夫が権力を握って以来、誰もが彼女のことをバチュル、すなわち〝聖母〟と呼んでいた。娘のザフラは、コメディのような人違いがなされた理由を教えてくれた。「誰かがある日間違えて母の名前はバチュルだと書いたのです。でもそれは母の召使いの名前でした。母はこの名前が大嫌いでした」[*67]。しかしこの名前は残った。取り違えの訂正を求めることで妻に注目が行くことを、アヤトラが望まなかったからである。

未亡人と孤児

運命の皮肉であるかのように、ホメイニ夫人は七三歳のときに一度だけ、正体不明の状態から抜け出て、本名のハディジェ・サカフィの名で登場した。そのとき彼女は一人暮らしの家に閉じこもっていた。彼女はもはや髪をヘナで染めず、根元を灰色のままにしていた。その髪を見るにつけ、一カ月、また一カ月と、夫が逝ってしまったことが実感された。彼女は夫婦で住んでいた家に住み、やって来る人たちを受け入れつづけた。最後まで最高指導者の妻の役割を果たしたかったからである。

上流階級の出身であることを忘れて、彼女は夫の清貧と謙虚さの誓いを繰り返し、客を迎えるときにはカモの絵のついた奇妙なプラスチック皿にナツメヤシの実と故人の大好物のスイカ数切れをのせてもてなした。「申し訳ありませんが、こんなに質素なおもてなししかできません。でも夫はその八七歳の生涯を通して、質素であることにこだわっていました」と彼女は弁解した。

平和が続くはずだったこの隠遁場所に再び政治が入り込み、彼女をとらえた。下の息子アフマドは父親の政府の首班を務めた経験に意を強め、父親の死から数カ月後に共和国大統領の座をつかもうとした。しかし選ばれたのはライバルのラフサンジャニであった。この有力者との戦いを続けたものの、アフマドは父親と同様の支持も受けなければ、同様の精神的な威光も持っていなかった。一九九五年、五〇歳になったばかりの彼は心臓発作で急死した。こうしてハディジェは下の息子を失い、大きな虚脱感に襲われた。フィルーズ・バニサドルによれば、「彼女は何も話すことができませんでした。ラフサンジャニは家族に対して、政府に迷惑がかかるから公の場で嘆くなと強く忠告しました」[*68]

しかし自分自身が生んだ子どもを埋葬することほど人を老いさせるものはない。

ハディジェは運命の最後の一撃を受けてひどく衰えた気がしたものの、問題の多い者も含めて、自分の周囲にいる一族を結束させようと考えた。彼女は一度ならずホメイニを非難した孫のホセインを呼び戻した。ホセインはアメリカに行って国王の息子レザー・パフラヴィ二世と和解したのち、当時はイラクを旅行していた。彼は祖母からの緊急メッセージを受け取った。そこには家族のために戻ってきてほしいと書かれており、また現政府は彼に対して悪いことは決してしないと断言してあった。彼女は夫の後継者たちから、愛する家族の中で残された男性の命を守るという約束を取り付けていたのである。ホセインに手紙を送った彼女は、かつて友人として迎えていたハメネイ、夫が「私の親愛なる息子」と呼んでいたハメネイが、彼女との約束を破ることはないと知っていた。この約束は彼女が二〇〇九年にベヘシュテ廟の夫のもとに行くまで守られる。

雅歌

ホメイニは自らの死後にもイラン人を驚かせる方法を見つけていた。常に厳しい男というイメージを与えてきた男、微笑む自分の写真を「なよなよしすぎている」と判断してテヘランの壁から撤去させた男が、女性から着想を得たロマンチックで官能的な詩を極秘で書いていたのである。

愛する女のもつれた三つ編みがほどけ
その足元には若い恋人のような老いた苦行者
君の厚情の聖杯で一滴のワインを飲むと
わが魂は君の悲しみの波で溺れた（……）

居酒屋の愉快な男たちに婚姻の知らせが来ると
すぐに大騒ぎとダンスと喜びがそろう[*69]

この生き生きした詩はどんな三つ編みから織り上げられたのだろう？　八五歳になっても、ホメイニはその若々しい情熱や繊細な感情を手つかずのまま羽ペンの中に保っていた。ただ、ほとんどの人はそれに気づかずにいた。彼が権力を握った一〇年間はイスラムの掟を厳格に守ることが基礎であり、大悪魔を批判する激しい演説が際立っていたため、人々は詩よりも宗教令《ファトワ》のほうに親しんでいたからである。しかしこれは腕試しの詩ではなく、すでに五〇年前に彼はハディジェに感じた歌心を紡いでいた。

ホメイニは権力への長い道のりを歩み始めてからは、花咲くアーモンドの木の当時のことはほとんど忘れていた。疲れ果て病んだ体の面倒は、同じ家に暮らす娘ザフラや息子アフマドに見てもらわなければならなかったが、老いた彼は同じ家にダイヤモンドが存在していることを発見した。息子の嫁ファテムは彼を看護し、付き添い、ほぼ失明状態の彼に毎日新聞や役所の報告書、ときには本を読んでやった。彼はこうして彼女をよりよく知ることができた。預言者の直系子孫で自分と同じくサイイドの名家タバタバイ家から、一五年前に自分が息子のためにと選んだ女性である。彼がナジャフで亡命生活を送り、アフマドがイランにいたころのこと、彼はファテムの上品さに打たれ、すぐにでも家族の一員にしたいと考えたのである。

毎日の散歩をするときの会話はこのうえなく清らかでありながら、次第に親密なものになっていった。一九八四年、ホメイニはファテムに長い手紙を書いた。彼女は尊敬できる長老ホメイニに個人的に哲学を教えてもらいたいという嘆願をしたばかりであった。この願いにルホラーは好奇心をそそられた。学びたいという意欲の強さを確かめようと、彼は彼女にまず警告した。「ファティ、おまえは哲学を学びたいと言うが、今はまだその単語しか知らないではないか。私は神のおかげでおまえが哲学から脱せられるよう期待する」。彼は彼女の願いがいかに大変なものであるかに気づかせた。「深遠な学問を私に求めるファティは、ただの蟻にソロモン王の玉座を要求しているようなものである」

しかし手ほどきを受けたいというファテムの意思は真摯なもので、結局は老人の恐れを打ち負かした。そこで彼は『愛の杯』の執筆に乗り出した。これはイスラム教における完璧さと瞑想を求めるあらゆる人々に向けた、一種の精神的な指導書である。講義は彼が七〇歳から毎日欠かさない長い散歩をしながら行なわれた。ときには授業の終わりに、優しい生徒に詩が手渡されることもあった。そこにはこれほど気品ある人と知性の目覚めの道を歩める彼の喜びがつづられていた。「ファティ、私たちは『友人』のほうへ向かって旅をしなければならない。われわれは個々のエゴを超越しなければならない。おまえをおまえ自身のほうへと導くあらゆる知識は悪魔であり、おまえはどんなことがあってもそれを打ち負かさなければならない」

こうした励ましのメッセージに心を動かされたファテムは、義父に一冊のノートを渡した。これがあれば彼は自分の細かな感情を自由に書いて、再び詩を書くことができる。それまでホメイニはたまたま手にしていたもの、新聞の片隅や封筒の裏側に書いていた。このごく平凡だが気の利いた贈り物によって、アヤトラは最後に心を開いていく。

喜びを探すべきは愛の道の中、
約束をしたならば、君は守らねばならない！

君が君である限り、愛する人とは結ばれない！
私自身は愛する人への道の中で消えなければならない

五〇年前の詩の中でした地上の愛と神の愛との比較を再び持ち出して、ホメイニはファテムを自分のニンフ、神の愛が地上で具現化したものとみた。

酌をする召使いが、杯を手にわが魂を目覚めさせた
恋人たちの居酒屋で私は下僕になった
酔った恋人が私を、この宮殿で下僕にした

もはや哲学の授業は問題ではなく、知的なやりとりや会話から、宗教と愛情の二重の意味を持つ詩が生まれた。この詩があいまいなのは、ペルシア語で女性形と男性形の区別がないからである。ホメイニは晩年になると、自分が生涯恐れていたことを表現するようになった。政治は自らより上に立つものを見つけていた。神への愛なのかファテムへの愛なのかはともかく、愛である。

毒された愛の甕から一口飲むことを愛する人が許してくれたら、
私という存在を押さえる鎖から私は解き放たれるだろう
老いた私でも、彼女の目に希望のしるしを見ると若返るだろう

第四章　金正日の三美神

幼子を抱く赤い聖母

一九四八年二月、平壌《ピョンヤン》。

待ちに待ったこの日のために、金日成《キム・イルソン》の家族も集まった。演壇へ通じる大通りは、喜びに沸く群衆で埋め尽くされている。偉大な革命家であり国家の解放者である金日成将軍が、これから演説をするからである。

車の中では妻の金正淑《キム・ジョンスク》が六歳の息子、金正日《キム・ジョンイル》を落ち着かせようとしている。朝鮮人民軍が誕生して初めて挙行される閲兵式で、金正日も父母のかたわらに堂々と立たなければならない。半ズボン姿のこの幼い闘士も勝利にあやかって喝采を受けられるように、母は力を尽くした。

金正淑は夫がこれまでにないほど立派に見えるようにと、夜通し軍服を繕った。この軍服は、中国やソ連との国境に近い険しい山、白頭《ペクトウ》山の秘密拠点で、オイルランプのほのかな光をたよりに彼女が手ずから縫い上げたものである。金日成らは太平洋戦争中にその地を拠点に、日本の侵略に抵抗する闘争を行なっていたのである。

二〇世紀初めの朝鮮は、たしかに大日本帝国の真新しい工場に安上りの労働力を供給する属国としかみなされていなかった。不当に利益を搾り取られたあげく、一九一〇年には日本に併合され、そのことが太平洋戦争の大きな争点になっていた。広島、長崎に原爆が投下されて大日本帝国が降伏したとき、発展途上の極東地域で大規模な工業化がなされているこの盆地を、周辺の列強はこぞって手に入れようとした。一九三〇年代初め、金日成は朝鮮北部の満州山岳地帯から、誰よりも先に反旗を翻そうとしていた。残忍な日本の役人や強制労働に反抗して蜂起しようとするグループは各地にあったが、訓練されていない雑多なグループばかりであった。そこで金日成はそれをひとつにまとめるために、「侵略者」に対する共産主義の抵抗組織に加わった。しかし日本軍に攻めたてられて力を弱め、まもなく山岳地帯の森林に立てこもることを余儀なくされた。その後もっとも誠実な同志や闘士たちと一致団結して、一〇年以上にわたる闘争活動を繰り広げた末に、一九四八年に凱旋の日を迎えることになったのである。

　金正淑は、夫を迎えるために整列した歓迎の人垣を感慨深く見つめた。広場に設けられたとてつもなく大きな演壇に、夫が上がっていった。大同江《テドンガン》に臨むこの広場はそれ以後、金日成広場と呼ばれることになる。金正淑が夫である将軍のあとについて演壇に上がると、押しも押されもせぬ指導者の前を、銃剣を肩に担いだ各師団が行進した。〝偉大なる指導者〟は、演壇の前を通り過ぎていく各部隊の敬礼に片手を上げて応えた。そのとき金正淑の目は「熱い涙に濡れていた」と、演壇で彼女につき添っていたある女性同志は回想している[*1]。

　三一歳になったばかりの若い妻は満ち足りた思いであった。息子もまた儀式の壮大さに胸を打たれたようだ。小さな少女が幼い金正日に、大人になったら何になりたいの、と無邪気に尋ねたとき、彼は胸を張って「僕はお父さんみたいに人民軍の大将になるんだ」と答えた。この大切な息子を、金正淑は誇りに満ちたまなざしで見つめた。

星の誕生

一九四二年二月一六日早朝、白頭山。

狭い秘密兵営にある夫妻の小屋は、救い主誕生の地になろうとしていた。窓がひとつしかない小さな丸太小屋で、金正淑は出産に臨んでいた。

将軍の跡継ぎが誕生したという知らせは、兵営からまたたく間に各地に広まった。これでこの国の将来が安泰になったと、誰もが歓喜した。〝偉大なる指導者〟の革命の大義を果たすために、輝くひとつの星が天に上ったのだ。金正淑はこの朗報を大げさなものにするつもりはなかったが、隊員たちはこの厳しい冬にめでたい出産がもたらしてくれた喜びと希望を隠すことはできなかった。

金日成が兵営に戻ると、待っていたのは安らぎではなく、まさに自然に湧き上がった歓喜であった。兵士たちが彼に駆け寄り、それに続いて金正淑が赤ん坊を腕に抱いて現れた。ひとりの女性隊員が乳飲み子を彼女の手から抱き上げて将軍に渡すと、彼は歓声に祝福されたわが子の産着を揺らした。だが革命の途中に産休などあり得ない。戦いのルールに子育てのルールは通用しないのだ。

何日か経って、猛吹雪が兵営を襲った。金正淑は赤ん坊を軍用毛布にくるんで、寒さをしのごうとした。だが夜が更けるにつれて寒気がますます厳しくなったので、「まだ火薬のにおいのする」[*2]上着を脱いで、それを赤ん坊に掛けてやった。この窮状を見かねた他の女性隊員たちは行動を起こした。

その夜、女性隊員のひとりが、赤ん坊のために自分たちのリュックサックにある布切れや毛糸を集めて、柔らかい毛布を縫おうと提案したのである。そして明け方にそれを金正淑の小屋に届けた。「あなたたちの優しさはいつまでも忘れません。この国が解放されたとき、座ってこの話をしながら、昔話のように笑いましょう」[*3]と金正淑は感謝の言葉を述べた。金正淑が赤ん坊を毛布でくるむと、約束の地まで自分たちを導いてくれるであろうこの新たな太陽のそばで、誰もが心を温めた。金正淑は子守唄を歌い始めた。

眠れ、眠れ、わが子よ、
早く大きくなって銃を取り、
そして戦おう、あなたは前線で、私はあなたについて、
祖国解放を声高らかに叫びながら。

眠れ、眠れ、わが子よ、
早く大きくなって赤旗を高く掲げ、
そして戦おう、あなたは前線で、私はあなたについて、
共産主義を世界中に広めるために。

若い母親は極貧の中にあっても「本物の王女様」[*4]のようであろうと努めた。その浅黒い顔色も強健な肉体も、磨かれたスタイルも、夫の配下の兵士たちを魅了した。濃い眉と長いまつげがそのまなざしに優しさを添えていたが、実際の彼女はもっと強い性格であった——母親と義母が日本軍の軍事作戦で殺されたため、その悲しみから彼女の血は闘争心にたぎっていたのである。孤児になった彼女は一五歳でゲリラに加わり、誰よりも頼もしい二〇歳の指揮官、金日成が率いる少年部隊に入った。

金日成が彼女の強靭さと毅然とした態度に胸を打たれたのは、一九三七年夏、金正淑がパルチザン活動で逮捕されたときであった。女性活動員たちが印刷所に送ろうとしていたビラ用の紙束が見つかってしまったのである。まだほとんど面識のなかった金正淑の最期を覚悟した言葉を、金日成は覚えていた。「心配しないでください。私は殺されるでしょう。けれども、われわれの運動は生き続けるに違いありません。私の財産のすべてである二元を残します。どうぞ組織の資金として使ってください」[*5]

とはいえ彼から見れば金正淑は、何百人といる隊員の中で、まだ思春期を過ぎたばかりの若い隊員のひとりに過ぎなかった。金日成に結婚生活を夢見る暇がほとんどなく、雑事にかまけていられなかったのもたしかだろう。それでも彼は金正淑の気丈さに惹かれて結婚し、一九四一年にはふたりで写真におさまっている。若い女性隊員たちにせかされて撮影したその何枚かの写真は、闘争時代のふたりを伝えるものである。

「それを聞いて彼女は真っ赤になり、他の女性隊員たちの後ろに隠れてしまった。だが女性隊員たちは笑いながら彼女を私の前に押し出した。その瞬間を逃さず、仲間のひとりがシャッターを切った。ひとりの女性と個人的に写真を撮ったのは、私の生涯で初めてのことだった。私と金正淑にとって、これは結婚写真といえるものだ。(……)私はその春のことをいつまでも忘れないようにと、すぐに写真の裏に『他郷で春を迎えて、一九四一年三月一日、B野営地にて』と記した」[*6]

金正淑はさまざまな才能を発揮して誰よりも貢献しようとし、自分の中で芽生え始めた女性らしい魅力を押し出して、この反逆者部隊の将軍を称える歌を作ったりもした。部隊のために舞踊を創作して、ほとんどがまだ未成年者である隊員たちの心をなごませようというのである。もっとも有名な『白いカモメ』の舞踊は、ひどい嵐のあと海岸にたどりついたカモメの兄妹を描いたものである。南へ飛んでいく途中で吹き飛ばされたカモメたちは生き延びるために戦いながら、親切な太陽が冬を追い払い春を連れてきてくれる日を待っている。金正淑は鳥を題材にしたこの舞踊劇の歌詞を書いて、身振りに言葉を付けた。

南の国へ飛びながら、僕たちは倒れた
父と母を失って、僕たちは泣いた
君と僕がこの厳しい冬に耐えたなら
待ちわびた暖かさで太陽が迎えてくれるだろう

金正淑は近くの村を公演して回り、大成功を収めて住民たちの士気を鼓舞した。この喜ばしい瞬間をともにしたある女性隊員が、稽古の舞台裏のようすを語っている。金正淑は新米の踊り子たちにこう呼びかけたという。「さあ！　この踊りを完成させて、ゲリラ地区にいる人たちを少しでも楽しませてあげましょう」[*7]

とはいえ優れた闘士である彼女が、前線でマリリン・モンローの真似ごとをするだけで満足できるはずはない。これほど英雄的な道を進んでいる以上、その功績はこれでは終わらない。男性隊員たちがパラシュート降下訓練をしていると聞いた金正淑は、女性隊員も訓練すべきだと提案した。訓練生は空中に飛び下りる前段階として、まず最初に回転椅子に座って回され、乗り物酔いとめまいを克服する。次のステップでは急斜面から飛び降りて、両足で立つ。全員が勇敢に飛び降りたが、金正淑は祖国愛に反するとんでもない問題点に気がついた。目をつぶって飛び降りている者がいたのである。すぐに正さねば。「あなたたちはこの訓練が無意味なものだと思っているのですか？　飛び降りたときに下にいるかもしれない人のことを考えなさい。敵がいるかもしれないし、圧政に苦しむあなたの両親や兄弟姉妹がいるかもしれない。それなのにどうして目をつぶることができるのですか?」。怖れ知らずの女性部隊が航空機からパラシュート降下する日がついに来ると、金正淑は「同志たちよ、地上で会いましょう!」と隊員たちに声をかけて、最初に飛び降りた。男性隊員たちは花束を手に皮肉な微笑を浮かべて女性部隊を待っていた。

そのときから金正淑がどこへ行っても、前評判が先に立っていた。「とてつもない風貌の女性に会うのだと思っていたのですが、私の前に座った方はごく普通の女性のように見えました」[*8]と、将軍の妻に初めて会ったある若い女性隊員は語っている。

弁舌を磨き、銃を撃つ

金正淑は野営地の中で才能を発揮しながらも、最高の指揮官である金日成の国家解放を手助けするという唯一の目的を忘れることはなかった。それはいまだかつて見たことはないが、自分の国と思える国家である。彼女の才気はバイブルとなり、彼女のイデオロギーは預言となって、すべての人に分け与えられた。彼女のモットーが妥協の余地のないきわめてラディカルなものであったのは事実である。「ひとりの裏切り者!　部隊にひとりでも裏切り者がいたら、目の前の一〇〇〇人の敵よりも危険です。革命を実現するために、裏切り者に対しては警戒の目を最大限光らせていなければなりません」

一九四四年夏のある日、渡河訓練が行なわれた。空を飛ぶだけでは十分でなく、水流を泳ぎ切ることも必要だ。とはいえ武器を持ち、軍服を着た隊員たちにとっては容易なことではなかった。あきらめようとする者たちに、金正淑は檄を飛ばした。「私たちは解放という大事を成そうとしているのですから、川どころか大海も渡るつもりでいなければなりません。泳ぐのは男たちのすることですが、女たちにもできないはずはありません」。そして真っ先にひとりで泳ぎだした。だが途中で、波に飲まれたひとりの女性隊員が遠くに流されてしまった。金正淑は引き返してそばまで泳いでいき、彼女らしい言い方で励ました。「どんなときでも銃を失くさないように。武器を失くしては駄目。革命闘士にとってそれは恥ずべきことですよ」

ひたむきで疲れを知らない将軍の妻の活動は、筋肉を使うものだけにとどまらなかった。彼女は生死にかかわる情報を獲得して、隊員たちを戦略拠点に配置した。「鴨緑江の川幅、水深、流速、そして渡河と撤収にもっとも適した地点まで、彼女は自ら確認した。そして図面を作成してわれわれに送ってきた」[*11]と、金日成は驚嘆した記憶をとどめている。

さらに金正淑は、まだ発揮していなかった研ぎ澄まされた射撃の才能も、同じ年に将軍が開催した射撃大会で披露した。その日の競技は、一〇〇メートル、二〇〇メートルの標的、三〇〇メートルの動く標的を銃で撃つというもの。金正淑が位置に着くと、夫の金日成が発射の合図をした。素早く撃たれた三発は、いずれも的の中央に命中して一等を取った。ある女性隊員がこれほどの腕前になるための秘訣を尋ねると、彼女はこう答えた。「私は片時も拳銃を手放したことはありません」

金正日少年は母のあらゆる才能を受け継いだが、拳銃の腕前もそのひとつであった。ある日、五歳だった金正日が射撃場にいる母を見て、今度は自分も撃ってみたいと言った。金正淑は拳銃から銃弾を取り出し、引き金の引き方と照準の定め方を教えて、こう言った。「射撃を始める前に、崇高な目標を持たなくてはなりません。早く大きくなってこの拳銃でお父様を守り、できる限り敬わなければなりませんよ。あなたがお父様のように偉大な将軍になるよう願っています」[*10]

すでに冬の寒さが厳しい一〇月のある日、金日成の部隊は過酷な行軍を終えて野営した。皆がまだ眠る中、金正淑は小川に降り、凍るように冷たい水に手を浸して金日成の衣類を洗った。だが洗濯物を乾かす間もなく出発の命令が発せられた。将軍の湿った洗濯物を装具に入れて運ぶわけにはいかないし、ましてやきちんと乾いていない下着を将軍に差し出すことなどありえない。そこで金正淑は自分の軍服の上着のボタンをはずして、濡れた将軍の下着を胸に当てた。出発してしばらく経つと、冷たさが身に染みた。彼女は将軍の衣類で上半身を凍えさせながらも、堂々と行軍した。すさまじい行軍が一息ついたとき、彼女は誇らしげに夫のそばに行って下着を差し出した。洗濯物はすっかり乾いている。それを見た夫は咳払いをしながら妻の独断的な行為を叱った。しかし彼女の手に目をやると、冷たい水で衣服を洗った指は紫色で、手のひらは傷だらけ。将軍は申し訳ない気持ちで、あふれる涙を急いでこらえた。

　犠牲的行為は金正淑の体の意外な部分にまで及んだ。金日成が任務で出発する前夜、妻は強迫観念にとりつかれていた——司令官の健康と快適さを保たねば。思案した彼女はこれから行なわれる長い行軍に備えて、靴の中敷き代わりになるパッドを作ることにした。だが崇高な足を支えるのにふさわしい材料など手に入らない。そこで彼女は驚くべき名案を思いついた。長い髪をはさみで切ろう。

「あら！　どうして髪の毛を切ったの？」とひとりの女性隊員がびっくりして尋ねた。

「司令官は戦場に行こうとしているのよ。遠征中は長靴を乾かす暇もないでしょう。この髪で長靴と体を温めることができたらどんなにいいかと思って！」

　軍靴の底に敷かれたこの斬新な中敷きを見つけたとき、将軍がどんな反応をしたかは分からない。いずれにせよ金正淑は金日成という存在の影となり、延長となることができた。「彼女は私が思ったこと、言わんとすることをすべて言い表した。（……）彼女は人民の中に入っていって、私が解決したいと思う問題を解決するために心血を注いだ」[*11]と金日成は語る。

夫の中に、「日成」の文字通りの意味である「来たるべき太陽」を見ようとする金正淑の熱烈な思いは、やがて報われる。記念すべき一九四五年八月一五日、思いがけない日本の降伏によって窮乏の日々は終わりを告げた。その一週間前に参戦していたソビエト連邦は戦闘準備を整えて朝鮮に進軍し、抵抗も受けずに緯度三八度以北にある平壌やその他の要塞に到達した。スターリンはこの国のカギを託せるような信頼に足る人物を急いで選ばなければならず、陰湿なラヴレンチー・ベリヤを人選の責任者に任命した。当初、金日成は候補からはずれていた。歴戦のつわものが現れると期待したロシア人の前に現れたこの三三歳の青年は要求が多く、慎重な目で見られたのである。ある外交官によれば、彼が候補として落選したのは、とくにその髪型が「中華料理屋の給仕みたい*12」だったからだという。

何人かの候補者を検討したあと、スターリンの内務人民委員ベリヤは最終的に金日成を選んだ*13。若い妻はファーストレディとなったが、安堵はしていないようだった。翌月からアメリカが朝鮮半島に乗り込んできて、南岸に基地を設けたからである。彼女は「私たちはアメリカと死をかけた戦いをしなければならないようです」と立ち上がった。彼女はゲリラ時代の経験から、極端な戦争信奉者になっていた。

金日成にとっては夢がかなった。スターリンは金日成が創設したばかりの「朝鮮人民軍」に、戦車やトラック、あらゆる種類の大砲を装備させた。新任の高官たちには、平壌で地位に見合った邸宅に住む権利が与えられた。親代わりのソ連が彼らのために、かつての占有者である日本人の住居を徴発したのである。金日成夫妻の邸宅は広く豪奢で、プールまで付いていた。

子どもを育てるにはふさわしい時期となった。新しい邸宅にはまもなく小さな男の子が誕生し、シューラというロシア名が付けられた。翌年には女の子、金敬姫《キム・キョンヒ》が生まれて、理想的な家族像を完成させた。

しかし一九四八年に、この家族に影が差す。幼いシューラが家の周りで遊んでいたとき、少しの間、母親の目の届かないところに行った。そして見つけたときにはプールで亡くなっていたのである。この衝撃は大きく、金正淑は子どもを失ったのと同時に健康まで害した。

「金正淑は生涯のすべてを私に捧げたのだと言う人もいるだろう。結婚したあとも、彼女は常に私を司令官、指導者、領袖と思っていた。私たちの関係は指導する者と指導される者、同志と同志の関係であった」と金日成は書いている。

大いなる幻影

一九四九年九月二一日朝、平壌。

金正淑は夫が労働者たちを訪問するために家を出るのを見送った。リュックサックを肩にかけるのを手伝ったが、彼女の顔つきはやつれていた。三二歳の若妻は戦闘の日々ですでに体力を消耗し、夫を乗せて遠ざかる車をただ見つめるばかりであった。幼い金正日はそのとき母の病気の重さを感じた。このとき彼は七歳だったが、自分も反徒の一員になろうと、この日は学校に行かないときっぱりと母に宣言した。賢明な母は子どもらしい考えをよく理解しており、あなたがしっかり勉強すればお母さんはすっかり良くなりますよ、とすぐに言った。金正日はしかたなく学校に行った。帰ってくると、母はいつものように父のために毛糸の肌着を編んでいる。けれども夢中で取り組んでいるという表情ではなく、病気が徐々に体中をむしばんでいるのが見てとれた。「おまえのお父様は偉大な方です」と母は優しい目をして言った。「お父様はこの国を勝利に導き、今は人々を幸福へと導いています。将軍であるお父様を大切にしなければなりませんよ」

意識が混濁してもなお、将来のために息子に諭す力は残っていた。「金日成将軍に忠実に仕え、革命の大義が果たされるまで支えなければなりませんよ」。この「母としての」教えのあと、彼女は危篤状態に陥って病院に運び込まれた。それから三時間後の午前二時四〇分、彼女の心臓は鼓動を止めた。国中の人々が喪に服し、葬儀に集まった。

九月二四日、部隊の同志たちが金正淑の霊柩を終の棲家へと送り出した。葬列は党中央委員会から市内を通過して、邸宅の正門前で止まった。牡丹峰《モランボン》の丘に続く道路の両側は、涙にくれる群衆で隙間なく埋め尽くされていた。

金正日は泣きながら母に最後の別れを告げた。家に戻ると亡き母の部屋に駆け込んだが、形見として見つけたのはナイトテーブルの上に置かれた小さな拳銃一丁だけであった。彼はそれをつかんで胸に当て、これからは母の遺志を実現することだけを目標にしようと心に誓った。この拳銃が彼の唯一の救いになるだろう。数日後、残された家族は母の墓に詣でた。金正日は三歳の妹、金敬姫の手を握っている。彼は母が起き上って子どもたちを迎えてくれるのではないかと期待した。花束を置くと、ふたりは泣き崩れた。金日成も涙をこらえることができずに、子どもたちの顔を拭いながらこう言った。「お母さんのことは決して忘れてはいけないよ。お母さんは朝鮮の立派な娘だった。この国を解放するために若くして武器を取り、一〇年以上も私のそばで戦ったのだ。この国の道々にはお母さんの血に染まった足跡が残っている」[*15]

こうした言葉は思想家のためにはなっても、子どもの励ましにはならない。朝鮮は日本から解放されたが、孤立状態にあった。金正日少年はそれから毎晩、庭のベンチに座って父の帰りを待った。警護隊員が中で待つように言っても、お母さんはいつもここでお父さんの帰りを待っていたし、自分はお母さんがお父さんを喜ばせるためにしていたことは何でもすると決めたのだから、と答えるばかりであった。

それからしばらく経って、今度は金敬姫が病気になった。大切な人がまたいなくなってしまうのではないかと恐れた金正日は、誰かに助けを求めずにはいられず、母が眠る牡丹峰の丘に向かって泣きながら大声で叫んだ。「お母さん!、お母さん!」。だが丘は静まり返っている。この国を救う者とみなされ、国を挙げてその誕生を祝福された金正日だというのに、母を救うことはできなかった。共産主義政権樹立を陰で支え、一年前には国家解放を祝うために平壌最大の広場で息子と並んで誇らしげに立っていた母だというのに。

一九四九年九月二二日に死因が公式発表された――「心臓麻痺」。しかし脱北した元北朝鮮首相の息子は別の死因を伝えている。もうひとりの子どもを流産したあと、大量出血によって亡くなったというのである。医者を呼ばずにあくまでも夫の帰りを待とうとしたのかもしれない。金日成は大事な用事だからとなかなか戻らず、戻ったときには妻は血まみれで亡くなっていた。[16] 完璧を求める金正淑は死のうとしていたのかもしれない。癒しようのない母親としての悲しみだったのだろうか、それとも夫に見捨てられた妻の絶望だったのだろうか?

約束の地を取り戻してから、金日成は政治以外にも権力を行使した。最初に行なったのは、昔の恋の相手のひとりを探すこと。それはゲリラ時代に束の間生活を共にした同志、韓聖姫《ハン・ソンヒ》である。彼女は一九四〇年四月に日本の警察に捕まったときに、自分は金日成の妻であると堂々と言い放っていた。金日成は平壌周辺の農村にひっそり建つ大きな屋敷を彼女に与え、彼女と子どもたちの生活費を用意した。彼女との間にもうけた子どもがいることを、しかし彼はけっして認めようとはしなかった。[17]

韓聖姫と再会しても、もてもての金日成はすぐに飽きてしまった。ただの強い男から北朝鮮の太祖へと立場が変わったことで、彼は次々と多くの女性たちを征服することができた。その魅力は公式伝記作家が言う「表現力豊かな微笑」[18] だけでなく、色っぽい声にもあった。「彼はとても魅力的でした。(……)一緒に食事をするときはとても気前が良くて、あたたかい人でした。首にあるコブを除けばとてもハンサムで、独特の声をしていました。大部分の人は喉で声を出しますが、彼はオペラ歌手のようにお腹から声を出すのです」[*19]と、脱北したある高官は語る。この美声で落とせない女性に対しては、別のアピールポイントを使った。「彼は見事に均整のとれた体つきでした。うっとりするほど魅力的で、左の頬にはえくぼがありました」[*20]

彼の魅力は朝鮮の国境を越えて知られていった。著名なドイツの女流作家ルイーゼ・リンザーが、金日成将軍と何度も会ったときのことをヨーロッパの女性読者にも伝えたからである。ある日、リンザーは彼に花束を贈って、こう耳打ちした。「私は熱心に神に祈ってきましたが、まだ一度も神に花束を捧げたことはありません。今あなたにこの花束を贈りたいと思います。神でさえ築くことができなかった万人平等のコミュニティーを築いたあなたには、それがふさわしいと思うからです」[*21]。この作家はその前の訪問では独裁者の魅力に屈しなかったものの、彼と運命を共にするかのように記念の指輪をプレゼントしている。

すでに一九三〇年代に、金日成は美しい韓英愛《ハン・ヨンエ》に出会っていた。コミンテルン大会のために共産圏に旅をしたときには、彼女を同行させて長い夜を楽しいものにした。この快活な女性同志は、金日成を中国人農民に変装させてロシア国境を越える手助けをしてくれた。金日成は人生の最後の瞬間まで、この特別な同志の写真を持ち続ける。「彼女は恋愛感情を超越した清らかで私心のない同志愛から、私にあらゆることをしてくれた（……）。それを思い出しながら」[*22]、愛情をこめて写真を見つめることもあった。

しかし韓英愛も将軍の心をひとり占めすることはできなかった。彼女に取って代わったのは崔金淑《チェ・クムスク》である。この恋人は「男性のようにおおらかで人情に厚く（……）、革命的原則を曲げない芯の強い女性であり、私が砂浜で舟を引けと言えばそのとおりやりかねなかった」[*23]、と金日成は回想している。発疹チフスにかかったときに看病してくれたのも、崔金淑であった。金日成は彼女の「おかしな」北部訛りを真似たり、ぽっちゃりした容貌をからかったりするのが好きだった。「彼女は際立つほどの美人ではなかった。それでも私から見れば、彼女のようなゲリラ地区の女性は、都会の娘たちよりも気高く美しかった」。残念なことにこの肉づきのいい女友だちは日本軍の攻撃で命を落とした。金日成が最終的に金正淑を選んだのは、自分の周りから他の女性たちが消えていく中で、生き残っていたからなのかもしれない。

金正日の世界は数週間のうちに崩れ落ちてしまった。父を心から愛したいとしい母の埋葬が終わったとたんに、別の女性が代わりにやってきたからである。金日成は国防委員会のタイピストだった若い女性を自分の個人秘書にして、何カ月もとぎれることのない関係を続けた。イデオロギー的にも非の打ちどころがない彼女の一族は、あらゆる方面で出世した。

金正日はシベリアのアムール川沿いにあるハバロフスク近郊で生まれた。ソ連の記録では、彼の父親はそこに逃亡し、農夫として働いたとされている。*24 つまり金正日が誕生したのはソ連の寒村であり、雪に覆われた白頭山ではないということだ。たいへんな難産であったが、産婦人科の医師もいなかった。何時間もかかった末に、たまたまいたロシア人の獣医見習いが土壇場で手伝ってくれたおかげで、彼は助かった。金正日はユーリ・イルセノビッチというロシア名も持っていた。日本軍の銃弾が飛びかう中で生まれたという神話めいた話や、新しい星が空に現れたという話は作り話に過ぎない。

父の金日成が満州の樹林帯に逃げた人民軍の栄光あるリーダーだったという話も、本当ではない。彼は中国人将校、周保中《チョウ・バオチョン》率いるソ連軍第八八旅団に編入された中国人と朝鮮人から成る大隊の指揮官に過ぎなかった。従順さゆえにスターリン政府から選ばれた金日成の体制がソビエト連邦よりも長続きし、共産主義が世界的に崩壊したあとも存続するとは誰も思っていなかった。朝鮮を解放したはずの金日成はやがて容赦のない粛清を行ない、すべての労働組合と政党を「祖国統一民主主義戦線」に統合する。金正日少年にとって、今は天にいる母性愛にあふれた献身的な金正淑だけが、騒然とする空に輝くただひとつの恒星であった。

女優の舞踏会

金正淑が亡くなると、金正日少年が七歳のときからその存在を知っていた女性が頻繁に家にやってくるようになった。こうして新たにこの家を切り盛りするようになったのが、父の執務室で書記をしていた金聖愛《キム・ソンエ》である。[*25] 一九五二年には、このいつもいる献身的な女性の存在がようやく公になった。金日成が近親者たちに新しい妻を紹介したのである。金聖愛は一九二八年、平壌南部の江西郡生まれである。

金聖愛は朝鮮の伝統により事実上の跡継ぎとなる金日成の第一子、金正日をとくに嫌い、しょっちゅう叱りつけたり、衣類や食事の世話をしなかったりと、つらく当たることが多かった。「ある日、金正日のバースデーケーキが彼の在宅中に用意されました。でも父親が出かけてしまうと、金聖愛は金正日が一口も食べないうちに取り上げて、自分自身の家族のところに持っていかせたのです[*26]」と近親者は語る。

金正日は父方の叔父のもとに逃げ込んだ。彼にしてみれば、継母が母親代わりになるという突然の変化も、父親に彼女を「お母さん」と呼ぶよう求められたことも受け入れがたい。しかし金聖愛はこの子が逃げ出したことなどたいして気にもせず、まもなくふたりの男の子とふたりの女の子を生んだ。金正日はもはや愛を一身に受ける秘蔵っ子ではなくなった。

女優の追っかけ

一九六〇年、体制監視下の映画館で、『分界線の村で』という映画が評判になった。出演した朝鮮版ブリジット・バルドー、成蕙琳《ソン・ヘリム》は朝鮮の多くの人々に夢を与えた。

二三歳で平壌演劇映画大学の最終学年に在学中だった彼女は、夫が韓国に亡命するという運命に党への忠誠心で立ち向かう妻を演じて、注目を集めた。公式の批評で称賛された成蕙琳は、新しい女性のモデルにもなった。若者たちは彼女の視線にこれまで感じたことのなかったときめきを覚え、崇拝の的にした。「成蕙琳と結婚できるなら本望だ」*27という声がいたるところで聞こえていた。

当時一八歳だった金正日も、私設映画館のスクリーンで成蕙琳に魅了された。気持ちを抑えきれなくなった彼は、「朝鮮芸術映画撮影所」のニューフェースである彼女に挨拶をすることに決めた。これはイタリアの映画都市《チネチッタ》に対抗すべく体制が創設した、野心的な映画スタジオである。

それ以後金正日は、北朝鮮のあらゆる作品の監修者として多くの時間をスタジオで費やし、撮影された場面を隅から隅まで熱心に見た。記念撮影のときには、この女優を自分の横に座らせることにこだわった。意外なことにこの新しいスターはとても遠慮深かった。「彼女はおしゃれも化粧の仕方も知りませんでした。(……)美容院に行くこともなく、髪の毛はヘアピンで雄鶏のしっぽのようにうしろに束ねていました」*28と、姉の成蕙琅《ソン・ヘラン》は回顧録に書いている。彼女は金正日がスタジオに現れると、「いつも物陰に隠れてものも言いませんでした」

無口であろうとなかろうと、背が高くすらりとした体つき、なだらかな肩に端正な唇、「そして演出家たちがいつも横顔ばかり映したがった細く整った鼻筋」の女優の美しさは、あらゆる世代を熱狂させた。低い眉のラインや遠くを見つめるようなまなざしからは哀愁が漂い、もの憂げな優しい顔立ちは表現力に富んでいた。

「私の叔母は一九五五年に平壌演劇映画大学で演出家としての勉強を始めましたが、美しかったために女優に転向させられました。下品なところのまったくない人でした。上流階級的な装いが関心を集めましたが、その曇りのない演技は内面の美しさをも表していました」[29]と、姪の李南玉《リ・ナムオク》は未刊の回想録に記している。ところが、これほどもてはやされている成蕙琳はすでに結婚していた。「旧弊なやり方で決められた結婚でした」と李南玉は言う。成蕙琳の夫は韓国の名家の出身で、義父は戦時中に北に移り住んだ有名な作家であった。「彼は私の祖父の家族と知り合いで、叔母が長く独身でいるはずがないと分かっていたので（……）子どものころから息子の嫁にと決めていたのです」。実際、当事者が語る話には何の感情もみられない。「私は橋を渡って結婚しました。持参したのは櫛だけでした」。彼女は一八歳で大同江を渡り、平壌の名士たちが住む側に加わった。おそらく自分の演じる役に、他の場所では感じることのない情熱を注いだのだろう。

若い駆け出し女優は、金正日とまったく初対面というわけではなかった。金正日がティーンエージャーだったころ、成蕙琳の義父である人気作家の家をしばしば訪れていたからである。しかもいつもオートバイで来るので、目立つ存在であった。とはいえ作家の息子の美しい嫁と一緒に食卓に着いたことは一度もなかった。一日の映画撮影と写真撮影が終わると、一同は急ごしらえの食事の席に集まる。成蕙琳の姉は、金正日の視線が執拗にある特別な部分に向けられていたと言う。「彼が成蕙琳のうなじをじっと見つめているのを何度も目撃しました。見知らぬ人が来ると台所や物置に隠れてしまう内気さも、自分を王子様のようにもてなしてくれる人の好さも、金正日は好きだったに違いありません」

けれどもこの王子様はマキャヴェッリの著書を読む機会はなく、彼もまた女優を前にするとまったく内気になった。「彼は叔母が彼に恋している以上に叔母に恋していたのですが、なかなか気持ちを打ち明けませんでした」。金正日は撮影の打ち上げパーティーで俳優全員にテレビや冷蔵庫やミシンを贈ったが、そんなときでも彼女だけには贈らなかった。李南玉によれば、「愛情を示すような贈り物は何もありませんでした。けれども彼女は、ふたりが一緒になると分かっていたのです」

金正日が関心を寄せ続けてくれたおかげで、成蕙琳は数年後に朝鮮の「功勲俳優」の称号を授与された。そして一九六八年にカンボジアのプノンペンで映画祭が開催されたときには、朝鮮映画の上映のため金正日に同行するという特権を与えられた。成蕙琳の微笑はどんな優秀な外交官にも勝り、金正日はシアヌーク国王の印象を良くした。金聖愛はシアヌーク国王の前で金正日の権威を失墜させて自分の子に継承権を得させようとしていたが、金正日は継母と互角で戦っていたこのひそかな勝負で点数を稼ぐことができたわけである。一族から受ける抑圧からの解放感と高揚感があいまって、金正日と成蕙琳との距離は縮まり、「このうえなく親密な雰囲気」[*30]が生まれたと、成蕙琳の姉は遠回しに語る。成蕙琳は姪の李南玉へのお土産に、靴を買ってきてくれた。

平壌に帰ったら状況は以前とはすっかり変わるだろう。それまでの自分に女性の存在が欠けていたことに、金正日がようやく気づいたのだから。

イデオロギーの下は砂漠だ

翌年末、成蕙琳は友人に嬉しい知らせを打ち明けた。金正日の邸宅に移って、八人の料理人と、一〇〇人の使用人と、五〇〇人の護衛官がつけられることになるという。友人の元ダンサーは気にかかっていることを彼女に尋ねた。「ご主人はどうなるの?」。成蕙琳はきっぱりと言ってのけた。「きっとあなたとはもう二度と会わないわ」[*31]。自尊心を傷つけられた友人は、成蕙琳の「えらが張っていて卵型ではないからあまり美人とはいえない、かわいいベビーフェイス」を見ることはもうないだろう。

プノンペンへのロマンチックな旅から二年が過ぎたころ、金日成からの絶え間ない叱責を受けていた金正日は、あれこれ詮索しようとする者たちの目から逃れられる快適な愛の巣を建てることにした。こうして年初に完成したのが、「第一五号官邸」である。二六五〇平米の敷地内に、遊技場、図書室、夫婦の寝室、謁見室、金庫室が並び、従業員は三階建ての別館で生活した。敷地全体はコンクリートの二重の塀で守られていた。

高さ三メートル、幅八メートルの水槽は、金正日が自ら作成したリストに従って「離宮」に招かれた特別な客だけが見学できた。幸運にも選ばれた招待客には、たくさんの楽しみが待っていた。事実そこには地下プールや麻雀室、この国で唯一のカジノであるルーレット室もあった。レストランは六五平米あり、金正日と成蕙琳はそこで誰にも邪魔されることなく食事をすることができた。八人いる料理人は全員、国家元首の息子の好みの料理を作れるよう特別な訓練を受けており、いつでも軽食や食事を出せる態勢になっていた。上階のレセプションルームには演劇やコンサートのための舞台が設けられていたが、最後はダンスホールと化すのだった。図書室の天井は七メートルあり、成蕙琳は上のほうの本を取るには梯子を使わなければならなかった。

金正日の私設理容室は、執務室の中で二四時間開いていた。彼が外見に気を遣っていたからである。「彼は身長一六五センチメートルでした（……）。少し太り気味だったので体型維持に努め、とりわけ髪型や服装に気をつけていました。太鼓腹を隠すためにジャンパーを制服のように着用していました」[*32]と彼の専属護衛官は言う。ふたりを癒すために、香港や台湾で六カ月特訓を受けたマッサージ師が雇われていた。

ドライバーは六人いて、いつでも好きなところへ連れていってくれた。例えば夏の住まいとなっていた蒼光山官邸《チャンガンサン》。二三〇〇平米あるこの隠れ家へは岩山に掘られたトンネルを通らなければ行けないため、外部からは守られていた。

ソ連の軍事施設で過ごした子ども時代の耐乏生活は遠い過去のことになり、金正日は成蕙琳と腕を組んで映画にのめりこんでいった。彼は軍人になるための教育を受けていたにもかかわらず、映画の編集や写真についての議論の方が好きで、違う家に生まれていたらきっと芸術家になっていただろうと、恋人の姉によく話していた。女優のそばで生きる喜びを見出していたこの四年間、彼は公式写真からは姿を消した。その間、金正日は成蕙琳と水着姿で浜辺にいるところや、車内で乾杯しているところを好んで撮影させていた。「写真を見ると、国内のいたるところに建てられている金家の邸宅で過ごしていました」*33、とふたりをよく知る金正日の甥は語る。秘密に包まれた幸福を必死に守ろうとしたふたりは、写真を全部まとめて鍵の付いた鞄に入れ、友人の家に隠しておくという念の入れようであった。この時期は金正日の政治的な空白期間であり、誰もが彼は宮殿の地下牢に閉じ込められているのだと思っていた。

成蕙琳へのお告げ

一九七一年五月一〇日、平壌。

金正日はソ連製の高級車ヴォルガに乗って、まだ正式な挨拶もしていない義姉の家の前にやってきた。せわしないクラクションの音にはっと目を覚ました成蕙琅は、最新型の黒い車が夜の闇の中に停まっているのに気がついた。おずおずと近づくと車の窓が開き、「義弟」の顔が見えた。「ここに来て座って！」と彼は彼女に手招きして言った。「蕙琳が男の子を産んだんだ！」*34

この知らせにも思いがけない出会いにも舞い上がった成恵琅ではあるが、〝王子〟と初めて差向いになったこのときのことはよく覚えている。「突然彼は私にくだけた言葉遣いで話しかけてきました。彼の端正な顔は喜びで輝いていました」。金正日は嬉しい知らせを聞くとじっとしていられなくなって、すぐさますっ飛んできたのである。

成蕙琳がひそかに烽火《ボンファ》診療所に入院したとき、ふたりはある約束をしていた。彼が人目に触れずに産院に入るのは不可能だということで、生まれたらすぐに子どもの性別を知らせるための方策を彼女が考えたのである。つまり金正日が病室の前に車を停めてヘッドライトで知らせたら、成蕙琳が病室の電気を点滅させることにしよう。この暗号によって生まれたのが男の子だと分かった瞬間、彼はひとりで平壌の町を一回りして、クラクションを鳴らしまくった。「彼にはこの喜びを分かち合える人が誰もいなかったのです。それですぐに私に会いに来たのだと、あとになって分かりました」と成蕙琅は言う。

若い父親はぐずる赤ん坊を背中におぶって、母親がするように泣きやむまであやした。成蕙琅によれば、「彼は言葉では言い表せないほどこの子をかわいがっていました」。母親も温かい家庭もなく育ち、父親に支配される青年時代を過ごした金正日。その生い立ちを知る成蕙琳はこの光景にほろりとし、この時以来、彼に深い同情を寄せた。けれども成蕙琳のほうは、厳しく監視された出産のストレスで母乳が出なくなった。そこで正男坊やに授乳するため、平壌で乳母が雇われた。金正日は数年経っても育児を少しもおろそかにせず、夜には下着姿で子どもを自らトイレに連れていった。また正男が「パパ」と片言で話すようになると、すぐにテーブルに就かせて一緒に話そうとした。家長を敬って敬語で話すのが普通の朝鮮では、親しみのこもった呼び方をするのは異例のことである。

後継者の後継者を迎えるために、金正日はすべての規模を拡大した。本宅は二六五〇平米から六六〇〇平米に拡張。坊やのための遊戯室——広さは約一〇〇〇平米で、毎年西欧から最新の遊具が揃えられた——を急遽建築。その中央にはビリヤード台、四方の壁にはビデオゲーム。金正日は次第に正男につきりとなり、蕙琳のことはほとんどなおざりにした。彼は子どもにソ連や朝鮮の軍服を着せるのが好きで、洋服だんすの中にはソ連と朝鮮の陸海空軍の軍服一式がしまわれていた。息子の腰に刀を差し、命令の仕方を教えて、邸宅の小さな部隊を指揮させた。また毎年の誕生日には、軍服につける上位の階級章を贈った。さらに、年間約一〇〇万ドル相当の誕生日プレゼントを買うために、特別チームを一年中外国に派遣していた。そして五月一〇日になると、第一五号官邸で毎年同じ儀式が行なわれた。朝には特別チームが遊戯室にあるすべての物——洋服、靴、ダイヤモンドをはめ込んだ時計、モデルガン、そしてもちろんあらゆる種類のコンピューターゲーム——をしまって、世界中から集めた新しい物を置くのである。金正日は小さいころから甘やかされて育った子どもを満足させるには何をすればいいのか、何を買えばいいのか、分からなかった。乳歯を一本抜かなければならなくなったときには、息子があまりに泣くので、彼は駆け引きの才能を使わざるをえなかった。

「どうすればおまえは歯を抜かせてくれるのかな?」

「パパと同じクルマが欲しい」

願いを言えば、わがままであれ叶えられる。翌日、金正日は息子にマリンブルーのキャデラックを贈るのである。金一家は実際さまざまな自動車を保有していた。メルセデス・ベンツ四五〇の色違いを数台、キャデラック数台、ロールス・ロイス、メルセデス・ベンツ六〇〇、それに金正男用のキャデラックとメルセデス・ベンツ、成蕙琳用のメルセデス・ベンツ。

そうはいっても宮殿の孤独は耐え難い。キューブリック監督作品のような隔絶状態に終止符を打つために、成蕙琳は母と姉と姉のふたりの子どもたちを呼び寄せたいと申し出た。何と言っても、たった二歳の小さな金正男は食中毒から奇跡的に助かったばかりで、監視する目が多いに越したことはなかった。こうして、秘密の重さに苦しめられて精神バランスを崩しかけた娘を助けるために、成夫人が移り住むことになった。やがて金正男の家庭教師として雇われる姉の成蕙琅によれば、「秘密を守るために、金正男は外部にさらされずに、家族という繭の中で育てられました」。外出が許可されるのは烽火《ボンファ》診療所に診察を受けに行くときだけ。しかもそこへ行くときにも、子どもは極秘のうちに車で運ばれ、窓には目隠しの布がかけられた。こうして隠された子どもには、最高の教育を授けるための授業も行なわれた。朝鮮語、ロシア語、数学、歴史、そしてピアノをみっちりと。もちろん偉大な祖父の思想も一から学ぶ。それもこれも、金正日の息子に対する愛情ゆえであった。

　成夫人たちが援軍としてやってくると宮殿の雰囲気は穏やかになり、金正日は「家族」とともに食事をとった。一緒に暮らす人たちの昔話や望みなどに耳を傾けているうちに、彼はしだいに好感を持たれるようになった。「私の母は、金正日は天真爛漫で愛情深く、貧しい人を苦しめることのできない人だと考えていました」と成蕙琅は言う。彼が国家の次期指導者としてでも、将軍の息子としてでもなく評価されたのは、人生で初めてのことであった。彼はそばにいる女性たちから、心が広くて魅力にあふれる親切な人だと、個人としての長所を認められたのである。

　夫妻は新しい年をほとんどブルジョワのように幸福に過ごした。ある朝、一日がかりの予定で狩りに出かけた金正日が数時間後にはもう帰ってきて、戸口でわめいた。「おい！　事故が起きたんだ！　ちょっと待って」と言うと、電話のところに行った。電話から離れたところに立っていた成蕙琳は、何が起こったか尋ねる勇気がなかった。「南山《ナムサン》病院か？　婦人科につないでくれ……。生まれたか？　赤ん坊は無事？

ねてしまったのだ！　金正日は「よかった、母子ともに生きているよ！」と大声で叫んで妻を目で探したが、妻は自分で想像した恐ろしいストーリーにおびえて部屋から出て行った。「畜生！　今は鹿の出産期だって言ってくれればよかったんだ！　狩猟禁止だと知らせてくれればよかったのに！」と彼はまだ怒っている。それで成蕙琳は、彼が傷つけたのが人ではなく動物だと分かった。「撃ったのは私だ！　引き金を引いたとき、鹿が逃げられずに倒れた……。もう遅かった……」。金正日は気が咎め、当時の北朝鮮には動物病院がまだなかったので、平壌の産科病院で鹿を早産させるよう命じたのである。

ひとたび不安が消えると、ふたりとも笑い出した。何がおかしいのか周りの者には分からないときもあったが、夫妻は以心伝心のたしかな関係を育んでいるようであった。蕙琳は内気ではあったが、彼にとってはおどけ者であり、とくにモノマネがうまかった。「目配せしたり、肩をそびやかしたりしたあと、ふたりで笑い転げていることがよくありました。でも私にはなぜなのかさっぱり分かりませんでした」と、姉の成蕙琅は語る。新しい映画が封切られてもふたりで一緒に見ることができないときには、彼女がひとりで映画を見て意見を伝えることが「宿題」になった。金正日は映画のセット、俳優の演技、音楽など、細かいことについても彼女の感想を知りたがったのである。「ふたりはお似合いでした。もし普通の夫婦だったら、とても幸福な人生だったでしょう」と成蕙琅は断言する。

こんなほほえましいエピソードとはほど遠い、政治の世界が宮殿の扉を叩いた。外部の人々も、第一五号官邸の威圧的なコンクリート塀の向こう側で、金正日がひとりで生活しているわけではないことに気づき始めた。だが金正日は、たとえ成蕙琳が最愛の人であっても、彼女を父親に紹介するという危険を冒すことはできずにいた。同棲は旧来の制度では認められていたが、現行制度では禁じられている。新体制は神聖不可侵の家族関係を称揚し、家族への忠節を美徳のかなめとするからである。しかし北朝鮮最大の秘密は今まさに露見しようとしていた。この小さな家族はスパイに見張られ、人気女優がスクリーンから姿を消したという噂が流れた。李南玉によれば、「一九六八年に映画界を離れるまで、叔母はスター女優でした。その後、誰かが彼女の名前を口にすると、いつも『シッ、彼女の話はするな！』という答えが返ってきました」

継母のお屋敷

金聖愛の立場は年を追うごとに強まり、家族の関係はますます疎遠になっていった。「金正日は、金日成のお気に入りだった異母弟の金平一《キム・ピョンイル》とよく喧嘩をしていました。しかも金聖愛を自分の母とみなすことを相変わらず拒んでいました。たしかに金日成のことを天の太陽と称えてはいましたが、父の目を盗んで自分の勢力を拡大していました」[*35]と、彼の護衛官は言う。金聖愛は北朝鮮で政治家として成功するための切り札であるレジスタンス活動家ではなかったが、抜け目ない彼女はそんなことにはかかわりなく権力獲得に乗り出していた。「金聖愛は金日成の妻として国家のナンバーツーとなり、一九六〇年代以降影響力を強めていました」と李南玉は記している。

猪突猛進のこの継母はこうして朝鮮民主女性同盟の議長となり、政治集会の運営もひとりでこなした。そこで扱う問題は最初は女性問題に限られていたが、やがて政治問題全般へと広がっていく。李南玉によれば、「金聖愛への個人崇拝が始まり、彼女が書いた本が出版されました。彼女は夫と同伴ではなく、ひとりで工場やその他の場所を訪問していました」。金聖愛が幅をきかすようになると彼女の家族の立場が有利になり、金正日の母親は影が薄くなっていった。

金聖愛派と金正日派の間で政治的に混乱した時代が一〇年間続き、罷免合戦も相次いだ。首相が権力の座を離れると、金聖愛は政治的空白につけこんで、正真正銘の副首相の座に就いた。彼女はきわめてマルクス主義的な宣伝方法を駆使して、朝鮮労働党の幹部全員に自分の発言集を配るようなこともした。人々は毛沢東の妻で権力者の江青と、金聖愛とを比較した。金日成は新しい妻と息子の反目がひどくなっていくのを感じて、演説の中で自分がどちらの味方であるかを表明した。「金聖愛の言葉は私の言葉とみなされるべきである」[*36]。かくして戦いが始まった。

一九七一年八月、シアヌーク国王の来訪に際して、公式新聞は第一面に金日成と金聖愛それぞれの写真を二枚掲載した。これは権力を夫妻が分かち合っていることの紛れもないあかしであった。党中央委員会宣伝扇動部書記であった金正日は慣例を破って、控えめながらもきっぱりと異議を唱えた。「金正淑同志は抗日武装闘争のころから尽くし、解放後に亡くなりました。朝鮮女性の鑑として崇拝に値するのは金正淑同志であり、金聖愛ではありません」[*37]。民主女性同盟の役人たちは今や党中央委員会の役人と同等に扱われ、最高指導者の集会では議長と同じ壇に座る権利を有していた。その委員長、金聖愛は、金日成を称える広大な広場に、女性同盟にふさわしい新しい建物を建設することまで夫に要求している。

金聖愛は権力を有する妻としての地位を確立するために、最終段階としてきわめて危険な方法を選んだ。プロパガンダによって金正淑にまつわる記憶を永久に消してしまおうというのである。まずは町の壁に掛けられている志の高い戦士、金正淑の公式写真をすべて取り替えさせる。次には、栄光ある母の伝説を編纂するために集められた追従者たちに、執筆の中止を求める。こうしたショック療法をさらに強化するために、元闘士たちに与えられていた特権を制限して政府助成金をカットし、ただの一兵卒へと社会的地位を格下げする。金聖愛は自分の兄弟ふたりを側近に迎え、最後に「記録抹消刑《ダムナティオ・メモリアエ》」で締めくくった。つまりライバルを思い出させるものをすべて抹消したのである。脇へ追いやられた金正淑の息子、金正日から見ればこれは行き過ぎであり、以後彼は金聖愛とその子どもたちを〝枝葉〟と呼ぶようになる。金正日は公には父を立てて低姿勢でいなければならなかったが、出しゃばり妻の権力をひっくり返すための確実不動の一点は見つけていた。「権力はひとりの人間に集中させるべきだというのが彼の意見でした」と李南玉は言う。

反撃のときがやってきた。三二歳の若い金正日を支持する者たちは、継母の近親者全員を汚職容疑で訴える一連の訴訟を起こそうと、まずはふたりの兄弟を槍玉にあげた。六月の党大会では、金聖愛の支持者たちが今度は排除される側になり、金聖愛の役割は限定された。この教訓は効き目があった。一年後に金聖愛が公式の場で金正淑を「不屈の共産主義革命戦士にして優れた女性活動家」と呼んだのである。そこで〝親愛なる指導者〟の息子は、記念碑を建てて今は亡き母親を復権させようという企てに着手した。かくして母の生誕地や首都、彼女が戦った地に突然、妥協なき女性闘士の全身像や胸像が建てられた。金聖愛はライバルを称える博物館の開館式を自ら執り行なわなければならなかった。

父は金正淑に対して誠実ではなかったが、金正日はいつも変わらぬ理解者である妹のおかげで故人の遺徳を顕彰することができた。妹の金敬姫もまた、兄とともにいとしい母の墓に花を供えた一九四九年のあの耐えがたい記憶とともに成長していた。二六歳の若い娘は、母のひたむきさと父の血気を受け継いだ。金正日の護衛官によれば、「金正日は他の誰よりもこの妹と親密でした。異母兄弟たちが会いに来たときには護衛官に居留守を使わせましたが、金敬姫が来るとすぐに中に入れるよう電話してきました。（……）いつもは短気な性格の人でしたが、金敬姫に関しては執務室や別荘に無断で入ってきても一切文句を言いませんでした」

一九七二年四月に行なわれた金日成の生誕六〇周年には、新しい母親を押し付けられた兄妹の拒絶反応は抑え難いほどになっていた。〝偉大なる首領〟に捧げられる儀式は、今回も厳格に行なわれた。高位の役人や軍人たちが全員金日成の前に進み出てお辞儀をし、彼のために甘い酒をつぐ。金敬姫の番になったとき、彼女は優しい父親の方に身をかがめると、突然泣き崩れた。一瞬凍りついたような沈黙が流れたあと、招待者のひとりが彼女の気持ちを落ち着かせようとして涙のわけを尋ねた。金敬姫はまだしゃくりあげながら、やっとのことでこう言った。「私の母はこのお祝いを見ずに亡くなってしまったんですもの」。次の瞬間、彼女は天に祈って金正淑に呼びかけた。この悲痛な叫びを前にして、かつてレジスタンスの女性活動家だった古い仲間たちは嗚咽をこらえることができず、やがて女性同志の夫たちや〝偉大なる指導者〟自身も、「涙の海」[38]へ引きずり込まれた。金正日は妹をなだめようとしたが、彼女はそっと姿を隠した。

当時、北朝鮮体制の理論家だった黄長燁《ファン・ジャンヨプ》は、首領の息子と労苦を共にしていた。朝鮮のゲッベルスともいえる彼は、「主体《チュチェ》」という独自の思想を生み出した。これはマルクス・レーニン主義のもっとも荒削りな原理を、世界に門戸を閉ざすラディカルな自主独立・自給自足の理論と結びつけたものである。この黄長燁もまた、金正日の強情な妹とは反目し合っていた。金敬姫は金日成総合大学で経済学を学んでいたとき、同じ学部のある若者と出会っていた。しかし金日成は、自分が決めた信頼のおける者たち以外とのつきあいを禁じていた。そういう意味で娘があまり清らかとはいえない恋愛をしていることを耳にした〝親愛なる指導者〟は怒り、そのよそ者との交際をすぐにやめるよう娘に命じた。そしてその命令がきちんと守られるか、黄長燁に確かめさせたのである。しかし金敬姫は圧力をかけるべき相手を知っていた。

黄長燁は回顧録にこう書いている。「ある日、彼女は私の執務室にやってきて不満を申し立て、なぜ恋愛に干渉するのかと聞いてきました。それまで小さな女の子だと思っていた彼女が、毅然とした聡明な女性になっていることを、私はこの一件で理解したのです。それで彼女のことを相談するために彼女の叔父に会うことにしました。金敬姫は頑固すぎて兄の金正日もてあましている、と彼はいまいましそうに言いました。それで私は、彼らが交際を再開するのを止めるのは無理だと思ったのです。そして私が思った通り、ふたりは結局は結婚しました」*39

金敬姫の不遜な態度と、同じ母をもつふたりきりの兄妹の絶対的な信頼関係は、大きな力をふるい続けた。金敬姫は父親の怒りを買いながらも愛する人を見つけたが、自分のためにも金正日を守り、最大の危険である女性たちから兄を守るつもりでいた。

金正日は継母に対するキャンペーンに勝利し、一九七四年に後継者に指名される。

父の報復

「金正日と金敬姫の関係は親密で、このふたりが北朝鮮の政治を牽引していました。金正日は彼女を、妹というより権力のパートナーとみなしていたのです」と金正日の護衛官は言う。

成蕙琳には金正日を幸福にするのに必要十分な才能があったが、金王朝の始祖にして〝偉大なる将軍〟である金日成にとって、許しがたいある欠点を持っていた。彼女には結婚歴があり、娘までいたからである。

金正日は三年前から、テクニカラーで彩られたふたりの愛の結晶であり金王朝の血筋をひく小さな金正男を、金日成の目から隠し通していた。父の後を継ぐ前、金正日は「甘い生活」と純粋なイデオロギーとの間で悩み、孤独感に押しつぶされそうだった。金敬姫はそんな兄を助けるために、兄の名誉を傷つけても一族を危地に陥れかねない女性をすぐさま追い出さなくてはならないと考えた。それが成蕙琳にとっても「名誉ある」ことだと思った彼女は、ある朝、成蕙琳に出ていくようにと言いに来た。

「あなたは兄より年上で、しかも結婚歴があるのですから、出て行ってください。私が正男の面倒を見ますし、母親であるあなたの生活も保障します」

「そんなことは絶対にさせません。私の息子なのに、あなたに渡すなんてとんでもないわ」

　喉を締め付けられるような思いにとらわれた成蕙琳は、すぐに正男を連れて官邸から逃げ出した。金正日が公開捜査を命じることなどできないことは分かっている。以前彼女は臆病な恋人を脅したことがあった。「正男は私が育てます。あなたの妹には絶対に渡しません。いざとなったら正男をおぶっていって、お舅様に本当のことを話します」[*40]。金正日は彼女の頑固さに対して頭を働かせ、どうしてもそうすると言うならあなたを殺すことになると告げた。逃亡は短時間で終わり、母親は数時間後に見つかった。

　まさに鉄の女として金正日の傍らに立つ高圧的な妹からの圧力は、一段と強まっていった。成蕙琳は執拗な訪問に耐えきれず、昼も夜もつきまとう不安にさいなまれた。悪夢にうなされ続け、睡眠不足のせいで妄想が膨らむ。ひどい不安の発作に襲われると、彼女は訪問客たちにこう叫んだ。「私はいつ追い出されるかわからない！　あいつらはいずれ正男を取り上げようとしてるんだわ！」。診断に疑問の余地はない。抑うつ症及び神経衰弱。

　秘密を守るのはつらいが、それが暴露されれば金正日を攻撃する材料を金聖愛に与えることになる。「金日成の長男は父親の社会革命に反していました。襲撃されて赤ん坊を殺されるかもしれない、あるいは金聖愛が子どもを捕まえて自分で育てようとするかもしれないという恐れもありました。金正日は自分の地位が脅かされたり、息子が危険にさらされたりしかねない機会を、継母に一切与えたくなかったのです」と李南玉は言う。こうした不安定な均衡は、しかし父親の命令で終りを告げた。金日成と金聖愛が、金正日に結婚を命じたのである。独り身では国家の頂点には立てないし、ファーストレディと正式な跡継ぎが必要だというのだ。

　自分を犠牲にしてでも相手を思いやろうとする成蕙琳は、父親の言葉に従うよう金正日に勧めた。だがある日のこと、彼女が息子をおぶって庭に出ていると、金敬姫が力ずくで兄を迎えにきた。父親が彼のために決めた新しい妻を迎えなければならないからである。金正日はその日を知っていたが、成蕙琳に面と向かって言うことはできずにいた。おそらくは計画的に昼寝をしていた彼は、せきたてる妹に答える代りに背中を向けた。「行きましょう、お兄さん、行きましょう」と彼女は何度も言って、とうとうベッドから兄を引きずり出した。自分たちの愛はこんな打算的な結婚によって変わるものではないと考えていた成蕙琳は、ふたりが遠ざかるのを見ていた。「素直で心がまっすぐな蕙琳はついに耐え切れなくなりました。不眠症、神経症、不安発作……母は治療のために妹をモスクワに連れて行きました」と姉の蕙琅は語る。金正日は彼女のために軍事組織とでもいうべきものをモスクワに用意した。アパート二棟、警護隊、そして診療所内のロシア人医師のところに通じる通路。ふたり目の子どもができたと夫に告げる間もなく成蕙琳の体力は衰え、お腹の子に十分な栄養が行かなくなった。彼女は流産し、二カ月間の入院生活を余儀なくされた。

　そのころ金正日は、「強いられた」結婚生活を始めていた。相手は党中央委員会で働くタイピスト、金英淑《キム・ヨンスク》。イデオロギー的に正しいというお墨付きも〝偉大なる将軍〟からもらっていた。「彼女は父親から押し付けられた美しい田舎女でした。(……)金正日が堆肥の匂いがするといって怒り出したとき、泣き出してしまった情けない女性です」[*41]と党の元高官は言う。金日成は息子の本当の家族のことは何も知らなかったが、一方で新婚夫婦にはすぐに女の子が生まれた。その知らせは成蕙琳の心を突き刺し、彼女の健康状態は手の施しようがないほど悪化した。

公式に認められた夫妻は第一六号官邸に住んだ。「二階建ての建物で、庭と噴水と池と娯楽施設を備えていました。シンプルで美しい外観でありながら地下室は頑丈に作られていて、外部に通じる秘密の通路がありました」と護衛官は言う。約一八〇人の護衛隊員が守っており、誰も自由に中に入ることはできなかった。護衛官によれば、「金正日はそこで妻の金英淑と生活していました。公式にはそこが本宅でしたが、それほど頻繁には帰りませんでした。本当の妻は他の場所で暮らしていましたから」

成蕙琳は治療のためにモスクワに一〇年間の長期滞在をするにいたった。孤独のせいで神経症がひどくなり、夜になると精神錯乱者のように突然ベッドで大声を上げたり、うわごとで夫の新しい妻のことを話したりもした。彼女は寝室に金日成と金正日の写真を並べており、悲しい気持ちにさせられるこの肖像に向かって熱っぽく語りかけることもあった。「この女たらし！　金敬姫にされたことは忘れないわよ！そんなに妹が好きなら兄妹で一緒に暮せばいいのよ！」

彼女の健康状態は遺書を書いて姉に託すほど悪化していた。金正日はお金や食料、身辺警護のための係官を送った。モスクワの病院を離れるのは、平壌の烽火診療所を訪れるときだけであった。そのときは金正日が見舞いに来て何時間も彼女を見守ったが、愛する彼女が自分の世界に入ってしまうのを止めることはできなかった。成蕙琳がたどってきた悲劇は、金正日をこの上なく苦しめた。

理論家の黄長燁によると、偉大なる同志ソビエトで学ぶためにモスクワに送られた北朝鮮留学生たちの間で、漠然としたある噂が広まっていたという。金正日の妻が脱北してモスクワに亡命し、そこで治療を受けているらしいというのである。国家の新たな権力者が冷酷な怒りを爆発させるのに、これ以上のことはなかった。金正日は私生活の秘密を完璧に守らねばと、北朝鮮に帰国した学生全員を徹底的に尋問させ、このいわゆる反逆的な噂を聞いた者を処刑させた。*42 その一方、成蕙琳が順安《スナン》飛行場に到着するときにはいつも出迎えに行っていた。

妻が長い間病気に苦しんでいたことで、金正日の性格は大きく変化した。「成蕙琳が年に何度もモスクワに行くようになった一九七〇年代の初めごろから、金正日は私たちの家から決して離れようとしませんでした。彼は男やもめのように、いつも正男と一緒に寝ていました」と成蕙琅は言う。女性に対する態度は白けたものになり、さらには侮蔑的になった。一九七八年二月には、特別に彼の誕生日に列席した成蕙琳の前でこんなことを言っている。「女なんてものは、子どもの世話をして家事をやっていればいいんだ」[*43]

『キム・コング』

実のところ金正日は数年前から、自分をひとりぼっちにした女に恨みを抱いていた。かつての秘密の愛人は狂気の中で彼を忘れ、彼と北朝鮮映画をみなし子にした。成蕙琳は映画に関して彼がひらめいたことを受容する器であり、そういう意味ですぐに埋めなければならない隙間を作ってしまった。金正日は、新しい愛人ではないにしても、少なくとも彼の芸術的欲求を共有できる新たな情熱の対象を見つけなければならなかった。観客に忘れさせれば成蕙琳はいないも同然になるのだから、話は簡単だ。彼は映画のために新たな女優を必要としており、その女優によって北朝鮮映画を韓国映画に匹敵するものにしたいという願いをかなえようとした。

一九七八年一月一四日、韓国一有名な五二歳の女優、崔銀姫《チェ・ウニ》は香港で映画を撮影していた。崔銀姫は人気のある映画監督、申相玉《シン・サンオク》の元妻で、すでに七〇本以上の映画に出演していた。アジア映画の中心地で演技へのひらめきを取り戻そうとしていた彼女は、その地で謎の誘拐者たちによって連れ去られた。そして一カ月後の二月一六日の午後、平壌で、誘拐された女優の部屋の電話が鳴った。

「崔さん、金正日です。今何をしていますか？」

「本を読んだあと編み物をしていました」

「私の家に来てもらえませんか？　一時間以内に車を行かせます」

　金正日は酔って浮かれているような声で話した。

「何かあるのですか？」

「実は私の誕生日なんです。たいした用意はしていませんが、家族がみんな来るので……来てください」

　金正日は彼女を邸宅の玄関で出迎えた。「崔さん、体の具合はどうですか？　良くなったと聞いていますが」。南の同胞である韓国の看板女優を街中で乱暴に誘拐して以来、金正日は彼女の健康状態をとくに気遣い、愛想よく細かなところまで気を配った。

「崔さん、それは私があなたのために仕立てさせたドレスですね。とてもきれいだ。朝鮮の衣装のほうがお似合いですね」

「ありがとうございます。褒めるのがお上手ですこと」

「困っていることはありませんか？　もし何かあったら遠慮なく言ってください」

「いいえ、何もありません。それどころかとても親切にしていただいて、お礼の申しようもございません」

「はは……そうですか？　特別なことは何もしていませんが」

「親愛なる指導者様……」

「何でしょうか」

「このようなおめでたい日にこんなことを申し上げてすみませんが……家に帰していただけないでしょうか？　私には家族と、面倒を見なければならない七〇〇人の生徒たちがいます。やりかけだったことを考えると眠れないのです……」

「ええ、よく分かります。だが少しご辛抱ください。もうすぐ事情が変わるでしょう」

芸術家としても知られる金正日にとって、韓国の有名な映画芸術学校のプロデューサーで教師でもある崔銀姫はよき理解者に思えた。彼女はもちろん未来の指導者の誕生日を華やかにするために招待されたわけではなく、ハリウッドのような映画産業を興す手助けをするために呼ばれたのである。崔銀姫は出来の悪いSF映画のような祝典を目の当たりにした。「妻を紹介しましょう。さあ、こちらが崔さんだ。挨拶しなさい」。金正日が紹介したのは、父親が選んだ公式の妻、金英淑であった。花柄プリントの黒い室内着を着た金英淑がかたわらに立った。「ようこそおいでくださいました」。それから夫の方を向いて、「どうしていいのか分からないわ……。あまりに突然なので……」。答えはすべて用意されていた。「でも崔さんは特別だ。家族の一員として来てくれたのだから……」[*44]。無力な成蕙琳もその場にいて、韓国の同業者を驚嘆して見つめていた。ふたりの映画スターが初めて対面を果たしたのである。

まだ自分の運命を受け入れられずにいた崔銀姫に対して、金正日はあの手この手で機嫌を取ろうとした。パーティーに彼女が来ることは正式に予定されたものではなく、酒の入った金正日が急に彼女を招待すると決めたのである。金英淑は大勢の招待客を満足させようとあちこちを歩き回った。宴会の目玉は活き鯉で、料理長がぴちぴち動く魚をそのまま刺身に切り分けた。金正日は雰囲気を和らげるために、妻の身振りを茶化しながら女性を蔑視するようなユーモアを披露した。「妻は何も知らないんです（……）ただの田舎者ですよ！」。彼は妻に来客を入浴施設に連れていく役目まで言いつけた。「次に温泉に行くときには、崔さんを連れていきなさい。この人も心臓が弱いから」

宿舎に戻った崔銀姫は、実際は金正日が自分のためにすべて用意していたことに気がついた。室内に置かれた赤電話は秘密の回線につながっていて、秘書を通さず直接彼と話すことができる。いつでも通話できるように直通の電話番号も渡されている。こうしたもてなしに続いて、金正日は親切にも側近のひとりを通じて囚われ人にプレゼントを届けた。資生堂の化粧品、ボトル入りのシャンペンとコニャック。数日後には金正日自身が訪ねてきたが、崔夫人は自分の運命について安心を得ることはできなかった。

「崔さん、あなたはドアを開けたまま寝るんですか?」

「はい、閉め方が分からないので」

「ああそう? こうすればいいんですよ。寝る前に戸締りをよく確かめてください」

金正日はこの新入り女優に直ちに仕事に取りかからせた。サーカス、演劇、映画など朝鮮のあらゆる作品についての意見を求めたのである。「彼の行く先々に、設備の整った上映室がありました。彼は映画保管所で選んだ映画を毎晩そこで見るのです。一〇〇〇ページ近いリストには、吹き替えや字幕の有無が示されていました。半数は彼だけのために特別に吹き替えや字幕が付けられていました」と彼女は言う。〝親愛なる指導者〟の治下では映画は気晴らしではなく、ましてや娯楽ではない。金家の神話を作り上げるための政治手段なのである。

金正日はまず、最近市内で公開された『血の海』についての意見を求めた。日本占領時代の大量処刑を扱った作品で、「北朝鮮の革命五大作」のうちのひとつである。崔銀姫はもっと「ロマンチックな要素」を加味するよう助言した。「申相玉監督が到着したら、いい映画にしてください」。彼女は雷に打たれたような気がした。元夫が北朝鮮で何をするというのだろう? 崔銀姫が姿を消してから数カ月後の一九七八年七月、申監督は香港に戻って彼女の足取りを見つけようとしていた。金正日はこれを才能あるふたりの演劇人を結びつける好機と考え、ごく単純に今度は詮索好きな夫を誘拐させることにした。申相玉が来るという知らせを聞いて喜んだ金正日は、崔銀姫と一緒にいるところを見せびらかしたいとまで思った。

「崔さん、次の南北会談には私と一緒に参加しましょう」

「えっ……それはいつですか？」

「もうすぐです」

「そこで私に何ができるのでしょう？」

「韓国の人たちの前で社会主義祖国が優位にあることを話してくれれば、大きな効果があるでしょう。韓国にはあなたのファンが大勢いますよね？」

　崔銀姫はあいた口がふさがらなかった。金正日の宮廷では他にもくだらない時間つぶしの機会が数多く待ち受けており、彼女の無気力状態は数年間続くことになる。〝親愛なる指導者〟は芸術活動に打ち込んでいたが、ひとりの父親であることに変わりはなく、何年も前から愛情のすべてを息子に注いでいた。彼は息子の将来を考えて外国に留学させようと考えたが、金敬姫もそれには大賛成だった。そこで彼女の同意を得たうえで、成家の女性陣は正男を抱いて数週間の予定でモスクワに出かけた。しかし衛生上の問題のためにすぐに帰国してしまった。「正男は初日に登校しただけで、その後学校に行きたがりませんでした。トイレが汚かったからです」と同行した女性は残念そうに語る。そこで金敬姫の夫は新たな場所と新たな学校探しに奔走した。ジュネーブならば「中立の」場所だ。しかし金正男の素性を隠し安全を確保するために、対応策を取ることになった――北朝鮮外交官の息子ということにしよう。

　出発の日、金正日はどうしようもないほど悲しみに沈んでいた。「娘を嫁に出すときに嘆き悲しむ母親以上でした。酒を飲んで子どものように泣いていました」と成蕙琅は明かす。酒を飲んで涙にくれる父親はこう繰り返した。「全部分かっていたさ！　お前たちは正男を私から取り上げようとしているんだ！」。

だが酔いがさめるとすぐに気を取り直す。李南玉によれば、「金正日は世界のことを学び体験を積んでこいと、私たちを励ましてくれました」

一行は一九八〇年三月にジュネーブに到着した。一息ついたのも束の間、滞在先では電話が鳴りやまなかった。金正日がひっきりなしに息子に電話をかけてきたからである。受話器の向こうとこちらで、父と子は、あふれんばかりの涙を流しながら話をした。正男の祖母と伯母と李南玉も一行に加わっていたが、成蕙琳はそのとき再びモスクワにいた。金正日の子どもがジュネーブにいることは国家の最高機密である。「けれども正男は父親を恋しがって、どうか平壌に戻らせてほしいと言い張りました。彼は『僕をおうちに帰らせてよ、お父さん！』と何度も叫んでいる声をカセットテープに録音し、それを送ってほしいと祖母に頼みました。でも祖母は聞き入れませんでした。もし金正日がそれを受け取っていたら、おそらくジュネーブにとどまらせなかったでしょう」と李南玉は証言する。粘り強い成家の女性たちは正男の帰国を阻止し、孤独な父親は映画製作を生きがいにした。

一九八三年三月六日、崔銀姫は〝親愛なる指導者〟の囚われ人として五年間過ごしたのち、初めて元夫と対面した。お互いにびっくりして呆然となった。ありがたいことに、同席していた金正日が再会したふたりをあおりたてた。「どうしてそんなふうにつったっているの？　キスしなさいよ！」。哀れなふたりがぎこちなく互いの唇を合わせると、そのときの様子が写真に撮られた。金正日は嬉しそうに拍手喝采し、彼らと一緒にポーズを取った。そして彼らしい言い方で安心させようとした。「心配しないで。この写真は韓国の新聞には掲載されないから。さあ抱擁はそこまでにして、こちらに来なさい」。申相玉は誘拐されてから長い間監獄に入れられ、ようやく出されたばかりだった。ところが今、映画顧問に任命され、さらに信じられないことを言われた。「四月一五日にここで再婚しなさい」。それは金日成の誕生日であった。

気前のいい金正日はいっぷう変わった結婚祝いのプレゼントを計画した。三年前の祝典のときのことだが、妹の金敬姫が、私は犬が大好きで家に何匹も飼っているの、と自慢した。そのときもちろんひとりぼっちだった崔銀姫が自分も子犬が大好きだと言うと、金正日は子犬を一匹彼女にあげなさいと妹に言った。こんなエピソードはとっくの昔に忘れていたのに、再婚した翌日に家の戸口に思いがけず二匹の子犬が置かれていたのである。

カップルは金正日の壮大な計画を実現するために数年間協力し合い、彼のために多くの傑作を制作した。『ゴジラ』のプロレタリア版である『プルガサリ』もそのひとつである。再婚を強いられたこの夫婦は一九八六年にウィーンで撮影を行なった際に北朝鮮の随行者たちをまいて、アメリカ大使館に逃げ込んだ。こうしてふたりはその傑作にふさわしい亡命を成功させたのである。

スター・ダンサーズ・ウォーズ

家族の秘密が暴かれるのを心配した金正日は、九〇年代初めに正男を平壌に帰国させた。何年も離れて暮らしていたにもかかわらず、正男の父親に対する愛情はまったく変わらなかった。しかし今や彼はこの国ではよそ者であり、〝親愛なる指導者〟のスケジュールの中に入り込める余地はなかった。金正日が人生で最初に愛した成蕙琳は彼の世界から決定的に消えさり、彼は彼女と一緒に過ごした日々と、その美しさを懐かしんだ。今後も彼女の繊細な顔立ちだけでなく、その細い足も懐かしく思い出すことだろう。彼女の足のラインの美しさを、彼ほどよく知る者はいなかった。ささやかな慰めとして、「金正日は正男が母親に似て足が長いことにとても満足していました」*45と成蕙琅は言う。

足の美しさにこだわる金正日は、アトリエにいる革新的な婦人服デザイナーのような気分であった。「あるとき、彼は私の娘のスカートについて指摘し、『どうして膝下があんなに長くなるんだ?』と言っていました」と成蕙琅は言う。家族の中であっても、北朝鮮の若者がより美しくなったと感心できなければならなかった。金王朝の第一王子は政界のトゥールーズ・ロートレックとなり、足の長さを基準にして幹部を採用した。同じく成蕙琅によれば、「彼は足について独特の見方をしていました。幹部の人たちが徐々に足の長い人に代わっていることを、私以外の誰かが気づいていたかどうかは分かりませんが」。北朝鮮の新たな君主は完璧な耽美主義者であり、彼に気に入られるには美しい足を持っているだけでは十分ではなく、優美な身のこなしも必要であった。芸術趣味に没頭し、おそらく小さいころから母親にダンスの手ほどきを受けた金正日は、北朝鮮一の振付師になるという大仕事を極秘のうちに成し遂げていく。

白いサテンの小さな上靴が、独裁者のハートの上で陽気に踊っていた……

金正日はエリート集団である万寿台《マンスデ》芸術団に二〇年前から個人的に出資し、指導していた。大同江近くにある養成学校には、この国でもっとも優れたダンサーや俳優が集められて、一般の人々よりはるかに恵まれた環境で生活している。他の場所では朝と夜だけしか使えない温水が、ここでは一日中使える。食事、洗濯つきで、外国のチョコレートやコーラもある。特権を与えられたダンサーのひとりは、信じられないようなことを語っている。「何でも与えられました。洋服、下着、それに化粧品も」[*46]。この学校の生徒たちは週に一度、「一般教養とアイデアを得るために」資本主義の映画を見て、国境の向こうの堕落した世界を覗き見る権利もあった。金正日はリハーサルやトレーニングに毎日立ち会い、自分が注意したことを撮影させて、その指摘を練習後に繰り返し見るよう生徒に命じた。生徒たちは自己批判会で誓いを表明する。

「私は金正日氏率いる芸術団の一員としてご厚意に感謝するために、この国の芸術生活に最善を尽くすことを誓います」。特別待遇を受ける代わりに、生徒たちは外国の高官たちに完璧なパフォーマンスを披露するとともに、〝親愛なる指導者〟の私的なパーティーで彼を楽しませなければならない。

押しつけられた本妻や病気の伴侶とは離れたところで、万寿台芸術団は二〇年前から彼にたくさんの楽しみの機会を与えていた。どうすれば金正日を満足させられるか分からない美少女たちがいれば、彼本人がいそいそとその負担を軽くしてやった。一九七二年には、金正日による思い切った基準でキャストを選んだ歌劇『花を売る乙女』が初演された。この作品で役を獲得するには、身長は一六〇センチ以上で、顔も美しくなければならなかった。配役の決め手は、踊りのうまさよりもむしろ外見であった。この傑作は抗日闘争時代が舞台で、病気の母親と盲目の妹の世話をするために毎日山に行って花を摘み、それを市場で売ってわずかなお金を得ている若い田舎娘の物語である。

金正日はそこで高英姫《コ・ヨンヒ》と知り合った。彼女は在日帰国者であるにもかかわらず、芸術団でもっとも人気のある女優のひとりであった。彼女の家族は、高英姫が八歳のときに朝鮮に帰国した。北朝鮮の社会では日系人はよく思われていないため、この階層は巧みに権力の枠外に置かれている。しかし高英姫は、たびたび彼女の演技を見に来るリーダーの注意を引くことができた。すっきりした目鼻立ちと抜けるように白い顔色は人目をひかずにはおかず、背が高くてすらりとした体は体操選手のように引き締まっていた。しかしそれだけではない。「彼女は好意的な批評を受けていました。ダンスが上手で、舞台ではカリスマ性がありましたから」と芸術団の同僚は語る。

ある朝のこと、この同僚はたまたま高英姫と一緒に特別訓練を受けるよう指示された。その夜、コンディションを整えた踊り子たちは広いリハーサル室に呼び出され、謎の上演会で着る衣装を渡された。「衣装は薄いピンク色のナイロン製で、くるぶしまでありました。袖なしの真っ直ぐにカットされたビュスチェは、これまでのショーで着ていた伝統的な衣装よりはるかにどぎついスタイルでした」

命令どおりに一八時までに準備を済ませると、高英姫と相手役は車で目的地である迎賓館に連れていかれた。そして最終的な指示。「君たちが参加する祝宴は指導者金正日同志のために開かれるものである。(……)心地よいくつろぎの時になるよう精いっぱいやりなさい」。もうひとつの厳命。「この祝宴は参加者だけが知る秘密事項であることを忘れないこと。これから見たり聞いたりすることは、決して外部に漏らしてはならない」。ダンスホールに移動した彼女たちは、びっくりするのと同じぐらいがっかりした。豪華なシャンデリアがやわらかな光を放つこのホールは、四方の壁が鏡張りで、窓がひとつもない。部屋の一方にようやく見つけた木製のステージは、狭い上かろうじて高くなっている程度の代物だ。このステージにこれから立つのである。念のためにと渡されたメモには、この風変わりな劇場の客の席次が示されていた。

二〇時に金正日がお決まりのグレーの人民服を着て登場した。けれどもこの話をしてくれた踊り子は、すぐにあることに気がついた。「かかとが高くなったシークレット・シューズでした。背が低いせいでしょう」。客たちが立ち上がって拍手喝采し、金正日がステージ正面の特別席に座った。席に着くとすぐに彼は舞台の振付師の方に身を乗り出して、ふたりの踊り子の素性について尋ねた。直後に音楽が始まって会話が遮られ、乙女たちが位置についた。「白頭チームは全員二〇歳以下と思われる若い女の子たちで構成されていました。小柄で細身のシルエットが、グレーのロングドレスとブルーのボレロで強調されていました」とおしゃべりな踊り子は言う。

まもなくテーブルに色鮮やかなごちそうの数々が並べられ、客たちは会話が弾むにつれて嫌というほど飲んだり食べたりした。演目が始まったとき、踊り子は耳を疑った。禁止されている韓国の歌の扇情的な歌詞が聞こえたのである。聞いただけで厳しくも懲役刑を科されるはずの歌であった。ところが金正日を含めた全員が「いいぞ、いいぞ！」と繰り返しながら大笑いしていた。ふたりの踊り子はそのとき突然に、〝指導者同志〟にお酌をする名誉が与えられたと告げられた。最初は娘の足に注目していた金正日が、その視線を美しいミニスカートに向けた。ふと、そこに血の染みがあるのに気がついた。

「その血はどうしたんだ？」

「膝のいぼがショーの間に開いてしまったに違いありません」

「生理の血ではないのか？」

「いいえ違います。膝のいぼが……ショーの間に……」

娘は震え上がって言葉を発することができなかった。酔っぱらった客のひとりが笑い出した。「ああそうだったの？　そうは見えないけど！」。金正日の関心はそこまでで終わり、彼女にはありがとうと言っただけで、もっと物静かで、何よりもっと清潔な同僚に視線を移した。

今度は別のチームが熱演する番だ。このチームの型にはまらないスタイルは、ふたりの予想だにしないものであった。「そのショーはダンスとは言えないものでした。みだらな仕草ばかりなのです。音楽のリズムに合わせて体をくねらせたり、パンティーが見えるくらい足を高く上げたり、胸をあらわにするような下品な動作を何度も繰り返したりしていました……。そのとき金正日の顔を見ると、とても満足そうに笑っていました」

軽々しい〝親愛なる指導者〟は、万寿台芸術団のふたりのトップダンサーをダンスに誘った。彼は『花を売る乙女』の幻想的な踊りを見せてくれ」と陽気に言い、ふたりが踊って腰を揺らし始めると、驚いたことにいそいそとステージに上がった。そして「ハイビスカスのダンスをしよう！」と言うと、本物のダンスの先生のように熱心に自らステップの手本まで示した。

それから数カ月後、高英姫はチームのトップに昇格し、芸術団のスターダンサーとして日本に派遣された。在日関係者はこう語る。「来日したのは金正日から高英姫へのプレゼント。生まれ育った日本に行き、好きな物を買ってこいと。彼女は特別扱いで、周囲は腫れ物に触るような扱いだった」（『AERA』二〇一〇年一二月六日号）*47

一九七九年には、高英姫がしばらく前から心に抱いていた願いがついに実現した。「ある日彼女の姿が見えなくなり、彼女と金正日が同居生活を始めたことが分かりました」とダンス仲間は語る。金正日の料理人によると、ふたりのつきあいはドライブから始まったという。金正日は愛車に乗って芸術団の宿舎まで高英姫を迎えに行き、韓国の歌を聴きながら一晩じゅう町をドライブした。*48 高英姫は出会ったころのことを懐かしみ、金正日の料理人である藤本健二に『その時、その人（クッテクッサラム）』をよく歌った。一九七九年のヒット曲で、若者のロマンチックな気持ちを綴ったこんな言葉で始まる。「雨が降れば、思い出すあの人……」。彼らはこの年に新居に移り、新婚のふたりにはやがてふたりの男の子とひとりの女の子が生まれる。

しかし金正日のもうひとつの家族である成家の女性たちは、この内縁関係を非難する。「彼女は一〇年前から執念深く待っていたのです」と成蕙琅は言い、選ばれた女の素性を暴露して息をひそめた。「高英姫……彼女が『在日同胞』であることは国じゅうの人が知っています。だから彼女は、白頭山の聖地で生まれた金正日の革命家系の正当性を脅かす存在なのです」

成蕙琳の思い出はきわめて厄介なものになった。金正日が初恋の人とつながりのある人々に疑いの目を向けていったからである。学校で成蕙琳の親友だった踊り子は、ある朝家にやってきた金正日の配下によって、悪名高い耀徳《ヨドク》収容所に家族もろとも連れていかれた。踊り子の両親はそこで栄養失調のために亡くなり、九歳の息子は川に水を飲みに行って溺死した。打ちひしがれた踊り子がこの強制収容の理由を説明されたのは、耀徳に連行されてから九年後のことであった。「警備員が私にこう言いました。成蕙琳は金正日の妻ではないし、子どももいない。それは根も葉もない噂だ。もしそんなことをしゃべったら、おまえは決して許されまい」*49

金正日は過去を一掃し、成家の女性陣とよそ者の高英姫との間で勃発した戦争で、どちらの陣営につくかをはっきりと表明したのである。実際のところ高英姫は金正日に他のふたりの妻を忘れさせるためなら何であれ実行し、またそのためにどこで男を繋ぎ止めておけばいいかも分かっていた。胃袋だ。金正日はナマズに目がない。大真面目に、自分の料理人にある調査を任せたほどである。「藤本、日本にもナマズ料理があるだろう。どんな料理か日本に行って見てこい」（『金正日の料理人』藤本健二著、扶桑社）。ナマズのしゃぶしゃぶを出している店が一軒あることを知った金正日は、すぐに四人の料理人から成る公式代表団をその聖地に研修に行かせた。高英姫も負けじと、彼が大好きなナマズを長時間かけておいしく調理した。彼女は得意料理のトウモロコシの冷麺もよく作った。

とはいえ、大衆的な市場で買った魚を夫に出すなど論外である。指導者の心を独占するためならどんなことでもする覚悟の高英姫は、金正日や料理人と共に家族で釣りに出かけることもあった。ある日には、賭け事好きな金正日が彼女に、川魚を誰が一番多く釣るか賭けようと言い出した。「明日は二組に分かれて釣り競争をする。釣った魚を昼食に食べよう」と彼は横柄に言った。

高英姫は浅はかな女ではない。彼女は一九五三年八月一六日に大阪で生まれ、万寿台芸術団の規則に従いながらも鉄の意志を示すことのできる女性であった。とはいえ亡命や労苦が、陽気で親切な彼女の性格に影をおとすことはなかった。「彼女はとても美人で辛抱強く、決して他人の話を遮ったりしない、一言で言えば理想の妻です」と料理人は羨ましそうに語っている。金正日は高英姫とともに完璧な家族という幻想を再び実現しようとした。夫妻と子どもたちはそれぞれ白馬を持ち、金正日を先頭に一団となって駆けまわった。金正日は馬にまたがるのが好きで、テレビや映画でも機会あるごとに乗馬姿を見せていた。

ところが一九九二年、工事中の道路で急に方向転換しようとしたとき、馬がバランスを失って滑り、〝親愛なる指導者〟は地面に投げ出された。自宅まで運ばれたが夜になるまで意識が戻らず、肩と頭部に大怪我をして何週間も寝たきりになった。高英姫が見舞いに行くと、彼は全身を包帯で固定され、目の周りにはサングラスで隠さなければならないほど大きな青あざができていた。それでも国政は待ってはくれない。彼は新妻に秘書役を頼み、執務室に山積みされた書類の束を読ませた。当時金正日は奇妙な儀式を始めた。自分だけがモルヒネによる麻痺状態になるのは嫌だし、この危険な鎮痛薬に依存するのも怖いというので、薬を注射するたびに妻を含めた六人の側近を呼び集めたのである。そして毎晩二二時、気の毒な六人は金正日と同じ用量の注射を打たれた。薬が効き始めるまでは、床に就くこともできなかった。高英姫はこうして最初の試練を乗り切ったことで、良妻の地位を獲得した。それ以後、金正日はすっかり彼女を信頼し、女は家事だけやっていればいいという考えを捨てるまでになった。彼は彼女のきわめて礼を欠いた行為さえおもしろがった――彼女は日本の軍歌を彼に歌わせたりしたのである。

一九九四年七月。尊敬する父、金日成が五〇年近い治世の末に心臓発作で亡くなった。警察が平壌の酒場で一斉手入れを行なってこの悲劇の日に浮かれ騒ぐ不届き者を罰する一方、金正日は正式に金王朝二代目君主の座に就いた。とはいえ生まれたときから〝偉大なる将軍〟の跡を継ぐことは分かっていた身であり、感動を覚えるにはほど遠かった。高英姫は父親の死に打ちひしがれているように見える夫の気力を心配した。夫が長い間ひとり自室にこもっているのに気づいた妻は、あるとき最悪の事態を恐れて部屋のドアを開けた。すると夫は拳銃をじっと見つめている。彼女は悲鳴を抑えられなかったが、夫を不吉な考えから引き離さなければと、最後には無邪気そうに尋ねた。「あなた、何を考えているの?」。答えはなかった。

金正日は高英姫に何もかも任せた。彼を世界的に有名にしたもののひとつである髪型もそうである。彼の料理人は海岸を歩いているときに思いがけない親密な場面を目撃した。「私は彼が椅子に座り、高英姫に髪をカットしてもらっているのを見ました。それがとても愛らしかったので、私も自分の髪をカットしてくれるように妻に頼んだほどです」

ふだん金正日が誰ひとりとして、周りの女性たちさえも信用しなかったことは指摘しておくべきだろう。「彼のそばで働くタイピストや電話交換手は、金属製品を身につけることができませんでした。たとえば髪留めが使えなかったので、髪はいつもおろしたままでした」と彼の護衛官は記している。〝親愛なる指導者〟はさらに念を入れた。同じ証言者によれば、「ふつう中央委員会の電話交換手は女性でしたが、彼はそれを男性に代えるように命じました。『女は秘密を守ることができない』というのがその理由でした」

金正日が権力の座に就くと、高英姫はそれまでよりもはるかに多くの時間と自由を得て、旅行ができるようになった。ヨーロッパでも楽しげな姿をたびたび見せたし、東京ディズニーランドにも出かけた。しかしこうした度重なる旅行には、実は暗い理由が隠されていた。健康状態が思わしくなかったのである。彼女は何年も前から乳がんに侵されていた。病状を安定させるためリヨンやパリの医師が平壌に呼ばれたが、夫が権力を引き継ぎ新たな役目を得たことがストレスになり、身体の中に潜んでいた病魔を目覚めさせたのである。高英姫は一九九五年にフランスのリヨンで手術を受けた。

従順でない日本女性

金正男は成人しても、父親とかつてのような親密な関係を取り戻すことはできなかった。理由は簡単だ。「彼は別の女性と人生をやり直し、かつて正男に注いでいた『泣くほどの愛情』をすべて新しい子どもたちに与えていました」と正男の伯母、成蕙琅は言う。正男は自邸内で配給券を支給される部外者になっていた。今では暴力の発作をよく起こし、公共の場所で手がつけられなくなることもある。成蕙琳が愛情をこめて慈しみ、愛する人の正当かつ適任の後継者だと思っていた正男が、二〇〇一年に偽造パスポートで日本に入国しようとして逮捕されたとき、金正日の失望は決定的になった。彼の手荷物に入っていたのはハイテクの武器ではなく、テーマパークのチケットであった。彼もまたディズニーランドに行きたかったのである。

この五月、東京の空港で正男が逮捕されたことから、〝親愛なる指導者〟の最初の家族の運命は決定づけられた。成家の女性たちは、これ以降金一族の中での市民権を失う。かつて映画スターだった正男の母はモスクワで衰弱し、翌年孤独に世を去った。彼女はモスクワ郊外のトロエクロフスコエ墓地の、スターリンの妻ナジェージダと息子ワシーリーの墓からほんの少し離れた、黒い大理石の墓碑の下で眠っている。

その八カ月後、『私は人間として、女性として生きたい』と題する論説が党の機関紙に掲載された。そこには恐ろしい火災で亡くなった貧しい韓国住民の悲しい最期が描かれていた。論説の筆者はこの無名の女性の死に激しく抗議し、その死を女性を破滅に至らせる資本主義社会の生活様式の象徴として捉えた。「この社会では女性は下劣な生活様式に陥りやすい（……）。家の花々のように、そして国家の花々のように愛され守られるべき女性たちが、間違った体制の下に生まれたという〝だけの理由で〟あさましい人生の曲がりくねった道をさまよわなくてはならないのである」[*50]。体制の日常的なプロパガンダでとくに目新しいものではないが、北朝鮮ではまだまったく知られていなかった高英姫の名前が署名されている点で、画期的なものであった。北朝鮮にはゴシップ誌というものが存在しないため、彼女の名前が何らかのメディアに記載されたのはこれが初めてであった。

続いてさらにふたつの論説が掲載された。ひとつ目はアメリカが国際社会に混沌をまき散らし、水素爆弾によって世界を支配しようとしていると告発するもの、ふたつ目は核兵器全廃を直接呼びかけるものである。彼女はその記事の中で、堅く守られている秘密を北朝鮮の人々に暴露した。ブッシュ政権が核兵器削減を呼びかけているのは、実は支配を広げるための策略だというのである。二〇〇二年三月一一日には、高英姫は九月一一日のテロをアメリカが政治的に利用したと記事の中で告発した。アメリカ政府は「国内の安全」という問題を他の国々に投影して、外国のいたる所に恐怖をまき散らしているのだという。しかも彼女は控えめながらブッシュ大統領にアドバイスまでしている。「国外の人々に対してこのような奇妙なやり方で行動するのは、もうやめていただきたい。そして人類にとって良いことだけを行なってください(……)人々の気持ち、時代の流れをきちんと見極めて、慎み深く行動してください」。こうして金正日は、おそらく未来の指導者の母になるであろう自分の妻を北朝鮮国民に紹介したが、国民はこのきわめて単純な恐怖心を反映した論説に賛同するしかなかった。

八月には高英姫を金正日の妻として紹介するステップに入り、彼女を「尊敬する母上であり忠臣中の忠臣」[*51]とする公式軍事資料が発表された。視察や軍隊の分列行進のときにいつも金正日の横にいる高英姫は、いかなるときも指導者の健康と安全を守るという大事な役割を果たした。プロパガンダの表現に慣れている者たちは、それまで金正日の亡き母金正淑を指していた〝尊敬する母上〟や〝朝鮮の母上〟という言葉が今後は彼女のことを示すことに、すぐに気がついた。いまや最大の敬意を払うべき対象は高英姫である。低い階層にあった彼女が数年のうちに金一族の中で権力を握ることができたのは、おそらく成家の跡継ぎの信用を失わせて、自分の息子のひとりを運よく後継者として認めさせることができたからである。

この上ない褒め言葉を多用することで公的地位が築かれたが、それ以上に高英姫は、自分の意思を私生活の中で金正日に伝えることができた。夫妻の専属料理人は二〇〇二年八月八日の特別な会話を覚えている。

「藤本さん、ちょっとお話ししましょう。私は前から藤本さんと一度こうして話がしたかったのですが、なかなか機会がなくて、いまになってしまいました。（……）いろいろなおいしいお料理を将軍様のために作ってくださって、本当に感謝しています。それに、スポーツは何でもお得意だし、宴会の時もサックスを演奏してくださったり、有り難う。また、今日は、おいしい鰻丼も作ってくださって、家族皆で本当においしくいただきました」（……）「藤本さん、日本に帰りたくないですか」（……）

「帰りたくないと言えば嘘になります。年に一度は帰って、娘たちに会い、兄にも会って一杯やりたいと思います」（……）

「そうでしょう。将軍様に私からお話ししておきましょう」（『金正日の料理人』）

それから一週間後、器用な料理人は〝偉大なる指導者〟から直接呼ばれて、日本に旅行することを許された。ただし慣例的な注意事項がいくつかあった。「期間は二週間だ。パスポートの再申請をし、魚を買ってこい。生マグロと太刀魚を買ってきてくれ。ただし、中国から日本に電話をするな」*52（前掲書）［この料理人は以前中国から日本にかけた電話が盗聴されて、北朝鮮当局からスパイ容疑をかけられた］。料理人から何の連絡もないまま二週間が過ぎた。離反したのか、もう鰻丼を食べられないのが悲しかったのか、それとも泥棒に買い物の金を持ち逃げされたのか？　金正日は彼が沖縄に逃亡したと知ると、このかつての遊び仲間を殺すよう命じた。しかしこのときもまた、高英姫が夫のいらだちをなだめた。「藤本は、日本がいいから日本にいるのでしょう。そっとしておいてあげたらどうですか？」（前掲書）

しかしこれによって新しいファーストレディはごく親しい友人のひとりを失った。藤本は金正日の宮廷で日本の思い出を語り合えるただひとりの友人だったのである。金正日の人民服が見えるとすぐに話題を変えるよう注意しながら、ふたりは日本文化についておしゃべりしたものだ。彼はいわば夫婦ののろけ話を聞かされていた。「金正日は高英姫を心の底から愛していました。私が思うに、彼女は彼の最後の女性でした」

金正日が失ったのは日本人の料理人というだけでなく、ささやかな気晴らしをとりしきってくれた人物でもあった。グルメであるという評判を今さら得る必要はないが、その評判を裏切るわけにはいかないというわけで、金正日はそれぞれ得意料理がある六人ほどの料理人をほかにも抱えていた。藤本が北朝鮮を出るときには、金正日のお気に入り料理のひとつであるリブロースを巧みに手早く調理するフランス人コックもいたという。

平壌は〝移動祝祭日〟

金正日のパーティーはいつもこんなふうに始まった。ファーストレディの高英姫が夫とともに入場し、金正日がみずから夫人のコートを脱がせると、二度の出産で成熟した夫人の体つきがあらわになる。それから彼女は夫と並んで席に着き、パーティーに興味を示しているそぶりをする。ときには目も当てられないほどひどい光景が見られることもあった。「ひどく酔っぱらった高官たちが少女に飛びつくこともありました。金正日は宴会の最中に起こったことはほとんど大目にみていて、問題にはしませんでした」[*53]と招待客のひとりは言う。金正日は夫人が同席しているときには行動に注意したが、夫人がこのような遊興への参加を控えたときには喜んで派手なお祭り騒ぎに加わった。そんなわけで、夫人が乳がんの手術のためにフランスに滞在するようになると、宮廷では夜な夜な淫蕩が繰り広げられたわけである。

邸宅のひとつで開かれた宴会が最高潮に達したことがある。「喜び組」の五人の女性が、指導者の周りに集合した高官たちを楽しませていた。そのとき突然、貴賓席から命令が下った。「洋服を脱げ！」。踊り子たちがおずおずと服を脱ぐと、この至上命令を補う修正案が発せられた。「ブラジャーも、パンティーもだ！」。踊り子たちはいやいやながら裸で踊った。だがお楽しみはこれからだ。少々卑猥な金正日が指揮をとり、幹部たちを指さして、「おまえもいっしょに踊れ」と言った。しかし気まぐれながら厳しいルールがあった。「踊るのはいいが、触るのはだめだぞ。触ったら泥棒だぞ」[*54]（『金正日の料理人』）

金正日が体制のトップにあってこうしたふしだらなことを行うのは、実のところ恩義を受けた者に報いたり、さらなる恩義を求めたりするための手段であった。金正日体制の極秘「教育機関」のひとつが「喜び組」であった。平壌のすべての芸術高校を卒業した少女の中から、二〇〇〇人を募集する。条件は、一八歳以下で処女、完全に健康体であること。選ばれた少女たちは、金正日の宮殿で繰り広げられる乱痴気騒ぎに興を添えるため、三つのグループに分けられた。性的奉仕を行なう「満足組」、マッサージで高官たちの疲れをほぐす「幸福組」、そして歌と踊りの「歌舞組」である。

金正日には決まったパートナーは存在せず、たいていは二、三人の少女が彼のそばに座って、命令された通りの満足を与えられるよう構えていた。すぐに夫の気晴らしに嫌気がさした高英姫はこの乱痴気騒ぎに加わることが少なくなり、夫から与えられた蒼光山官邸にとどまる方を好んだ。

高英姫が出ていくと、すぐに「喜び組」が登場した。彼女たちはとくに水曜日と土曜日に、指導者の主要官邸で舞台に立った。招待客はいつも同じ時間、一九時三〇分に招かれた。飲み物を出されて待っていると、二〇時に金正日が到着。伝統的にできるだけ早く飲むことになっていて、二二時頃にはたいてい全員が酔っぱらっていた。そこで金正日が、最新型のカラオケセットで歌う者を指名する。

金正日は招待客のために最高の美男子でいようとした。あるとき、大真面目にこう言って知り合いの母親を驚かせたことがある。「髪用の新しいパーマネント薬を持っているんだが、試してみるか?」。ついに幹部のひとりが、その製品を試すことになった。その晩、モルモットにされたその幹部が宴会に招待された。「今度の製品はほんとうに素晴らしい。私も同じカットにしよう!」[*55]と金正日は大喜びした。金正日はとくにオリンピック選手のような体形に見せたいと思い、男らしくなるとされる料理を試すこともあった。例えばあるときはオットセイのペニスを上納されたので、〝親愛なる指導者〟はそれを小さく切って招待客へのご馳走として食卓に出した。そして夜の指示。「オットセイのペニスを食べなさい。それで家で何回やったか報告しなさい!」

常連客のひとりによれば、「この種の宴会が一週間続くこともありました」[*56]。一日目に若い娘たちが指導者に挨拶した。最初のショーは、へそを出した伝統衣装とたっぷりとしたズボン姿で演じるインド舞踊。くるぶしには鈴のアンクレットをつけ、ライトブルーのショールを体に巻きつけている。「金正日が酔い始め、出席者の雰囲気が盛り上がると、アクロバットチームが舞台に上がりました。彼女たちは胸をブラジャーでかろうじて隠し、下半身には透けて見える赤いストールをまとっていました。パンティーをはいていないのに足を高く上げ、腰をくねらす奇妙な動作を繰り返していました」。酔った幹部がふらふらになって舞台に上がり、「ショールを持ち上げてひそかな部分に触れていました」。金正日はすっかり興奮してグラスを上げ、自分の前で体を左右にゆすっている美女たちに、韓国の歌『私は醜い』を歌うよう要求した。

翌日はさらにひどくなった。アクロバットチームはいっそう扇情的な衣装に身を包んで、再び舞台に立った。小さなベストから細いブラジャーが完全に見え、下はTバック。「彼女たちはまるであばずれ女のように踊っていました。すると金正日は彼女たちの忠誠をほめたのです」

喜び組の衣装とダンスが突然わいせつになったのには理由があった。このチームは金正日の資金で一カ月間ヨーロッパ旅行をし、戻ったばかりだったのである。目的地は、パリのキャバレー「リド」。彼女たちは振り付けを覚えて同じ衣装を手に入れ、帰国してパトロンを喜ばせるショーを見せたわけである。「彼女たちはきらきらしたテープで乳房をかろうじて隠し、下は大事な部分だけを覆って舞台に上がりました」。こうした祖国への貢献に感動した金正日は、このチームのダンサーと振付師を呼んで、すぐに党員として登録するよう命じた。彼はパリの町から持ち帰ったエキゾチックなダンスがいたく気に入ったため、自らレビューを演出することに決めた。彼はこの野心的なプロジェクトを、二〇〇〇年一〇月に訪朝したアメリカのマデレーン・オルブライト国務長官にも誇らしげに説明している。その晩、長官に敬意を表して上演されたラスベガス・スタイルのレビューも、彼自身が振り付けをしたものであった。*57

またあるときには、喜び組の各チームによるビール飲み競争が行なわれた。海軍の制服を着た各チームの六人の踊り子たちがジョッキを手に持ち、開始の合図で次々と瓶を空けていく。しかし競争はやがて笑いに包まれた取っ組み合いの喧嘩になり、最後は全員がビールでずぶぬれになった。

六日目に、金正日は踊り子がひとりいないことに気がついた。客の貪欲さに逃げ出したのだ。指導者は突然宴会を中止して、脱走者を見つけるべく大捜索を命じた。彼は敷地内を車で移動しながら、側近たちに向かって怒鳴った。「何？　まだ見つからないだと？　すぐに女を連れてこい！」　厨房に逃げ込んでいただけの気の毒な娘はすぐに見つかり、解雇になった。しかしまた別の踊り子が、〝親愛なる指導者〟をひどくてこずらせることになる。

最後のダンサー

「この芝居の責任者は誰だ？　私は新作を見に行くと今朝はっきり言ったぞ。いつまで待たせるんだ」。金正日は舞台を自分の方に近づけるためのリモコンを持ってわめいた。やっと女優が現れた。「金正日は挨拶をする女優の長い足をじっくり観察すると、『やけに背が高いな』*58とそっけなく言いました」と、ある高官は回想する。「金正日は胸の谷間から体のラインへと視線を移し、最後に顔を見て言いました。『その美貌なら歌もきっとうまいだろう』」。〝親愛なる指導者〟は目の前で躍動する美しい足に興奮し、さらに舞台に近づいた。「第一節で彼の背中がソファーから離れ、第二節で前のめりになり、第三節になると体全体で舞台に集中していました」。演技に満足した彼はその女優に一万ドルの入った封筒を渡した。

その晩金正日を魅了した尹蕙英《ユン・ヘヨン》は「つややかな長い髪が腰まであり」、首は細く、「膝は桃のようでした」。彼女にはピアニストの恋人がいて、彼もまた国でいちばんの人気を誇る普天堡《ボチョンボ》電子楽団に属していた。この楽団に入ることは国家的に認められたことを意味するが、その代わりに大きな代償があった。「いったん〝閣下〟の音楽集団に入ったら、もう出られない。それが金正日の安全のための原則でした」

新入り女優に欲望を刺激された〝親愛なる指導者〟は、その晩とくにはしゃいでいた。「真夜中を過ぎていたにもかかわらず、彼はアルバムを開いて、人生を共にした伴侶たちの写真を見ていました（……）。写真を次々に見ていくと、彼は老いていくのに並んでいる女性たちはだんだん若くなっていきました」と証言者は語る。招待客の目の前で、彼はアルバムをめくり記憶をたどった。「彼が胸をときめかせ、奪い取った」成蕙琳、「血管が透けて見えるほど白い肌をした、美しい」高英姫。しかし写真に写った彼女たちの顔を見て、彼はある結論に達した。「彼は自分が望むような形で女性をものにしたことは一度もありませんでした。他人の女を奪った彼は、愛においても暴君でした」

金正日は若い娘が舞台衣装のままやって来たと聞いて、アルバムを閉じた。ドアが開くと、彼は彼女の方に歩み寄り、目と手で彼女の姿を楽しんだ。「君は近くで見るといっそう美しい。ああ、長い髪だな」。プライベートな場で見る金正日は別人のようだった。カーキ色のシルク製パジャマという姿の彼は、「背が低く、しわがれ声で、パジャマの胸ははだけ、メガネをはずした目は違う人のようでした」。踊り子からすれば、肖像画に描かれた人物であることがかろうじて分かる程度であった。

金正日は雰囲気を和らげるために笑顔でコニャックを注ぎ、グラスに指を浸けて彼女の口へ持っていった。それから自分の言葉とアルコールに酔いながらこう言った。「おまえにとってこのコニャックを見つけるのは私を見つけるよりも難しいよ。これはキリアン・ヘネシー生誕百周年を記念して製造された一〇〇本のうちの一本だからね。二〇万ドルするんだ。最近私は健康を考えてほとんど飲んでいない。だがおまえの顔を見てその歌を聞いたら、このコニャックが飲みたくなったのさ。おまえもこの酒を飲めば、世界で一〇〇人しかいない幸運な人たちの仲間入りができるぞ。だから飲むんじゃなくて、一滴ずつ味わいなさい」。酔いが回ったせいで、口もなめらかになった。

「髪を伸ばしているのはいいね。ご両親は何をしているの?」

「父は学校の科学部に勤めています。母は……昨年亡くなりました」

「私も、若いころに母を亡くした。母のことを考えると弱い男になってしまう。おまえに頼みがあるんだ、蕙英。おまえは私を指導者として尊敬してくれたが、これからは男として尊敬してくれ。おまえは二二歳、私は六一歳だ。もし理解し合えるなら、年齢差を乗り越えることによって多くのものが得られるだろう。従順な女は面白くない。命令によっておまえを自分のものにしようとは思わない。私は努力してみるつもりだ。そして待っている。それでもうまくいかなかったら身を引くよ」

夜の訪問が終わると、彼女は書類に署名するよう求められた。今晩見たこと、感じたこと、行なったことを他人に漏らさないと約束する書類である。けれども彼女はことの詳細を誰にも、とくにフィアンセには話すつもりはなかった。彼女を部屋まで送った護衛官は、フィアンセが愛情を込めて置いていったモクレンの花を見つけた。不実な女は金正日の執務室に呼び出された。彼はスーツケースと、邪魔なピアニストのための解雇通知を手にして彼女を待っていた。「全部私が悪いんです。初めにモクレンの花を部屋に届けるよう頼んだのは私です。私たちをふたりとも免職にしてください！」と彼女は弁解した。金正日はテーブルを力いっぱい叩いて手にしていたグラスを砕き、血まみれの指で彼女を脅した。「わずかな血のしずくが小さなグラスの中で溶けていくのが見えるだろう。こんなものは川に入れればすっかり消えてなくなってしまうんだ。その存在にすら気づかれなくなる。思い違いをするなよ。おまえが言ったことは自殺行為だ。免職を望むのは究極の裏切りであり、三代にわたる根絶に値する」

しかし寛大な金正日は不運な音楽家に瀬戸際のところで恩赦を与え、皆を仲直りさせるために騎馬狩猟を行なうことにした。そうすれば乗馬服を着た蕙英の均整のとれた体形を見ることができる。「次の芝居は乗馬服で演じなさい」と、彼は厳かに言い渡した。「おまえの美点のひとつである長い足が引き立つだろう」。尹蕙英は恐縮して感謝の言葉を繰り返したが、すぐに遮られた。「礼を言う必要はない。この狩猟はおまえと別れなくてはならないフィアンセを慰めるためでもあるんだ。二度目はないだろう」。脅し文句をさんざん浴びせたあと、今度はまた称賛の時間だ。

「最後に会ったときにふたりで一緒に飲んだコニャックは、おまえのおかげで一段と貴重なものになった。あの味を覚えているか？」

「あのような値段のものは聞いたことがありませんでしたし、私の年齢では味を判断できるほどの経験がありません」

「おまえの言うとおりだ。コニャックの味が分かるようになるには、人生の甘さと苦さを知らなければならない。おまえの無邪気さと率直さをそのままにしておいて、コニャックみたいに熟成させるのだ」

突然、一頭の鹿が現れ、金正日は拳銃を抜いて構えた。銃声におびえた尹蕙英の馬は疾走して、乗り手を落馬させた。有罪宣告を取り消されたかつてのフィアンセが彼女を助けるために駆け出したが、同じく落馬し、血まみれのまま彼女を抱き締めた。「離れたくないのか？」と金正日が刺すような目で聞いた。この女性思いの男は献身的な態度ですでに皆から称えられていた。立ち去る前に、〝親愛なる指導者〟は自尊心を傷つけられた腹いせに、厚かましい踊り子が乗っていた馬の腹に拳銃の弾を撃ち込んだ。

彼女の誕生日、金正日は装甲化したリムジンで蕙英を迎えに行った。一時間のドライブを終えて鉄門の中に入ると、給仕が生魚の皿を持ってきた。「この料理は〝ヘダイの刺身〟だ。どうしてこれが一〇〇万ドルもするか考えてごらん。私の気持ちが伝わるように、ちょっとしたプレゼントを思いついたんだ……。ヘダイの目のところに何があるか見てみなさい」。魚の目の代わりに、ダイヤモンドが嵌め込まれていた。「おまえのための一〇〇万ドルのバースデープレゼントだ」と嬉しそうに言うと、金正日は袖をまくって宝石を手に取り、彼女の反応をうかがった。期待していた歓声の代わりに、返ってきたのは懇願であった。

「将軍様、お願いしたいことがあります」

「いいとも、今日はおまえの誕生日だからな！」と彼は笑いながら答えた。

「私は父に会いたいのです」

　笑い声がぴたりとやんだ。彼はワインを一気に飲み干した。

「ああ、分かった。でも先に、このダイヤモンドについてひとこと言うべきだったな」

　かくして尹蕙英は、二・一六五五五の登録番号のついた公用車で出発した。彼女が再会するのは父ではなくかつてのフィアンセである。翌日金正日がやってきて、彼女を別の邸宅に連れていった。金正日は彼女の従順でない態度に顔をひきつらせながら、自分がなぜ彼女に執着するのかを話した。「私は祖国と祖国の人民のために身を捧げた……。私は若さと感動を取り戻したかった。おまえを通じて、おまえを見ながら、慰めを得たかったんだ。多くを望んでいたわけではない。ただ日常のたわいもないことだけ、例えばおまえの笑顔、涙、そしておまえの幸福だ」。彼は尹蕙英がピアニストと抱き合っているところが写った先日の写真を投げつけた。その怒りが彼女の着ている服に向けられると、彼女は叫び声を上げた。「いや、いや……お母さん……！」。彼女の過去から発せられたこの叫び声に、金正日は身動きできなくなった。やがて尹蕙英は、金正日の宮廷から無事に出ることは不可能だと悟った。ある日、彼女はフィアンセと官邸の屋上で落ち合うことにした。自由に愛し合うよりも一緒に死ぬ方が簡単だ。そしてふたりは宙に身を投げた。

　二〇〇三年七月のその日、尹蕙英は南山病院に運ばれた。金正日は何としても彼女の命を救うよう命じた。彼女を公開処刑するためである。しかし二カ月経っても彼女の意識は戻らなかった。彼女が〝親愛なる指導者〟の前で初めて舞台に立ったときに歌った歌は、それ以来国を代表する曲のひとつになっている。

尹蕙英は死ぬ直前に、いくつかの詩句を日記に書き留めていた。それは彼女の恋の悲劇から生み出されたものであった。

愛はコップ一杯の水
一生懸命満たしても、すぐに倒れてしまう
それは心を、一滴一滴、捧げること
情熱は悲しみも汲み取る
一生かけても満たせないのではないかと心配になる
でもつかんでみると、海より重い
人間は小さい
水の満ちたコップに不器用に身を沈める私は
半分だけ注がれたコップにすぎない。

蒼光山の官邸にいた高英姫は、この快楽への熱狂ぶりを遠くから見ていた。五〇歳になろうとする衰弱したこの女性には、夫の宮廷の熱狂的な雰囲気はますます関わりのないものになっていた。一九九五年にフランスで受けた手術によって一〇年ほど長らえたものの、小康状態は残念ながら長くは続かなかった。彼女はパーティーではいつも仮病を使っていたが、金正日を野放しにしないよう注意はしていた。自分の代わりとして、ある女性を夫の傍らに付き添わせていたのである。「高英姫がいないときには、喜び組のメンバーのひとりである金玉《キム・オク》が金正日の横に座っていました（……）。小柄で、丸顔のかわいらしい人です*59」と踊り子のひとりは言う。

高英姫は一九八〇年の終わりから党で働くこの秘書の目を通して、自分がいないときでも夫の行動を見張ることができると考えた。リーダーの個人秘書である金玉は以前から邸宅にも頻繁に通っていたので、誕生にも立ち会ったふたりの息子をよく知っていて仲もよい。いまや高英姫の心を占めるのは、息子たちに父親の後継者としての道を進ませ、その将来を確実なものにすることだけであった。そうすれば束の間の恋愛沙汰や病気を超えたところに、息子たちを捧げることになるだろう。高英姫はがんが再発し、最後の望みである治療を受けるために、パリのキュリー研究所に行かなければならなかった。二〇〇四年八月二七日、彼女は家族から遠く離れた場所で息を引き取る。

北朝鮮国民は、〝尊敬する母上〟はメルセデス・ベンツを運転中に悲劇的な事故に遭って昏睡状態にあるのだと信じ込まされていた。しかしそのころフランスにいた北朝鮮の外交官たちは、彼女の亡骸を故国に送るために忙しく動き回っていた。彼らの依頼により極秘裏に高額なオーダーメイドの棺が作られ、定期便で平壌に搬送された。ファーストレディの逝去は聖地に戻るまで明かされなかった。〝敬愛する首領様〟のもとを去ろうとしたと、非難されるかもしれないからであった。亡くなってからであっても、金正日には忠実でなければならない。ところで高英姫は、金正日のそばに忠実な副官を置いたつもりでいた。彼女ならば自分の思い出を大事にし、自分の子どもを間違いなく国家の頂点に立たせてくれるに違いない。しかし高英姫はひとつ忘れていたことがあった。金玉は丸顔の美人である。そして「金正日は概して丸顔の美人を好んだ」

欲望という名の装甲列車

二〇〇一年七月二六日、平壌。

ロシアの外交官コンスタンチン・プリコフスキーはウラジーミル・プーチン大統領から特別任務を与えられ、八月三日にモスクワを訪れる北朝鮮の金正日総書記のシベリア横断に随行するよう命じられた。ひそかに行なわれる国家元首会談では、きわめて重要な契約が調印される予定になっていた。ソ連政府はこの敏腕外交官を差し向けて、予測不能な国家元首の機嫌を取り持ち、旅行の先々で不自由することがないようにしたのである。*60

夜明けに、北朝鮮の五両とロシアの七両の列車がハサン駅を出発した。北朝鮮の車両は建国時にスターリンが金日成に贈ったもので、そのうちの一両には主会議室があった。そこには二〇人以上が着席できる机もあれば、映画の上映に使用したり、衛星を利用して乗客に現在地を知らせたりする、二台のスクリーンもあった。列車はすべてインターネットにつながっているので、金正日はニュースチャンネルを好きなだけ見ることも、国事にすぐに指示を出すことも可能であった。警備隊が列車の安全を守り、五〇人の狙撃手が常時屋根から見張った。主要車両の床にはあらゆる爆発から守るための鋼板が敷かれており、またロシアのエネルギーに頼らなくて済むように、自家発電装置も備えられていた。賓客のためのレストランや、金正日の防弾化した二台のメルセデス・ベンツを収容する車庫もついていた。公式列車が走る七分前に、先行車が走った。モスクワ到着に向けて七月二六日に動き出した、まさに移動都市であった。

安全のためにありとあらゆる予防策を取っていたにもかかわらず、心配症の金正日はいつものように魅力的でもにこやかでもなかった。「旅の初めごろは個人的感情をまったく表に出さず、緊張しているように思われた」。この公式代表団の中に、プリコフスキーの注意を引いたメンバーがひとりいた。「若くて美しいひとりの女性が（……）金正日の顧問として紹介され、会見には必ず同席していた」。この女性はどんなときでも金正日の横に座った。謎の女性に重要なポジションが与えられているのを見れば、〝親愛なる指導者〟との関係は明らかであった。

高英姫の健康状態が悪化すると、喜び組の仲間だった金玉がただちに取って代わった。彼女はピアニストとしての才能で、金正日の耳を魅了した。おそらく金正日はパーティーでディスコミュージックとワルツが奇妙に入り混じった音楽ばかり聞いていて、うんざりしていたのだろう。

聡明で知的と評判の三八歳の金玉は、金正日が自ら創立・出資した音楽団に一九八五年に入団、すぐに金正日の目にとまり、八〇年代末には〝偉大なる指導者〟のきわめて個人的な秘書として、彼の健康管理と行政業務の円滑な進行をつかさどる役目を担っていた。

ある党幹部によれば、「秘書という地位にもかかわらず横柄なところが魅力的な女性でした。その女の影響力を容認できなかった金日成が、しばらくマカオに行かせていたという逸話の持ち主です」[*61]。金日成の反対にもかかわらず金正日の愛人になると、彼女は彼のために会見の申し込みを選別し、スケジュールを管理した。やがて彼女の存在は、外国の代表団との会見になくてはならないものになった。党中央委員会の委員は彼女のことを、「オギ同志」[*62]と呼んで挨拶した。

旅行を重ねるにつれて、彼女は権力を確かなものにしていった。二〇〇六年に金正日が極秘に中国を訪問したときには、北朝鮮の核をめぐる厳しい協議の際にファーストレディとして登場したし、また二〇一一年八月に〝偉大なる指導者〟が二度目のシベリアで電力と石油生産に関する協定に署名したときにも同行していた。

他の女性たちが挫折したことにも、金玉は成功したのだろうか？　そのためには金正日の強情な妹、金敬姫の影響力を排除する必要があったはずだ。その一歩が踏み出されたのは二〇〇四年。ある高官の陽気な結婚式で不備があったとして、金正日は体制の準ナンバーツーである義弟に突然二年間の再教育を受けさせた。その後復党したが、妻の金敬姫がねばったにもかかわらず、党中央での彼の地位は以前よりはるかに低いものになった。二〇〇六年に金正日が重病に陥って自分自身で日常業務をこなせなくなったとき、代わりに公式書類に署名したのは金玉であった。金正日の署名印の代わりに彼女の署名印が使われたことが、権限の移譲を予示していた。[*63]

罷免されることのない〝親愛なる指導者〟の妹は、兄と儒教的な愛情を分かち合っていた。つまり個人的な欲求は、一族の尊重や名誉に比べれば何ものでもない。ふたりは心の傷をともに癒し、兄は北朝鮮の輝く星に、妹は唯一の四つ星の女性将軍になった。既婚女性の成蕙琳、在日朝鮮人の高英姫は金王朝にとって危険な存在であったが、党に忠実な金玉ならば金父子が整えた政治基盤を揺るがすことはないだろう。金敬姫は四〇年間にわたって、兄が道楽によって両親の革命的大義への忠誠を失うことのないよう目を配ってきた。しかしこれで警戒を緩めることができ、もはや兄の芸術への熱中を心配する必要もなくなった。ピアニストの金玉が彼女の懸念に打ち勝ったわけである。音楽は品行を穏やかにするらしい。

第五章　オサマ・ビンラディン──妻たちの戦争と平和

「私は自分が世界でひとりぼっちの、誰からも忘れ去られた女であるような気がしました。この世でほとんどの人々は、ブルカを着たこのナジュワ・ガネム・ビンラディンの存在を知らない。でも、私が生きてきたことを誰が否定できるでしょう?」

ナジュワ・ビンラディン

ナジュワのままで

心ならずもプレイボーイ

二〇〇〇年、ブリュッセル。

マリカと夫のアブドサターが自宅アパートでのんびりテレビを見ていると、画面にひとりの男の顔が映し出された。それを見て、夫婦は思いがけない興奮を感じた。「あの顔立ちを見ろよ! 素晴らしいじゃないか?」。若い夫はその魅力に一目ぼれだ。なおもしばらく見続けると、この完璧な物腰の比類ない男が好きだという気持ちは、もはや揺るぎないものになった。「私も好きだわ」と妻は答えた。「そのときから、私の頭の中ではオサマと私の夫はひとつになりました。(……)どちらの表情にも冷静さが感じられました。夫の顔からそのイスラム指導者の顔へと視線を移すと、画面に映ったその人は貧民や弱者を攻撃する相手に立ち向かおうと鼓舞していました[1]」

ベルギーに住むこのチュニジア人夫婦は完全に魅了された。それから一年も経たない二〇〇一年九月九日、アブドサター・ダフマンはこの幸多い顔の記憶に導かれて、アフガニスタン北東部で自爆した。彼はジャーナリストになりすまして爆弾をカメラに隠し、一〇年以上の間タリバンと対立してきたパンジシールの獅子ことアフマド・シャー・マスード司令官の命をも奪った。

表情だけで人をこれほど盲目的に熱狂させた男は、その一カ月後、世界中のテレビニュースに繰り返し映し出された。不確かな情報が飛び交ったが、三週間後オサマ・ビンラディンは九月一一日にアメリカを襲ったテロの犯行声明のようなものを出し、西洋に対する戦いを再び呼びかけた。彼は以後西側文明にとって、狂信的行為、恐怖、そして理性では理解できないものを体現する存在になる。四四歳のほとんど無名だった男が、数時間のうちに世界でもっとも注目される、しかしもっとも謎めいた男になり、あらゆる仮説を一身に受けることになったのである。

アブドサター・ダフマンと妻を襲った症状は、二〇〇一年一〇月には世界中の数多くの女にも表れた。中東からアメリカの影響力を排除することをめざした聖戦の目的にはまったく共感しなくても、数多くの女性が白い衣を着たこの男の鋭く冷静なまなざしの虜になった。魅了されてオサマに向かってキャーキャー言う女性がどれだけいたのかは分からない。

ハーグの町にのさばるイスラム組織ホフスタッドの若い女性たちは、偽名を使うので身元がつかみにくい。その偽名の中でも、この年の末には「ウンム・オサマ」(「オサマの母」)という名がもっとも威光ある、いちばん人気のものになった。「彼がテレビに登場してからというもの、彼女たちはみんなウンム・オサマと名乗りたがりました[2]」とそうした女性のひとりは言う。価値体系を模索するヨーロッパ在住の若い女性にとって、金属的で厳しい声を電波にのせるビンラディンの微笑んだ顔を見ていると、戦争状態もロマンチックなものであるかに思えるのだった。

「パソコン上にビンラディンの写真を持っているのは、とても素敵なことなんです」と、ファンの少女は言う。また別の若い小学校教諭が言うには、「私の両親は彼のビデオや写真が私の部屋にあっても怒らないから、隠す必要はありません」[*3]。熱心な女性たちは、この新指導者の声を録音したカセットを回し、彼の決意や鋼鉄のようなまなざしについて、あれこれ言い合った。オサマを半神の救世主扱いする女性もいた。

しかしオサマが「ビンラディン」になる以前から、彼が男として最高のものをもっていることに気づいていた女性がひとりいた。その女性ナジュワ・ガネムもまた、この若きサウジアラビア人を死ぬまで愛すると約束したときに、まだうら若き娘であった。「私は彼を見るたびに、完璧さを絵に描いたような人だと思っていました」[*4]

シリアの休日

一九六六年夏、ラタキア。

毎年夏になると、ガネム家にはジッダに住む従兄弟たちがやってきた。料理上手なこの家の夫人は、三人の息子とふたりの娘を相手にするだけでも大変であったが、義理の姉妹が来るからにはすべてを完璧にしておきたかった。夕食の支度のため、彼女はコンロの陰で忙しく働いた。ヒヨコマメのピュレで香料入りのフモスを作ったり、その他のごちそうを準備する一方、ミントやペカンの実をきかせたファルシーを作ろうと、庭を行ったり来たりしてトマトやキュウリ、ナスを探した。

彼女は保守的でいつもスカーフで髪を覆い、身体の線をくるぶしまで隠す服を着るという注意を怠らなかったが、姉妹のアリアのほうは、庭で過ごすシリアでの休日というこの機会を利用して、最新流行のファッションを披露した。控えめながらエレガントなワンピースに軽いスカーフというモダンな姿の彼女は、海や山に家族で遊びに行く計画もいろいろと立てた。ガネム家の八歳の娘ナジュワは、一歳年上の従兄オサマが毎年夏に来るのを楽しみに待ち、再会すると少人数で楽しく砂浜で追いかけっこや隠れん坊をしたり、シーソーをしたりした。優しいオサマは果汁たっぷりのブドウの粒を選んで少女にわたし、摘みたての新鮮な果実を食べさせた。彼らは実り豊かな茂みの中に手を入れ、太陽の光を浴びたフルーツを探した。オサマは従妹を、丸くて甘いリンゴがなっている木の幹によじ登らせてやったりもした。

地中海のそよ風が吹くこの港町は小コートダジュールの異名をとる。ここで子どもたちは夕食の時間になるまで無邪気に遊び続けた。ガネム夫妻の娘ナジュワは勉強好きの小学生で、テニスの腕前もなかなかのものだった。彼女は大胆にジャンプしても足が見えないように長いスカートをはいて、男の子に負けないぐらい力強いサーブを返せるように何時間も続けて練習した。テニスラケットを握っていないときには、人物画や風景画を描いたり、部屋を陶器で飾ったり。ガネム家では芸術に関してアマチュアとはいえ出費を惜しまず、兄ナジは、ナジュワは世界的に有名な芸術家になるに違いないと言っていた。姉妹のひとりはギターを弾き、ナジュワはナジからアコーデオンをもらった。こうした芸術的な感性を持つ彼女は、サウジアラビア人の従兄の穏やかさや優しさ、親切さを敏感に感じた。「あることないことを言って私を馬鹿にする騒々しい兄たちとくらべたら、オサマの態度は何光年も違っていました」

ナジュワのもうひとりの兄弟ソリマンは回想する。「オサマは自然が大好きでした！　とくに泳いだり狩りをしたり、馬に乗ったりするのが好きでした」[*5]。オサマはしかも危険を顧みないほど強い意志を持っていた。ある朝、彼は家族に禁止されているにもかかわらず、ナジとふたりだけで首都ダマスカスに行くことにした。オサマは長い距離を歩くのが何よりも好きで、道連れにしたナジをダマスカスへ向かう小道へと大急ぎで連れて行った。近所のならず者数人に囲まれても、その速足で後を追わせない。ふたりは疲れておなかがすくと、天の恵みのように思えたリンゴの木によじ登った。しかしオサマは見張り番に格下げされた。というのも、ナジはオサマが他人の木から果物を摘むことなど拒否すると分かっていたからである。盗みを免除された見張り番はやがて怒った男たちがベルトを振りかざしながら自分のほうに走ってくるのに気がついた。少年たちは逃げられず、懲らしめを受けるべく木から下りた。ナジは従兄弟に叫んだ。「逃げろ！　思いきり早く走れ！」

アリアは長男のオサマを目の中に入れても痛くないほどかわいがっていたため、それを知るナジはオサマをひどい目にあわせるような危険なまねはできなかった。しかし不幸にも彼はやがて怒った男のひとりにつかまってやっつけられた。「相手は前かがみになって、彼の腕に噛みつきました。それがあまりにも乱暴な噛み方だったので、少し傷跡が残りました」。オサマは相手に立ち向かって注意を促した。「僕に手出ししないほうが身のためだよ。僕はここの人間じゃない。君たちの国に来ているだけなんだから、黙って殴られたままではおかないぞ」。九歳の少年の口から出たこの言葉は、多少なりとも効果があったと思われる。その晩このはらはらするような話を聞いて、八歳の少女は強烈な印象を受けた。「男たちが態度を一変させたのは、オサマのまなざしを見たからだわ。だからベルトを下したのよ」と彼女はうっとりしながら繰り返した。

ナジュワはまだ幼すぎて自分が感じている予期せぬ感情が何であるかを突き止めることはできなかったが、優しいと同時に勇気のあるオサマを東洋の騎士のようだと思っていた。「何が起こったのかは分かりませんでしたが、彼と私の間に不思議な関係が生じていることは分かりました。おそらくオサマが私に何か言ったわけではないのですが、彼の栗色の目は私が部屋に入るたびに喜びで輝いていました。彼が私に強い関心を寄せていると感じると、私はドキドキして震えてしまいました」

まだ結婚を考えるような年齢ではなく、ビンラディン家の息子たちはむしろ勉強すべき年ごろであった。一族の子どもの大部分はベイルートの有名な学校、ブルマナ校に送られた。これはプロテスタントの宣教師が一九世紀半ばに創立した学校で、例えばリビアのイドリス王、レバノンのエミール・ラフード大統領、サウード家の後継者など中東の名家の子どもたちが通っていた。男女共学でヨーロッパ式の教育方法を採用するこの学校では、ビンラディン家の子どもたちにも高度な勉強を用意していたが、若きプレイボーイたちは首都での楽しみのほうに夢中であった。この学校の元体育教師で、学校の前にレコード屋を開いて彼らにポップカルチャーを教えた男性は、〝ビンラディン・ファイブ〟の思い出をこう語る。「彼らは〝アングラ音楽〟が大好きでした。とくにお気に入りだったのは、ビートルズ、シカゴ、ジミ・ヘンドリックス、ミック・ジャガーです[*6]」。彼らはときには車に乗ってベイルートの映画館に行き、スクリーンから直接情熱を刺激されることもあった。「エルヴィスやブルース・リーなどで、アラブの映画は見ませんでした」。この遊び人たちは映画の中で気に入った車を見つけると、仲間に命令して一緒に飛行機でアメリカに行き、その車を直接手に入れるようなことまでしていた。

必須だったのは、ベルボトムのズボン、ヘソまではだけた花柄のシャツ、アフロヘア。彼らの気まぐれと尽きることのない金はベイルートの夜の生活を彩り、彼らはそこで人気者になった。「彼らは本当にエキゾチックでした[*7]」と、オサマの兄弟の恋人だったイギリス人女性シャーリー・ボウマンは言う。事実兄弟のうちの何人かは、学校で顔を合わせるヨーロッパ人移住者の娘と付き合っていた。

一九六六年末にこの学校に入学して以来オサマは勉強に熱中し、一族の者たちとはあまり付き合わなかった。「あの子はクラスの一番ではなく、テストでも平均的でした」と母親は回想する。西洋音楽に興味はなく、唯一の楽しみは映画館に行って西部劇や空手映画を見ることであった。*8 しかし突然の訃報によって、オサマは人工的な喜びに満ちたこのベイルートからこれを限りに離れることになる。

一九六七年九月三日、オサマの父親ムハンマド・ビンラディンが乗った小型飛行機が墜落した。これは彼を中心とする大家族にとって大きな衝撃であった。アブドゥル・アジズ・イブン・サウード王との特別な友情のおかげで、ムハンマドは国内でも富裕な有力者のひとりになっていた。彼は若いころ信用買いした牛が早く死に、その所有者となるはずだった人から支払をしてもらえないというつらい目にあい、それをきっかけにイエメンからサウジアラビアに移住、ジッダの港で職人として働いた。その後次第に責任ある仕事を任されるようになり、一九三〇年に自らの公共事業会社の設立を決意、以後、世界一石油埋蔵量が多いこの国の大規模工事を一手に引き受けた。ムハンマド・ビンラディンが築いた一大帝国には、後にその名が冠せられる。彼は友人であり庇護者であるアブドゥル・アジズ王と同じぐらい豪勢な暮らしをし、数多くの婚姻関係を結んだ。妻は二〇人、子供は五五人以上と数えられるが、これですべてとも限らない。この一族の長の死によって、息子はそれぞれ三億三〇〇〇万ドル、娘は慣習的にその半額を受け取った。

とはいえこの父親が死ぬよりずっと前に、関係は壊れていた。アリアとの結婚生活は短期間で破たんし、夫の庇護を失ったこの女性はふたりの唯一の息子オサマが生まれると離婚を要求した。「母親がすべてだった彼は、彼女の言うことをとても素直に聞いていました」と親しかったハレド・バタルフィは言う。アリアは父親のいない子どもを特別な愛情で包んだ。ハレドによれば、「彼は内気でとても優しく、従順で、いつも親切でした。私は彼に、神を畏敬し愛すること、あるいは家族や隣人、師に敬意を払うことを、教え込もうとしました[9]」

アリアは前夫の命令で、ビンラディン・グループの協力者ムハンマド・アル＝アタスと再婚した。思いやりのある夫であり優しい義父ではあったが、オサマの目からみると征服者然とした実父に代わりうるような人物ではなかった。オサマはガネム家に逃げ込み、ラタキアで二年間、初等教育の最終課程を受けた。彼の英語の教師は、少年が「父親を失ってとても悲しんでいた」ことを覚えており、「とても孤独[10]」そうだったと言う。ナジュワはまだ一〇歳のこの少年が変貌していく様子を目の当たりにした。「彼は生まれつき控えめで口数が少なかったのですが（……）、さらに黙りこくるようになりました。年を追うごとに彼はこの事故についてほとんど話さなくなりました」。ナジュワの誠実な兄弟ソリマンは、オサマが憂鬱な気分から脱せられるようにと、宗教の教えについて手ほどきをした。「彼は大きくなって父親の事業を継ぎたいといつも言っていました。働き始めるのが本当に待ちきれないようでした[11]」

年頃になったナジュワはおそらく従兄を陽気にさせるコツをつかんでいたのだろう。彼女は母親に反発して、伝統的な服装よりも色鮮やかなモダンな服のほうを好んだ。夏になると腕まで覆うブラウスやくるぶしまであるスカートを拒否し、髪を覆うことさえ嫌がった。「オサマとの結婚について考えると、私はドキドキしました。大人の世界のことはほとんど知りませんでしたが、そんなことより私は彼の外見から物腰の柔らかさ、気の強さまで、そのすべてが好きでした」。ただ、無口なところはいくらか残っていた。「私たちは自分の感情や結婚について、心を開いてはっきり話し合ったことはありませんでした」

こうした曖昧な状態が何年も続き、オサマの内気さのせいで、ナジュワが望んだ結婚は進まなかった。求婚者となるべき人は、彼女に話しかけるときに口ごもるほどであった。「私は彼の優しいまなざしをまじまじと見ながら、私の従兄は〝ヴェールをかぶった乙女〟よりも恥ずかしがり屋なのだと、心の底で思っていました」。オサマはラタキアで心の落ち着きと平静さを取り戻したようであった。叔母の家の近くには湖があり、その真ん中には小さな島があった。彼はこのオアシスがとくに気に入り、しょっちゅう行っていた。「僕はここを買って住めるだろうか?」[*12]とソリマンに尋ねたこともある。

オサマとナジュワの関係を正式なものにするべき時期になった。一九七三年、一四歳の少女の心は決まっていた。アリアは息子が自分の兄弟の娘と結婚することを喜んだが、ナジュワの母は反対した。「お願いだからこの結婚はやめてちょうだい。私のそばにいてほしいの。もしおまえがサウジアラビアに行ってしまったら、里帰りは宝石みたいにめったにないことになってしまうわ」と彼女は娘に強く言った。ナジュワは母が正しいことは分かっていた。服の長さについてとやかく言うような娘がもしオサマと結婚したら、サウジアラビア人女性が身に着ける体全体を覆うヴェール、ニカブを着用しなければならないし、プルダ、すなわち引きこもった暮らしをしなければならない。「お母さん、私の人生なんだから決めるのは私よ。私は彼を愛しているから、彼と結婚するわ」

かくして一九七四年、ラタキアにあるガネム家の簡素な別荘で、このプリンセスの結婚式が行なわれた。「私はエレガントな白いウエディングドレスを着て、最新流行のヘアスタイルにセットし、できる限り美しく装いました。私はその姿が未来の夫の気に入りますようにと、心から願いました」。いつものオサマと同じように静かなその式では、男と女がそれぞれ部屋の両側に立った。短い式が終わると、焼いた肉、ブルガー小麦とハトの料理、ブドウの葉といった伝統的なディナーが全員にふるまわれた。「デザートがたくさんありましたが、私はおなかがすいていなくてほんの少ししか食べませんでした。そのパーティのあいだじゅう、私は夢見心地でした。愛する人と結婚したのですからね」

若妻の喜びはしかし心の中だけにしまっておかなければならなかった。陽気さや楽しさを表すことはすべてご法度、音楽家は楽器を脇によせるよう促され、招待客はダンスのステップを禁じられた。笑いも抑えるよう強く求められた。「シリアでは結婚式は派手に祝いますが、私の結婚式はあえて簡素なものにしました。（……）それでも私は幸せでした。オサマの優しい表情から、彼が私のことを気に入っていること、彼もまた私との結婚を望んでいたことが分かったからです」

新郎の親しい友人たちは、この結婚の理由をそれほどロマンチックなものとは思っていなかった。例えばハレド・バタルフィに言わせれば、生殖能力と女をものにしたいという欲求が自分の中で高まっているのを感じたオサマは、まだ若いとはいえできるだけ早く結婚して、もっとも常識的な形でこの予期せぬ欲求を満足させようとしたというのである。[*13] よってこの結婚はその晩に完遂した。とはいえ肉体的動機はあってもオサマは新妻のそばに長い間とどまってはおらず、ジッダの母親の家で一年近く暮らすために再び出て行った。その後数カ月、ナジュワはオサマからの手紙を待って過ごした。その手紙には、彼の待ちきれない思いが透けてみえた。荷物を準備してずっと待っていた彼女に、ようやく吉報が来た。ビンラディンが年末までに彼女を迎えにくるという。

シリアは二度の世界大戦の間にフランスの委任統治領だった影響で、暮らし向きはどちらかというと非宗教的である。しかしナジュワはその故郷と家族をあとにしたことで、なじんできたそうした暮らしも捨てることになった。「これからは制限のある暮らしをし、車の運転や外で働くことはあきらめよう」と彼女は思った。アリアは嫁が恥をかかないようにと配慮して、ゆったりした黒いマントやアバヤ［体を覆う伝統衣装］、髪を隠すための黒いスカーフ、顔を隠すためのものを彼女に贈った。サウジアラビアに向けて離陸した直後から、ナジュワは変わった。「その日私は初めて顔と体を黒いヴェールで覆いました。（……）私は突然息苦しくなった気がして、席を離れるときが来たら何が起こるのかと考えてパニックになりました。人波の中を歩くときに問題なく見えるのかしら？（……）オサマを見ると、彼は微笑みました。マスクを通して普通の会話をするのは妙な気がしましたが、私の夫はとても満足げでした」

ほかのサウジアラビア人女性にまじって歩いているときにも、ナジュワは締め付けられたような、ぎこちない感じがした。アバヤが落ちないように細心の注意を払いながら、彼女は突然、策略に引っかかってチーズを落とした黒い大きな鳥の寓話『カラスとキツネ』を思い出した。そこで最初のうち、スカーフをしたほかの女性たちの中に入っていくときには、ラ・フォンテーヌのその寓話を何度もそっと口ずさみ、そのリズムに合わせて歩くことにした。

海のフィアンセ

「あれほど多くのクレーンを見たことは、それまで一度もありませんでした」と、イギリスの女王エリザベス二世はこの時代にジッダを訪れたときの思い出を語っている。オイルショックによって青い海は広い大通りに変わり、サウジアラビア政府が輸入した途方もない品々を運ぶ船が、威勢よく次々と入ってくる。聖地メッカに向かう巡礼者が中継地としていた慎ましい港が、いまや人口一〇〇万人の国際都市になっていた。オサマはムシュラフの高級地区にひっそりたたずむアリアの家で成長した。周囲にはたくさんの店やモスクがあった。献身的な母は、息子夫婦がこのいささか物足りないが魅力的な家のワンフロア全体を使えるように改修した。

「海の厚い貝殻が貴重な真珠を守っているように、私は固い貝殻になって君を守ろう」とオサマは妻を安心させ、まずは使用人を使おうと、彼女のためにエチオピア人女性を雇った。テニスのラケットと絵筆を忘れた彼女は、自宅の庭でコーランを読んで何時間も過ごした。教師役の夫は預言者の言葉と行動をすべて暗記しているほど詳しく、その驚異的な記憶力で若い妻を感心させた。夫婦が喜びをもって行なう祈りをベースに、日々が過ぎていった。

すぐにナジュワはオサマの好みを自分のものにした。夫の好きな料理は骨髄入りのズッキーニのファルシーで、実際これは彼女の得意料理になった。「夫が確信していることは、何であれ彼女も確信していました」[*14]とナジュワの妹レイラ・ガネムは言う。オサマは少しの油とパンで満足したが、彼女は長い一日を過ごす彼のために体によい食べ物を手に入れようと献身的に尽くした。オサマは相変わらず高校に在学中で、毎朝学生服を着てファイサル王が創立した名門アル＝サグル校に通った。彼はまた家族企業でも働き、兄弟の多くが遊び暮らす中、一八歳のときに初めて現場の指揮をしている。一九七六年に高校を卒業すると、ジッダから南に数時間かかる場所のプロジェクトを任された。砂漠を横断する長い行程を避けるには飛行機を利用するのが普通だが、オサマは父親が事故死してからというもの、飛行機の話を聞くことさえ嫌がった。その代わり最新型のスポーツカーに乗り、いくつかのモデルを壊したのち、スピード記録を打ち立てた。「心配するな。このコースは簡単で危険がない。この道路を通すときに監督したのは私の父だ。だからこの道がいちばんいい」

一族の女性たちがお茶を囲んでおしゃべりする話題は、王家の最新ニュースや家族のやんちゃな三兄弟に関する不安などが主だった。彼らは今晩揃って帰ってくるかしら？　これが引きこもって暮らす女性たちの最大の関心事であった。彼女たちは皆で聖典を読んで心を落ち着かせていたが、やがて信仰だけではあらゆる不安を晴らすには十分でなくなった。ファッションが必要だ。ということでナジュワは、デザイナー兼仕立屋に変身した。「私の服はシンプルすぎました。私はモード雑誌を見て研究し、好きな服を選んで紙にパターンを丁寧に描くのが楽しみでした」。しかし問題は調達だ。ひとりでブティックめぐりをする権利はないので、モードに疎い人であれ共犯者が必要になった。「生涯の大部分をイエメンの小村で過ごした運転手に、女性用布地の重みや特別な色の価値を理解させるのは並大抵のことではありませんでした。彼は途方に暮れていました」。とはいえ新しい服を作る喜びを我慢するよりは、この不器用な使い走りを送るほうが絶対にいい。「完璧な妻」ナジュワは、夕方オサマが帰るまでこのようにして一日を過ごした。彼女は夫の帰宅時間が近づくと急いで身なりを整え、夕食時には夫とそれぞれの一日について語り合った。

結婚して一年後、ナジュワは体の変化を感じた。一七歳にして初めての妊娠であった。オサマはこの知らせを聞いてとても喜び、男の子を欲しがった。未来のママもそう望んでいるように見せてはいたが、心の中は別だった。「私はずっと可愛い女の子がほしかったのです。フリフリした服を着せて、長い髪を三つ編みにしたかったからです」。ふたりにとって初めての妊娠期間中、オサマはなるべく妻に付き添った。オサマは一族の掟に従って自宅で出産させるつもりだったが、初産婦の痛みがあまりに激しかったため、死産になることを心配して新たな命令を下した。「今後われわれの子どもが生まれるときには、ナジュワは病院に行く」

アブドゥラ・ビンラディンは一九七六年に生まれた。ナジュワはその後すぐ再び妊娠し、数カ月後にはふたりめの息子が誕生した。一九七九年にもビンラディン家に男の子が生まれて、オサマの生殖能力を称えた。まもなく二二歳という若い父親は、そのころアブドゥル＝アジズ王大学で経営学と経済を学んでいた。並外れて健康な三人の息子、夫との睦まじい関係、欲求を満足させるのに十分な財力と、ナジュワの選択は成功だったことが証明された。「この幸せな状態が永遠に続いてくれたらどれほどいいだろう」と彼女は考えた。

理想的な結婚生活という言葉の裏に、おそらく別の現実が隠れていた。オサマの兄弟の妻でスイス人のカルメン・ビンラディンは、ヒステリーすれすれだった若妻のことを覚えている。耐えがたい暑さで変調をきたした夫婦の長子はいつも泣いていた。「その子は喉がかわいていました。ナジュワは小さなスプーンで水を飲ませようとしましたが、そうするにはまだ赤ちゃんすぎました」[*15]。カルメンの娘は哺乳瓶でごくごく飲むので、ナジュワにもそうすればと提案した。しかしナジュワは今にも泣きだしそうな様子で拒否し、「この子は水を欲しがっているんじゃないわ」とだけ言った。「義母が言うには、オサマが息子を哺乳瓶で育てることを認めなかったので、ナジュワはその言葉に従ったのです」。ナジュワはどうすることもできず、子どもを腕に抱いて揺すった。カルメンは哺乳瓶作戦を試みようと思い、新米パパの意見を変えさせるべく自分の夫に助けを求めたが、その期待もまもなく砕け散った。オサマの意見を変えることは不可能であった。

こうした女性たちは掟に厳密に従う暮らしをしていた。もっとも熱心だったのは、オサマの姉妹の一人シェイハである。カルメンによれば、「彼女はほとんどオサマの女性版でした」。この理知的な女性の前では、「地味な服を着て伏し目がちなナジュワはほとんど目立たない」ほどで、彼女に対抗するのは難しかった。女性たちの集まりでは、ドアを一歩越えると招待客たちはアバヤを脱ぐ。「それは、誰がいちばん化粧がうまいか、いちばん宝石を持っているか、いちばん高価なブランドの服を着ているかの、まさに競争でした」とカルメンは言う。

ジッダにスーパーマーケットができると、ビンラディン家の一部の女性はショッピング熱に襲われた。これに比べると、ナジュワの無邪気な既製服づくりなど可愛いものであった。「私たちは数人の女性グループで、運転手に運転させて行きました。そこでは私たちは、売り場に並ぶヨーロッパ製品を前にしてうっとりとし、心ゆくまで楽しみました」。[*16] スーパーマーケットは始まりにすぎず、義理の姉妹たちはいきなりインテリアデザイナーに早変わりした。「彼女たちは俗っぽくてけばけばしい家具に夢中になりました（……）。すべてが金ぴかで、似たようなプラスチックの花で飾られていました」

オサマがそばにいてさえくれれば、日常生活の問題など大したことではない。オサマはやがて自分の〝真珠〟を、そこから八〇キロ離れた聖地メッカに連れて行くことにした。世界中の信者を集めるこの町のことを思って、若妻は喜んだ。オサマもまたこの象徴的な経験を妻と共有する喜びを隠さなかった。「私の足は大地を踏みしめ、夢のように漂う大モスクに向かって歩き出しました」

一九七九年——パンドラの匣

メッカへの旅はオサマにとって単なる夫婦の楽しみをはるかに超えるものであった。この一九七九年初頭、政治の世界に対する認識が彼の中で何か変わった。アラビア半島を侵入者から守らなければならない。「彼が外の世界について広い視野をもって考え始めたことに、私は気づきました」と妻は言う。彼は次第に国際政治について嘆くようになった。

一月にはオサマ・ビンラディンの運命に重くのしかかっていく一連の出来事が始まった。イランではホメイニ師に率いられた反国王派が数カ月にわたって都市でゲリラ活動を行ったことから、この年の初めに国王が出国を余儀なくされた。こうしてイスラム革命が動きだすと、ペルシアを宗教の「正道」に戻すと思われるこの動きを、オサマは喜びと警戒心をもって見守った。サウード家の一族は恐れおののいた。サウジアラビアの現体制はアメリカをはじめとする西側大国との交渉に前向きであるため、イスラム主義者の標的になりかねないからであった。

イスラム主義者の影響力は王国の街中でも目立つようになり、王家は同調して時間稼ぎをした。ジッダの市場《スーク》には、ふさわしからぬ服装をしている者は罰すると警告したポスターが貼られた。宗教警察ムタワは、ふしだらな女を矯正するためにこん棒を振りかざした。女性は透き通らない黒いストッキングをはき、肌を数センチさえ見せない服装をしなければならない。しかしここでもビンラディン家の女性たちは、この動きに一応従う程度では満足しなかった。「ナジュワや義姉妹のラファやシェイハにならって、多くの女性が手袋もするようになりました」とカルメンは書いている。人形、アルコール、ステレオセットはすぐに国から姿を消し、密輸される品物になった。ムタワは住居をこじ開けてこうした不敬虔の証拠の品を破壊し、その持ち主を滅多打ちにしたり刑務所に送ったりした。ビンラディン家の女性たちは、こうした有益な変化に従った。「ムタワは自分たちがなすべき名誉ある正しい仕事をしていると、彼女たちは考えていました。宗教が厳格すぎるということはありえないと、確信していたのです」。ナジュワの五歳年下の妹レイラには、姉が変わったという記憶がある。「姉は私のような生活スタイルを好みませんでした。私はヴェールをかぶらなかったのですが、姉はそれが嫌だったのです。私はいつもそれを身に着けるよう説得されました」[*17]。カルメンはある日会話の中でふと信心深いラファに聞くことができた。男たちはとても弱くて肉欲にとりつかれているから、女の顔を見るだけで罪を犯しそうになるのかしら？　会話が急に途切れた。「ラファは私がまるで古代ギリシャ語で話しかけたかのように、まじまじと私を見ました」

オサマはこうした動きに刺激を受けて、ある晩告げた。「ナジュワ、私たちはアメリカに出発しよう」。かくして夫婦と子どもたちはインディアナ州に向けて出発した。彼らはそこで、まだ無名のある男に会うことになっていた。その男アブドゥラ・アザムはパレスチナ人の神学者で、イスラム世界と欧米との激しい対立は避けられない性質のものであると確信していた。彼はイスラエルによるパレスチナ占領に反対する武装闘争の際に、ヤセル・アラファト側について参加したことで知られていた。しかし国家解放の社会主義哲学に従うのではなく、アザムは汎イスラム運動や超国家的な考えを進め、植民地時代から続くイスラムの世界地図を描き直して、腐敗した世俗権力を一掃しようと考えていた。

こうした考えとは無縁のナジュワは、旅の途中で病気になった子どもを心配し、夫婦でインディアナポリスの医者のもとへ行った。「親切なお医者様が（……）この子はすぐによくなると断言してくれたので、とても安心しました」。家族はこうして一週間インディアナポリスで一緒に過ごしたが、その後オサマはナジュワを女友だちに託して、まるまる一週間ロサンゼルスに行った。「短い散歩の途中で見ただけですが、アメリカ人は優しくて親切な人たちで、彼らとはシンプルでいい感じの付き合いができると私は思いました」。彼女はもっと驚くべきことも語った。「オサマと私はアメリカを特別好きというわけではありませんでしたが、憎んではいませんでした」

しかしこのアメリカに特別な熱意のない夫婦は、ちょっとした災難に遭った。アメリカを発とうというときのこと、空港でひとりの慎みのない通行人がナジュワの前を何度も行ったり来たりした。この男は全身をヴェールで包んだ女性を見るのが初めてだったため、驚きで口をあんぐりと開け、彼女をあらゆる角度からじろじろと見つめた。「夫はどう思っているのかと思って彼のほうに目をやると、彼はこの好奇心の強い男を細かく観察していました」。友人のハレド・バタルフィによると、しつこい男がそういう動きを始めると、何人かがふたりの写真を撮りだしたという。[*18] しかしオサマの反応はまったく予想外のものであった。この出来事について話した夫婦は、男の教養のなさを面白がり、怒るよりも笑ったのである。

この一九七九年、サウジアラビアではるかに劇的なことが起こった。苦労して三人の子どもを育てていたナジュワも、「かろうじてその年に家の外で起こったことを書き留めていました」と言う。一一月にイラン発の革命がもはや後戻りできないところまで入り込んだのである。
一一月二〇日朝、メッカのアル＝ハラム・モスク。この中東最大の宗教建築物を、武装した数百人の男が占拠した。毎年数十万人の巡礼者を迎えるこのモスクは改修中で、工事を請け負っていたのは王国でも選り抜きの企業グループであるビンラディン・グループであった。五万人に及ぶ人々がヒジュラ暦一四〇〇年一月一日を祝おうとしていたときに、テロリストたちは棺の中に隠していた銃を取り出した。この町では銃の携帯と流血は何であれ固く禁じられているが、攻撃者たちは何の要求もせずに最初の瞬間から衛兵を撃ち殺した。この冒涜的な行為をきっかけとして、王制派とイスラム原理主義者との戦いが二週間にわたって続くことになる。原理主義者たちは、王朝の打倒を目指していた。「これみよがしに贅沢な暮らしを送る堕落ぶりで、西洋化という挑発的な政策によってサウジアラビアの文化を破壊した」というのがその理由であった。
サウード家側は何度か人質解放を試みたものの一〇〇人以上の死者を出し、敗北を認めざるをえなかった。近隣諸国に助けを求めれば、自分たちの地位も地域での威光も失いかねない。そこで彼らはアメリカに救援を求めたが、カーター大統領は聞く耳を持たなかった。間もなくフランス大統領官邸の電話が鳴った。ヴァレリー・ジスカール・デスタン大統領はすばやい行動を求められ、結成間もない特殊憲兵部隊の隊員三人を急遽派遣した。一度目の攻撃が失敗したあと、人質犯たちは聖地の地下に逃げ込み、誰も地図を持たない広大なカタコンベに身をひそめた。その地図を持っていたのは、おそらく修復中の作業員だけだっただろう。フランス特殊部隊が到着すると、軍司令部は途方にくれていた。メンバーのひとりはモスクの壁を前にしてこう喚いた。「ビンラディンはどこだ？　ビンラディンはどこだ？」[*19]
オサマの兄で父親の死後家長になっていたサレムは、貴重な資料を提供するよう求められた。軍人たちはフランス兵とともに、細い通路が地表に出ている場所をひとつずつ確認し、隠れ場所の位置を突き止めた。こうして彼らは襲撃に成功し、二五〇人の犠牲者を出したとはいえ勝利した。生き残った六二人のテロリストは斬首刑に処せられた。当時のオサマはまだどんな形であれ暴力には断固反対で、多くの場合対決することさえ避けていた。例えばある日、ひとりの青年がサッカーの試合中にオサマを非難し、喧嘩をふっかけてきそうになった。そこで友人のハレド・バタルフィが力強く仲裁し、しつこい男に詰め寄って激しく押した。するとオサマはこれを非難した。「もし君があと数分待ってくれたら、私はこの問題を平和的に解決したのに[20]」

オサマは人質をとることについては非難しなかったが、解放者たちが使った方法については反対した。「彼らは弾丸を一発も撃たずに争いを解決できたはずだ。（……）必要だったのは時間だ。（攻撃者たちは）軽装備しかしておらず、蓄えもほとんどない状態で包囲されていたのだから」。彼がとくに非難したのは、王の後継者ファハド王子である。「彼は執拗に戦い、ブルドーザーと装甲車の轍をモスクの石畳の上に残した[21]」。この悲惨な光景は、若き学生だったオサマの頭に焼きついた。「戦車が発砲したせいで尖塔《ミナレット》が黒く煤けたことは誰もが記憶している」

オサマが数百人の信者を殺した元凶は王家であると考え、その恨みを心の中で膨らませていたとき、また別の事件が起こってナジュワの家をばらばらにしていく。翌一二月、アフガニスタンに樹立した共産党政権を支援するために、ソ連がアフガニスタンに侵攻したのである。攻撃当初から、オサマは常にアフガニスタンの前線のニュースを知りたがった。彼は不安を感じ、神経質になって寝つきが悪くなった。「遠い国で起こっていることについて私は何とも思っていませんでしたが、いずれにしろ夫は深く悲しんでいました」

ナジュワと夫は暗黙のうちに意見が一致していた。彼女は決して政治問題について彼に尋ねない。しかし今回の彼の状態は、本人はほとんど無意識だが、彼女からすれば勇気を奮い立たせて彼の命令に背こうと思うほどのものであった。「何の罪もないイスラムの女性や子どもが牢屋に入れられて死ぬほどの拷問にかけられたという話を聞いて、彼は今まで見たこともないほど混乱していました」。ビンラディンは行動しなければならないと考え、家族から資金を集めた。姉妹のシェイハは慈悲深く協力した。オサマは内なる火に食い荒らされ、ナジュワは夜になって夫の影を見るばかりになった。「アフガニスタン戦争が夫の生活のすべてになりはじめました」。彼は、蜂起した信者が多く集まるパキスタンに行く計画を立てた。ナジュワをずっと守ると約束した彼が、いまや食料や医薬品を買う話や、パキスタンから武器を借りてトラックで闘士たちに配るという話ばかりするようになった。

すぐさまアフガニスタン側についたアブドゥラ・アザムは、ペシャワールの自分のもとに来るようオサマに促した。ペシャワールというのは、反共産主義運動の後方基地となったパキスタンの国境の町である。ナジュワからすれば、夫の考えは自分の家や子どもたちとは関係のないことでいっぱいになり、自分からは完全に手の届かないところに行ってしまった。彼女は夫のアフガニスタンでの戦いを支持したが、それはごく個人的な理由からであった。「夫が家に帰れますように、そして私たちが以前の生活を取り戻せますように」

オサマは三カ月の予定で国外に出るに先だって、家族がよりよい状態で暮らせるようにと、ジッダの母親の家に近い石造りの建物をナジュワのために購入した。そこには一二軒分の住居が入っていた。「私はむしろその大きさに驚きました。この建物を全部いっぱいにするほどの子どもは、決して産めないだろうと思いました」。がらんどうでむき出しの部屋は孤独の訪れを感じさせた。魂のないこの新居でナジュワを迎えたのは、何枚かの伝統的なペルシア絨毯と壁に立てて並べたクッション。失望と混ざり合った不安を、彼女はひとつずつ飲み込もうとしなければならなかった。「私はいつも自分たちの家を明るく整えたかったのですが、オサマがパキスタンからいつ帰るのかは、神様しか知らないことでした」。巨大な建物は決して彼女が結婚当初から思い描いていたエレガントな家にはならないだろう。オサマとナジュワはもう決して普通の生活には戻れまい。今後彼は故郷の地にいる時間よりも、サウジアラビア以外の場所にいる時間のほうが長くなるのだろう。

いとしい人を奪われたのはナジュワだけではない。アリアもまた息子が急に過激化したことに苦しんだ。オサマは闘士たちを支援するというだけの使命で出発したが、その場に行くと今度は自分も戦おうと決意した。「彼女はすでに身体が悪かったのですが、それがいっそうひどくなりました。彼女はソ連が聖戦士《ムジャヒディン》にガスを使っているという話を聞いて以来、悪いニュースが流れそうになるとテレビやラジオをつけなくなりました」*22とハレド・バタルフィは言う。不安な数週間を過ごしたあと、アリアは自分が仲裁役をかってでようと考えた。ナジュワの姉妹によれば、「アリアはオサマを引き留めようとしました。彼女としては息子にサウジアラビアに戻ってほしかったのですが、彼は聞く耳を持ちませんでした。彼女はそれが彼の信念でありそれを捨てるつもりがないと知ると、『神様があの子をお守りくださいますように』と祈っていました」*23

夫が前線に行っている間、ナジュワは再び新たな命が自分の中で育っているのを感じた。彼女は夫を帰らせるいい方法だと思って、夫に妊娠と出産予定日を知らせた。「私がオサマに病院に行かなければと言うと、彼はまるで初めての子どもであるかのように興奮しました。彼は使命感のある人で、私を車に乗せてブクシャン病院まで突っ走ってくれました」。オサマは約束に背かず、妻のそばに付き添った。難産ではあったが、ナジュワはこの一九八〇年代のはじめに、自分は「世界でもっとも幸せな女」であると感じていた。オサマもまた四人目の息子の誕生をとても喜び、オマルと名付けた。彼は妻に、子どもの誕生は神の恩寵だとたびたび繰り返した。しかしアフガニスタンの山地でイスラム戦士に変貌してしまった男は、もはやこの小さなエデンの喜びだけでは満足できない。

ナジュワは四人の子どもに囲まれているとはいえ孤独で、どうしようもないほど気晴らしを求めていた。ある日末っ子にブロンドの髪が生えているのに気づいて、彼女は娘がほしいという夢をこの金色の髪が叶えてくれるに違いないと思った。「深く考えもせず私は息子の髪を三つ編みにしはじめ、夫の馬の尻尾を編むように、この子の頭でおしゃれな髪型をいろいろと試しました。」。こうして内部から崩れ始めた彼女は、次第にエスカレートしていった。「私は再び絵を描き、女の子の洋服を縫って、オマルをモデル代わりにして着せていました」

そのうちに彼女は可愛らしい服を手放せなくなり、すっかり夢中になった。「ワードローブはみるみるうちに女の子の衣装でいっぱいになりました」。彼女は息子は赤ちゃんなのだから将来思い出すこともないだろうと、自分の依存癖を正当化した。オサマがこのことを何も知らなければ、すべてはうまく行ったかもしれない。しかしパキスタンに行って二カ月目、ペシャワールの戦士が不意に自宅に戻ってきた。部屋に入ってきて父親のほうによちよち歩くオマルは、女の子の服を着て、長い髪を三つ編みにしていた。「夫が何と言うのか、何をするのかと思って、私は夫をじっと見ていました。そのとき私は胃がしめつけられるような思いでした」。慎重なオサマは息子のそばにしゃがみ、ワンピースの上に指をすべらせ、次いで風変わりな髪を触った。ためらいながら彼はオマルを見つめ、次に妻を見て、再び息子、ナジュワと目をやった。彼は妻の裁縫の腕を評価したうえで、思いもよらない反応を見せた。「彼は長い指で息子の可愛いワンピースを撫ぜると、優しく言いました。『オマル、おまえは女の子の服を着ているが、男の子だ』。そして軽く手でオマルの髪をとかしました。『お前は女の子の髪型をしているが、男の子だ』」。これまで一度たりとも夫に不満を抱かせたことのない妻の心の中では、数秒が数時間のように感じられた。「事実として、私はどこの誰よりも従順な妻でした」と言う彼女は、罰を受ける覚悟だった。しかし声を荒げるどころか、ビンラディンは自分がたびたび不在にすることで妻が精神的に弱くなっていることを理解した。いつもよりももっと優しい声で、彼は彼女を現実に引き戻そうとした。「ナジュワ、オマルは男の子だ。この子には男の子の服を着せ、長い髪も切りなさい」

恐怖が教えとなり、彼女はその後心を抑えた。少なくとも、彼が家にいる限りは。というのも依存症からの脱却は予想以上に難しく、夫がパキスタンに向けて再び出発してしまうと、またもやすぐに悪癖に陥ってしまうのだった。衣服による反逆の再開だ。「夫が突然帰ってきたとき、ちょうど私はオマルにピンクの可愛いドレスを着せ、髪をカールさせてうっとりしていました」。オサマは何も言わなかったが、その目つきは脅すようだった。「今回はもはや運を天に任せないほうが得策だろうと思いました」と彼女は賢く判断した。可愛いワンピースはトランクにしまい、女の子が生まれるのを待つことにした。

ナジュワはほかの楽しみを見つける必要があった。とはいえ時間つぶしにテレビを見る気はなかった。家族が映像で堕落するようなことがあってはならないというのが、オサマの考えだったからである。ウォルト・ディズニーの作品や『マペット・ショー』を追放すると、テレビはもはやニュースを見るだけのものになった。子どもたちは義務としてテレビニュースを見なければならなかったが、それに加えてもうひとつ使命があった。次の番組を告げる挑発的なテーマ音楽が鳴ったら、すぐにボリュームを下げること。

退屈が苦しみに変わった。ナジュワは不安を抱えていたが、それも理由のないものではなかった。というのも次にアフガニスタンから帰ったとき、オサマは体中傷だらけだったのである。彼がヘリコプターの操縦を学んだと彼女に告白すると、せっかくの再会も凍りついた。彼女が次々に質問をしようとすると、命令が下った。「ナジュワ、考えるのはやめなさい」

オサマは不在がちではあったが父親としての心構えはあり、機嫌のいいときには息子たちと一緒に座って、闘士の勇ましい話を聞かせた。いかめしい顔に似合わず、彼は自分を巨人のように見つめる小さな子どもたちに話すのがうまかった。危険が大きい自分の使命について子どもたちに語りながら、彼は恐ろしいソ連のヘリコプターが発射するミサイルをアブドゥラ・アザムとともにかわしたときの話をした。山腹に見つけた洞窟から自分はぎりぎりのところで逃げることができたが、入口が崩壊して仲間のほうは閉じ込められてしまった。巧みなシナリオライターよろしく、彼は聞いている子どもたちが我慢できなくなるまで話の緊張感を高めた。「その後何が起こったか分かるかい？　奇跡が起こったのさ。神様が送ってくださった二つ目のミサイルが、アブドゥラ・アザムが閉じ込められていた洞窟の入口にちょうど当たったんだ。まるで熟練した石工が石の大きさを決めたみたいに、ちょうどいい具合に二つ目の爆発で洞窟が再び開いたんだよ」。彼は頭を振り、思い出の中に迷い込んだような顔をした。「アブドゥラ・アザムは神の手で作られたその裂け目から出てきた。まるでピクニックに行くみたいに落ち着いてね」

とはいえオサマは子どもたちに対しては妻に対するほど忍耐強くはなかった。「私は父が母親や姉妹、私の母や娘たちに対して大声を上げるところは見たことがありませんし、女性を殴るところも見たことがありません。父は拳骨を息子たちにとっておいたのです」とオマルは言う。彼が覚えているのは「父親としてのあたたかさとは無縁の」男である。父親が不在がちで寂しかった夫婦のこの末の息子は、父が家の敷居をまたぐとすぐにそばに行き、悪ふざけをして父親の関心を引いた。

この種の子どもっぽいいたずらにあまり興味のないオサマは、自分のしるし入りのステッキをいつも持っていて、要求に応えた。子どもたちが大きくなるにつれて、「父は少しでも悪さをすると、私や兄たちをステッキで打ち始めました」。焼けつくようなこの国の暑さの中でもエアコンも冷蔵庫も使うことを許さず、電気もひどく節約するので、夫婦の息子たちはこのひどく不便な命令を憎み始めたが、彼らの母親は決して不満を言わなかった。息子たちは反抗するとステッキで叩いて屈服させられた。

家族が唯一幸せだったのは、ジッダ南部に建てさせた大牧場で過ごすときであった。所有地は広大で多くの建物があり、馬小屋やモスクまであった。戸外の空気に包まれるとオサマはようやく心の安らぎを感じた。彼はヤシの変種など数百本の木を植えて手入れの行き届いた果樹園を作ったり、人工的なオアシスを作ってアシや水生植物を栽培したりもした。「父の目は美しい植物を見ると幸福そうに輝き、跳ね回る種馬を見ると誇りに輝いていました」とオマルは言う。この家ではおもちゃが禁じられているので、オサマは子どもたちに遊び相手としてヤギを与えた。あるときには新しい思いがけないものを持ってきて、ナジュワをかっとさせたこともある。ガゼルの赤ちゃんだ。彼女は子どもたちにそれを家の中に入れてはいけないと禁じたが、彼らは窓から入れてしまった。罪の証拠はすぐに見つかった。動物の毛が家具に散らばっていたのだ。この約束違反にはお仕置きが課せられた。

厳格な父親が穏やかになる珍しい遊びとして、サッカーがあった。「ある日父がボールを家に持って帰ったことがありました。興奮する私たちの前で父の顔に優しい微笑みが浮かぶのを見て、私はびっくりしました。父はサッカーが好きだと言い、時間があるときには私たちとサッカーをして遊びました」とオマルは回想する。もうひとつ、息子たちと一緒の時間を過ごしながらその器用さをはかる機会にもなった遊びはラグビーで、急に思いついて帽子をボール代わりにラグビーをし、オサマが末っ子に追い抜かれて驚くこともあった。ある日のこと、オサマが空気を割って進み、オマルに飛びかかった。オマルはくるぶしに父の手を感じたが、ジグザグに進んでタックルを避けた。するとオサマは固い土の上に落ちた。「父は倒れこんだときに肘をすりむき、右肩を脱臼しました。顔をゆがめているのを見て、私は父が本当に苦しんでいるのだと分かりました」。オサマは病院に運ばれてコルチゾンの注射を打たれ、その後リハビリのため六カ月間はパキスタンに行けなくなった。ナジュワは有頂天だったが、子どもたちはそうではなかった。「兄たちは私のことを恨みました。父がジッダにいることにもう我慢できず、パキスタンに行ってもらいたかったのです」。たしかにオサマはやがてそうするつもりであったが、今回はナジュワも連れて行くと約束した。

「アフガニスタンの細かい問題」を除けば、ナジュワは妻として満ち足りていた。「彼がそばにいてくれると、私はいっそうの幸せを感じました。彼の態度を見ると、彼も私と一緒にいると同じように幸せであることが確信できました」。しかし彼女の次なる驚きは、ガゼルの赤ちゃんよりももっと受け入れがたいものが家に入ってくることであった。別の女がビンラディン家に入ってくるというのだ。

家の中の見知らぬ女

「ナジュワ、私がふたりめの妻を娶ることを喜んでくれたら、君は天で報われるだろう。君の人生は必ずや天国で終わるだろう」。疲れを知らない反逆的な闘士の妻は、この知らせを聞いたときに五人目の子どもを妊娠中だった。理想的な仲睦まじさに亀裂が入った。「夫をほかの女と共有することになって、喜んで踊りだすような女はいないでしょう」と彼女は控えめに白状する。

彼女の中で不安が膨らんだ。要するに、自分は彼と一緒にいると幸せであっても、おそらく彼は自分といるときに同じように幸せなわけではないのだろう。アブドゥル・アジズ王大学のベンチで、オサマは友人でのちに義兄弟になるジャマル・ハリファと一夫多妻制を実行することで意見が一致していた。この国では一夫多妻は社会的にほとんど容認されないものになっている。彼らは、悪いのは自分たちの父親だと結論づけた。「彼らの世代は一夫多妻制をうまく利用しなかった。妻たちを公平に扱わなかったのだ。ときには結婚したその日に離婚することさえあった！　われわれは一夫多妻制を実践して、うまくやれるところを見せてやろうじゃないか」[*24]と彼らは話した。

オサマはナジュワに言うべき言葉を心得ており、この結婚は彼女の承認にかかっていると繰り返した。この話が出てから数カ月間活発に話し合った結果、要するに彼の目的は単に信頼できる人間を増やすことなのだという理屈に落ちついた。

オサマは説得し続ける中で意を強くし、第二の妻を探しはじめた。かくして預言者ムハンマドの後裔であるサウジアラビアの名家の娘ハディジャ・シャリフに白羽の矢が立った。オサマより九歳年上のこの女性は高い教育を受けており、ジッダの女子小学校で教えていた。しかしナジュワは、自分にとっても人生の相棒となるこの女性の顔をすぐに見ることはできなかった。オサマが彼女を結婚式に呼ばなかったからである。夫婦が使っている広い建物の中の一軒が、新妻用として使われることになった。

ナジュワを驚かせることがもうひとつあった。オサマは以後夫としてイスラムの教えに従う態度をとると決意したのである。つまりふたりの妻に平等に接する。愛情、時間、言葉、好意は平等に分け与えられる。逆境にくじけないナジュワは、夫婦としての天国をもっと大きな天国のために捧げようと考えた。「そうしなければ、私は天国で報われないでしょう」

承諾したもののそれはやがて後悔に変わり、何日もオサマの姿を見ない静まり返った暮らしにナジュワは耐えられなくなった。慰めを見出す唯一の解決法は、子どもたちが「おばさん」と呼ぶべき女性と手を組むことであった。孤独に包まれたふたりの妻は毎日会って一緒に読書をし、食事をともにした。ナジュワはやがて夫と過ごす時間と同じぐらい、ハディジャと過ごす時間を待ち遠しく思うようになった。

この「女友だち」がやってきたことは、おそらく神の恩寵だったのだろう。オサマはついにナジュワが数年前から待ち望んでいたことを決意した。家族全員をパキスタンに連れて行く。こうしてふたりの妻と夫と子どもたちはこの一九八三年、ペシャワールに向けて飛行機に乗った。ようやく彼女は、四年前から年に何カ月も夫を引き留めていたこの見知らぬ場所を見ることになった。彼女はアフガニスタンのパシュトゥーン人の避難キャンプになった雑然としたこの町をざっと眺めたあと、オサマが家族のために見つけておいた美しい家に入った。塀の中で彼女たちは町の喧騒から守られるだろう。こうして夏の三カ月をパキスタンで過ごしたが、ハディジャもナジュワもオサマがたびたび出かける世界についてはよく知らないままであった。しかし少なくとも彼のほうは、子どもたちとの距離を縮めた。子どもたちはジッダの学校に戻らなくてはならなかったが、家族は全員、毎年夏にペシャワールで過ごすことに決まった。

帰路は快適ではなく、ナジュワはひどく気分が悪くなった。すでに六人目の子供が宿っていた。これも男の子だろう。しかしまた別の女がビンラディン家のバランスを回復させることになる。オサマは三人目の妻を娶ろうとしていた。

今回はナジュワが縁組の中心にいた。うってつけの妻を選んだのは彼女だったのである。「もし実現しても、私の彼への愛は大きくなるばかりだと、私は自分に言い聞かせていました」。ナジュワをひと目で魅了したのは、ジッダに住むサウジアラビア人女性ハイリア・サバル。児童心理学の博士号を持ち、ジッダのアブドゥル・アジズ王女子大学で教えている女性である。ナジュワは夫の三人目の妻として、オサマより七歳年上のこの女性を選んだ。これまでずっと独身の三五歳。「その魅力的な顔を見た瞬間から、私はハイリアが好きになりました」と仲介役となった人のいいナジュワは語る。彼女はきわめて敬虔なハイリアの家族とオサマとの間を行ったり来たりして、持参金と婚約について合意を取り付け、自分の交渉能力に満足した。

一九八五年、三人の妻と七人の騒々しい子どもはビンラディン家の建物にやっとのことで落ち着いた。次には学齢期の子どもの時間を調整し、召使いや女中、料理人や運転手を監督する。こうしたスタッフはフィリピン、スリランカ、アフリカ、エジプト、イエメンから来た人たちで、おかげでビンラディン家は小さな国連のようであった。事務総長はいつもどこかに出かけているオサマ。忙しく働く人々の仕事は、しかし決して減りはしなかった。「この人たちはさまざまな仕事をきちんとこなすために走り回り、騒々しい音を立てていました」。第一夫人であるナジュワはミツバチの巣のようなこの場所の女王であり、その立場はあとのふたりの妻の上に立っていた。しかし彼女は、ハディジャやハイリアよりも優位に立っていると感じたことは一度もないと言う。「彼女たちは私の友だちになりました。私たちの間にはいさかいは少しもありませんでした」

しかしこのバランスはもろく、夫婦のバベルの塔は一九八六年に崩れた。ハイリアが妊娠しないため、オサマは四人目の妻を娶るつもりだと言ったのである。今回オサマは、子をなさない女を選んだナジュワの仲介は使わなかった。

選ばれたのは、アラビア文法の教授でアフガニスタンの友人の姉妹でもあるシハム・サバル。もの静かでとても規律正しい彼女は、オサマが愛する聖地メディナの出身であった。ナジュワはこの見知らぬ女性を灰色とオークルの色調の家に入れた。この家は、かつてパスタ工場があったことからジッダの下層民にマカロニ通りと呼ばれている道に面しており、窓にはエアコンがついていた。幾度もの結婚について、オサマはその印象をこう理論づけた。「一度目は歩くようで、それはそれでよい。二度目は自転車に乗るようで、速いけれどもやや不安定。三度目は三輪車、安定しているけれども遅い。そして四度目が理想的だ。つまり皆の上を行ける」[*25]。今まで彼は、妻をすべて平等に扱うというジャマル・ハリファとの約束を破ったことはなかった。それぞれの妻は独立した住まいをもち、彼が命じるとおり慎ましく暮らした。

しばらく前にアメリカで出会ったパレスチナの思想家アブドゥラ・アザムは、当時ペシャワールを拠点にしていたが、ジッダにいる友人オサマのもとをたびたび訪れた。ビンラディンは彼を手本とし、アザムもこの弟子に期待をかけた。「彼は自宅で実に質素な暮らしをしていた」とアザムは感嘆した。「私はテーブルひとつと椅子ひとつしか見たことがない。しかし同時に、もしあなたが一〇〇万リアル欲しいと頼んだら、オサマはすぐさま小切手を切ってくれるだろう」[*26]。客人はしかしひとつ不満を感じていた。サウジアラビアの暑さの中で汗をかきながらも、ビンラディンがエアコンを意地でもつけないからである。「持っているのになぜ使わないんだ?」と彼は友人に聞き、ぶつぶつ言ってオサマを要求に従わせようとした。

夏が来た。ペシャワールにいるアラブ・ルネサンスの英雄アザムのもとに合流するときである。彼のスローガンは世界的に知られている。「ジハードと銃のみでよい。会議も交渉も対話も必要ない」。このお説教屋にとって、戦いは「魚にとっての水」になったと、彼の妻ウンム・ムハンマドは言う。「ジハードに参加する者はペシャワールに妻も連れてきて、自分たちの背後に住まわせました。だから私たちは皆ひとつの家族のように生活しました。私はほかの女性たちから母親のように思われていました」[*27]。アブドゥラ・アザムはダマスカス大学でイスラム法を学んで戻ってきたときに、一二歳だった彼女に結婚を申し込んだ。

いまやビンラディンの精神的な師であるこの男は、厳しいベテラン戦士であり、アフガニスタンの荒々しい山でのつらい生活にも慣れていた。彼はパンしか食べないことも多く、食事は一日に一度、ズボンは二本しか持っていない。「一枚ははいて一枚は洗濯するのです」と妻は言う。「それでも彼はいつも清潔できちんとしていました」。闘士の家族は塹壕キャンプでの窮乏生活に耐えなければならず、献身的な妻たちは結束して助け合った。「ジハード時代にパキスタンでともに暮らした女性たちは、誰ひとりとしてこの時期に悲しそうな様子はしていませんでした」

アブドゥラ・アザム夫人のような情熱を、ナジュワ・ビンラディンはほとんど持ちあわせていなかった。ジッダで親しく付き合った尊敬する女性にここで再会できたことは嬉しかったが、彼女は毎日家にやってくる多くの兵士たちになかなかなじめなかった。その家は入口がアーチ型になった植民地時代の二階建ての古い邸宅で、大学のある高級地区に位置していた。この一九八六年に、この家に新たな男、アイマン・アル＝ザワヒリがやって来た。この急進派のエジプト人外科医はビンラディンとアザムに同行して夏の活動に参加し、妻をペシャワールの〝ジハードの母たち〟の共同体に残していった。

アブドゥラ・アザムは聖戦士を体現化したような人物で、漆黒の線が入った長く白い髭のおかげもあって、人々の想像の世界に入り込んだ民衆のヒーローであった。その目は戦いについて言及したとたんに、まるで内なる栄光を見ているかのようにキラキラと輝く。ザワヒリはペシャワールに落ち着くと、誰もがおもねるこの長老《シャイフ》に忠誠を誓うのではなく、すぐさまオサマに近づいて、活動の未来はこちらの「神から遣わされた男」の手中にあることを公に示した。

ザワヒリは自らも必要不可欠な男になる方法を見出した。「オサマは低血圧でめまいを感じることがあり、そうなると横にならなければなりませんでした。そこでザワヒリが手当をしたのです」[*28]と近しい者は語る。ザワヒリは信頼に足る男を自分の周囲の重要なポジションに置くことに成功し、さらにオサマとその相続財産という財政的な大きな恵みをも手にした。ビンラディンとアザムは次第に口論するようになった。思想家がほかのイスラム教徒と戦うことを拒否するのに対して、ビンラディンはザワヒリの助言を受けて、部隊を創設してサウジアラビアとエジプトの間で聖戦を起こすことを検討していた。同じ証言者によれば、「アブドゥラはビンラディンと意見が一致せず、彼を独立させないよう努めました」。ザワヒリのほうは、アザムはアメリカに雇われたスパイかもしれないではないかと言って、厄介者の権威を失墜させようとした。ビンラディンはますます過激主義のエジプト人のほうに傾いていった。

「オサマは性格が変わりました」とアブドゥラ・アザムの妻は言う。「長老《シャイフ》は彼をとても愛し、善なる人だと言っていました（……）私たちは（その後）彼との関係を一切断ちました」。ザワヒリはいまや自由に行動できるようになった。しかも彼の妻がこの年にペシャワールで出産したことから、尊敬すべき一家の父親としての新たな地位も手に入れた。

イスラム運動をするにあたってもっとも必要なのは財政面であり、その中心人物に新たになろうとする内なる戦いがはじまった。これによって闘士の妻たちもまた分裂するのだろうか？

ビンラディン家ではウンム・ムハンマドはもはや歓迎されなくなったが、また別の女が入りこんできた。旧姓をアザ・ノウェルというザワヒリ夫人である。アイマン・アル＝ザワヒリは三〇代に近づいた一九七四年、医師としての資格を取ったものの、まだ恋人がいなかった。そこで結婚すべき年頃だとして紹介された候補者のひとりがアザであった。カイロの名家の娘で両親とも弁護士であったが、カイロの社交界に出ることを拒否し、ヴェールをかぶって大学に行って哲学を学んだ。大学に通う間にさらにエスカレートして顔も覆い始めたが、たぶんこれは多くの求婚者を遠ざけるのが目的だったのだろう。しかもそうした連中は、そろいもそろって彼女に保守主義を捨てさせようとした。「彼女はありのままの自分を受け入れてくれる人を求めていました。そしてまさにそういう女性をザワヒリは探していたのです」[*29]と彼女の兄弟エサムは言う。

結婚式は一九七八年二月にコンチネンタルサヴォイホテルで、ふたりの希望どおり音楽も記念撮影もなく行なわれた。しかし夫婦の平和はすぐに危うくなった。一九八一年一〇月六日の軍事パレードでアンワル・アル＝サダト大統領が暗殺され、地下組織の一斉取り締まりが始まったからである。ザワヒリはパキスタンに逃げようと決意したが、空港へ行く途中にホスニ・ムバラク新政権の警官に逮捕された。近親者によると、「彼は衛兵に囲まれて警察に連行されました。隊を率いる警官に平手打ちされると、彼のほうも平手打ちを返しました！」。この行為によって、彼は「やられたらやり返す男」とみなされた。一九八四年の釈放時には噂にたがわぬ強い男になっていた。

メッカへの巡礼を利用して、夫婦はサウジアラビアに居を構えた。アザは夫が刑務所にいる間に女の子を出産し、ふたり目の子どもを妊娠中であった。彼女は母親に、どれほどエジプトが恋しいかを打ち明けている。「娘は私への手紙で、夫とパキスタンに行かなければならないと伝えてきました。私は行かないでほしかったのですが、誰もそれを止めることはできないことは分かっていました。あの子は夫が自分に対して持っている権利と夫に対する自分の義務をよく認識しており、地の果てまでも夫についていく覚悟をしていました」[*30]

娘の気力を高めてやろうと、このエジプト人の母親はある日パキスタンを訪れた。荷物の中には、孫のためのフィッシャープライスのおもちゃの箱。しかしこのプレゼントは信心深い婿をいらつかせた。母親は、彼らが「異様なほど密な家族で、いつもひとつの塊のように動く」ことに気がついた。しかしザワヒリは妻子をますます危険にさらしていった。夫婦の生活は今やパキスタンと、やがて「アルカイダ（「基地」）」を生み出す町とに結びついていく。

アルカイダは一九八八年八月一一日から二〇日にかけてナジュワとオサマの家で行なわれた会合の場で生まれた。ザワヒリとビンラディンは一三人の同志を受け入れ、汎イスラム主義の大地下組織の基礎を築いた。それは侵略者と戦う統一アラブ軍を作るという彼らの望みをかなえるためのものであった。アブドゥラ・アザムは招かれなかった。意見を異にしたこのかつての師は、一九八九年一一月二四日に町のモスクに向かう途中、乗っていた車が爆発してふたりの息子とともに殺された。テロの犯行声明を出した者はいない。追悼演説をしたのはザワヒリである。

楽しい家族の引っ越し

オサマはいちばん新しい妻がメディナ出身の女性教授であることから、この聖地に近いところに行きたいと考え、ビンラディン・グループがそこで請け負う工事現場の監督をすることにした。彼に言わせると、この町は王家の寛容主義と粗暴さのせいで台無しにされている。ジッダから三〇〇キロ離れたこの町に引っ越すと聞いて、四人の妻たちは大混乱だ。荷物は多くはないとはいえ、まさにオートバイレースのような慌ただしさであった。オサマは自らの王国を管理することにいたく満足していた。「どうして複数の妻を持つことを拒否する人がいるのか分からない。四人の妻を娶れば王様のように暮らせるのに」[*31]

メディナに行くことはオサマにとって自らの力を強めることではなく、豊かさや誘惑から遠ざかる避難のようなものであった。実際彼は自分が自国政府にとって次第に好ましからぬ人間になっていることを感じていた。「結婚当初はオサマはとても寛大でしたが、ときを経るにつれて厳格になりました」とナジュワは見る。

広い四階建ての新しい家のインテリアは簡素でなければならず、食事は質素、衣服は慎ましくなければならなかった。唯一オサマが出費を惜しまないのは車で、彼は真新しい車が好きだった。ナジュワは紅海のフィアンセとも呼ばれるジッダを離れたせいで、とても気がふさいだ。ジッダではアリアも近くにいたし、家族の牧場も、自分が唯一の妻だった時代の喜びもあったのだから。

しかし新たな妊娠で、彼女はもっと希望のある考えを抱くようになった。たぶんついに女の子が生まれるだろう。いずれにしても今回は、男の子であっても事実を受け入れるつもりだった。「私はパステルカラーの女の子の服のほうにはけ口を求めないように考えをもっていき、女の子の服は箱に入れて鍵をかけてしまっておきました」。オサマはアフガニスタンの前線に出発していたが、出産には間に合った。一三年の結婚生活で六人の息子をもうけたあと、奇跡的に今度は女の子であった。名前はファティマ。父親も妻と同じぐらい喜んだが、自分が感動したのは妻の喜びを見たからだと、控えめに言った。

一九八九年二月一五日、オサマの三二歳の誕生日の日、ソ連は一〇年間にわたったゲリラとの無意味な戦いに終止符を打って、アフガニスタンから撤退した。ミハイル・ゴルバチョフが改革の動きを始めたことで、ソビエトは出口の見えない遠い場所での戦いを続けることが不可能になった。アメリカが反徒を支援し、対空ミサイルのスティンガーを供与したため、少しずつ赤軍は負かされ、この地をあとにしたわけである。残されたのは、解放されたとはいえ活力を失った国。インフラは破壊され、国民にまとまりはなかった。ビンラディン家では、オサマがパキスタンにもアフガニスタンにも行くのをやめたことから、家族が活気づいた。「私にとって最大のプレゼントは、夫が仕事熱心な実業家としての生活を取り戻すことです。オサマはもはや戦士ではなくなるでしょう。(……)私はもう何時間も心配しなくてすむはずです」

とナジュワは期待した。

日々の暮らしはすぐに元通りになり、一九九〇年初頭にナジュワは八度目の妊娠をした。同時にいちばん新しい妻のシハムも三度目の妊娠をした。ナジュワが初期の陣痛を感じて病院へ行く準備をしていると、シハムの家から女中がやって来た。彼女の出産もまもなくだという。その光景は山岳地帯の戦士としては滑稽であった。「もし私に陣痛がなければ、ふたりの妊婦を新しいベンツの後部座席に乗せるために格闘しているオサマを見て、笑ってしまったでしょう」。隣同士に座ったふたりが呼吸を整えようと努め、息を切らし、苦痛に身をよじっている一方、オサマは産院に向かって猛スピードで運転した。その日のうちにふたりの娘が生まれて、ビンラディン家に花を添えた。

しかしこうした嬉しい出来事の背後で、ナジュワの日常生活は暗くなっていた。子どもの教育に関して、オサマが禁じることが数多くあったからである。子どもがごく小さいころから、オサマは水をほんの少ししか与えないよう命令し、しかも絶対必要なとき以外は飲ませるなと言い張った。オサマの子どもたるもの、したたかで忍耐強くあらねばならないし、砂漠の掟を知っていなければならないというのだ。同様の規則は女の子にも適用されたが、娘の監督はナジュワに任された。オマルによれば、彼女は「水や食べ物をほしがる娘たちの叫び声に抵抗できませんでした」。オサマは息子たちを連れて焼けつくような砂漠を延々と歩き、帰るまで一滴の水も飲ませなかった。「父は私たちに、水のことを考えることさえ禁じました」

ときおりオサマは訓練計画に登攀の練習を加えた。ある日オサマは声のトーンを下げて優しい声で言った。「よじ登れるような丘がたくさんある地帯を選んでやったから、完全に下りるまで水はない」。そうは言っても、彼は誰かが倒れたときのために小さな水筒を携帯していた。子どもたちが父親のペースについていくのは大変なことであった。「強い筋肉に恵まれているわけでもないのに、父は誰にも負けない猛烈な辛抱強さでよじ登りました」

ナジュワは娘たちをこっそり甘やかすことはできても、大きくなった息子たちを前にすると、彼らの中で父親の権威に対する反抗心が膨らんでいることを認めざるを得なかった。長男のアブドゥラは、オートバイに乗れるようになると何時間も帰ってこなかった。次男はひとりぽつんと座ってうつろな目をしていることがよくあったが、この物静かな外見の裏に残酷さが隠れており、ときどき爆発した。オサマはこれを心配した。「あの子がごく小さいころ、私の母の家に連れて行ったことがある。母の猫が部屋に入ってくると、あの子はすぐさま猫を捕まえ、手でとても強く締め付けた。そして猫に噛みついたのには本当に驚いた。可愛そうな猫は君の兄さんを噛んで逃げ出した。私たちはこれはたまたまの出来事だと思っていたが、その後夜になって、私はあの子が猫を追い詰めているところを見た。（……）彼は二度目で猫を捕まえることに成功し、猫が痛くてわめくほど噛みついたんだ」とオサマはオマルに話したことがある。

三男のサアドにはまた別の苦しみがあった。彼の足はその舌と同じぐらい早く動いた。活発すぎる彼は母親の監視の目を逃れていつも走り回っていた。しかしそれも、ある日息が切れるほど走り、車にまっすぐ突っ込む日までのことであった。

オマルは乗馬をして時間を過ごすのが好きだった。ナジュワもまたこの種の息抜きを好んだが、また別の禁止事項のせいで、母と息子は一緒にこの娯楽を楽しむことはできなかった。彼女が馬に乗っているところを家族以外の男に見られることは、許されないからである。オサマは息子がもっとも大人しい馬に乗ることさえ制限したが、息子のほうは馬小屋にいる力強い種馬を調教することを夢見ていた。ある日父親は数人の男たちと砂漠に出かける計画を立てた。少年は父に頼み込んで、これに加わることになった。だが馬がこの乗り手の軽さを面白がってギャロップしたため、手綱が手から離れて彼は振り落とされた。

オサマは急いで引き返し、息子の状態を確かめた。息子がこの照れくさい出来事について打ち明けると、父親は予想外の反応をした。「父は笑い出しました。これはめったにないことなので、兄たちも意を強くして大笑いしました。あまりに笑ったのでみんな歯がむき出しでしたが、これは私の家では許されないことでした」

また別の折りに、この青年は店に行って雑誌を買いたいと思った。彼はナジュワがベッドの横のタンスに隠していた金貨をかすめ取ろうと、彼女が忙しくしているときをひそかに狙って、三〇〇ドル相当の大きな金貨二枚を急いで取ったのである。

メディナの町は孤立しているため、若者たちの詐欺が横行していた。訪問者はめったにいないが、ある日ドアを叩く音が聞こえたので、兄弟たちは駆け寄った。ドアを開けると三人のヴェールをかぶった女がいて、施しを求めた。しかし彼女たちはどうすればいいのか分からず、結局は逃げ出した。サアドは女たちを引き留めようと思って叫んだ。「行っちゃ駄目だ！　お父さんはあなたたちと結婚したがるから！」。オマルはドアを大きく開けて中に入るよう手招きしながら、彼女たちに結婚するまでくつろいでいるよう勧めた。「自分の周りに女性がたくさんいると父が嬉しそうだったのを思い出したので、サアドの考えはとてもまっとうだと思ったのです」。尊重すべき三人の女性は恐れをなし、長いアバヤといういでたちにもかかわらず、一目散に逃げ出した。「一度に三人の女性を獲得できると考えたら父はどんなに喜ぶかと思って、私は彼女たちを逃がすものかと思いました」。ふたりの少年は走って追いかけ、サアドは道をふさごうとしたが、努力は結局実らなかった。

一九九〇年の末、ナジュワが恐れを感じるようなことが次々と起こった。まず八月二日に、サダム・フセインとその軍隊がクウェートに侵攻した。この新たな軍事介入によって、闘士の魂を持つ夫がまたしても彼女から奪われてしまうのだろうか？　その同じ日、オサマは家族に告げた。「軍がクウェートを完全に掌握したら、サダムは次にはサウジアラビアを攻撃して、東部の油田を奪おうとするだろう」。大統領の計画を見抜いたと確信したオサマは戦争に対応できるよう家の準備をし、この町の民間人として唯ひとり、軽機関銃を肩からかけた。周囲の人々の間には動揺が広がった。

オサマは攻撃されても爆発から身を守れるようにと粘着テープを持ってきて、全員に命じて窓に貼らせた。保存用の食料や蝋燭、ガスランプ、トランシーバー、ラジオも買った。さらにオサマは、サダムが近々化学兵器か生物兵器を使うだろうと心底思っていたため、全員分の軍事用ガスマスクも手配した。また救助に行くための四輪駆動車を数台買って牧場に置いた。オサマは今回、王家は攻撃を阻止するために必ずや自分の才能を求めてくると確信していた。その際、軍事基地として家族の牧場が使えるだろう。真新しいモーターボートもジッダの港につなぎ、戦いになっても妻たちを乗せられるようにしておいた。

しかしイラクが空から国境を脅かしたことから、サウジアラビアはアメリカ政府に助けを求めた。そこでアメリカから密使がリヤドにやってきて王家を説得し、サダム・フセインを攻撃するために米軍が王国を通る許可を得た。国連の指揮下に軍事協力がなされることを、オサマはメディアを通して知った。「父は自分の助力の申し出が無視されたことを知って、自尊心を傷つけられました」とオマルは言う。

翌九月、アメリカ人兵士がサウジアラビアにやって来た。ビンラディンは彼らの中に女性の兵士がいるのを見てショックを受け、「女だ！　女がサウジアラビア人を守るのか！」と息を詰まらせた。彼はナジュワをシリアの両親のもとに送り、しばらくそこにとどまるよう命じた。「おまえが次に両親や兄弟姉妹に会えるまでに、何年もかかるかもしれないから」

イラク軍は「砂漠の嵐」作戦によって数週間で打ち負かされ、戦いは一九九一年二月末に終結した。

しかしオサマと王家との対立に休戦はなかった。ナジュワはシリアから戻ったが、夫は何も言わずに立ち去っていた。家族は使用人をとおして、オサマが事業のため王国を去ったことを知らされた。「彼はもう決して戻らないから、今度は私たちが出発しなければならないと言われました。以後私たちはアフリカで暮らすことになりました」。ナジュワは部屋を見渡した。突然、一七年間の結婚生活で積み重なった古めかしいものさえ、悲しくも大事なものに思えるのだった。

……そしてナイル川の小舟

一九九四年二月五日、ハルトゥーム。

午後五時、オサマ・ビンラディンはナイル川沿いにあるこのスーダンの首都に来て以来毎日そうしているように、訪問者たちに客間を開いた。招待者たちが家に入ろうと通りを横切ると、一発の銃声が聞こえ、続いて家の中でもいくつかの爆音が鳴り響いた。[*32] オサマはポケットからピストルを出し、もうひとつの武器を長男のアブドゥラに渡した。殺し屋たちは家と家の間を車で通りながら、様子を窺って発砲したのだ。狙ったのは、書斎でオサマがいつも座っている場所であった。父子は攻撃者のほうに向かって反撃した。客の何人かが弾を受け、オサマの護衛も数人やられた。攻撃者のほうはふたりが死んだ。

二年前からビンラディンはハルトゥームで生活をやり直していた。アル＝リヤド郊外の高級住宅地、できたばかりの美しい家が点在する地区に快適な家を四軒手に入れ、ナジュワが長年願っていたように事業にまい進して、建設計画に高額投資をしていた。彼はビンラディン・グループが折りよくポートスーダン空港の契約を獲得したことを理由にして、アフリカに亡命したのである。ブルドーザーやパワーショベルをもって到着した彼は、この国の有力者ハサン・アル＝トゥラビが歓迎してくれたことに感謝の意を表するために、スーダンに東まで通じる道を建設すると約束した。ロンドン大学とソルボンヌ大学を卒業したこのスケールの大きい思想家はイスラム法シャリアを導入しようとしているところで、スーダンをビンラディンとザワヒリがそれぞれ自分の国をそうしたいと夢見ているような理想の共和国にしようとしていた。ザワヒリはオサマがこの新たなスーダンの思想家の保護を得たことで脇に置かれていたが、オサマが襲撃されたことによってその生活の中に大手をふって戻ってくるチャンスを得た。

ザワヒリは自らの手下のひとりを派遣して暗殺未遂について調べた。オサマは今ではカラシニコフＡＫ７４を持っている。夫としての生活が穏やかで長いナイル川のようにいかないことは確実であった。

オサマの妻たちは朝のうちにジッダの家を出ると、見知らぬ大陸に向けて貨物輸送機に乗り込んだ。それぞれの妻の隣には子どもが座った。ナジュワ、ハディジャ、ハイリア、シハムは機内で何度も振り返り、ヴェールごしにちらちら視線をかわして互いに安心しあった。

飛行機を降りてアフリカで最初に目にしたのは、オサマの大きなシルエットであった。彼は長くて黒い、窓ガラスから中が見えないリムジンの前に立っていた。周囲には完全武装した大勢のボディガード。ナジュワは胸が締め付けられる思いで、オサマのほうに歩いていった。「私は彼をよく知っていましたから、私たちは無事だから安心してほしいなどと話しかける必要はありませんでした」。再会は穏やかなもので、少しうなずいたり、当たり前の言葉を交わしたりする程度のものであった。

この敵対国にあって、オサマは家の中に何であれ外からの援助を入れたくはなかった。ナジュワは今回はひとりで八人の子どもの面倒を見なければならない。しかしナジュワは「長老《シャイフ》」の第一夫人として静かだが断固とした態度をとることで、夫のためらいを打ち負かした。「彼は結局は根負けして、ふたりの魅力的なスーダン人女性を雇ってくれました。彼女たちはとても役に立ちました」。夫が通常の活動に戻ったことで安心したナジュワは、年長の子どもたちをよい私立学校に入れたいと夫を説得した。スーダンでは、オサマはしばらくの間冗談好きなところもみせた。ある日肌がまっ黒な男を見て、彼は面白がって言い放った。「もし天国の女性たちが君みたいだったら、みんなそこに行きたがらないだろうよ」[*33]。これは彼のボディガードが覚えていた言葉である。

オサマは工事現場、召使いたちは台所、子どもたちは学校。ナジュワはようやく自分のことができるようになり、体操をしたあとには鉛筆を持ち、スケッチブックに人物画をデッサンした。それから夫の三人の妻たちと会っておしゃべりしたり、宗教書を読んだり。彼女たちは芝生や花壇がある広大な庭を一緒に使い、木陰で子どもたちが遊んだり木で小屋を作ったりするのを見ていた。ハルトゥームでの生活は家族の小さな楽園のようで、その中でオサマは子どもとの時間を持つこともできた。「彼は子どもたちに何時間も質のよい野菜や、その他土でできるものを栽培する重要性を説明しました」とナジュワは言う。やがてこの庭にはアズキが生え、子どもたちは楽しく収穫して調理した。

ビンラディンの活動は大臣さながらであった。最良の小麦ともっとも大きいヒマワリを育てなければというのが、彼の強迫観念であった。ナジュワによれば、「彼は世界一大きなヒマワリを作る方法を発見するために、頭をかきむしっていました」。彼は本物の農場といえるほどのものを管理し、妻や子どもたちを集めて収穫した。大ばさみを手にし、それぞれに仕事を割り振り、誰かよそ者に偶然見られやしないかと見張りをした。ヒマワリ摘みは彼らの生活の中でももっとも大きな自由のときであった。「私たちはヴェールを脱いで、ヒマワリ摘みに熱中しました」。素人の域を超えたオサマが指導して栽培した植物は、大きく花開いた。イスラム諸国全体が食料を自給できるようになることを目指して、彼はスーダンの本物の農業計画も立てている。

家族はときにはハルトゥーム南部の農場に行って、そこにある藁ぶき屋根の丸いコテージに泊まることもあった。サルが飛び跳ね、人々はマンゴーの実を食べたり、プールで遊んだりした。ほかにも水遊び場になるところはあった。あるときには青ナイルの川辺に行き、男の子たちはその暗い水を泳いで渡ろうと挑んだ。オサマのほうは使用人に作らせた小さなボートで川を渡ることにした。しかし弱々しい小舟はすぐに傾きはじめ、間もなく彼は波の中へ。すぐに助けられたが、恥ずかしいところを誰にも見られたくないオサマは顔を隠した。

そんな日々の中で、ナジュワはオサマはようやく「気まぐれ」をやめたのだと思った。とんでもない。ある日オサマは家族を人けのないところに連れ出し、ある計画を説明した。目的は、全員に根性と持久力を教え込むこと。「この固定観念がどこから来たものなのか、私にとっては今も謎です」とオマルは打ち明ける。オサマが「サバイバル研修」と呼ぶ期間中は、個人的な持ち物を持つことは禁止。眠るのは美しい星空の下。男子は地面に穴を掘り、そこを寝場所にする。妻のひとりが夜中に寒いと不平を言うと、オサマは土や草をかけるよう助言した。「自然が与えてくれたもので暖を取りなさい」

オサマは子どもたちに厳しく接する代わりに、妻には驚くほどの寛大さを見せることもあった。児童心理学の教授ハイリア、ハディジャ、アラビア文法の教師シハムは仕事を続ける権利があり、スーダンとサウジアラビアとを行き来することが認められた。スーダンの権力者の妻ウィサル・アル＝トゥラビは、旅の多いこの妻たちから夕食に招かれる機会があった。彼女はとくにハディジャに認められている自由とそのヨーロッパ風のインテリアに強い印象を受けた。「彼女はアラビアで勉強したというだけあってとても教養がありました。彼女はずっとそこで働いていて、夏休みにハルトゥームに帰っていました」[*34]とウィサルは回想する。ハディジャは自宅の快適な客間で裕福な家族を相手に、イスラム法の精緻さを教えた。「私は一度聞きに行ったことがありますが、彼女は家族における女性の地位とイスラム教との関係について、熱弁をふるっていました」

あとから結婚した三人の妻は独立の欲求を理解してもらっていたようだが、ナジュワはずっととどまっていなければならなかった。それは彼女が子どものころから彼のもっとも身近な存在だったからだろうか？　ウィサル・アル＝トゥラビはその答えを知っているようだ。「あとの三人は、彼女たちがオールドミスだったから彼は結婚したのです。彼女たちはその環境では夫を見つけられませんでした。だから彼は神への愛のために彼女たちを妻としたのです」

ハイリアも自宅に女性たちを迎える権利があり、女性を支援する教えや宗教教育を行っていた。これは驚くべきことだ。というのも、オサマは女性の教育に反対だったからである。「彼自身の娘は学校に行くことは認められず、家でハイリアおばさんから初歩的な知識を教えてもらっていました」とオマルは言う。

しかし自由を与えるだけでは、すべての妻を彼のもとにとどめておくことはできない。ハディジャは離婚を要求した。「私たちは最初からまったくよい関係ではなかった」[*35]とオサマは友人で義兄弟のジャマル・ハリファに打ち明けている。この第二妻は夫の掟の厳しさにうんざりしていたようだが、夫のほうも彼女が去っていくことに何の異論もはさまなかった。ハディジャはこうして三人の子どもとともにメッカに戻ったが、これはイスラムの習慣に反する行動であった。彼女がいなくなったことで、家族のバランスに亀裂が生じた。

四人の妻という数にこだわるオサマは、離婚後一年して新たな妻を娶った。この謎の女については誰も知らなかった。理由は簡単だ。なぜだか分からないが、この結婚は四八時間後に、結婚が完遂される間もなく解消されたのである。ビンラディンの個人ボディガードのナセル・アル＝バハリが、その秘密を明かした。「それはイエメン東部のヤフィイ地方から来た女でした。当時彼女はスーダンで暮らしていなかったので、彼女の国に迎えに行きました。彼女の話だと、彼女はビンラディンと強制的に結婚させられたそうです。ビンラディンは彼女が結婚を望んでいないことを知ると、結婚を取り消しました」[*36]

オサマは人の好いところも見せてはいたが、その陰でハディジャが結婚生活から去って行ったことに対しては厳しい反応をした。オマルによれば、「彼女がスーダンから出発すると、父はまるで彼女が家族の一員だったことなどなかったかのような態度でした。でも何もかも、以前とは違ってしまいました」

ビンラディンはサウジアラビアを去らねばならなかったことをとくに悔しがり、こうなったのはサウジアラビア王家個人のせいだと考えた。そして自分をスーダンに迎えてくれたハサン・アル＝トゥラビは、たとえアメリカからの圧力があっても決して彼を追放しないだろうと思い、この国に工場や道路、企業を建設することで感謝の意を表した。一方でビンラディンは、数年前にザワヒリ医師とペシャワールの自宅で創設した「アルカイダ」の軍事部門をスーダンで強化していった。ハルトゥームで名が知られたことに意を強くして初の訓練キャンプを設営すると、聖戦への参加希望者が大量に押しよせた。

新リーダーとサウジアラビア政府との力比べは以後出口が見えなくなり、両者は強硬な書簡の応酬で攻撃し合った。オサマは王が国を破壊したと非難した。「王宮は魔法にかけられたように昼も夜もこうこうと明かりがついている。それを誰もが見ることができるというのに、国民にエネルギーを節約せよなどとどうして要求することができるのか。われわれは王家に尋ねる権利がある。王よ、金はすべてどこに流れたのか？（……）あなたのポケットの中であろう」。それからオサマは最後の論点に言及する。王はこの国をアメリカ兵に引き渡した。「彼らの汚れた足はあなたの王座とあなたの石油資源を守るためだけに、いたるところを這いずり回っているのだ」。そして判決。「王は国民に冒涜と貧困をもたらした。今のわれわれが言える最良の助言は、退位せよということである」[*37]

王国は密使として最良の人物をハルトゥームに派遣した。オサマの母アリア・ガネムである。彼女は息子をたしなめるための提案を携えていた——サウジアラビア政府は総額二億ドルに及ぶ彼の財産を凍結しているが、もしオサマが平和的に帰国し、政府はシャリアを正しく適用していると宣言することを受け入れるならば、この金額を倍にして返してやろう。拒否した場合にはこの金を使えなくなり、サウジアラビア国籍も失う。これが政府が出した最良の切り札であった。オサマはずっと以前から母親とほぼ毎日連絡をとっていた。「彼はほとんど毎日母親に電話をし、いくつもの細かい質問をしていました。彼女が何をしたか、何の料理をするつもりか、彼女は外出する支度をしているのか……」[*38]。この日まで、オサマが母親に反抗したことは一度もなかった。「私の人生を母上に捧げたいのはやまやまですが、母上の言うことはイスラム法に反しています。私は宗教の敵と戦います。あなたは私が停戦を宣言しなければいけないと思うのですか?」[*39]

オサマはサウジアラビア国籍を失った。ビンラディン家は公式発表をして、オサマとは距離を置くこと、これが翻ることはないことを世間に示した。「一族全員の名において、われわれはオサマ・ビンラディンが犯したであろうすべての行為を遺憾に思い、告発し、強く非難する」。オサマの態度は根本から変化した。子どものために持ち帰った動物の赤ちゃんと遊んでいた彼は、もはや子どもたちのそばにいても慰めを得られなかった。子どもたちにとっても、厳しいキャンプ生活の中にもはや居場所はなかった。

家族は無邪気な水遊びなどしてたくさんの幸福をくれた農場で、何か楽しみを見つけたいと考えた。今回大人も子どもも含めて全員の気晴らしになったのは、サルの赤ちゃんであった。しかしビンラディンの用心棒のひとりが赤ちゃんザルの不意をついて捕まえ、タンクローリーの下敷きにした。この殺しは、サルの赤ちゃんは動物ではないといって正当化された。ユダヤ人が神の手によってサルに変身したのだというのだ。「ユダヤ人がサルに変身したという馬鹿げた説を兵士に吹き込んだのが私の父だと知ると、私の悲しみは増すばかりでした」とオマルは嘆く。子どもたちは動物の運命を思って泣いた。彼らの生活に残酷なまでに欠けているわずかばかりの楽しさを保証してくれていた、唯一の存在だったのだから。「私の父ほど教養があって優しい声で話す人が、ともに戦う仲間とはいえどうしてこんな不良どもに我慢できたのでしょうか？」

一九九五年六月二六日、エジプトのホスニ・ムバラク大統領の暗殺未遂事件が起こり、イスラム過激派が犯人と目された。スーダンにいるその後ろ盾というのは、ビンラディンに他ならない。彼は以後「ペルソナ・ノングラータ」（好ましからざる人物）になった。その一年後、ナジュワの家は非常に重大な会合の舞台になった。ビンラディンの息子たちは母親を中心に円形に座って、オサマを待った。彼は苦悩していた。「父があまりに苦しんでいるような顔をしていたので、初めて私も悲しくなりました」とオマルは回想する。

「お前たちに言うべきことがある。私は明日出発する。オマルも一緒だ」

兄弟たちはいっせいに反対した。

「どうしてオマルなんですか？　どうして僕たち全員がついていけないんですか？」

「質問はするな。オマル、荷造りは必要ない。歯ブラシも櫛も要らない。おまえは出発する、それだけだ」

オサマはナジュワに寝室についてくるよう合図をして部屋を出た。彼は彼女に別れの言葉を言い、最後の指示を与えた。朝、祈りを終えると、彼は出て行った。家族は誰もその行先を知らなかった。

カンダハルの井戸掘り女たち

「オマルに救われた」

一九九六年九月、ジャラランバード空港。

山間の飛行場で、トヨタの小さなトラックの長い列がハルトゥームからやって来る特別な人々の到着を待っていた。ナジュワ、ハイリア、シハムとその子どもたちは、窓からアフガニスタンの風景を初めて見た。「私の心は早鐘のように打ちましたが、場所はどこでもいい、家族が集まったことを喜ばなければいけないと思い出すと、つらさもやわらぎました」と「長老《シャイフ》」の第一妻は語る。

事実四カ月前から、彼女たちは何も知らない苦しみの中で、お互い同士しか頼れるものがいなかった。この長い四カ月間、彼女たちはオサマがどこにいるのかを知らなかった。彼もまたナジュワが一〇番目の子どもを妊娠していることを知らなかった。離れ離れの暮らしは結婚以来幾度となくあったが、決してもう元には戻れないような変化が待ち受けていることを、今回彼女は感じていた。「その漠然とした予感をたとえてみると、静止状態の海の下で目に見えない津波が急速に近づいてきたときに、動物が感じる不安のようなものでした」

この忍耐強い母にとってとくにつらかったのは、オサマとオマルがいないことであった。鼓動が早くなるのを感じたある朝、雇い人たちがやって来て、翌日ハルトゥームを発つことになったと告げた。オサマのメッセージはあいまいなものであった。ひとりにつき二組の着替え以外、個人的なものを持っていってはいけない。家事の道具も、「縫い針一本でさえ」と彼は細かい。オサマはしかしいちばん重要なことを言わなかった。行先だ。三人の妻は特別にチャーターした飛行機の前方に座った。ほかの席はすべてオサマの手下とその家族で占められていた。

しかし誰もおしゃべりをする気にはなれなかった。到着しても、彼は出迎えに来ていない。こんなことは初めてだ。皆がようやくほっとしたのは、カブール川のそばに建てられた美しい邸宅を見てからであった。広い庭に囲まれた平屋根の真っ白な元宮殿には、電気設備も水道もあった。オサマの庇護者であるムッラー［イスラム教律法学者］の所有地を、もはや個人財産を使えない新指導者の妻たちが使えることになったのである。とはいえオサマはアフガニスタンに贅沢や快適さを求めてやって来たわけではない。「友よ、私は将来が不安だ。私は大きなものを失った。私には大家族とたくさんの支持者がいる。そしてその支持者にもまた妻や子どもがいる。それらがすべて私の手にかかっているのだ」と彼はこの寛容な後援者に語っている。この土地所有者は町に広がる広大な敷地をオサマに見せて、親切にも言った。「ここに家を建てさせて、あなたの友人や家族を呼びよせなさい」。彼はトラボラ（「黒い砂塵」）地区の山まで、丸ごとひとつ提供してくれた。

ハルトゥームから追われたオサマがやって来たアフガニスタンは、一九九二年から権力を握るマスード司令官をタリバンが倒そうとする内戦状態にあり、この九月二七日に、目立たない謎の宗教戦士のひとりオマル師が政権を奪取したばかりであった。オマル師は〝信徒の指導者〟という肩書を持つ一徹なパシュトゥーン人で、射撃の名手でもある。自国が侵略されるよりは顔に傷を受けて片目になるほうを選んだこのオマル師の力を、オサマは信じていた。

しかしオマル師のほうはサウジアラビア人の亡命者と会うことをあまり急いでいなかったようで、密使を送ってお茶に招いたのは四カ月も過ぎてからであった。オサマによればそのとき差し出された手は、「自分のあらゆる問題に対する答え」であった。こうした状況になって、ようやくオサマは新しい「ビンラディン山」に家族を呼び寄せることができたのである。

オマル師に目を向けてもらうのを待っていた数カ月の間で、オサマは息子のオマルとの距離を縮めることができた。スーダンから締め出されたことに深く傷ついたオサマは、ノスタルジーを感じ、母の故郷シリアで過ごした子ども時代の幸せな思い出を息子に話した。世界にこれほどの怒りを感じていなかった時代である。この迷いの時期に、オサマは母アリアのことや、ふたりを結ぶ独特な関係について語った。「事実、私たち家族の間では、父が妻よりも母親のほうと深い絆で結ばれていたことはみんな知っていました」とオマルは言う。オサマは息子に、自分の両親が離婚した本当の理由まで話した。たしかにアリアは王国で一、二を争う金持ちの男と結婚したが、彼女には家事を手伝ってくれる召使いさえいなかった。彼女の誇りは脱水機付洗濯機を手に入れたことだったが、ある日この悪魔の機械の一部が過度に回転し、部屋に飛んでアリアの腹にぶつかった。倒れた彼女はオサマの弟か妹になるはずだったふたりめの子どもを失った。

オサマは〝ビンラディンおじいちゃん〟の話もオマルにした。オサマが決して「私の父」と呼ぼうとしなかった男である。「彼はけしからん習慣を持っていた。妻たちを並ばせてヴェールを取らせ、召使いや若い男たちによく観察させて、いちばん美しい女を選ぶよう命じたのだ。（……）君の祖父の妻たちはもちろんそんな風に扱われて悲しがった。というのも当時、女性はヴェールを着けたままでいたいと思っていたし、売春婦のように並べられることは屈辱だと考えていた。でも君の祖父は自分の家では王様で、すべての人間を従わせていたのだ」。オサマは考えにふけり、さらに打ち明け話を続けた。「彼が死ぬ直前に珍しく罪の告白をしたのは、おそらくそんなことがあったからだろう。彼は自分が人生でただひとつ後悔するのは、妻たちに対して不当なことをしたことだと言ったのだ」

ナジュワの孤独の数カ月は、息子にとっては大人になる日々であり、オマルはずっと待っていた父親の打ち明け話を聞くことができた。ナジュワが到着した翌日、オマルはこの地はアフガニスタンのパキスタンとの国境付近であることを教えた。「アフガニスタンのパシュトゥーン人の衣装を着た息子は魅力的で、ほとんど見違えるほどでした」と彼女は回想する。彼が伝えたのはしかし悪いニュースであった。自分たちの私邸はどこにあるのかとナジュワが聞くと、全員がトラボラで暮らすのだと告げたのである。「私はどんな理由で私たちがそこに行かなければならないのか分かりませんでしたが、何であれ決して質問してはいけないことは、オサマと過ごした何年もの間に学んでいました」

「ビンラディン山」に行くにはでこぼこ道を進まなければならず、三人の妻たちはヴェールの下とはいえ苦痛を隠すことができなかった。オマルはナジュワを安心させようとした。「お母さん、最初はぞっとしますが、われわれの運転手たちは腕がいいので、まだ誰も落ちたことはないんですよ」。オマルが母親にとくに隠したのは、これからのつらい生活条件である。山の上のほうで彼女を待っていたのは、六部屋だけの狭い家であった。その家は山から切り出した御影石のブロックでできており、藁ぶき屋根は何本かの木片で支えられていた。冬が近づいているというのに窓もドアもなく、ましてや電気も水道もない。踏み固めた土の床にオサマは質素な絨毯を何枚か敷き、三つのガスコンロと、近くの水源で水をくむための金属バケツを置いた。窓にはガラスのかわりに動物の皮が貼られている。今回のサバイバル研修は一晩しかもたないだろう。

山の姿が見えてくるにつれて、ナジュワの高揚は薄れて行った。「私の夫はこんなに遠い国のこんなに高い山に個人的に愛着を抱いているのかと思ってはみても、私はあまり惹かれませんでした」。驚きは大きかった。「あれが私の新しい家だと聞いても、私は信じられませんでした。彼は私が耐え忍んできたことについて謝ったことは一度もありませんでしたが、その日もまたそうでした」

オサマは興奮し、そこがまるで世にも美しい宮殿であるかのように、掘立小屋のよさをほめそやした。有刺鉄線に囲まれているおかげで、警官が捕まえに来なくても山賊の一味から守られている宮殿。用便をするのにも食器洗いをするのにも使える、一本の水路が流れている宮殿。[*40] 多くの客人のために毎日子羊を殺していたオサマが、これからはナツメヤシの実とはちみつとパンだけで満足しなければならない。ナジュワは食べ物が限られていることにすぐに気づいた。「卵、卵、卵、あるいは（……）米、米、米、でした」

妻たちは以後アフガニスタン式の服装をしなければならなかった。慣れ親しんだアバヤを脱いで、パステルカラーのブルカ、「目のところが裂けているテント型の服」をまとうわけである。ナジュワは内輪で着て楽しんでいた美しいドレスを懐かしんだ。これからは、難しいとはいえ布切れの間から狙いを定めて撃つ練習だ。というのもオサマは、キャンプが襲撃された場合に備えて、妻たちに自ら武器の扱い方を教えたのである。[*41] 彼女たちが戦場で夫婦生活を送るのは初めてのことであり、失望する場面は多々あった。ナジュワが心配したのは子どもたちの健康である。彼女の目から見ると、オマルはまるで「生きた屍」のようであった。

ナジュワが落ち込む中、子どもたちはあまりに不在がちな父親を何とかしてほしいと、とりなしを求めた。「お母さん、僕たちはぜんぜんお父さんに会えない。お父さんに僕たちのことにも関心を寄せてほしいと、言っておいてください」。ナジュワはオサマに楯突いたことはないものの、不安げな子どもたちを前にして、やってみると約束した。彼女は文字通りの「子ども委員会」を開き、言葉を選んで、生涯忘れられないほど大胆なところを見せた。しかしオサマは弁解した。「分かるだろう。私は世界のあらゆる出来事で頭がいっぱいなんだ。昼も夜も子どもたちと一緒に過ごす理想の父親にはなれない」。ナジュワはなけなしの力を振り絞って子どもたちを何とか慰めようとしたが、しばらく前からオサマが自らの計画を彼女にさえ伝えていないことは、子どもたちには明かさなかった。とはいえ小さな部屋がふたつでは、家族の秘密を隠すのは難しい。「私は父が、結婚当初のように自分の気持ちを母に打ち明けていないことに気づいていました」とオマルは言う。「父はあらゆる面で悩んでいたので、個人的な関係はついに干しイチジクのように頑なものになっていました。（……）かつてはあんなに優しかった母への愛情も、もう昔とは違っていました」

再び妊娠したもののどうすればいいのか分からなくなったナジュワは、ある晩外に出て切り立った断崖のふちによりかかり、冷たい石の上に座った。「私は自分が世界でひとりぼっちの、誰からも忘れ去られた女であるような気がしました。この世でほとんどの人々は、ブルカを着たこのナジュワ・ガネム・ビンラディンの存在を知らない。でも、私が生きてきたことを誰が否定できるでしょう？」。その晩彼女が破滅から救われたのは、子どもたちへの愛と変わらぬ信仰心のおかげであった。そしてこの黒い砂塵の山のことを彼女に知らせたオマルが、今回は嬉しいニュースを伝えた。彼らは町に戻るのだ。それがいつなのか、出産前なのかは分からないが、ここで出産するとなれば命にかかわりかねないだろう。

ザ・ロード

ナジュワは幸いにもジャラランバードで出産した。窮乏生活にもかかわらず元気な女の子であった。オサマは都市からはずれた近郊に新たな総司令部を作る決意をし、そこを「聖戦の星」、ナジム・アル＝ジハードと名付けた。約二五〇人の人々がこのまさに複合施設で暮らすのである。そこではそれぞれの家族が、塀でプライバシーが守られた自分の家を持つことになった。ビンラディンは三つの付属棟を占有し、それぞれの妻に与えた。物質的な状態は改善し、この広い塹壕キャンプの空間のおかげで、「ビンラディン山」を支配していた閉所恐怖症の感覚もようやく解消した。ここには司令センターと呼ぶにふさわしいものもあれば、若者たちの訓練場所もあった。オサマの妻たちにとっては、ようやく武力闘争と夫婦生活を両立できる場所であり、希望が見えてきた。

一九九七年初頭にオサマがマスード司令官率いる北部同盟と戦うという使命にとりかかっていたころ、ナジュワ、ハイリア、シハムは、ほかの戦士の妻たちとともに退屈を紛らわそうとした。こうしてペシャワール時代のような小さな社会がここで再び出来上がったが、ここには植民地の贅沢さはなかった。ビンラディン夫人たちは町から離れたところに住むカナダ人戦士の妻マハ・エル＝サムナと、その娘ザイナブと知り合いになった。ザイナブは当時を思い出してこう語る。「彼女たちはそれほど社交的ではありませんでした。いえ、むしろとても社交的だったのですが、多くの制限に縛られていたのです。（……）だから誰であれ、彼女たちと本当に親密な関係になることはできなかったでしょう。彼女たちはいつも互いに監視し合っていましたから、自由に行き来することもできませんでした」。母と娘は結婚式があればそのときにビンラディン夫人たちに会う機会はあったが、それよりも勉強会でよく顔を合わせた。マハは言う。「二時間の授業でしたが、通常は夫人たちの家では行なわれませんでした。彼女たちはひどく制限されていたので、彼女たちに会うことができるのは週に一度だけでした。というのも、彼女たちは週に一度しか自宅を出ることが認められていなかったのです」[*42]。オサマの妻たちは週に一度だけ許される外出を、二時間のコーランの勉強のときに使っていた。それはまたキャンプのあらゆる女性たちに会うことができる機会でもあった。「ときどき女性たちは小さなバザーを開いて、いろいろな物を売りました。私たちはこのときにも彼女たちに会いました」

夫人たちの犠牲的な態度と、人との付き合いを週に二時間しか認めないという掟への従順さに、この小社会の多くの女性は感心した。「彼女たちはとても立派だと私は思いました。とても裕福な家の出なのに、実に質素な暮らしをしていることを知っていたからです。私は水と電気のある家で暮らしていたのですから、それだけでも彼女たちと比べたら女王様のようでした」とマハは言う。

とはいえオサマの妻たちが、全員等しく人気があったわけではない。多くの女性と同様、マハとザイナブはとくにハイリアが好きだった。「誰から見ても彼女は話しかけやすい人でした。年齢は関係なく、またどんな問題であっても、彼女は相手が馬鹿にされたと感じるような態度は決してとりませんでした」[*43]。ハイリアはほかの女性たちの心配事を聞いてやった。「周囲のすべてのものがガラガラと崩れてしまうかもしれないと知っていましたから、私たちは落ち込んでいました。でも彼女は私たち全員の気力を保たせてくれました」。マハとザイナブはハイリアの家を訪れるのが好きだった。そこは条件が悪いにもかかわらず、いつも清潔できちんとしていた。部屋にはベッドが一台とシンプルな箱があり、その箱の中に彼女は衣服をすべてしまっていた。ハイリアは夫のためにドアの背後にいつもアフガニスタンの服を準備しており、浴室には香水の小瓶をふたつ、ひとつは自分用、ひとつはオサマ用として置いていた。体が弱くたびたび流産したということはあっても、ビンラディン夫人の中で最年長の彼女の冷静な態度は、決して損なわれなかった。オサマが結婚を申し込んだとき、すでにナジュワがいて第一夫人にということではなかったため、ハイリアの家族は大きな侮辱を受けた気がした。しかし彼女は真の闘士との結婚を望んで同意したのである。

オサマは妻たちを平等に扱い円満な関係を築くことを約束した。しかしハイリアがお気に入りであることは一目瞭然で、彼女は特別扱いされることで嫉妬を買わずにはいなかった。シハムはこの博士号保持者に比べて自分の知性が評価されていない気がして不満顔ではあったが、彼女もまた落ち着いたインテリアの家をいつもきちんと片付けていた。息子を敷地内に作られた小学校に入れていたことから、彼女は三人の娘の教育は自分がしようとした。また若いザイナブにアラビア語文法を教え、彼女を娘たちと一緒の夕食時間まで引き留めることもたびたびあった。オサマは毎日数学と科学を教えに来て、ときには娘たちの勤勉さを確認するためにペーパーテストまでやらせた。

ナジュワのほうは数年前にジッダで洋服の依存癖を見せて以来、反発の道を歩み続けた。今の彼女にとってはショッピングと化粧がなくてはならない気晴らしである。そこで彼女は、たびたびカナダを旅行する客人のマハとザイナブに頼んで、化粧品やランジェリーを買ってきてもらった。夫の目から見て常に好ましい女であり続けたいと願う彼女は、どんな努力も厭わなかった。毎年のように妊娠を繰り返していたが体型は維持したいと、家の周りにある小さな庭をトレーニングウエア姿で走る彼女を見ることも珍しくはなかった。しかしほかの「姉妹」に対する嫉妬が、ついには夫との関係にものしかかっていった。友人のマハによれば、「彼女は絶えずオサマと喧嘩をしていました。私はいつも彼女に、あなたの夫はウインクひとつで横取りされてしまうかもしれないのよ、と言ったものです。『一緒にいるときには大事にしないと駄目よ。彼が会いに来るたびに罵声を浴びせるのはおやめなさい』と」。オサマのボディガードによると、オサマの妻の中で「もっとも反抗的だったのはナジュワでしたが、いちばん甘やかされたのもまた彼女でした。彼女がいちばん美人でしたからね。彼が好きなことと嫌いなことを全部頭の中に入れているのも彼女でした。いちばん献身的だったのはハイリアです」

ハイリアとは違って、ナジュワは御しがたい兵士が大勢いるようなキャンプ内での暮らしには向いていなかった。とはいえ温かくて人を歓迎するような雰囲気をここに作ろうと、子どもたちのために壁に花やポスター、カラフルな本を飾った。「楽しい気分になりたかったら、ナジュワの家に行くのがいいでしょう。もし助言がほしかったら、ハイリアの家です」とふたりの女性は言う。ザイナブはしかし、ナジュワの娘たちは家の仕事をたくさんしなければならなかったと指摘する。「彼女たちの母親は働くような育てられ方をしていなかった」[*44]からである。ある日ザイナブがオサマの娘のファティマと遊んでいたときのこと、ファティマは将来決して父親の周囲にいるような男とは結婚しないと彼女に打ち明けた。「世界中から追われてしまうでしょうからね」。「あなたと結婚するなんて、罪だものね!」とザイナブは答えて、友だちを笑わせた。また別の折りに、ファティマはカセットテープをいくつか貸してくれと頼んできた。ザイナブは了解したが、オサマがすぐ壊してしまうのではないかと恐れて、オサマに聞かれないようにすることを条件にした。これに対して少女は反論した。「父は壊したりしないわ。それほど厳しくないもの。配下の男たちの前でそういう態度をとるだけよ」。驚いたザイナブは、オサマが歌を聞くことがあるのかと尋ねた。その答えに彼女はがっくりした。「もちろんよ。聞こえても邪魔にはならないもの」

厳格なオサマだが、娘たちに寛大なところを見せることもあった。彼は闘士たちの見ていないところで、ハイリアの家に愛する馬に関する本を集め持っており、塗り絵帳や馬の写真の載った雑誌も容認していた。息子たちのほうは、この小さな要塞で時間つぶしをするために、任天堂のゲーム機をおねだりした。[*45]オサマは長男のアブドゥラがサウジアラビアに行ってしまって以来、息子たちに対する締め付けをゆるめていた。アブドゥラは子ども時代の大邸宅に戻れるよう、叔父たちやサウード家との和解を図っていた。

妻や娘たちとの親密な時間をしばし確保するために、オサマはときには彼女たちを複合施設以外のところに連れ出すこともあった。「ときどき彼は武器を持ち馬を連れて外出しました。女性たちに射撃や馬術を教えるためです。彼は配下の男たちのいないところで、このイベントの準備をしていました」と、ビンラディンのボディガードは言う。「ときには自腹を切らせる形で、妻たちをピクニックやバーベキューに招くこともありました」

　とはいえ毎日楽しいことがあるわけではなく、プレッシャーを受けた状態にいる女性たちの気持ちは宗教書を読むだけでは静まらなかった。ある日オサマの支持者の妻がマハに、パキスタンで投獄されている夫が心配だという話をし、逮捕の原因となった裏切り者はマハの夫だと言って非難した。政治情勢に関する情報を一切断たれている彼女たちは、身近な人の中で悪者探しをしていた。怒ったマハは頬に涙を流しながらハイリアの家に駆け込んだ。「私は疫病神になんかなりたくありません。もし私が災いのもとであるなら、はっきりそう言ってください！」。ハイリアは彼女をなだめ、それは噂にすぎない、あなたの夫は裏切り者ではないと自分は確信していると断言した。こんな単純な言葉だけでも、ふたりの女は十分慰められるのだった。

「私はビンラディン夫人たちのもとをたびたび訪れる権利はありませんでしたが、オサマがいつも清潔でアイロンのかかった服を着ていることや、ボディガードの前でもつい微笑んでいるのを見るだけで、彼女たちがよい奥さんであることが分かりました」とナセル・アル＝バハリは言う。

「明らかにナジュワが美しいというのは全員一致した意見でした。ハイリアは美しさこそ劣りますが、誰からも尊敬されていました。彼女は聖戦士全員の母のようでもあり、長老《シャイフ》の息子たちにコーランを教えていました。私自身も宗教について疑問があるときには彼女に教えてもらいました」[*46]。たしかにハイリアはこの内にこもった世界の中にあっても、あらゆる才能を発揮していたようである。オサマとの間に一人息子をもうけながらも、彼女がほかの人々のためのほうに多くの時間を割いたことは、指摘しておかねばなるまい。「彼女は夫婦の問題を解決し、宗教活動の準備をし、われわれの妻たちをもてなしてくれました」

とナセル・アル＝バハリは言う。彼は事実としてハイリアから夫婦に関するアドバイスを受ける必要を感じたことがあった。「私の最初の妻はアフガニスタンでの暮らしを嫌がりましたが、私の夢は聖戦をして殉教することでした。それで私は私の夢を共有してくれる別の妻を見つけました」。オサマもまた夫婦の危機にあるこうした男たちに手を貸そうとした。「ふたりめの妻ウンム・ハビブをキャンプに連れてきたときに、私はオサマが結婚した夫婦を対象にして行なった授業に出席することができました。彼は、例えば喧嘩したときに夫がどのような態度をとるべきかなど、夫婦生活がうまくいくための助言をいくつも与えてくれました。彼は私たちに、怒っているときには妻と口論しないようにと言っていました」

彼の妻ウンム・ハビブは、すべてを夫に捧げたこの女性たちの生活について、初めて証言した。「複合施設に来た私が唯一出かけたのが、ハイリアの家でした。彼女は毎週日曜日の午後三時から六時ぐらいまで〝女性の会〟を開いていました。彼女は私たちに、神を満足させるには我慢と忍耐が必要であると説明してくれました」[47]。オサマの三人の妻はハビブの出産のときにも付き添ったが、母親としての務めを教えてくれたのはとくにハイリアであった。「私の妻は彼女について、厳しいけれども善意に満ちた人だったという思い出を持っています」とボディガードのナセルは言う。ウンム・ハビブはさらに言う。「彼女たちは私といるときにオサマのことはあまり話しませんでした。でも私はハイリアと一緒にいると、ビンラディンその人に会っているような印象を受けました」。ハイリアは生徒たちに、自分の夫は自分の道を選んだのであり、常に政治情勢に対して公平無私であると説明した。「彼女の会に出席すると、彼女は夫の政治的立場をよく知っており、彼女自身が彼の本当の支えになっていることを感じました」。ウンム・ハビブは、アフガニスタンの山で接した女性たちの性格を描き出してくれた。「ナジュワ：嫉妬深く、常に第一夫人であり続けた。シハム：短気だが教養があるので話しやすい。ハイリア：穏やか」

ナセルによれば、ナジュワはえてしてイスラム学に造詣の深いオサマお気に入りのハイリアに嫉妬しており、アフガニスタンのキャンプでは妻たちの間で前線ができていたと言う。「雰囲気はどちらかというとよかったのですが、ただナジュワとの関係はそうはいきませんでした。彼女のスタイルはほかの女性とは異なっていましたから」。とはいえどの女性も、オサマの世話をするときには食い違いや仲たがいがあることなど忘れていた。彼がジャーナリストに会ったり公衆の面前で話したりしなければならないときには、三組の手が彼の周りでせっせと動いた。「会見前にはいつも妻全員で身支度を手伝っていました。ひとりはターバン、ひとりは衣服、もうひとりは髪型と髭の担当でした。彼は彼女たちのおかげできちんとした身なりをしていたのです。こうした機会に、私は冗談で長老《シャイフ》に言いました。『あなたは今日はトラックみたいに美しいですね』と[48]」。夫に食事を出すときには、ライバルたちはごちそう競争をした。「彼女たちは新しい料理で競い合い、ありあわせのものを使って味に変化をつけようとしたり、とくにラマダンの月にはお菓子を作ったりしていました。彼女たちは闘士たち全員の胃袋を満足させるために、コンロのそばで忙しく立ち働いていました」とウンム・ハビブは言う。

オサマは自分の子どもたちに自ら物理の授業をしていたが、キャンプ内には男子のための学校がふたつと、武器の扱いを教える三つ目の学校が開かれていた。タリバンは女の子が学校に行くことには反対であったが、女性たちは「アルカイダ」の上層部に、女子にも教育を与えるよう強く要求した。しかし女子のための学校をタリバンの地に作るというのは賭けのようなものであり、男たちはよくよく考えた結果、ハイリアをその学校の校長に選んだ。彼女は哲学の教授であるザワヒリの妻アザの力も借りて、このパイオニアとしての務めを担った。実際アザは、キャンプにいる娘たちを疎外状態から解放するための努力を惜しまなかった。「彼女は比類ない女性で、妻の鏡でした」と仲間の女性は言う[49]。「彼女はとても頭がよくて面白くて、かなり辛辣なユーモアがあり、いつでも前向きでした。女性グループに話しかけても、一人ひとりに直接自分に話しかけられたような印象を与える不思議な能力を持っていました」。彼女が聖戦士の娘たちの教育にかかわったことは、まったく予想外のことであった。ザワヒリの考えによれば、女性は戦いに参加するものではなく、家を守り、戦士との間に生まれた子どもを育てるべきものなのである。この「アルカイダ」の医師は、自宅に妻の友人が来ているときにはいつも家にいなかった。彼女の友人のひとりは、ある日彼女の家に行ったときのことをこう話す。そのときアザは、「アラブの女性が普段夫が家にいるときのような服装をしていました。つまりヨーロッパの女性が外出するときのような服装です」

「ご主人はご在宅?」と彼女は驚いて言った。

「いいえ」と彼女はため息をついた。

「ご主人を待っていらっしゃるの?」

「いつだって待ってるわ」

「でも難しいでしょう。もし帰ってこなかったら、がっかりなさる?」

「そうねえ。でも私、彼が帰って来て家の中でだらだらしているネズミみたいな私を見られるより、彼が帰らなくてがっかりするほうがいいような気がするわ」

人々を前向きにさせようと、アザは寡婦になった女性たちに伴侶をみつけようとした。

「あなたにとても関心がある人がいるのよ」と彼女が仲間に言うと、その女性は笑い出して答えた。

「私はもうその手のことについては年を取りすぎてるわ!」

「まあ、おかしなこと言わないでよ! 私はあなたと同い年だけれど、そういうことに関して年を取りすぎているなんてことは絶対にないわ……」

ザワヒリ夫人は娘の結婚に際して一週間にわたる女性同士のお祝いをし、マハとザイナブをもてなした。ふたりはザワヒリ夫人の素晴らしさに感心した。マハによれば、「アザはとても忍耐強くて、すぐ冷静さを失ってかっとなるアラブ女性とはぜんぜん違いました。私はあれほど人付き合いがうまくて気品のある人は見たことがありません」

ハイリア・ビンラディンはキャンプの女性たちの中心的な立場を占めていたが、その地位を奪いうる女性といえばザワヒリ夫人しかいなかった。湿疹が化膿して手が赤く血まみれになっても、決して嘆かない気丈な姿を見た女性もいる。彼女はちょっとしたパーティを開くのが好きで、たとえパスタとトマトしか提供できなくても頻繁に催した。「彼女の家ではお嬢さんたちがとても甘やかされていました。彼女は娘たちに優しくて甘かったのです。ときには家がごちゃごちゃで食器が散乱したりしていましたが、彼女は決して叫んだり大声を上げたりしませんでした」。楽しい一週間のあいだ女性たちは夜遅くまで活発に話をし、ザワヒリがドアを叩いて静かにしてくれと頼んでも、その音が聞こえないほどであった。「この男性はどれほど世界中を怖れさせてきたか分からないような人なのに、私たちには怒鳴りつけようともしませんでした」[*50]

貧窮生活ではあったが、アザはある程度の優美さを保とうと努力した。自分用にクラッシックなスタイルの服を縫ったり、イランから型紙を取り寄せてその説明が理解できるようになるまでペルシア語を独学で学んだり、家計を助けるために部屋着を縫ったり。さらには娘たちと一緒にキャンディーの包装紙を花型に切り抜いて壁に飾ったり、土のコテージの周辺に石をどうにかきれいに並べたり。この一九九七年はアザにとってとても大きな驚きから始まった。最後の子どもを産んでから一〇年以上経っているというのに、妊娠したのである。しかしすでに次なる行程が、ビンラディン一族を呼び寄せることになる。

カンダハルは祭りではない

一九九七年春。ビンラディンはキャンプ全体を揺るがす命令を出した。ここを立ち退いてカンダハルに引っ越しだ。「今立ち退くということは、出発しろという意味だ。君たちが出発するということは、絶対に必要なもの以外はすべて置いていけという意味だ」。オサマの通知はザイナブの耳にも響いたが、今回の行程に彼女の家族は迎え入れられなかった。オサマをめぐる女性グループは、こうしてふたりの忠実な仲間を失った。

ビンラディンの夫人たちは移動をはじめ、一五〇キロ以上も離れたカブール空港に向かった。そこで待機している飛行機に乗って、国の南部、カンダハルまでの五〇〇キロという長い距離を越えるわけである。この重大なときでさえオサマは飛行機への恐怖心を克服できず、機材が老朽化しすぎていて信頼できないと宣言して飛行機に乗ることを拒否、自動車道というか、少なくともがたがた揺れる道のほうを選んだ。このアルカイダのリーダーはオマル師の許可を得たうえで、空港から数十キロのところにある巨大な複合施設に身を落ち着けた。それはソビエトが占領時代に建設した本物の塹壕キャンプで、周囲を囲む塀の角にそれぞれ見張り小屋があり、家も八〇軒ほど建っていた。弾丸を受けた衝撃やミサイルによってできた穴が、一〇年近く前に終結した戦争を思い出させた。もちろん快適さはかけらもなかった──電気も水も。

妻たちはそれぞれ自分の家に住み、ほかのメンバー二五〇人もその地を占有した。オサマの配下の男たちが最初にした仕事の一つは、ビンラディン夫人のそれぞれの住まいの周囲に塀を立てて、プライバシーを確保することであった。妻たちはカンダハルの町に行ってみたいとは言わなかった。それは半壊状態の汚い町で、下水はむき出し、汚水が歩道や通り沿いを流れていた。

アザは小さな女の子を出産した。しかしその子はダウン症で、完全に母親に依存するこの赤ん坊の存在によって、誰にでも親切だったこの女性の前向きなパワーも瞬く間に尽きてしまった。キャンプでは家族生活はほとんど不可能になった。というのも、オサマがジハードに対する強い情熱によって、戦いによる救済を求めるもののどうすればよいのか分からない人々を、自分のもとへと引き寄せたからである。彼は神話になった。

一九九八年夏、この創造者《デミウルゴス》はかつてないほど熱に浮かされたような様子だった。カンダハルに来て以来、「家族」はアルカイダの活動を示すコードネームになった。八月七日、彼の最初の大規模計画が外国で実現した。タンザニアのダルエスサラームとケニアのナイロビにあるアメリカ大使館の前で、爆弾を仕掛けた二台の車が同時に爆発したのである。二〇〇人以上の犠牲者を出したこの同時テロの正確さを前にしたシークレットサービスは、自分たちが相手にしているのはその綿密さこそが危険な敵であることを確信した。オサマは生まれ変わったようだった。「私はこれほど満足げな父を見たことはありませんでした。父は輝いていました」とオマルは言う。

数年前にはまだ非戦闘員に対するあらゆる暴力に反対していたオサマが、何の後悔も見せなかった。「敵が軍事施設や政府の建物の前に民間人による壁を建てたら、まずその市民たちを最初に排除するのだ」。アメリカの参謀部は報復を検討したが、オサマはオマルとともにしばらく北部に身を隠すことを考えた。カンダハルに残す妻たちの運命について問われた彼に、不安そうな様子はなかった。「彼女たちは安全だ。クリントンは女子どもがいるキャンプは決して攻撃しまい」。しかしナジュワ、ハイリア、シハムが置かれた状況はそれほど安全ではなかった。オサマが身を隠していた一カ月の間にキャンプはアメリカの報復を受け、トマホークミサイルを何発も受けたのである。

アフガニスタンへの最初の報復攻撃を巧みにかわして帰ってくると、元の生活が戻り、オサマは馬での散歩を再開した。息子たちがキャンプ内で馬を乗り回しているのを見て、オサマはレースをしようともちかけた。しかし熟練した騎手オサマは右目がほとんど見えないため深い穴に気づかず、馬は疾走、彼は地面に投げ出された。蒼白で苦虫をつぶしたような顔をし、ぐったりとしたオサマは、はっきりと話すことさえ困難であった。「ザワヒリ医師がハイリアの家までやってきました」。肋骨が何本か折れ、できるだけ長期間身体を動かさないようにしていなければならなかった。ひと月の間ビンラディンは床に就き、三人の妻たちは彼を取り囲んでどんな些細な望みもかなえてやろうとした。「彼女のうち誰ひとりとして、結婚以来これほど長い時間彼と一緒に過ごしたことはありませんでした」とオマルは面白がる。彼の父はこの事故にひどく狼狽したらしく、神様の罰が下ったのだと思った。「アメリカは強大な力を有するというのに、もっとも破壊力のある武器を使っても私を倒すことができなかった。それなのに小さな馬が私を殺しそうになった。人生とは実に不思議なものだ。息子よ、本当に不思議だ」

しかしもっと現実的な罰が彼を待っていた。カンダハルのオマル師の家の前で、爆弾を仕掛けられたトラックが爆発した。その衝撃で彼の三人の妻のうちのふたりが粉々になり、家の周辺一帯に人の死体が飛び散った。彼の客人オサマ・ビンラディンがアメリカを挑発した結果、オマル師の国の人々や妻たちが今回大きな犠牲を払わされたわけである。オマル師はこの恩知らずと決着をつける決意し、窓をいぶしガラスにした一二台のランドクルーザーの隊列を引き連れて、ビンラディンのキャンプの塀の前にやって来た。オサマは希望に満ちて彼に近づいたが、タリバンのリーダーは挨拶もせずに背を向けた。オマルはナジュワの家に隣接する庭に案内されると自分は椅子に座ったものの、オサマには地面にじかに座らせた。さらに激しやすいリーダーに直接話しかけることを拒否して、オマルはパシュトゥー語で通訳に向かって話すのだった。そして最大の侮辱として、彼は金のないオサマが妻子から食料を奪ってまで彼のために苦心して準備した豪華な食卓を断った。今や軽々しくはできないときである。

「あなたとあなたの家族にはもうアフガニスタンから去ってもらわねば」

「長老《シャイフ》、私は自分が戦ったこの国を忘れたことはありません。私が集落を建設するため戻ってきた国、私が妻子までをも呼びよせた国です（……）。彼らをどこに連れて行けというのですか？」

壁の向こうにいたナジュワは、自分の運命が世界でもっとも追われているふたりの男によって決定されつつあることに気づいていなかった。オマル師は頑なな態度を変えなかった。「あなたには私の客人として一年半余分にいてもらおう。この時間を利用して出発の計画を立てなさい。あなたの家族のためにまた別の国を見つけるのです」。魔法のように突然、恵み深い人がアフガニスタンにやって来た。アリア・ガネム、オサマの最愛の母である。

オサマはハンドルを握って自ら空港まで迎えに行った。しかし飛行機から出てきた内気なアリアは、ヴェールを着け忘れたままタラップを降りはじめた。オサマが急いで駆け寄り、身体を覆うように身振りで合図すると、アリアは謝り、彼の手をとった。オサマの顔が輝いた。彼女は姪であり嫁であるナジュワのもとへ連れて行ってくれと頼んだ。ナジュワは嬉しい知らせを義母に伝えた。四〇歳にして、一一番目の子どもを妊娠中だったのである。

ふたりの女性は愛情あふれるまなざしを交し合ったが、それぞれの立場からいって不安もまたいっぱいであった。とはいえすぐに若い頃の思い出話がはじまり、楽しい夜になった。オサマは感無量の思いで母親を見つめ、自分が子どものころペットとしてヤギが欲しくてたまらなかったことを覚えているかと尋ねた。夫がこれほど楽しそうなのを見て、ナジュワの顔もほころんだ。一瞬にしてごく普通の人間になり、めったに見られない微笑みを見せる夫を前にすると、何年もの窮乏生活も雲散霧消するのだった。

しかしアリアは思い出話をするために来たわけではない。彼女はファハド国王から密使として派遣されてきた身として、オサマに今一度戦いをやめて国に戻るよう懇願した。オサマは再び母に「ノー」と言わねばならず、母は悲しい心を抱えて帰って行った。ナジュワもがっかりした。すでに中年になった彼女は、検診もせず適切な態勢もとらないままでは出産時に問題が起こるかもしれなかった。

ナジュワが絶望し衰弱する様子を見て、オマルは出産のためにシリアに戻るよう説得しようとした。もしオサマが嫌がったら、自分と逃げ出せばいい。彼女は決意し、数日後に夫と話し合ってさらにその願いを強めた。オサマは息子たちを集めて、モスクの壁にかけた大きな一枚の紙を示した。自爆テロの志願者の名前を書くためのものである。オサマは希望に目を輝かせ、子どもたちにそこに登録するよう促した。その後オマルは一〇日間にわたって繰り返し父親を責め立て、ナジュワがこの国を離れることを認めさせた。オサマはしかし条件を付けた。必ず戻ってくる保証として、子どもはふたりしか連れて行ってはならない。

母親は涙にくれながら黒の四輪駆動車に乗った。「私はオサマに見つめられているのを感じ、彼が私にさよならを言いに来るかしらと思いました」。オサマは彼女が出発すると聞いて以来冷ややかだったが、妻が車の後部座席に座るのを確かめると近づいた。「ナジュワ、君は何か聞いたかもしれないが、そんなものは忘れなさい。私は離婚の意志はまったくない。旅ができる状態になったら、すぐに赤ん坊と一緒にここに戻ってくるのだ」。彼女は頷き、彼は微笑んだ。彼女は最後に夫をひと目見ようと振り返ったが、見えたのは幼い子どもラデンがひとり道端にいて、泣きながら車のあとを走ってくる姿だけであった。一緒に連れて行ってほしいと訴え続けていた子どもである。

日中は車で走り夜は道端で眠るというひどく疲れる旅ではあったが、やがて健康な女の子が生まれた。実家で生き返ったように過ごして四カ月、ナジュワはそろそろカンダハルに戻らねばならないと感じていた。サウジアラビアに戻っていたオマルは思いとどまらせようとした。「噂を聞いたんだ。大惨劇が準備されている。お母さんは離れているべきだ」と彼は何度も母に繰り返した。しかしこのニュースはナジュワの母性本能を掻き立てただけであった。もし危険が近づいているなら、それこそ子どもたちのそばにいてやらなければならない。どこに行くのであれ、この息子には別れを告げなければならないだろう。アフガニスタンのオサマのもとへ帰る決意をすることは、オマルに父親から離れたところで新たな人生を見つけさせることを意味した。

羊小屋の中の雌オオカミ

二〇〇〇年二月、カンダハル。

「もしライオンの口の中に入れば再婚できるのだとしたら、私はためらわずにそうするだろう」[*51]とオサマはたびたびボディガードに言って楽しんでいた。そのボディガード、ナセル・アル゠バハリは、ビンラディンから最高度に重要な使命を託された。殉教者になる覚悟のこの男は現金五〇〇〇ドルを委ねられ、それをイエメンのサナーにいる部族長に渡すよう命令されたのである。オサマの未来の妻の家族に与える持参金であった。オサマは彼の言う「完璧なバランス」を守るために、再び四人目の妻を娶ることにした。選んだのは氏族の首長の娘。目的は、これによって騒ぎの多い部族と同盟を結ぶこと。「もしいつかアルカイダに問題が生じても、われわれは全員イエメンに戻ることができるだろう」と彼は理由を説明した。

未来の妻の家族はイエメン南東部の山岳地帯タエズ出身だから、もし頼むことになったら隠れ場所を提供してくれるだろう。現地でのミッションは完璧に成し遂げられ、交渉はまとまった。カンダハルまで彼女を連れてくる同伴者たちの飛行機チケットも手配され支払いも完了した。

二年前、〝アブ・アル＝フィダア〟［中世シリアの武将・政治家］ことラシャド・ムハンマドは、生涯でもっとも重要な使命を任されていた。この長老《シャイフ》は筆者との単独インタビューでこう語った。「私は元アフガニスタンの兵士で、カンダハルとサナーの間をたびたび行き来していました。そこで私はビンラディンと知り合い、親しくなったのです。一九九八年のある日、彼はキャンプで、イエメンの女性を妻にしたいと友人に言いました。私はその友人から話を聞いたのですが、オサマはとても内気なので私に直接頼めなかったそうです。それで私は彼に会いに行き、その件について話し合いました」[*52]

再び結婚したいと考えたオサマは、彼に相手選びを任せた。二〇代の若き長老《シャイフ》は、オサマが望む貴重な宝石のような女性の説明を全身を耳にして聞いた。「敬虔でまじめで若いこと――できれば一六歳から一八歳――礼儀正しく、尊敬すべき家庭の娘。とくに忍耐強いこと。普通ではありえないような私の生活状況に耐えられること」[*53]。思慮深い男はイエメンに戻ると、自分の妻に尋ねた。おそらく彼女は四四歳になるリーダーにぴったりの女性を知っているだろう。「即座に妻はアマルの名を挙げました。二年前から妻の宗教の授業を受けている生徒で、イッブの町に住んでいる娘です。彼女は畑でもほかの場所でも働いたことはなく、一六歳ぐらいから授業を受けていました」。アマルが戦時のビンラディンにとってよき伴侶になるに違いないと長老《シャイフ》の妻が確信したのは、何よりも彼女が絶対的に口が堅いからであった。「一言で言えば、彼女は沈黙がちなのです」[*54]とこの妻は言う。

ラシャド・ムハンマドは読書をして日々を過ごしている若きアマル・アル＝サダにすぐに会いに行くこ

とにした。「私は彼女にビンラディンについて話しました。彼女は父親に話す前に最終的な返事をするので、時間がほしいと言いました」。一週間後、若い女性は承諾した。「本当に決心したのかと尋ねると、彼女は『この結婚で私の夢が一歩実現に近づくでしょう』と答えました。どんな夢なのかと聞くと、『戦場で殉死することです』と」。とはいえ家長に、娘を遠くへやることを納得させなければならなかった。「最初彼女の父親は拒否しました。でも娘が執拗に頼むので、根負けしたのです」

旅立つ日が近づくと、婚約者の父親は少数の人々とともに首都までやってきた。アマルとラシャドはアマルの姉妹と義兄弟に連れられて、アフガニスタンに行く前にパキスタンに向かった。二日後にはアマルは姉妹と別れ、ひとりで妻としての新たな生活へと向かわなければならなかった。「私たちが着いた翌日、オサマの未来の妻を歓迎するために小さな儀式が行なわれました。祝宴は女性用と男性用とふたつに分けて行なわれ、その場で紹介がされました」と慎重な仲介役は言う。

祝福されているこの新婦が友人の気に入らないのではないかというラシャドの心配は、まもなく晴れた。「三日後にオサマに会ったときに、彼から『君は素晴らしい選択をしてくれた』と言われました」。かくしてオサマはアマルとカンダハルの軍事キャンプで二〇〇〇年七月に結婚した。この結婚で人々は一日中歓喜に沸いた。歌や歓声にカラシニコフ銃の楽しげな祝砲が混ざり合ったと、招待客は回想する。*55 ラシャドによれば、「儀式はイスラムの伝統に則って、アラブの結婚の祝宴のように行なわれました。片側が女性で反対側が男性。伝統的なダンスがあり、雄牛を殺しました。男性は大人数でしたが、女性の祝宴に参加したのは一〇人程度でした。キャンプにいた女性はそれだけだったのです」

複合施設六番の中にアマルの部屋がしつらえられた。夫婦の寝床と数本の花、宗教書。「私と妻は同じ建物の別の部屋に泊まっていました。とくに最初のうちは、私の妻がアマルのそばにいたほうがいいと考えたからです。あらゆる結婚と同じように、嫁入り道具や衣類などすべてが整えられなければなりませんでした」

オサマの妻たちは儀式に参列した。しかし山岳地帯のフィアンセが、オサマに何年も献身的に尽くして忠誠心を見せてきた女たちに手放しで歓迎されたとは言い難い。「ナジュワは怒りました。当然です。彼女はしかしその不満を結婚式当日にアマルには見せませんでした。彼女は、これは彼女のせいではなく悪いのはオサマだと言っていました」。ナジュワ、ハイリア、シハムはこの若い女性との結婚を内心裏切りのように感じた。「誰もがアマルに嫉妬しました。とくにナジュワは私の妻を厳しく非難しました。というのも彼女はアマルをイエメンに探しに行ったのは私だと思っていたからです」とボディガードのナセルは言う。「私たちはあんたにお金を与えているのよ。あんたたちは私たちのおかげで生きていられるのよ」と彼女は言い放った。「それなのにあんたの夫ときたら、私の夫のために女を探しに行ったのね！　そんなことしていいと思ってるの？」。オサマの息子たちもまた唖然とし、自分たちよりも若いこの外国人女性を認めようとしなかった。「どうしておまえは父に僕たちと年齢の変わらないこんな娘を連れてきたんだ？」と彼らはこの結婚の仲介役となった男を責め立てた。

オサマは、彼女はコーランをそらんじている三〇歳の「成熟した」女性だと言って、妻子をなだめようとした。サウジアラビアの革命家を喜ばそうと思って、イエメンのイマームが未来の妻の選択を間違え、彼女の年齢について嘘をついたのだろう。すぐに妻たちの間の空気がかたまり、ナセルはオサマが「この結婚を重荷のように背負っている」のを感じた。

今回もハイリアのおかげで家族が静まった。「結局妻全員がアマルを快く迎えましたが、いちばんは彼女でした。アマルは全員に対してとても礼儀正しく、彼女たちは彼女があまりしゃべらない点をとくに評価しました」

アマルはすぐにキャンプの生活に溶け込み、カンダハルで幸せを見つけたようであった。彼女がある日ラシャドに話したところによると、オサマは彼女がレモンをリンゴのように縦に切るのを見て、「それはイエメン式だ」と言ってからかうのが好きだったという。オサマは彼女と夜を過ごしたいときには、家族全員を前にして、「今晩はタマティスを食べたい」と言った。すなわちイエメンの言葉でトマトのことである。アマルがいつもこの慣れ親しんだ言葉を使うからであった。

ラシャドはこう言う。「私と妻はほぼ丸一年ここにいました。この一年の間に、彼女の父親がやって来ことがあります。彼は結婚して九カ月ほどの娘を見てその生活条件の悪さに驚き、一緒にイエメンに戻ろうとまで言いました。それに対してアマルは、ここでの生活は確実に自分の望みを叶えてくれるだろう、自分の人生はとても短いだろうと答えました。父親は怒って娘に言いました。『これはおまえが選んだことだ。私は帰る。もう二度とここには来ない』」

アマルの厳しい生活など知りもせず、従兄弟のワリードがイエメンからアフガニスタンの彼女のもとを訪れ、非常に重要な場面に立ちあったこともあった。オサマはおそらくナジュワの出発以来警戒心を持っていたのだろう、シハムとハイリアに向かって、自分のもとにとどまってもいいし、国に帰ってもいいと厳かに言った。最後にやってきたアマルは、この二者択一をきっぱりとはねのけた。「私はあなたのそばで殉教したいのです。私はあなたが生きている限り出て行きません」。オサマは妻たちに注意を促し、以後は「いつでも死の危険がある」ことを説明した。しかしアマルは再び高揚した様子で彼を遮り、「私の心は決まっています[*56]」と呆然とする従兄弟の前で言ってのけた。

「オサマと生活していた当時、彼はときどき私のもとに夜遅く来て、ひとりで長い間ベッドに横になっていました。彼は誰であれ話しかけられるのを嫌がりました」[*57]とアマルは言う。すべてを「大計画」に捧げた彼は何かにとりつかれたような顔をして、ひとりで何時間も座っていた。睡眠時間もごく短くなり、二、三時間以上眠ることはなかった。「私が話しかけようとすると、彼は怒りだしました。だから私は彼をひとりにしておきました」。オサマはいつも不安で疲れ切っており、神経を静めるために薬と睡眠薬を飲んでいた。オサマは週に一回彼女の家で過ごしたが、アマルはもはや他の妻たちに会うことはなかった。「私たちは一度しか会いませんでした。（……）彼が息子のひとりを遣わして、私たちをほかの妻の家に連れて行ったときだけです」

オサマの妻たちは幸い季節ごとに一、二度カブールに行って、多少リフレッシュする機会を与えられた。そんなときには、通りに残っている店のウインドーショッピングをした。そこでは彼女たちは子どもとともに輸送車に乗り、複数の車に先導されて移動した。その車に乗っている大勢の護衛兵は、軽機関銃をちらつかせていた。妻たちはアザ・ザワヒリを訪れることもあった。アザは大使館や省庁のあるワジル・アクバル・ハーン地区に、夫とともに住んでいた。彼らが住んでいたのは壊れかけた植民地スタイルの立派な家で、障碍のある娘を育てるため快適な設備も多少はあったものの、とはいえその家を上階に住むほかの家族と共用していた。ほかの女性たちが名残惜しむ中この夫婦がカンダハルの砦から出発したのは、戦略的な理由からであった。二〇〇〇年一〇月に米艦コールを襲撃した自爆テロ以来、ビンラディンは組織を二分して参謀部を再編成する必要があったのである。そうしないとアメリカから攻撃された場合、アルカイダという怪物は一瞬のうちに首を斬られてしまうかもしれない。

月を追うごとに、オサマが妻たちを訪れる回数は減っていった。アマルによれば、「彼は二、三週間に一度しか私に会いに来なくなり始めました。自分は疲れている、問題を抱えている、それはとくにオマル師やタリバンのリーダーたちとの問題だと言っていました」。オサマはオマル師が庭で厳命したことを忘れてはいなかった。追放へのカウントダウンはすでに始まっている。「ある日オサマは私に、タリバンが自分に敵対するのではないか、自分たちを殺すのではないか、あるいはアメリカは彼らのうちの誰かに金を出して私たちを葬り去るのではないかと恐れていると言いました」。オマル師の目から見ればビンラディンは執行猶予中の身であり、米艦コール襲撃事件は明らかに釈放理由にはならなかったのである。

八月の酷暑がカンダハルの人々をのぼせ上がらせる中、アマルは叫び声を押し殺した。初産の痛みの叫びである。条件は悪かったが、若い女性は使命を果たした。ラシャドと妻にとっては、アフガニスタンを離れるときであった。「アマルは私たちに、国の家族によろしく伝えてほしいと言い、『私のことを心配する必要はありません。私は元気で、夢を実現しようとしています』と伝えてくれと言いました」

事実赤ん坊をあやすというよりは戦争の雰囲気であった。疲れきったナジュワは勇気を振り絞り、シリアに帰りたいと身じろぎもせずに夫に頼んだ。オサマは動じず、彼女を見つめながら考え込んだ。

「出て行きたいのか、ナジュワ?」

「ええ、シリアの母のもとに帰りたいのです」

「本気か?」

「シリアに帰りたいです」

「分かった。ナジュワ、行くがいい」と彼は悲しそうな顔をして言った。

しかし今回もまた親心を引き裂かれるような出発条件を付けられた。子どもは下の三人しか連れて行ってはならない。力尽きた彼女は承諾した。「私がおまえの旅の準備をしてやろう。数週間以内には出発できるはずだ」と言うと、オサマは決意を固めた彼女をその場に置いたまま、反対側を向いた。「ナジュワ、私は今後も決して離婚は望まない。たとえ私がおまえを離縁したという噂が流れたとしても、絶対に信じるな」と彼は念を押すと出て行った。

二〇〇一年九月初旬のある朝、ナジュワは一緒に過ごした何年もの日々の象徴である指輪を自分の生涯をかけた男に渡し、パキスタンへと向かった。「地平線の向こうに子どもたちの姿が消えるのを見ると、母としての私の心は張り裂けそうでした」。オサマはもう彼女が二七年前に結婚した男ではなくなっていた。彼の計画は実現しかかっており、もはや何ものも彼を引き留めることはできなかった。オサマは次には妻たちの四角形をぐらつかせた最後の妻、アマルを遠ざけた。「彼から電話があって、私の家族に電話するよう言われました。私たちはどこかに行くから、当分の間、便りを出せないからと」。アマルは自分がどこに行くのか分からないまま、母親に別れの挨拶をした。オサマは車を用意して、息子のひとりと軽装備の護衛兵とともに南部のパキスタンとの国境方面へ行けと命令した。

九月一一日は彼の偉大なる夕べであった。彼のイメージどおり、世界創造を炎が支配した。ラタキアではナジュワが電話を受けて、オマルの声を聞いた。すすり泣きで言葉がかき消された。

アメリカ軍が目には目をの報復として山中に爆撃音を轟かせる中、カブール南部ロガル州の家に身をひそめていたマハとザイナブは、ドアをノックする音に気がついた。戸口にいたのはアザ・ザワヒリであった。髪を振り乱し別人のようになった彼女は、障碍のある娘を腕に抱え、傍らでは息子が裸足でガタガタ震えていた。彼女は爆撃は逃れることができたものの、夫とは離れ離れになっていた。熱に浮かされたように、彼女は思いもよらないことを告白した。「彼女は、夫が本当は何ものなのか全く知らなかったと言いました。『彼が司令官《アミール》だなんてぜんぜん知らなかったわ。彼を信じられない』と」。翌日彼女はそこから一五分ほどのところにあるタリバンの忠実な戦士の家に隠れようとした。しかしアメリカ軍はザワヒリ医師がそこにいると見て、その場所を標的にしていた。アザは崩れたセメントの重い屋根に押しつぶされ、救助が到着する前に死んだ。ひとり生き残った障碍のある四歳の娘は死んだ母親のそばで一晩中泣きじゃくり、疲れと寒さで夜明けに息絶えた。

「ああ、妻たちよ。（……）最初の日から、おまえたちは行く手は棘だらけ、地雷だらけだと知っていた。おまえたちは兄弟姉妹のような安楽を捨て、私のそばで逆境をともにすることを選んだ。おまえたちは私とともにこの世の喜びを放棄した。私がいなくなったら、なおのことそれをあきらめなさい。再婚は考えないこと。なぜならおまえたちがしなければならないのは、ただ子どもたちの世話をし、犠牲的行為をし、彼らのために祈ることだけなのだから＊58」

訳者あとがき

ヒトラーやムッソリーニなど二〇世紀前半の独裁者を取り上げた第一作が一八カ国語に翻訳されるという輝かしいデビューを飾ったディアンヌ・デュクレは、第二弾である本書で、カストロ、フセイン、ホメイニ、金正日、ビンラディンという、われわれと同時代に生きた、現代世界に多大な影響を与えた五人を取り上げている。著者によればこの面々は、西洋を憎悪し、周辺地域の安全を脅かした独裁者的な人々ということである（『フィガロ・マガジン』のインタビュー）。カストロは政界を引退したとはいえ存命中であるし、金正日とビンラディンはその死がいまだ記憶に新しい。映画ではイラン革命直後に起こったアメリカ大使館占拠事件をテーマにした『アルゴ』がアカデミー賞最優秀作品賞を受賞したし、ビンラディンの殺害を描いた『ゼロ・ダーク・サーティ』も同賞にノミネートされた。昨年はサダム・フセインの長男ウダイを扱った『デビルズ・ダブル』が公開されている。さらに今年はイラク戦争から十年目にあたる。このようにここのところ、虚実ともに本書に登場する人々にまつわる事柄を見聞きする機会も多く、非常にタイムリーなまさに最強のラインアップであるといえよう。

数多くの人々を殺すような権力者は人間的な面など持ち合わせない特殊な存在であると思いたいところもあるが、本書に描かれるのはむしろ、妻を手伝いトイレ掃除までするホメイニ、長男誕生に大喜びする金正日、飛行機を怖がるビンラディンなど、優しさや弱さを持ったごく普通の人間としての彼らの素顔である。継父に虐待されるフセインや、母の墓地に向かって泣き叫ぶ金正日などは不憫にさえ感じられ、つらい少年時代がのちの人格形成の一因にもなったのであろうと推察される。いかめしい公式的な姿からは想像できないような意外な面を知ることで、彼らの言動やかかわった事柄もこれまでとは違って見えるかもしれない。

本書を通して、女性をめぐる権力者たちの共通点も見えてくるようだ。まず彼らは、カストロの愛人マリタが堕胎させられても彼を愛し続けたように、ビンラディンの妻ナジュワがあくまでも夫をよき人と信じたように、ホメイニの妻ハディジェが夫のすることはすべて正しいと疑わなかったように、女性を盲目的にしてしまうほどの魅力を持っている。しかも多くの妻が、夫が権力を握る以前からその虜になっているのだから、その魅力たるやよほどのものなのだろう。彼らはまた、金正日が愛人で孤独を慰めたように、フセインが第二妻のもとで素の自分に戻ったように、カストロが演説を褒めてもらいたがったように、女性なしではいられない。さらに、ホメイニが女性の支持を獲得する政策を持ち出したように、フセインがよき一家の主であることをアピールするために妻とツーショットの写真を撮らせたように、ビンラディンが妻を娶ることで避難場所を確保しようとしたように、女性を利用する。結局彼らにとって何より重要なのは、女ではなく自らの権力であり思想なのだろう。

そんな男を愛してしまった女こそ悲劇である。ここに登場するのは、権力者を愛したがゆえに数奇な人生を強いられるが、そうでなければ平凡に幸せに暮らせたであろうごく普通の女性ばかりである。彼女たちは皆自らが権力を握ろうなどとは考えず、ひたすらけなげで男に尽くす。とくにイスラム圏の女性は、なんと献身的なのだろうと驚くほどである。不在がちな夫を待つ寂しさを息子に女の子の服を着せて紛らわせるビンラディンの妻、第二妻に嫉妬して夫が好むブロンドに染めるフセインの第一妻、愛のために精神を病んでいく金正日の愛人など、彼女たちの姿は哀れでさえある。しかしこれだけ一人の男を愛せたのだから、本人からすれば同情は無用、最高に幸せだったということなのかもしれない。ちなみに前述のインタビューによれば、著者がもっとも強い印象を受けたのは、誰よりも献身的で忠実なカストロの愛人セリア・サンチェスと、夫に裏切られてもあくまでも威厳を保つフセインの妻サジダであるという。

注を見れば分かるとおり、著者はそれぞれの権力者の身近な人々にインタビューをしたり、入手しづらい資料を参照したりと、実にエネルギッシュな取材活動を敢行している。カストロの元愛人、フセインの侍医、ホメイニの近親者、元イラン大統領、ビンラディンのボディガードなどの証言は、その一つひとつが非常に貴重である。ごく近くにいた人しか知りえないさまざまなエピソードが数多く盛り込まれていることで、彼らの生身の姿が生き生きと浮かび上がってくる。

また前作と同様本書でも、見出しに映画や本のタイトル、曲名等のもじりがちりばめられているので、それらについても目をとめていただければと思う。

なお、原書ではユーゴスラビアのミロシェヴィッチ大統領夫人ミリャナ・マルコヴィッチにも一章が割かれているが、日本ではあまりなじみがないことから本書には訳出していないことをお断りしておく。

最後に、本書翻訳の機会を与えていただき編集の労をとってくださった原書房の大西奈己氏とバベルの鈴木由紀子氏に、心から御礼を申し上げたい。

二〇一三年四月

大塚宏子

五人の権力者《カリスマ》と女たち
カストロ・フセイン・ホメイニ・金正日・ビンラディン

●

2013年　6月4日　第1刷

著者……………ディアーヌ・デュクレ
訳者……………大塚宏子《おおつかひろこ》
装幀……………川島 進（スタジオ・ギブ）
発行者……………成瀬雅人
発行所……………株式会社原書房
〒160-0022 東京都新宿区新宿 1-25-13
電話・代表　03(3354)0685
http://www.harashobo.co.jp/
振替・00150-6-151594
印刷……………シナノ印刷株式会社
製本……………小高製本工業株式会社

ISBN 978-4-562-04921-9, printed in Japan

◆著者

ディアーヌ・デュクレ（Diane Ducret）
1982年ベルギー生まれ。ソルボンヌで哲学史の修士号、エコールノルマルで現代哲学の修士号を取得。その後、テレビの文化ドキュメンタリー番組の制作に携わる一方、歴史番組の司会者も務める。2011年に処女作『Femmes de dictateur』を刊行するとたちまちベストセラーとなり、18ヶ国語に翻訳された。

◆訳者

大塚宏子（おおつか　ひろこ）
学習院大学文学部フランス文学科卒業。翻訳家。訳書にマルタン・モネスティエ『図説死刑全書完全版』（共訳）、『図説自殺全書』、ジャック・アタリ『図説愛の歴史』、ジュヌヴィエーヴ・ブラム『ほんとうのフランスがわかる本』、イヴ・ラコスト『地図で見る国際関係』、ジャン・フェクサス『図説尻叩きの文化史』（いずれも原書房）などがある。

原注

第一章　フィデル・カストロ——ドン・フィデルあるいは石像の饗宴

1. Serge Raffy, *Castro l'infidèle,* Paris, Fayard, 2003.

2. Juanita Castro, *Fidel et Raúl, mes frères. L'histoire secrète*, Paris, Plon, 2011.（『カストロ家の真実』フアーナ・カストロ著，伊高浩昭訳，中央公論新社）

3. Ann Louise Bardach, *Cuba Confidential : Love and Vengeance in Miami and Havana*, New York, Vintage Books, 2003. Ann Louise Bardach による Max Lesnik のインタビュー .

4. Jack Skelly. Ann Louise Bardach, 前掲書.

5. Carlos Franqui, *Vie, aventures et désastres d'un certain Fidel Castro,* Paris, Belfond, 1989. Carlos Franqui によるインタビュー .

6. Rafael Diaz Balart のインタビュー , Ann Louise Bardach 前掲書.

7. Barbara Walker Gordon のインタビュー . 同前.

8. 同前.

9. Carlos Franqui 前掲書.

10. Felipe Mirabal 中尉（バンズ部隊長）. Ann Louise Bardach 前掲書.

11. Carlos Franqui 前掲書.

12. Max Lesnik の回想 . Ann Louise Bardach 前掲書.

13. Juanita Castro, 前掲書.

14. Martha Frayde, *Ecoute, Fidel*, Paris, Denoël, 1987.

15. Martha Frayde, 同前.

16. Tad Szulc によるインタビュー . 1985.4.24. Cuban Heritage Collection of the University of Miami Libraries.

17. Barbara Walker Gordon のインタビュー . Ann Louise Bardach, 前掲書.

18. Betsy Maclean, *Haydée Santamaria, Rebel Lives*, New York, Ocean Press, 2003.

19. Tad Szulc によるインタビュー . 1985.5.2. 前掲書 .

20. Melba Hernandez, «Setenta y dos horas, *Granma*». Antonio Rafael De la Cova, *The Moncada Attack: Birth of the Cuban Revolution,* Columbia, University of South Carolina Press, 2007.

21. Fidel Castro, *L'Histoire m'absoudra*, 1953 年 10 月 10 日の自身の裁判での弁論 . フランス語版 :« L'Histoire m'acquittera». 1953 年 10 月 16 日サンティアゴ・デ・クーバで開かれた特別裁判での口頭弁論 . La Havane, Impr. nationale de Cuba, s.d. (「歴史は私に無罪を宣告するであろう」『わがキューバ革命』所収，F. カストロ著，池上幹徳訳，理論社)

22. « Un récit personnel de Moncada », Betsy Maclean, 前掲書.

23. Antonio Rafael De la Cova, 前掲書.

24. Juanita Castro, 前掲書.

25. Wendy Gimbel, *Havana Dreams: A Story of a Cuban Family*, Knopf Doubleday Publishing

Group, 1999.
26. Alina Fernández, *Fidel, mon père. Confessions de la fille de Castro,* Paris, Plon, 1998.
27. Fernando Garci による Naty Revuelta のインタビュー . La Havane, 2009.2.2.
28. *« Cartas de amor*. Lettres écrites depuis la prison de l'île de Pins» . *ABC cultural* n°277 に発表 . Madrid, 1997.2.21.
29. 同前.
30. Jack Skelly の回想 . Ann Louise Bardach, 前掲書.
31. Myrna Torres の回想 . Joseph Hart, *Che: The Life, Death, and Afterlife of a Revolutionary,* New York, Thunder's Mouth Press, 2003.
32. この時期と Myrna Torres との友情については Ernesto Guevara, *Back on the Road : A Journey to Latin America* [チェの個人文書保管所], Londres, The Harvill Press, 2001.
33. Hilda Gadea, *My Life with Che*, New York, Doubleday & Company, 1972. (『チェ・ゲバラと歩んだ人生』イルダ・ガデア著，松枝愛訳，中央公論新社)
34. Pierre Vayssière, *Fidel Castro, l'éternel révolté*, Paris, Payot, 2011.
35. Juanita Castro, 前掲書.
36. Fernando Garci による Naty Revuelta のインタビュー . La Havane, 2009. 2.2.
37. Jack Skelly の記事 . « How Fidel Snatched Fidelito from Mirta », *Insight on the News*, 2000.2.14.
38. Teresa Casuso, *Cuba and Castro*, New York, Random House, 1961.
39. Isabel Custodio, *No me Beses*, Mexico, Terracota, 2009. 著者によるインタビュー，2011.10.
40. 同前.
41. Myrna Torres, «Ernesto : a Memoir of Che Guevara » , Joseph Hart, 前掲書.
42. Juanita Castro, 前掲書.
43. Richard Haney et John Van Houten Dippel, *Celia Sánchez: The Legend of Cuba 's Revolutionary Heart*, New York, Algora Publishing, 2005.
44. Celia Sánchez が Nora Peters に宛てた手紙 . 同前.
45. 匿名のインタビュー . Ann Louise Bardach, 前掲書.
46. Carlos Franqui, 前掲書.
47. « An American mother's terrifying story », *Confidential*, 1960.5. p. 18.
48. Marita Lorenz et Wilfried Huismann, *Cher Fidel*, Paris, L'Archipel, 2001.
49. 著者によるインタビュー . 2011.11.
50. Betty Sicre. Lee Server, *Ava Gardner: Love is Nothing,* New York, St. Martin's Press, 2006.
51. Marita Lorenz et Ted Schwarz, *Marita: One Woman's Extraordinary Tale of Love and Espionage from Castro to Kennedy*, New York, Thunder's Mouth Press, 1993. (『諜報員マリータ』マリータ・ローレンツ，テッド・シュワルツ著，北澤和彦訳，新潮社)
52. 著者によるインタビュー .
53. Silvana Pampanini, *Scandalosamente perbene*, Rome, Gremese Editore, 2004.
54. 著者によるインタビュー .

55. Gaeton Fonzi (アメリカ上院情報委員会調査長), *The Last Investigation*, New York, Thunder's Mouth Press, 1994.
56. Paul Meskil によるインタビュー . *New York Daily News,* 1977.11.3.
57. Gaeton Fonzi, 前掲書.
58. 著者によるインタビュー .
59. Betsy Maclean, 前掲書.
60. Celia Maria Hart Santamaria, «Yeye's Victory», *Tricontinental Magazine*, 2004.
61. Celia Maria Hart Santamaria, « A butterfly against Stalin ». 2005 年 1 月 14 日, Celia Sánchez Manduley 没後 25 年に際して .
62. Celia Sánchez が Nora Peters に宛てた手紙 . Richard Haney et John Van Houten Dippel, 前掲書.
63. Ann Louise Bardach, 前掲書.
64. 著者によるインタビュー . 2011.11.
65. Lazaro Ascencio の回想 . Ann Louise Bardach によるインタビュー . Ann Louise Bardach, 前掲書.

第二章　サダム・フセイン ——石油〝地の糧〟交換計画

1. Ala Bashir, *Le Médecin de Saddam*, Paris, J.-C. Lattès, 2004. (『裸の独裁者サダム』アラ・バシール, ラーシュ・シーグル・スンナノー著, 山下丈訳, 日本放送出版協会)
2. Khalil al-Dulaimi, *Saddam, les secrets d'une mise à mort*, Paris, éditions Sand, 2010.
3. Haitham Rashid Wihaib, *Dans l'ombre de Saddam*, Paris, Michel Lafon, 2004.
4. Alia Salbi の証言. Zainab Salbi et Laurie Becklund, *Between two Worlds: Escape from Tyranny, Growing up in the Shadow of Saddam,* New York, Gotham Books, 2005.
5. こうした動きは当時イラクに亡命していたエルサレムの大ムフティー Mohamed Amin al-Husseini にとくに支持された . al-Husseini はその後ドイツに行き, フランスとイギリスの支配下にあるアラブ諸国の独立を承認するようヒトラーに求める .
6. 妻 Selma Masson が語った Mohamed al-Jabiri の回想 . 著者によるインタビュー. 2011.3.
7. Amir Iskander（公式伝記作家）, *Saddam Hussein, le militant, le penseur et l'homme*, Paris, Hachette, 1980.
8. Abmed al-Sabah（バアス党に近いシリアの反体制派）. 著者によるインタビュー . 2011.5.
9. Abdel Karim Shaikhally（亡命中の反体制派リーダー）, *Saddam Hussein, the Politics of Revenge,* Londres, Bloomsbury Publishing, 2000.
10. Ala Bashir, 前掲書.
11. 妻 Selma Masson が語った Mohamed al-Jabiri の回想 . 著者によるインタビュー . 2011.3.
12. 著者によるインタビュー . 2011.3.
13. Alia Salbi の証言 . Zainab Salbi et Laurie Becklund, 前掲書 .
14.1971 年 4 月 17 日の第 3 回イラク女性総連会議での演説 .
15. Bernard A. Cook, *Women and War. A Historical Encyclopedia from Antiquity to the Present*, vol.

1, ABC-CLIO, 2006.
16. Ahmed al-Sabah（バアス党に近いシリアの反体制派，Abu Huda の仲間）. 著者によるインタビュー.
17. Ashti Marben, *Im Schatten des Diktators: mein Leben im Irak*, Berlin, Ullstein, 2003.
18. Said Aburish, *Le Vrai Saddam Hussein,* Paris, Saint-Simon, 2003.
19. 著者によるインタビューと，Michelle McDonald, *Le Baiser de Saddam*, Paris, Balland, 2010.
20. 著者によるインタビュー.
21. 著者によるインタビュー.
22. Saddam が Ala Bashir に言った言葉. 著者によるインタビュー.
23. Ahmed al-Sabah（Abu Huda al-Kobeissi の仲間，バアス党に近いシリアの反体制派）. 著者によるインタビュー.
24. 著者によるインタビュー.
25. 著者によるインタビュー. 2011.3.
26. Ala Bashir, 前掲書.
27. Ecole al-khorkh al-Namouthajiya.
28. Latif Yahia et Karl Wendl, *I Was Saddam's Son, New York,* Arcade Publishing, 1994.
29. Hassan Omar el-Ali（現在反体制派のリーダー）.
30. Ala Bashir, 前掲書.
31. Ahmed Allawi. Said Aburish, 前掲書.
32. 同前.
33. Iyad Aflak（思想家でバアス党共同創設者の Michel Aflak の息子）. 著者によるインタビュー.
34. Abbas Al-Janabi, *Al-Hayat*, 1998.10.18.
35. *Al-Hayat* 紙のインタビュー. 2003.6.1. Ouassila Aissa が著者のために仏訳.
36. Ala Bashir, 前掲書.
37. Fadhil Barak（1983 ～ 1989 年までムハバラート長官）.
38. Ala Bashir, 前掲書.
39. Iyad Aflak. 著者によるインタビュー.
40. Said Aburish, 前掲書.
41. Zainab Salbi et Laurie Becklund, 前掲書.
42. Samira Shahbandar のインタビュー. *Sunday Times*, 2003.12.15.
43. Zainab Salbi et Laurie Becklund, 前掲書.
44. Ahmed Sabah と Iyad Aflak. 著者によるインタビュー.
45. 2003 年に米軍兵士が発見，第 7 歩兵連隊第 3 大隊 A 中隊の Chris Carter 隊長が報告.
46. Said Aburish, 前掲書.
47. インタビュー. « I dont want to be anyone's puppet», *Telegraf*. 2004.10.12.
48. «Saddam's bombmaker: the terrifying of the iraki nuclear. . .». Sabiha の義姉妹 Amal al-Mudarris

が伝える言葉 . Peter Beaumont によるインタビュー . *The Observer*, 2004.6.13.
49. 複数ある彼の彫像は大統領像が破壊されたときにも壊されることなく，今でもバグダードの通りに建っている .
50. Latif Yahia et Karl Wendl. 前掲書.
51. Ofra Bengio, *Saddam Speaks on the Gulf crisis*（資料集）, Moshe Dayan Center for Middle Eastern and African Studies, Shiloah Institute, Tel-Aviv University, 1992.
52. *Zabiba et le roi,* Gilles Munier による仏訳 . Paris, Editions du Rocher, 2003. (『王様と愛人』, 金光仁三郎・山辺雅彦訳，ブックマン社)
53. 著者によるインタビュー .
54. Rana Hussein. Hala Jaber によるインタビュー : « Saddam was my father », *The Sunday Times*, 2007.1.7.
55. Parisoula Lampsos et Lena Katarina Swanberg, *Mitt lev met Saddam*, Forum Bokförlag, Suède, 2010 (Natalia Clerzau によるロシア語版からの仏訳と著者によるインタビュー).(『生き抜いた私』パリソウラ・ランプソス，レーナ・カタリーナ・スヴァンベリ著，久山葉子訳，主婦の友社)
56. 著者によるインタビュー .
57. Richard Perle（国防政策諮問委員会メンバー）からの引用 . 2002.9.23. *Newsweek.*
58. 著者によるインタビュー .
59. スウェーデンに偽名で亡命中の Parisoula Lampsos. 著者によるインタビュー .
60. 著者によるインタビュー .
61. Robert Ellis. 著者によるインタビューと Marianna Riley, *Caring for Victor*, Reedy Press, Saint Louis, 2009.
62. Robert Ellis の協力により著者が仏訳 .
63. Khalil al-Dulaimi, 前掲書.
64. 著者によるインタビュー . 2011.5. Robert Ellis の仲介による .
65. *Sunday Times* によるインタビュー，Beyrouth.
66. Khalil al-Dulaimi, 前掲書.
67. Ahmed Assedik による証言 .

第三章　ホメイニ――妻のイマーム

1. Amir Taheri, *The Spirit of Allah: Khomeini and the Islamic Revolution*, Bethesda, Adler & Adler, 1986.
2. Khadije Saqafi の証言 . *Neda* 誌 , vol. III, 1993. (ペルシア語).
3. Tara Bahrampour, *To See and See Again: a Life in Iran and America,* New York, Farrar, Straus and Giroux, 1999. 叔母 Ammejun の証言 .
4. Ahmad Salamatian（1979 年イラン外務副大臣）. 著者によるインタビュー .
5. Baqer Moin, *Khomeini: Life of the Ayatollah*, New York, I.B. Tauris, 1999.

6. 8 代目イマームの墓 .
7. Khadije Saqafi の生年月日は不確かで，資料により 1913 年から 1916 年と幅がある . イランの公的機関は彼女の訃報を伝える際に 1916 年生まれとした．つまり彼女は結婚したときに多くみても 15 歳であった .
8. Mohamed Heikal, *Iran, the Untold Story*, New York, Pantheon Books, 1982.
9. 家族が伝える Khadije のインタビュー (imam-komeini .org のサイト参照).
10. Khadije のインタビュー . Khomeiny のイラン帰国 14 周年を記念する *Resalat* 紙より 1994.2.1, (ペルシア語).
11. 著者によるインタビュー . ロンドン , 2011.6.
12. Amir Taheri, 前掲書からの仏訳 .
13. *Imam Khomeiny: The Complete Man*, sainte ville de Qom, 2005.7. S. Merali と M. Raza による仏訳 .
14. Khadije のインタビュー . *Neda* 誌 . 前掲書.
15. Mehdi Ha'iri. *Time* 掲載のインタビュー . 1979.7.16.
16. イラクのナジャフで行われた息子 Mostafa の死後七日目に際しての講和 .
17. Bruce Mazlish, « The Hidden Khomeini », *New York Magazine*, 1979.12.24.
18. Ruhollah Khomeiny, *Pour un gouvernement islamique*, Paris, Fayolle, 1979.
19. *Imam Khomeini: The Complete Man,* 前掲書. l'ayatollah Bani Fadhi が語った逸話 .
20. Geraldine Brooks, *Nine Parts of Desire, The Hidden World of Islamic Women*, New York, Anchor, 1995.
21. « Le Sahih de l'imam al-Bukhari », *Hadith*, nº62.
22. Elaine Sciolino, *Persian Mirrors*: *The Elusive Face of Iran*, New York, The Free Press, 2001.
23. Mohamed Heikal, 前掲書.
24. Fahrang Rajaee, *Islamism and Modernism: The Changing Discourse in Iran*, Austin, University of Texas Press, 2007.
25. Tabatabai 夫人 . 子息 Adnan Tabatabai の著者によるインタビュー . ロンドン , 2011.
26. Sandra Mackey, *The Iranians: Persia, Islam and the Soul of a Nation*, New York, Penguin Group, 1996.
27. Abol Hassan Bani Sadr 元大統領 . 著者によるインタビュー . 2011.4.
28. *Imam Khomeini: The Complete Man,* 前掲書. Atife Esraghi が語る逸話 .
29. Khomeiny 師の手紙 . Tabatabai 家により本物であることが確認されている .
30. フランスのルルドに相当するイランの聖地 .
31. *Imam Khomeini: the Complete Man,* 前掲書. Islam Fourqani が語る逸話 .
32. Farah Diba 王妃のインタビュー . ドキュメンタリー映画 *Iran and the West: the Man who Changed the World* (Delphine Jaudeau 監督).
33. Saddam Hussein の建築家 Fawzi Chalhoub. 著者によるインタビュー . 2011.3.
34. Mohajerani による . 著者によるインタビュー . ロンドン , 2011.

35. Javad Bishetab, *Rexy*, Paris, Gil Wern Editions, 1996.
36. テヘラン . 1982.2.6.
37. Amir Taheri, 前掲書.
38. Abol Hassan Bani Sadr 元大統領 . 著者によるインタビュー . 2011.5.
39. Gérard Beaufils, *Tous otages de Khomeiny,* Paris, Séguier, 1987.
40. Ziba Hindi が伝える言葉 . Baqer Moin, 前掲書.
41. 著者によるインタビュー .
42. Firouze Bani Sadr 夫人 . 著者による電話インタビュー . 2011.11.
43. Ahmad Salamatian. 著者によるインタビュー .
44. Sadegh Ghotbzadegh(1978 年のフランス亡命中のホメイニ師の側近) . Carole Jerome, *The Man in the Mirror: A True Inside Story of Revolution, Love and Treachery in Iran,* Unwin Hyman, 1988.
45. 同前.
46.Tabatabai 夫人 . 子息 Adnan の著者によるインタビュー . ロンドン , 2011.
47. Farnaz Fassihi, *Waiting for an Ordinary Day, New York, PublicAffairs*, 2008.
48. Mohsen Rafighdoost の回想 . *Imam Khomeini: The Complete Man,* 前掲書.
49. 著者によるインタビュー .
50. Carole Jerome, 前掲書.
51. Firouze Bani Sadr 夫人が語った内容 . 著者によるインタビュー . パリ , 2011.
52. Abol Hassan Bani Sadr 元大統領が語った内容 . Harvard Iranian Oral History Project, 1984.5.21 も参照 . Zia Sedghi の電話インタビュー .
53. Abol Hassan Bani Sadr 元大統領 . 著者によるインタビュー .
54. Bani Sadr の支持者が 1981 年 5 月に発行したパンフレットに掲載された，1980 年 6 月の演説 . Amir Taheri による仏訳 .
55. Firouze Bani Sadr 夫人が語った内容 . 著者によるインタビュー .2011.11.
56. Firouze Bani Sadr 夫人にある友人が語った言葉 . 著者によるインタビュー .
57. Elaine Sciolino, 前掲書 .
58. Geraldine Brooks, 前掲書 .
59. *Imam Khomeini: The Complete Man,* 前掲書.
60. 1980.2.10.
61. *Corriere della Sera*, 1979.9.26.
62. Imam Khomeiny, *Sahifeh-ye Imam,* vol. 7, p. 341, 1979.
63. 同前.
64. « Khadije Saqafi, Khomeini's Wife, Is Dead at 93 », *The New York Times.* 2009.3.23.
65. 著者によるインタビュー . ロンドン , 2011.6.
66. Said Aburish, 前掲書.
67. Geraldine Brooks, 前掲書.

68. Firouze Bani Sadr 夫人 . 著者によるインタビュー .
69. *Divân de l'Imam,* p. 88, *Radjab* 1409.

第四章　金正日の三美神

1. Kim Ok-sun, *Kim Jong Suk: the Anti-Japanese Heroine*, Pyongyang, Foreign Language Publishing House, 主体暦 86 (1997) 年 .
2. Kim Jong-suk, *Biographie.* 主体暦 91(2002) 年 12 月，生誕 85 周年を記念して発行 .
3. Kim Ok-sun, 前掲書.
4. 1940 年代に金日成夫妻の同志だった李敏（リ・ミン）のインタビュー .Bradley K. Martin, *Under the Loving Care of the Fatherly Leader: North Korea and the Kim Dynasty,* New York, St. Martin's Press, 2006. (『北朝鮮「偉大な愛」の幻』，ブラッドレー・マーティン著，朝倉和子訳，青灯社）
5. Il-sŏng Kim, *Kim Il Sung: With the Century, vol.* 5, Foreign Languages Publishing House, Pyongyang, 1992/1996.（『金日成回顧録　世紀とともに』，金日成著，金日成回顧録翻訳出版委員会訳，雄山閣出版）
6. Il-sŏng Kim, *Kim Il Sung: With the Century, vol.* 8, Foreign Languages Publishing House, Pyongyang, 1992/1996.
7. Kim Ok-sun, 前掲書.
8. 同前.
9. IL-sŏng Kim, 前掲 *vol.* 5.
10. *Kim Jong Il Biography*, Foreign Languages Publishing House, Pyongyang, 主体暦 94 (2005). (『金正日伝』，朝鮮・金正日伝編纂委員会著，チュチェ思想国際研究所編集，白峰社)
11. Il-sŏng Kim, 前掲 *vol.* 5.
12. O Yong-Jin, *An Eyewitness Report*, pusan, 1952.
13. Jasper Becker, *Rogue Regime: Kim Jong Il and the Looming Threat of North Korea*, Oxford University Press, 2005.（『ならず者国家』，ジャスパー・ベッカー著，小谷まさ代訳，草思社）
14. Il-sŏng Kim, 前掲 *vol. 8*.
15. *Kim Jong Il Biography,* 前掲書.
16. *Djoong Ang Ilbo*（中央日報）1995 年 4 月に掲載された Tae Won-Ki の記事の Kang Myong-Do の証言．流産の情報は日本共産党機関紙「赤旗」1949 年 9 月 28 日の記事で暴露されていた．Dae Sook-sue, *Kim Il Sung*, Columbia University Press, 1995(『金日成　その思想と支配体制』，徐大粛著，林茂訳，御茶の水書房）にも引用されている .
17. Bradley Martin による匿名の人物のインタビュー . Bradley Martin, 前掲書.
18. Baik Bong, *Kim Il Sung, Biography*, 3 vol., Tokyo, Miraisha, 1969-1970.
19. Bradley Martin による Kim Jong-min のインタビュー , Bradley Martin 前掲書.
20. Won Tay Sohn, Bradley Martin への手紙 . 前掲書.
21. Luise Rinser, « North Korean Travelogue », *Another Motherland*, Francfort, Fischer Taschenbuch

Verlag, 1981.
22. Il-sŏng Kim, 前掲 vol. 2.
23. Il-sŏng Kim, 前掲 vol. 3.
24. Collectif, *North Korea: General Secretary Kim Jong Il*, USA International Business Publications, Washington, 2011.
25. Sung Chull Kim, *North Korea under Kim Jong Il: from Consolidation to Systemic Dissonance,* Albany, State University of New York Press, 2006.
26. Imogen O'Neil に語った Li Nam-ok の証言 . « The Golden Cage: Life with Kim Jong Il, a Daughter's Story as told to Imogen O'Neil by Li Nam-ok », 未出版本．この証言はまもなくインターネットに掲載予定 . www.imogenoneil.com
27. 金正日の甥の回想録（韓国語）. Lee Il-nam は出版の翌年，何者かに殺害された．Yi Hanyong, *Taedong River Royal Family*, Séoul, Donga Ilbo, 1996.（『金正日が愛した女たち』，李韓永著，浅田修訳，徳間書店）. 著者のために Seolin Ha が韓国語から仏訳．以下に引用した権力の中枢に近い人々の回想録を読むことができたのは，市場での入手が困難なこれらの資料を探し出してくれた翻訳者 Seolin Ha の根気強い優れた仕事のおかげである .
28. Song Hye-rang, *Wisteria House: l'autobiographie de Song Hye-rang*, Sëoul, Chisiknara, 2000. 韓国の図書館で見つけたものを Seolin Ha が韓国語から仏訳．（『北朝鮮はるかなり』, 成蕙琅著，萩原遼訳，文藝春秋）
29. 才能ある共同執筆者 Imogen O'Neil のご厚意により参照させていただいた回想録 .
30. Song Hye-rang, 前掲書 .
31. 韓国に亡命した Kim Yong-sun の証言 .l'Agence nationale de presse sud-coréenne basée à Séoul Yonhap. 2009. 8.
32. Lee Young-kuk, *«J'étais le garde du corps de Kim Jong-il »,* Séoul, 2002. Seolin Ha が著者のために仏訳 .（『私は金正日の極私的ボディガードだった』，李英國著，李京榮訳，講談社）
33. Yi Han-yong, 前掲書.
34. Song Hye-rang, 前掲書 .
35. Lee Young-kuk, 前掲書 .
36. Yongho Kim, *In North Korean Foreign Policy: Security Dilemma and Succession*, Lexington Books, 2001.
37. Yi Han-yong, 前掲書.
38. Son Kwang-ju, *Kim Chong-il lip'out*, Séoul, Pada Puks, 2003. Jae-Cheon Lim 訳 .
39. Hwang Jang-yop's Memoirs - 34, Zeitgeist, Séoul, 2006.
40. Yi Han-yong, 前掲書 .
41. Kim Young-sook, dernière femme de Kim Jong-il.
42. Hwang Jang-yop, *The Problems of Human Rights in North Korea*, Séoul, 2000.
43. Choi Eun-hee et Sin Sang-ok, *Je suis Kim Jong-il*, Séoul, Haengrim, 1994. 著者のために Seolin Ha が韓国語から仏訳 .（『闇からの谺』，崔銀姫・申相玉著，文芸春秋）

44. 同前.
45. Song Hye-rang, 前掲書 .
46. Shin Young-hee, *Until Azaleas Bloom*, Séoul, 1996. 著者のために Seolin Ha が韓国語から仏訳.
47. 2010 年 12 月 6 日付『AERA』の小北清人の記事に掲載された匿名の証言 .
48. Kenji Fujimoto, *I was Kim Jong-il's Cook: True Stories from the Dear Leader's Onetime Chef*, Japon, 2003. 著者のために Seolin Ha が韓国語から仏訳.(『金正日の料理人』藤本健二著, 扶桑社)
49. Kim Yong-sun, 前出 . *The Sunday Times* に再録 . 2009. 8. 9.
50. Ken E. Gause, *Korea under Kim Jong Il: Power, Politics, and Prospect for Change*, ABC-CLIO, 2011.
51. « Nous défendrons jusqu'à la mort le haut commandement de la révolution dirigé par le grand camarade Kim Jong-il. »
52. Kenji Fujimoto, 前掲書.
53. Shin Young-hee, 前掲書.
54. Kenji Fujimoto, 前掲書.
55. Yi Han-yong, 前掲書.
56. Shin Young-hee, 前掲書.
57. Madeleine Korbel Albright et William Woodward, *Madam Secretary: a Memoir,* Miramax Books, 2005.
58. Chang Jin-song(元労働党幹部) の回想 . « La dernière femme de Kim Jong-il », 2009. 5. 著者のために Seolin Ha が韓国語から仏訳 .
59. Shin Young-hee, 前掲書.
60. Konstantin Poulikovski, *L'Orient-Express. A travers la Russie avec Kim Tchen Ir,* Moscou, 2002. 著者のために Yvana Duchêne がロシア語から仏訳 .
61. Chang Jin-song(元労働党幹部) の回想 . « La Dernière femme de Kim Jong-il », 2009.5. 著者のために Seolin Ha が韓国語から仏訳 .
62. « The truth about Kim Jong Il's fourth wife », *Shindong-A*, 2006.9.1.
63. « Kim's consort, a key player in North Korea », Associated Press, Carley Petesch et Robert Seavey (New York), et Jean H. Lee (Séoul), 2008.9.18.

第五章　妻たちの戦争と平和

1. Malika el-Aroud, *Les Soldats de lumière,* Paris, éditions La Lanterne, 2004.
2. Janny Groen, Annieke Kranenberg, Robert Naborn, *Women Warriors for Allah, an Islamist Network in the Netherlands*, Philadelphie, University of Pennsylvania Press, 2010.
3. Abdul Van de Ven, « Lettres piégées ». 同前.
4. Najwa Ben Laden, Jean Sasson, Omar Ben Laden, *Growing up Bin Laden: Osama's Wife and Son Take Us Inside Their Secret World,* New York, St. Martin's Press, 2009. 著者 Jean Sasson はビンラディンの第一妻に直接取材できた唯一の女性ジャーナリストで，本書はほかに類を見ない記

録資料になっている．
5. Soliman Ghanem. 2001.11.15. Agence France-Presse.
6. Joe Ashkar のインタビュー．Steve Coll, *The Bin Ladens: an Arabian Family in the American Century*. New York, Penguin, 2006.
7. 同前.
8. David Ensor によるオサマの異母兄弟 Ahmed al-Atta のインタビュー．CNN, 2002.3.19.
9. Khaled Batarfi, « An interview with Osama Bin Laden's mother », *The Mail on Sunday*, 2001.12.23.
10. Suleiman Al-Kateb のインタビュー．2001.11.15, Agence France-Presse.
11. *Al-Ahram*, Le Caire, 2001.11.28.
12. Soliman Ghanem の回想．Al-Qabas からの引用．2001.11.14.
13. Steve Coll, 前掲書.
14. Michael Slackman, « Bin Laden Kin Wait & Worry », *LA Times,* 2001.11.13.
15. Carmen Ben Laden, *Le Voile déchiré*, Paris, Michel Lafon, 2004.（『遅すぎないうちに』カルメン・ビンラディン著，大谷夏弓訳，青山出版社）
16. 同前.
17. インタビュー．« No man's an island », *Al-Ahram*, Le Caire, 2001.11.28.
18. Peter L. Bergen, *The Osama Bin Laden I Know*, New York, Free Press, 2006.
19. Lawrence Wright, *Looming Tower: al-Qaeda and the Road to 9/11*, New York, Knopf, 2006.（『倒壊する巨塔』ローレンス・ライト著，平賀秀明訳，白水社）
20. Khaled Batarfi. Thomas R. Mockaitis, *Osama Bin laden: A Biography*. ABC-CLIO, 2009.
21 Oussama Ben Laden の発言，2004.12.16.
22. Peter L. Bergen, *Ben Laden, l'insaisissable*, Paris, Michel Lafon, 2006.
23. Michael Slackman, « Bin Laden Kin Wait & Worry », art. cit.
24. Jamal Khalifah. Lawrence Wright によるインタビュー．Lawrence Wright, 前掲書.
25. Ahmed Khadr の妻 Maha el-Samneh. Lawrence Wright によるインタビュー．Lawrence Wright, 前掲書.
26. Abdullah Azzam, *The Lofty Mountain*, Londres, Azzam Publications, 2003.
27. Naheel Sharhuri による « Interview with Umm Muhammed, the wife of Ben Laden's spiritual mentor》, *Arshaq al-Awsat.* 2006.4.30.
28. Essam Deraz. « Al-Zawahiri, le stratège d'al-Qaida » からの引用．*Courrier international*, 2002.12.26.
29. 同前.
30. Chanaa Rostom, « Al-Zawahiri's latest victims », *Akher Sa'a*, 2001.12.12.
31. Abdullah Anas. Peter Bergen によるインタビュー．Peter Bergen, 前掲書.
32. Khalid Al-Hammadi, « The inside story of al-Qa'ida », part 3, *Al-Quds al-Arabi*, 2005.3.22.
33. Nasser al-Bahri, Georges Malbrunot, *Dans l'ombre de Ben laden: révélations de son garde du corps repenti,* Paris, Michel Lafon, 2010.

34. Sam Dealey によるインタビュー . 2005.7.

35. Nic Robertson と Henri Schuster による « Bin's Laden brother in law speaks », CNN, 2004.11.24.

36. Bachir al-Mohalleh を介して著者のために行われたインタビュー . 2011.10. イエメンは激しい内戦中で，著者はビンラディンをよく知る人々に会いに行くことができなかった . こうした証言が得られたのもひとえに賢明で粘り強い Bachir al-Mohalleh のおかけである.

37. Taysir Aluni による Oussama Ben Laden のインタビュー . Al Jazeera, 2001.10.

38. Peter Bergen による Khaled Batarfi のインタビュー . Peter Bergen, 前掲書.

39. Peter Bergen による Halid Mir のインタビューに基づく . 同前.

40. Robert Fisk, « Small comfort in Saudi rebel's dangerous exile », *The Independant*, 1996.7.11.

41. « The story of the Arab Afghans from the time of arrival in Afghanistan until their departure with the talibans », 3e partie, *Al-Sharq al-Ahuzat*, 2004.12.10.

42. Maha el-Samna と Zaynab Khadr のインタビュー . 2004.2.22, PBS. com.

43. Michelle Schephard, *Guantanamo's Child: the Untold Story of Omar Khadr,* John Wiley & Sons (Canada), 2008.

44. Lawrence Wright による Maha el-Samnah のインタビュー . Lawrence Wright, 前掲書.

45. Abdel Bari Atwan のインタビュー . Peter Bergen, 前掲書.

46. Nasser al-Bahri, Georges Malbrunot, 前掲書.

47. Bachir al-Mohalleh のご助力で著者のために独占取材した回想 .

48. 著者のために独占取材した回想 .

49. Sally Neighbour, *The Mother of Mohammed: An Australian Woman's Extraordinary Journey into Jihad*, Melbourne University Press, 2010.

50. Michelle Schephard, 前掲書.

51. 著者のために独占取材した回想 .

52. Bachir al Mohalleh のご助力で著者のために独占取材した回想 . 2011.11.

53. Tom Finn によるインタビュー . *The Guardian*, 2011.5.11.

54. Bachr al-Mohalleh の仲介により著者のために独占取材したシャイフの妻の回想 . 201111.

55. Khalid Al-Hammadi, « The inside story of al-Qa'ida », part 6, 2005.3.24.

56. *Daily Mail Reporter* のための Waleed Hashem Adbel Fatah al-Sadah のインタビュー , 2011.5.12.

57. Amal al-Sadah のインタビュー . *Al-Majalah,* 2002.3.15.

58. Brad K. Berner, Jihad: *Bin laden in his Own Words: Declarations, Interviews and Speeches,* New Delhi, Peacock Books, 2007.